◆ 作者（左一）参加中国著名作家、书画家黄苗子先生（前排右一）在德国举办的书画展，与参观的嘉宾合影（1988 年，德国科隆）

◆ 在海因里希·伯尔乡村写作别墅门前留影（1992 年，德国科隆）

◆ 与季羡林先生（右一）合影
（1984年，上海宋庆龄陵园）

北京大学

◆ 季羡林先生为《论鲁迅和他的同时代人》给作者的回信

◆ 作者夫妇在德国参加1972年诺贝尔文学奖获得者、德国著名作家海因里希·伯尔纪念周学术研讨会，与伯尔夫人、翻译家安妮·伯尔（前排中）在讨论会上合影（1992年，德国科隆）

◆ 应德国海因里希·伯尔（1972年诺贝尔文学奖获得者）基金会邀请，赴德讲学与研究三个月，居住在科隆附近的伯尔乡村写作别墅。此为当时工作照（1992年，德国科隆）

◆ 与鲁迅之子周海婴先生（右一）合影（1996年12月，北京鲁迅博物馆）

◆ 在德国"翻译家之家"短暂访问时的工作照（1992年）

5

鲁迅和他的同时代人

彭定安文集

彭定安/著

东北大学出版社

·沈 阳·

ⓒ 彭定安　2021

图书在版编目（CIP）数据

彭定安文集. 5，鲁迅和他的同时代人 / 彭定安著
. — 沈阳：东北大学出版社，2021.8
　ISBN 978-7-5517-2348-0

　Ⅰ．①彭…　Ⅱ．①彭…　Ⅲ．①社会科学—文集②鲁迅
(1881–1936)—人物研究—文集　Ⅳ．①C53
②K825.6–53

中国版本图书馆CIP数据核字（2021）第124923号

出　版　者：东北大学出版社
　　　　　　地址：沈阳市和平区文化路三号巷11号
　　　　　　邮编：110819
　　　　　　电话：024-83680267（社务部）　83687331（营销部）
　　　　　　传真：024-83683655（总编室）　83680180（营销部）
　　　　　　网址：http://www.neupress.com
　　　　　　E-mail:neuph@neupress.com
印　刷　者：辽宁一诺广告印务有限公司
发　行　者：东北大学出版社
幅面尺寸：170 mm × 240 mm
插　　页：4
印　　张：25
字　　数：423千字
出版时间：2021年8月第1版
印刷时间：2021年8月第1次印刷
责任编辑：王　程
责任校对：孙德海
封面设计：潘正一
责任出版：唐敏志

ISBN 978-7-5517-2348-0　　　　　　　　　　　定价：110.00元

出版说明

INTRODUCTORY NOTES OF A BOOK

　　本卷由两部分组成：一是单篇《鲁迅和他的同时代人》；二是专著《突破与超越——论鲁迅和他的同时代人》。前者是作者在与人合作的《鲁迅和他的同时代人》（上卷）（春风文艺出版社，1985年）中，作者所撰写的部分；后者则是作者撰写的专著，这部论著获得学界的佳评，认为它"开辟了鲁迅研究的新领域""创辟了新的'鲁迅研究'群落"。季羡林先生则赞誉说："研究鲁迅者多矣，像这样研究的尚不多见。"

彭定安

2021年8月

目录

CONTENTS

鲁迅和他的同时代人

鲁迅和他的同时代人（代序）

鲁迅和他的同时代人，这是一个广博深厚的研究课题，在这个题目下，可以写出许多研究专著。不过，这里呈献给读者的，基本上还是一本资料性专辑。但在收集材料和编写过程中，我却在这样一个题目的范围内想到了一些问题，也是编写这本书的立意所在。

首先，我觉得，这样一个题目，既反映鲁迅作为一个伟大的文学家、思想家、革命家的成长过程，又可以窥见鲁迅怎样吸吮了他的各种不同的同时代人的思想，接受了他们在各方面的影响；也能够领会到鲁迅又是怎样以抵御、排除、批判、先接受后扬弃等不同形式，来突破、解除了外界对自己的思想发展的束缚的。而且，我们看到，在各个时期，鲁迅身边闪过一批又一批人物，他们有的曾经是历史的弄潮儿，蜚声文坛或叱咤风云，对历史做出过不同程度的贡献、产生过一定的影响；或者，并非历史的名流，也不是学者、教授、文人，但是，却在某个方面，与鲁迅发生了纠葛与往来。所有这些人，都在一定的历史条件下和社会生活中生活和活动，他们构成一个整体，反映一个时代。从他们的经历和思想、生活、活动中，我们窥见了时代的风貌。这个时代，便是鲁迅曾经在其中生活和战斗过的时代。由此，我们也就具体地感受到鲁迅所处的时代和鲁迅的思想发展状况了。在这些方面来进行对鲁迅的研究，可以说是在某些方面和某种程度上，对鲁迅研究的扩大和深化。而且，在研究方法上，也对我们有所启发。目前在国外，对于历史的研究，有一种方法叫作"地域研究"，它类似于我国的方志学，即研究某种课题，从地理环境的角度并在此范围内来进行多方面的探究。比如研究辛亥革命，就"辛亥革命在两广""辛亥革命在云贵"等题目，进行研究。鲁迅和他的同时代人，由于他在某个时期、某个地区有一批共同战斗、一起工作的人，因此也就带有"地域研究"的性质；但更多的仍然是人与人的关系方面的研究。如果我们取一个不很确切的名目，称为"人物关系研究"，那么，在这个领域里，以这种方法，是可以开辟新的研究题目和蹊径的。应该说，这种研究早就有不少同志已经进行了，并且取得了可喜的成果，不论是在资料方面还是思想方面，都是如此。陈漱渝、姜德明同志便是在这方面做得有成绩的两位。我们编写的这本书，大部分是将这方面的材料加以整理、集中，使之系统化，在查阅和使用上提供一个方便。至于进一步的研究，还有待于今后的努力。

从鲁迅与他的同时代人的关系来说，大抵可以分为几个时期。即少年儿童时期（在绍兴）、南京求学时期、日本留学时期、辛亥革命前后时期（在杭州、绍兴和南京）、北京时期、厦门时期、广州时期和最后在上海定居时期。这几个时期，地域不同，时间长短也不一。时间长的是少年儿童时期、日本留学时期、北京时期和上海时期。这几个时期，由于时间长，同时也由于这时的生活与战斗内容的重要性，自然是极为重要的时期。但是，有些时期，虽然时间较短甚至很短（比如厦门时期），但却是很重要的时期，是转折期、跃进期。因此，我们很难从时间的长短上来划分其重要与否的界线。不过，随着每个时期的不同，他接触的同时代人也不尽相同。据包子衍同志统计，仅在《鲁迅日记》中记载了的与鲁迅交往的人，就一共有1950人。当然，他们的身份不同，与鲁迅的关系也不同。他们是鲁迅的亲属、师长、同事、同学、同乡、学生、佣工和访问者、求助者。在鲁迅思想发展的不同阶段，交往的对象，也有变化，甚至大不相同。据包子衍同志统计、分析，情况大致是这样的：1918年开始出现在《鲁迅日记》中的人物390多人，他们之中主要的是同学、同乡和教育部的同事，共约200人。这些人中，有许多人在辛亥革命后担任了北洋政府的官员，但其中有不少人是倾向进步的；有些是当年反清斗争的积极参与者，如蔡元培、许寿裳、陶望潮、陈公侠、龚未生、钱玄同等。但是，他们后来发生了变化，情形甚为复杂，与鲁迅的交往也就各不相同。这就反映了鲁迅与辛亥革命的密切关系和他以后的思想发展。1919年到1927年间，开始在《鲁迅日记》中出现的人物有600多人，他们的情形与前面的人大不相同，主要的已经是青年学生了，共计有120人左右。其特点是：这些青年中不少人参加了鲁迅所关心、扶持的文学团体，如新潮社、春光社、旭社、莽原社、未名社、沉钟社、泱泱社等。其中包括李大钊、任国桢、赵赤坪、应修人、毕磊等共产党人。1928 年以后开始出现在《鲁迅日记》中的人物有 900 多人。他们之中主要是文艺工作者，共 300 人左右，包括著名的文学家、评论家、翻译家、美术家，如瞿秋白、任国桢、巴金、白莽、柔石、夏衍、冯雪峰、王任叔、周扬、金人、孙用、曹白、陈铁耕等。这些人中，很多是共产党员和"左联"成员。据不完全统计，在 200 多名"左联"成员中有 80 多人与鲁迅有交往。

以上统计反映出，鲁迅同什么人交往，反映了他的思想发展，工作、事业、战斗的变化与前进。特别是，每个时期总有一些重要的人物出现，他们作为鲁迅的同时代人，像"指针"一样，标志着鲁迅生平和思想发展的特点与重要性。如少年儿童时期在故乡的祖父、父亲、母亲等；在日本留学时期的章太炎、陶成章、许寿裳等；在五四时期的李大钊、陈独秀、胡适等；在广州中山大学时期的毕磊、陈延年；在上海时期的瞿秋白、冯雪峰、柔石等。因此，我们将这些同时代人按时期集中在一起，排比罗列，介绍他们的生平事迹以及与鲁迅的交往，就有助于了解鲁迅各个时期思想、战斗与创作的状况，也有利于了解这个时期的时代特点、社会状况，这对于鲁迅研究，也许能起到一点提供资料和提示线索的作用。

从鲁迅伟大一生中所接触的不同类型的人来看，有几种不同的情形。一种是从相识到鲁迅逝世，始终友好如初，交往甚密，或始终共同战斗。其中，许寿裳是最为突出的。他自从在东京弘义学院与鲁迅相识后，就结成密友，形势变化、人事变迁，鲁迅的思想事业也不断发展，但他们两人情谊始终不渝。他对鲁迅的友谊，很为鲁迅所感动。鲁迅曾自豪和欣慰地说过，自己平生有几个忘年之交，季茀（许寿裳）便是一个。又如后期的冯雪峰，自从在北京听过鲁迅的课之后，就热爱鲁迅，以后，在上海相识，共同战斗，从事革命文学事业，成为鲁迅亲密的学生与战友。当然，还有许广平，她是鲁迅的学生、伴侣、助手、战友，在鲁迅的一生中居于特殊的地位，她给予鲁迅的思想、创作和生活的影响和帮助，是任何人也不能代替的。

第二种情形，是先为鲁迅的师长或先行者，鲁迅也确曾与他们交往甚密，受到不可忽视的影响。但是，后来却随着世事的变迁，革命形势的发展以及鲁迅自己和这些同时代人本身的彼此不同变化，这些人却成为鲁迅的对立面以至是敌对阵营中的人了。他们之中主要的有章太炎、陈独秀、胡适等人。这种发展变化，反映了中国近代、现代革命的发展，中国几类知识分子的集结与分化，中国近代、现代思想、文化、文学的发展情形。可以说，他们成为鲁迅的一面镜子，既从一个侧面反映了时代的风貌、历史的发展，又从一个侧面反映了鲁迅的前进与发展。还有值得注意的地方，是鲁迅在与同时代人之间，当彼此发展方向相异，已经各自站在不同的阵营中时，他是毫不顾惜昔日的友谊，一点也没有温情主义，坚决地、毫不含糊地给予揭露、抨击与批判的。比如对待胡适，对待章太炎，以至对钱玄同、刘半农等，都是如此。这反映了鲁迅具有高度的原则性和战斗性的崇高品格。同时，又总是坚持实事求是的态度；在后期更站在历史唯物主义的高度，给予深刻、准确的剖析；而且从不无限上纲、无理谩骂。对于有些人，如章太炎、刘半农的分析，功过分明，褒贬恰当，分析批判不仅深入腠理，而且入理入情，从不以后期的缺点、错误而将其前期功绩抹杀，更不因此否定其一生。这不仅启人思路，而且令人感动。

第三种情形，有的人曾经在相当长的一个时期或在不算短的时期中，是鲁迅的至交密友或是得意弟子，或者两者兼而有之，而后来却一反初衷，感情破裂，分道扬镳。最著名者就是周作人和李秉中。周作人作为鲁迅的同胞兄弟，不仅少年时代兄弟情深，既为手足又是密友，而且年长以后，在青年和壮年时期，与鲁迅同在东京留学，同在北京投入五四运动，同在新文学运动中崭露头角。但是，后来却突然破裂，不可弥缝，以后更两军对垒，不仅不再是战友，而且同胞手足之情也淡薄如水，再未缓和过来。最后，一个成为空前的民族英雄、伟大的共产主义战士，一个则堕落成封建资产阶级文人的代表、可耻的汉奸。至于李秉中，初为鲁迅在北大的学生，曾经与鲁迅来往甚密，也得过鲁迅资助，为鲁迅所喜爱。以后，参加北伐军，去苏联学习，长时期留学日本，都与鲁迅书信往还，对鲁迅敬爱崇仰、关怀备至。在鲁迅书简中，他是收信最多的一个，其中也不乏重要的信件，为研究鲁迅的生平事迹与思想发展，提供了重要资料。但是，后来李秉中回国，在南京国民党军官学校当教官，与鲁迅处于两个政治阵营，思想上与鲁迅相距越来越远，鲁迅便与他感情逐渐淡薄，通信由减少到中断。最后，李秉中以国民党反动派的说客身份出现，企图诓骗鲁迅向反动派低头；但他遭到了鲁迅的申斥，鲁迅最后的复信不肯亲自命笔，而要许广平代写。这固然是因为身体不好，但不愿与之继续交往，则是更重要的原因。

在鲁迅的同时代人中，还有一种值得注意的现象，这就是：有的人与鲁迅交往终身，虽然友情不渝，但是思想影响却不很突出或者竟没有多少值得记述的影响；而另一些人，虽然相识不久、交往不长，友情初结，但却情深意笃、影响甚深，不可磨灭。前者可以许寿裳为代表，后者可以毕磊、柔石为代表。毕磊作为鲁迅在中山大学的共产党员学生，党组织指定的与鲁迅的联系人，虽然像流星似的，仅仅几个月，在鲁迅生平史中一掠而过，但是，他对鲁迅思想的影响却不可忽视，具有重大意义。

至于柔石，他与鲁迅的深厚的师生兼战友之情，在鲁迅的名文《为了忘却的记念》中，在那首"惯于长夜过春时"的名诗中，已经深沉地表现出来了。柔石对于鲁迅所发生的影响，当然不止于党的思想、政策方面，也不仅限于共同的工作（如成立朝花社，出版《艺苑朝花》以及翻译介绍外国作品方面），而且在工作精神、道德品格方面，也都为鲁迅所赞赏。

恩格斯在谈到费尔巴哈后来没有前进，没有超过自己过去的观点，不能摆脱传统的唯心主义束缚时，曾经指出其中的一个主要原因，是这位哲学家，后来"不得不在穷乡僻壤中过着农民式的孤陋寡闻的生活"，"这种生活迫使这位比其他任何哲学家都更爱好社交的哲学家从他的孤寂的头脑中，而不是从和他才智相当的人们的友好或敌对的接触中得出自己的思想"。[①]对于鲁迅来说，情形恰好相反，他不是从自己的孤寂头脑中，得出自己的思想，而是从对国内外思想文化状况的了解、研究中，尤其是从现实社会生活中得出自己的思想，其中，就包括"从和他才智相当的人们的友好或敌对的接触中得出自己的思想"。在思想发展的每个时期，鲁迅都投身于当时的实际斗争，也广泛地同人们有着友好的或敌对的接触。这种接触，毫无疑问，是对鲁迅的思想产生了影响的。一方面，在友好的接触中，他接受影响，获取营养，受到启发，思想上得到补充、提高；另一方面，在"敌对"的接触中，他受到"刺激"，进行深入思考、多方批驳和论证，使自己的思想得到丰富和发

---

① 见《路德维希·费尔巴哈和德国古典哲学的终结》，《马克思恩格斯选集》第四卷，第226-227页。

展。在这方面，在鲁迅的同时代人中，有三种情况：一种是属于"友好的接触"；第二种是属于"敌对的接触"；第三种则是在"友好的接触"中存在分歧、差别，或在"敌对"的接触中有发展变化。无论哪种情况，都对鲁迅产生过影响。对于前一种影响，一般都能够注意到，但是，对于后两种情况，却往往疏忽不顾，或以为只存在分歧、差别，而见不到影响、推动的作用。然而，鲁迅思想的发展，鲁迅之所以永不停滞，同他这种不停地接触敌对的东西，是分不开的。这正是他的优点和特点。

鲁迅是一位伟大的吸吮者，所以他能够成为一位伟大的给予者；鲁迅是一位伟大的受教育者，所以他能够成为一位伟大的教育者。教育者必须先受教育，"将欲予之，必先取之"。鲁迅同他的同时代人的关系，就包含着这样的内容。从广泛的意义上说，不管是何种情况，鲁迅都是从这些人身上，受到了不同性质、不同范围、不同程度的教育的，都是吸吮到一点东西的，不管其味如何，甜酸苦辣、有毒无毒，总是吸吮了的。这一点，也是我们在研究鲁迅和他的同时代人时，不可忽视的。泰山不辞沃土而能成其巍峨，长江不拒细流而能浩瀚汪洋，一个伟大的人物是离不开这些"沃土"与"细流"的。虽然，单个地看起来，似乎没有多少可言的影响，但是，就整体来看，却是意义重大的。

在鲁迅广阔范围的接触中，我们看见了整整一个时代，看见历史的发展。如果仅从五四运动时期开始，我们也看到中国现代文学星空中的灿烂群星，闪烁在鲁迅周围，其中有李大钊、陈独秀、胡适、钱玄同、刘半农这些先驱者，又有郭沫若、茅盾、巴金这些大师们，还有瞿秋白、柔石、冯雪峰这些第一代无产阶级文艺战士。同时，也还有文学研究会、创造社，以及新潮社、未名社、沉钟社、语丝社、朝花社等这些先后出现的声誉卓著的文学社团以及文学、戏剧、美术、电影、教育、文化等各方面的学者、教授、画家、诗人、演员等，他们也都从各个方面，接触鲁迅、靠拢鲁迅、围绕着鲁迅。而且，这些人都活动在，甚至活跃在一些历史运动和事件中，如辛亥革命、五四运动、五卅运动、女师大事件、三一八惨案、北伐、四一二反革命政变等。他们有的是运动中的领导者，活跃人物；有的是亲身参加者，或是正反两面中某一方面的一员。他们在这些事件中，又同鲁迅发生了直接或间接的纠葛、关联。这几个方面，反映了文化史、文学史、思想史的一个生动的侧面。

这方面的情况，在集中起来，系统化之后，就看得更鲜明、更突出了。鲁迅的思想发展史也从这一与同时代人的关系的角度，反映出来了。

在这样一个历史的流逝过程中，我们看到，鲁迅怎样越过一批又一批他的同时代人。他们有的是他的先辈、师长，鲁迅理所应当地后来居上，从受业于他们到远远地超过他们；也有的，年龄相仿，是鲁迅的同辈友好，他们曾经共同战斗，携手前进，但是，后来，有的落伍、有的退隐、有的叛变，而鲁迅则"奋然前进"，越过了他们；甚至有的是鲁迅的学生后辈，他们曾经在鲁迅的引导下斗争，也有的曾经显得更激进，走在鲁迅的前头，但是，他们有的背叛，有的倒退、停滞，终于望着鲁迅的背影，渐渐地落在了后头。这一点，当我们全面地、按着时序巡视了一遍鲁迅的同时代人之后，便不能不感到敬佩和崇仰，理解到鲁迅为什么能够成为伟大的文学家、思想家、革命家，而永远值得我们学习。

寒夜的明月，伴日的爝火

——论鲁迅与许广平

许广平在鲁迅一生的思想、事业中所起的作用，她对鲁迅的价值，无论从"常规"的还是特殊的意义来说，都值得我们注目和研究。许广平与鲁迅的结合，她在鲁迅一生的征途上，在鲁迅的思想与事业的发展上起了重要的作用，这作用是别人起不到、不可代替的。

（一）

1925 年 3 月，当许广平第一次给鲁迅写信时，她是经过审慎考虑的。她在与同学商量之后才写了信。在信的开头，她就写道：

> 现在写信给你的，是一个受了你快要两年的教训，是每星期翘盼着听讲《小说史略》的，是当你授课时每每忘形地直率地凭其相同的刚决的言语，好发言的一个小学生。①

这段简要的自我介绍，说明他们师生间是比较熟识的。那么，有什么问题，当面提出就可以了，何必写信？又为什么写信时还要和同学商讨而后行？现在没有材料足以说明，许广平是出于追求她敬爱的老师而写信的，但这种写信时的状况却可以证明，她写信超出一般的向老师求教，心中隐约埋藏着一种真挚深沉的感情。

她的信，提出了当时的教育尤其是高等女子教育问题，但更主要的是提出了如何解除人生之苦闷的问题。她说："而苦闷则总比爱人还来得亲密，总是时刻地不招即来，挥之不去。""先生，你能否……给我一

---

① 《两地书·一》。

个真切的明白的指引?"

这样一种人生大题的提出，似乎也透露了某种感情的消息。

鲁迅在接到信的当天（3月11日）就写了回信，他本着一贯的对于青年关心的精神直率地、详细地，也是深刻地回答了许广平提出的问题。对于如何"走'人生'的长途"，如何排除苦闷，他的回答是，第一，如遇歧路，先休息一下，然后"选一条似乎可走的路再走"。倘若遇见老虎，"我就爬上树去，等它饿得走去了再下来，倘它竟不走，我就自己饿死在树上，而且先用带子缚住，连死尸也决不给它吃"。要是没有树，只好被吃，但被吃之前，"也不妨也咬它一口"。如果遇见了"穷途"，办法是："还是跨进去，在刺丛里姑且走走。"

第二，鲁迅指出，对于社会的战斗，则采取"壕堑战"的战法。"总结起来，我自己对于苦闷的办法，是专与袭来的苦痛捣乱。"[①]

这封回信，思想内容丰富而深刻，精辟地阐述了鲁迅的战斗思想，是当时指导革命青年战斗的重要意见，是今天研究鲁迅思想的重要文献。而对于研究鲁迅与许广平的关系来说，它的重要性则在于：它直接指导了许广平如何在战斗的人生道路上前进。

他们这第一次通信，似乎是师生之情的进一步发展，进到了战友的境界。这两种感情之流融汇一起，产生了新的感情，而且发展得很快。从这年的3月11日到7月29日，除了中间缺失了几封信之外，几乎每封信都是双方在接到对方的信之后，立即答复的。在通信一个多月之后，许广平就登门拜访鲁迅，未遇，但写了一封信。在这封信里，许广平以其青年女子的热情而细腻的感情和笔触，描绘了一幅鲁迅的家庭和工作、生活的惬意而富诗情的图画，这可以说是她眼中的鲁迅和鲁迅的生活以至她眼中的人生。它真实地反映了许广平的思想感情，却没有真实地反映鲁迅的生活。这里罩着一层为幻想所形成的雾。然而这种热情和"调皮"，却是为鲁迅所接受并且喜欢的。在回信中，鲁迅在严肃地谈论时事和战斗时，顺便也谈到了许广平对鲁迅的所谓"秘密窝"的"探检"。他认为"你们的研究，似亦不甚精细"，接着便出题考试：

> 现在试出一题，加以考试：我所坐的有玻璃窗的房子的屋顶，是什么样子的？后园已经到过，应该可以看见这个，仰即答复可

---

① 《两地书·二》。

也！①

许广平的回信，作出了答案：

> 那房子的屋顶，大体是平平的，暗黑色的，这是和保存国粹一样，带有旧式的建筑法。至于内部，则也可以说是神秘的苦闷的象征。②

这段关于"探检"与"考试"的来往书信，是夹在关于严肃的当前斗争与人生道路的探讨中写出来的。这是严肃中的"调笑"。这对于鲁迅和对于鲁迅与许广平之间的关系，却不可轻忽对之。它透露了一点消息。但我们主要不是指从中可以悟出感情的隐秘，而是看到因彼此间关系的进一步密切而透出鲁迅的变化：他在与学生的无伤大雅的嬉笑中，迸发出了心情与性格上变化的火花。正是在这时，许广平的"闯入"引起了鲁迅思想与心情上的巨大变化。

就鲁迅当时的家庭生活和精神生活来说，他的心上笼罩着一层乌云。而许广平的出现，就像寒夜的明月前来驱散了乌云。这本是人生的欢乐，伟大如鲁迅，也同凡人一样，是需要这种欢乐和欢迎这种幸福的。然而生活是复杂的，生活的道路又总是有着各种的障碍和陷坑。在鲁迅的生活中，有一桩不幸的无爱的婚姻，但这婚姻却具有法律的威权与道德的约束力。因此，在鲁迅与许广平之间便有着几重的搏斗：内在的与外在的，感情的与理智的，新道德的与旧道德的，理性的与实际的，家庭的与社会的。这是一种严酷的考验，这也是一颗又甜又苦涩的坚果。这在鲁迅的生命史上，可以说是一个带着关键性的、转折性的事件和时期。这个考验的通过，这颗坚果的获得和这个问题的以一种特别方式的解决，不仅说明了鲁迅生活与思想（由此而及于创作）的重大变化，而且也反映了许广平对于鲁迅的第一次巨大的援助。这可以说是她与鲁迅的关系亦即她对鲁迅的影响的第一个时期。这个时期的内容和特点是什么？许广平对鲁迅的影响、作用、帮助表现在哪些方面？我们从中能够感受一些什么有益的东西？

鲁迅这时的生活是寂寞的，甚至含着凄苦的辛酸。寂寞，从大的方

---

① 《两地书·一五》。

② 《两地书·一六》。

面讲，鲁迅作为伟大的启蒙思想家，从在东京时期从事文艺运动失败之后起，便陷人深深的寂寞。此时，五四运动时的统一战线阵营的分裂，又更使他感到寂寞。这种情绪，不仅在《野草》中直接和间接地流露出来了，在鲁迅当时战斗的杂文中，也时有流露。而且，这种大的方面的寂寞，更和鲁迅个人生活方面的寂寞紧紧地扭结在一起了。有人曾经回忆过，鲁迅阜内西三条胡同住宅在当时的北京是僻静之处，而他的住宅里更加冷寂：只有他和他的母亲、朱安夫人，此外有两位保姆。那个不幸的婚姻的阴影，始终笼罩于这个家庭之中。鲁迅搬出八道湾之前，那个三代人、三兄弟组成的大家庭曾经是颇为热闹的。母子同住，兄弟怡怡，子侄成群，这在《鸭的喜剧》中有所反映。但是后来，建人南下上海，鲁迅同周作人失和，兄弟决裂，从此分居。鲁迅先搬到砖塔胡同，最后迁居阜内西三条。往事的记忆，前后的对比，使鲁迅的心感到痛楚。寂寞和凄苦，混合着浸渍他的心。他因此曾经喝酒，而且说估计活不长的。这是一个战士的悲凉心境。当然，鲁迅虽然身处此境，仍然英勇战斗。但这种家庭生活和寂寞心境，对他不可能没有影响。除了个人生活的不愉快，而且也不能不影响到他对社会生活、革命进程的观察。鲁迅这时期的作品中，总隐隐地有一种淡淡的哀愁渗透着对社会现象、革命问题的分析、观察。当然根本上是决定于他当时的世界观，但赋予感情色彩和起到次要作用的，却不免有这种寂寞与伤痛之情的作用。

正是在这时，北京女师大事件爆发了，五卅运动爆发了，三一八惨案发生了。中国革命进到一个新的阶段。人民群众的发动规模和斗争规模都超过了前几个时期。鲁迅这时的思想也已经发生了值得注意的变化。正是在这个时候，许广平闯进了鲁迅的生活。她的出现，给鲁迅的战斗生活带来了新的生机。尤其是在个人生活以至于工作上的影响，更为显著。以许广平对鲁迅的所谓"秘密窝"的"探检"为界，许广平日益关心鲁迅的生活。她劝他戒酒，担心他褥子底下放一把匕首的用意，其辞恳切，其情真挚。她也常常到鲁迅家中，或受教诲，或听对于战斗与写作方面的指导，或为鲁迅抄稿，这时，当然也会有倾心之谈。鲁迅在几年之后他们已在上海定居后重回北平时，在给许广平的信中还深情地忆起此段生活。这段回忆，反映了当年他们相处的情景，也反映了此段生活对鲁迅留下的印象与影响。

正是在这种寂寞和凄苦曾经浓如酒，使人沉迷而又难于排遣，和由于革命形势的发展而开始被排遣时，许广平出现在鲁迅的家庭与生活中，既是学生又是挚友与助手，谦恭混合着深情与挚意，这种几重身份的女性的关切与协助，不能不使鲁迅获得力量，感情上得到慰藉，心理上得到平衡。如果说鲁迅曾经在从战士、教授、学者的各种战斗与活动结束后，回到家里，寂静一片，冷漠浸心，因而有一种淡淡的哀愁袭上心来，而需要抖擞一下，排除感情的尘垢，然后才开始新的工作，那么，现在，他会有时能够期待或者已经在身旁的椅子上坐着一位懂得他的事业、理解他的心情，并与他共同战斗的关心他的女性，同他倾谈，同他商量，谈论战斗的情形与策略，向他求得学业上与写作上的指导，而鲁迅也从她的青年人的热情与勇敢中获得力量与鼓舞，并且从她那里得到抄写稿件等类的具体帮助了。我们当然不应孤立地、过分地来估计许广平这时对鲁迅的生活与战斗所起的作用。但是，也决不能忽视或轻视这种作用，像我们以前在多数情况下所做的那样。一方面，我们不能否认，在根本的、大的性质上，鲁迅的思想情绪的转变，是社会的变化、革命形势的发展所引起的；但另一方面，许广平的出现也是一个具体的因素，而且她的出现本身也是那个大的社会变化的一个具体表现。而另一方面，更不可忽视的是，即使是伟大的人物，也是不能忘情于友谊、恋爱、婚姻、家庭的。那种对伟大人物的这一方面完全当作无关重要的个人私事、家庭琐事来看待的认识，是不对的。鲁迅也不例外，如果说原先他曾因为这方面的原因而痛苦，那么，他现在自然会因为这方面情况的变化而减轻痛苦以至感到欢乐。高长虹曾经把许广平比作月亮。鲁迅说，那么"我就是黑暗了"。我们不妨借用这个比喻：许广平恰像明月一轮，照进了鲁迅的像寒夜一样冷寂的生活中。鲁迅曾写《腊叶》，后来说明这是为"爱我者而写的"，并指出她便是许广平。鲁迅还曾对他的学生兼朋友孙伏园欣喜而感动地说过"许公（指许广平）"对他的关心和鼓励。鲁迅曾经说过："我一生的失计，即在向来不为自己生活打算，一切听人安排，因为那时豫料是活不久的。"后来思想改变了。这改变便是在离京南下时，预计了积蓄一点钱，把自己的生活安排一下。这改变的原因就是与许广平的结识。总之，使鲁迅对人生怀着更积极的态度，对自己的生活产生了乐观的情绪，这是许广平出现在鲁迅的生活中以后所引起的变化。这变化，对鲁迅的思想与战斗，生活与创作，都是具有积极作用的。

我们可以想见，一个战士，或者说一个率领大批战士战斗的领袖，他的周围有着千千万万的群众，这是他的力量的源泉。但是，当他回到他的住处，他的"司令部"里，却没有参谋、助手、倾谈者，他是难免要感到孤寂的。这自然要影响到他的战斗情绪。鲁迅当时的情况颇类乎此。而许广平的出现，正填补了这个感情、心理与生活上的空白。他能够商量、倾谈，而且可以倾诉他在战斗中的顺利与欢快，阻塞与不悦，计划与安排，对战友的赞赏与评品，对敌人的谴责与嘲讽等，这些在他们当时的通信中，已经有不少书面的记载，而日常的交谈，自然会更多。这些，可以说是一种动力，一帖思想的兴奋剂，一粒感情的酵母，推动了鲁迅思想的向前发展。

至此，我们可以定为鲁迅与许广平的情谊发展的第一个时期。

第二个时期，从鲁迅离京南下，奔赴厦门开始，到他们定居上海时为止。这是一个关键的时期，虽然为时不长。这个时期的特点，我们可以归纳为：风雨同舟，走向结合。鲁迅南下后，先居厦门，后留广州。前一段主要是个人生活上和事业选择上的风雨，后一段则是政治上与思想上的风雨。前者有如雨潇潇连绵不断，后者则是一场狂风骤雨。在这严峻的、尖锐的、决定性的人生与事业的风雨中，许广平与鲁迅同舟共济，相濡以沫，生死与共，那种思想与感情上的结合是以革命大义为根基，以战斗情谊为纽带而结成的，它紧密、牢固，越是风狂雨骤，越是结合得坚不可摧。在厦门时期，鲁迅主要面临着两个重大的、根本性的问题：一个是个人生活的选择与安排；一个是事业和战斗方式的抉择。这两个方面又是互相牵制、互相影响的。当时，围绕着鲁迅与许广平的关系问题，在两人的家庭、家族中，在朋友、对手乃至敌人方面，都谣诼蜂起，猜测纷纷，既有友朋的关怀与支持，还有不怀好意的谣言与诬陷，也有无聊的传播与议论。好心者的关怀，使鲁迅甚感欣慰，而恶意的人们的作为，则使他伤心、痛苦，以至愤懑。鲁迅甚至以这样尖锐的方式来提出问题：他或者与许广平终身保持柏拉图式的恋情，彼此痛苦地为封建婚姻作一世牺牲，偿还这四千年的旧账；或者不惜身败名裂，从此毁弃了自己的一生事业，与许广平结合。当鲁迅在这样严峻的生活课题面前痛苦踟蹰，举步艰难时，许广平深情挚意，坚贞不屈。她像一个义无反顾的战士一样，去奔赴自己的崇高目标。而且，在这个问题上，鲁迅一直有一个矛盾的心理，一个难决的课题；如果说在北京时期，他曾经一直怀疑自己配不配爱，后来解决了；认为自己有权力爱，而且决定爱某一个人；那么，现在他在人己两方面都得到爱的肯定的回答时，却不禁想到一个严峻的问题："那人不是太为我牺牲了自己吗？"作为一个导师、长辈和战斗的引路人，他不能不审视自己、考虑对方。然而，许广平却直率地、深情地回答说："那人并不以为是牺牲，你又何必以此自苦。"这回答理而情，真挚而坚决。她连前提都予以否定：这并非什么牺牲。在这里，许广平表现了她对鲁迅的爱的深沉，性格的坚强，品性的高洁。简单地说，她是拉着自己老师的手，冲破礼教的束缚，绕过生活的暗礁，走出人生的歧途的。从此，鲁迅开始走上一个新的生活路程。我们曾经见过历史上一些英雄、伟人、文人、学士，在择偶这个问题上的失策和迷误，终于铸成自己一生的大错或不幸，鲁迅却因为得到许广平的助力，而得到了人生和事业的佳果。

与此相联系的另一个问题是：在事业和战斗方式上，在从事教育和学术工作，还是继续文学的战斗事业上，鲁迅需要进行抉择。这里，问题的实质是，或者退居书斋，过一种宁静平安的学者教授的生活，这不仅有保障而且舒适，而且也不怕人攻击，甚至不遭人攻击，或者，仍旧执笔战斗，风沙滚滚，硝烟弥漫，这是一种战士的生涯，生活乃至生命都无保障，或将颠沛流离，至少会不断遭到敌对阵营和论敌对手的攻击。在这个问题上，鲁迅在厦门孤岛上，迫于当时的时势和自己不利的处境，不能不严重地予以考虑。在他给许广平的信中一再地谈到，与之商讨，并希望学生、恋人能够给他"一条光"。在这时，许广平若是平庸之辈，只图过安静舒适的生活，那么，她的倾向，她的主意乃至她的希望与要求，都将发生很大作用，而左右鲁迅的行动，或者给以深刻的影响。但是，许广平却迎着风浪上，她所给予老师的"光"，正是符合老师的思想性格、战斗历史和应取的事业态度。这一次，许广平又再一次在事业与人生路途的抉择上，给了鲁迅重大影响。

以后不久，鲁迅离开厦门来到广州。这一去一来，其中重要原因之一，就是许广平的在广州这一事实和她希望鲁迅来到广州的心情。鲁迅曾经在信中说过，厦门是必须离开的，因此莫如去广州，"偏在一起"，你当我的助教，看他们能怎样？他还几次说到，希望他们两人私定的分别两年以为生活做些准备的约言，快点到期。这不都说明广州的吸引力，固然主要的、决定性的是当时的革命策源地在此，鲁迅又打算同创造社结成联合战线，但同时也不能忽视许广平的请求和敦促的作用。

鲁迅到广州之后，许广平正式成为他的助教，在生活和工作上对于鲁迅的日常的、具体的帮助就更加多了。但更重要的是，四一五广州事变发生之后，起先，许广平完全站在鲁迅的同一革命立场上，支持、帮助他的战斗，当然也还有在这种紧张、激烈的战斗中对他的生活上的照顾；后来，鲁迅离开中山大学，在广州居住了六个月。在这段生活中，鲁迅一方面是极端痛苦的、愤怒的，他为中国革命的又遭挫折而痛苦，为大批共产党人、青年学生的惨遭杀戮而痛苦、愤怒；另一方面，他又要对付国民党反动派的侦察、谋害。同时，正是这一时期，他经历了激烈、尖锐、急遽的思想斗争，他一面在酷暑下整理自己的旧作，一面整理自己的思想。战友已经遭杀害，朋友也都离去。在这种情况下，陪伴在侧的，这时只有许广平一人了。他们已经不仅是在人生的道路上而且是在革命的征途上结合，成为面对强敌，共同战斗的伴侣了。如果说，在第一阶段，他们虽然有在女师大事件中的作为老师、支持者和学生、被支持者的战友关系，但主要的是在人生道路上的帮助，在心境上的影响；那么，在这血雨腥风的战斗中，在白色恐怖的高压下的亲密的关系，则主要是在革命战斗方面的深刻亲密的关系，发生作用的领域主要的已经是政治方面，思想、事业方面的了。

上海十年，是鲁迅与许广平共同战斗的十年。许广平作为鲁迅最亲密的战友、同志、助手，做了可贵的大量的工作，对鲁迅，也是对中国文化与文学事业做出了自己独立的贡献。

她是在高度自觉的基础上来做出自己的牺牲的。她曾经说过，与鲁迅的结合，她并不以为是牺牲，那么，现在，她为了更好照顾鲁迅、协助鲁迅，她却是在事业上，牺牲自己而把自己的一切熔进鲁迅的事业中去了。她懂得鲁迅对中国革命和中国人民的价值，知道他是伟大的，虽然她自己或者出去工作或者写作，也还可以做出一点独立的事情，但是，她却放弃和牺牲了这一方面，而全身心地去从事照顾、协助鲁迅的工作。这些事情一般都是繁杂琐细的，除了日常生活上的事情之外，便是校对、查找资料，抄稿，抄信，跑街送信，买报刊以及招待来客，处理事务性的事情等。然而许广平进行得认真而负责，并且认为自己是幸福的。她曾经这样讲过："总计他后期生活，在上海十年来的出产，超过前期二十年来的收获，几乎占全部的过半，自然这些都是他努力的成就，我不敢说有什么帮助的，只不过在琐碎事务上尽可能地减轻他的精力和时间就是了。"这如实地反映了鲁迅后十年的成果之丰硕。这原因，固然是因为战斗的紧张频繁，但也不能忽视由于许广平的努力与牺牲所创造的家庭生活的安静与各种适宜的条件，和她的各种别人无可代替的帮助。而且，正因为战斗频繁，也更显出许广平帮助的重要了。

鲁迅的伟大成就中包含着许广平的心血与汗水，这正是许广平的自我牺牲所取得的最堪自慰、最有意义的成果。她的生命的价值与意义，也正在于此。

在这十年中，鲁迅的生活是不安定的，受到敌人残酷的迫害，受到各种围攻，曾经几次出走避难。在这种危险动荡的生活中，许广平始终是战友，是伴侣。最感人的是，当鲁迅与许广平一同上街时，鲁迅总是怕许广平与自己一同遭到敌人的暗害，因此要她到对面马路上走，而许又正因为怕鲁迅遭害而一定要走在他的身旁，保护他，准备随时与他一同献身。这种感情的深沉真挚和对鲁迅的忠贞与对革命的献身一致的精神，是十分令人感动的。鲁迅有诗云："十年携手共艰危，以沫相濡亦可哀。"这纪实而又感慨很深的诗句，概括了他与许广平相处最后十年的情景和内容。它也画出了许广平的高贵的形象。

从以上所述的几个时期的事实中，我们看到许广平在与鲁迅从通信到同居的十几年中，在许多方面帮助了鲁迅，影响了鲁迅，促进了鲁迅。她是鲁迅最亲密的战友、助手与伴侣，鲁迅不能没有许广平。

在鲁迅逝世以后，许广平对于鲁迅的忠贞的爱情，表现在三个方面：第一，收集整理出版鲁迅的著作（包括书信、日记和文章）；第二，宣传鲁迅，保卫鲁迅；第三，在鲁迅精神的引导和鼓舞下，参加民主革命斗争、妇女运动和社会主义革命与建设。在这三方面，她都是几十年如一日，坚持不懈，努力做出了成绩和自己独特的贡献。第一件工作，特别突出的是在新中国成立以前，尤其是鲁迅逝世后几年中，上海被日寇占领后的孤岛时期，她在鲁迅生前战友胡愈之、唐弢等的帮助下，共同努力出版了《鲁迅全集》（二十卷）、《鲁迅三十年集》。她冒着生命的危险、生活的艰辛，经历了铁窗生涯和严刑拷打的考验，保存了鲁迅的日记及其他遗物，这在后来，已经成为国家珍贵的文物了。这对鲁迅的事业，我国的鲁迅研究，文学建设以及文化出版事业，都是一个值得一书的贡献。在第二件工作上，许广平的贡献也是独特的，为别人所不能代替的。她在鲁迅逝世以后，写作了大量的回忆与纪念的著作，提供了不少可贵的资料。更值得敬佩的是她在第三个方面所做的工作。如果说当鲁迅活着的时候，她主要是作为助手出现，而牺牲了自己的独立活动，那么，当鲁迅逝世以后，她积极投身民主革命运动和妇女运动，写文章、办刊物、搞宣传以及其他实际工作，显示了自己的独立工作和活动的能力，在这些活动中都贯穿着她对鲁迅的爱和忠贞之情。尤其当她被日寇逮捕严刑拷问时，坚贞不屈，她在鲁迅思想和教诲的鼓舞和感召下，做了一个中华儿女应该做的事情。鲁迅生前的学生与战友郑振铎在回忆这段事情时曾经写道："许广平把对鲁迅的爱与对民族与革命的忠诚结合在一起了，她的作为是难能可贵的。"

（二）

许广平与鲁迅相差18岁，他们可以说是两辈人，然而他们又是同时代人。他们是在共同反封建的道路上相遇、相识直到结合的。共同的命运和奋斗的目标，是他们结合的思想和政治基础，而且他们的结合也反映了时代、社会的面貌，因为他们是当时社会的一员，是"一滴水"，虽然并非普通一珠。

许广平有一个不幸的身世。她虽出身名门望族，但因庶出又是女子，在家族中地位低下，可以说是饱受冷遇欺凌之苦。她读书的权利，都是几经波折、不断斗争才取得的。这种经历，一方面培养了她对封建制度的痛恨和决裂的态度，一方面也锻炼了她的斗争的品性。在这方面，她与她的师长鲁迅，相同又不相同。他们两人一个是受到家族内部的歧视，一个是遭到来自社会的不平；一个是从内部的倾轧中而感到封建礼教的可憎，从里面杀出来，一个是从社会的欺压中体验到封建制度的可恶而离它去寻找新的人与新的生活。许广平几乎是一生下来就背上了一个封建婚姻的牢笼，使她不安和痛苦，小小年纪就有"遇人不淑"的哀痛。只是在哥哥的帮助下，她才在经过坚决的斗争后，解除了这个几乎可以毁灭她一生的婚姻桎梏。鲁迅也有一个不幸的婚姻。但他却是在自己已经长大成人，在母亲的爱的欺骗下，钻进了这个罗网。他本有自卫和自我解脱的能力，尤其是后来他已经是一个官员、学者、作家的时候，但他却由于对母亲的爱，而不能去、不想去进行斗争，而抱着

"做一世牺牲以偿还旧债"的"认命"态度。他们两人的命运相同，但后果并不完全一样。但这种在婚姻问题上的共同的遭遇却使他们在相识之后而能产生同情之心，发生心的相印、情的交流。许广平更既因自己的不幸而理解鲁迅的痛苦，又因自己的解脱羁绊而同情鲁迅的尚困缧绁。这成为他们日后结合的基础。更有意思的是，许广平在北京求学时期，有过一段真正的恋情，她与他不仅是真心相爱，而且已经是谊结同心，就将开始美满的生活。然而，晴天霹雳似的，那位青年，却突然离世而去，而且死因是照顾许广平的病而染上了病，而且是在许广平病愈之后期望重见时，他却已经入土。这打击是极度沉重的，这伤痕是深刻的，直到几十年后，许广平还慨叹不已，念念不忘。鲁迅却不同，他直到与许广平相识时为止，从未有过爱的经历，他一直认为自己没有爱的资格，他打算埋葬自己这方面的幸福。这样，当他们两人相遇，并产生爱的酝酿时，一个是已经失去过爱的青年女性的爱的重生，一个是从未爱过而把爱之心埋藏起来了的中年男子的爱的复苏。

所有以上的种种情况和两人之间的遭遇，经历的相同与不相同，不仅构成了他们的爱情的形式，而且决定了它的内容。作为两个反封建的战士，他们是在战斗的道路上相遇、相识的，因此他们不仅有彼此的关怀和爱恋，而且更主要的是有着共同的战斗。因此在他们的频繁的通信中，确实没有花呀月呀的词句，而充满了关于现实问题的看法和对斗争形势、策略的分析与讨论，也还有关于战斗文章的写作、修改与发表的问题。这样，他们的爱情，就不只是一种私人的交往与情感发展，而是具有了社会意义的事情。《两地书》的价值就远不只是能够了解鲁迅与许广平的恋爱经过，而更重要的、主要的意义在于我们看见两位战士的交换意见、讨论问题，其中包括人生问题、婚姻恋爱问题的讨论。他们的经历，他们的见解，他们对待恋爱、婚姻、人生、事业的态度，至今对我们保持着教育意义。

而且，从他们两人的经历中，我们也还可以更进一步地看到一个重要的历史侧面，在"五四"前后，我们的先辈为了反对封建主义的束缚，需要生活在同一时代的两代人的共同斗争。他们的斗争，往往是从争取恋爱自由、婚姻自主这个战场开始的，并由此从家庭范围的斗争，进入社会范围的斗争，从为一己的幸福之争进入到、提高到为大众的解放而斗争的高度。这也许可说是一代青年与一代战士的共同经历，这种经历反映了革命的性质、途径、内容和力量的组成。从文学的角度来观察，也看到"五四"前后的小说，反映青年一代的没有爱的痛苦、失去爱的悲哀和争取爱的自由的作品，为什么成为一时之盛和它们的时代意义之所在。

从历史的背景和时代的思潮方面来看，我们明显地看到，鲁迅与许广平的恋爱和为争取爱情权利的斗争，是他们作为反封建战士同旧制度、旧道德、旧习俗的一次短兵相接的斗争，一次为了自身的解放而战的斗争。他们当时遇到来自几个方面的压力：敌对阵营的造谣诽谤，朋友的添枝加叶的传闻议论，家庭亲属的反对。但他们并不畏惧，也未退缩，许广平甚至不惜同自己的家庭决裂。这种直接的战斗，这种生活的大变，对于他们两人来说，当然都是至关重大、影响深远的。如果夸大、缩小或歪曲这件事的真相和意义，都是不对的，都是对鲁迅的误解或歪曲。一种情况是不甚重视甚至不予论列，认为无关宏旨。这是把鲁迅看作神而不是一个人的观点的反映，至少把鲁迅的"人间烟火气"抹杀了。其实鲁迅公开出版《两地书》，就不仅是一个勇敢的行为，而且是一个坦率的举动，使人们目睹他的"凡态"，看到他的思想与性格的深处。然而，这正是他的伟大处。也有另一种情况，即把鲁迅与许广平的恋爱与结合，当作他生平的主要关节来看，添油加醋，歪曲攻击，借此贬低歪曲鲁迅，或者借此责骂怪罪许广平。许广平有言："我们无愧于心，对得起人人。"这是至诚之声、铮铮之言。虽不能概括全盘，却足以表白心曲。

我们今天来回顾这历史的踪迹并探讨它的意义，必须有公正的、科学的态度，其根本就在于如列宁所说把问题放在一定的历史范畴来看待。这样，我们才不至于轻忽重要的或苛责前人。

许广平曾经在她那篇哀伤而优美的散文《我怕》中，说到她为鲁迅每爱在黄昏时，不开电灯而迎进月光来，鲁迅时常喜欢说一句："今天月亮真好呀。"许广平说："他的称赞月亮，似乎在厦门写文章自比于黑夜之后。"

是的，用寒夜的月亮来比许广平之于鲁迅是合适的，她以明月的亮光照进鲁迅的为寂寞哀痛的乌云笼罩着的个人生活的天宇。鲁迅自己的感受亦如此。当然，这只是适用于鲁迅20年代在北京的那一段生活。以后，在上海战斗的十年，那情景则令我们想起唐弢同志的一段话。他说:"许广平她愿意忘了自己,做一个默默无闻的人,尽一切力量从生活上照顾鲁迅先生,使鲁迅先生能够安心写作,为中国,为革命,贡献出更多的非她本人所能及的功业。"因此,唐弢同志引《庄子》中的话"日月出矣,而爝火不息,其于光也,不亦难乎!"来说,许广平好像是被鲁迅先生的日月光彩所掩的爝火:"其于光也,不亦难乎!"

然而,她自愿为爝火,伴着中天之日!

这是许广平的为人与品格,是她之于鲁迅!

在鲁迅与许广平的恋爱与家庭生活中,也可以照见鲁迅的为人与品格,这是一个伟大的革命家、思想家、文学家的一个侧面,然而又和"正面"相通,反映"正面"并为其一部分。人谁能够无此侧面,能够躲过这个侧面的反映?我们无须掩盖这个侧面,但我们需要保持这个侧面的纯净与高尚,这也正是那"正面"修养的体现。

在鲁迅的这个"侧面"中,有许多(或者基本上)却是许广平的"正面",是她的生活的主要方面、主要内容。我们于此中所见,则是一个中国女性的美德的体现与发扬。她爱得郑重而热烈,爱得真挚而深沉,她不丧失自己的独立人格,但又不惜牺牲个人的事业,去成就爱人的更重要的事业,明月照人而不与太阳争辉。她从事烦琐零星的工作和家务,也不放弃自身的学习与提高。我们从中外许多名家的生平中看到,不少女性,作为夫人,有的不甘寂寞、争荣夺宠;有的奢侈豪华、无所事事,浪费丈夫的时光精力,造成他的苦恼;有的风波迭起,导致丈夫的不幸;有的琐屑卑微、以小乱大;等等。他们制造了不少文坛憾事、人间悲剧。与此相比,我们越发看到许广平的美德和贡献。

鲁迅与许广平的生平,教给我们如何生活,也启示我们什么样的生活是有意义的,值得我们投身于其中的。这个结论也许越出了文学研究的范围,然而文学能够脱离生活吗?!

(《锦州师范学院学报》1986年第4期)

南京求学时期（1899—1902）

鲁迅和周椒生

周椒生是鲁迅的叔祖。虽然鲁迅与他并不亲密，但是，确有鲁迅生平中几件属于早年的大事，与他分不开。如鲁迅由绍兴来南京求学，又如鲁迅由周樟寿改名周树人，就是出自他的主意。

周椒生（1845—1917），名庆蕃，字椒生，号杏林，一号虞臣。他在周家属仁房，大排行第十八，所以鲁迅同辈都叫他庆爷爷或十八叔祖。1876年，他中了举人，拣选知县。后来凭他的一个在两江总督衙门里任洋务文案的内表亲施理卿的关系，到南京水师学堂任汉文教习兼管轮堂监督。但是，终于因为周椒生性格孤僻，得罪上司后不久即被免职回家。他回到绍兴，凭了出身举人的头衔和在南京办过新式学堂的资格，谋了一个绍兴府学堂监督的差使。但也很快下台，于是只得以设塾糊口，坐馆至死。

周椒生是个典型的道学先生，他生活十分刻板而"正经"，每天早上起床后，跪诵金刚经，身练八段锦。晚上记完功过格，又练八段锦，最后用两手心摩擦两脚心至发热始安睡。平时奉行戒恶行善、放生惜字的信条，实在是一位拘守旧礼教、旧道德的冬烘先生。

他虽然身在洋学堂当监督，却对这个新式学堂很鄙薄。1898年，鲁迅决心走异路、逃异地，寻找别样的人们时，来到南京，投奔这位叔祖，在这位叔祖的帮助下，考入南京水师学堂求学。周椒生给这个初来的侄孙儿的第一个"见面礼"是改名，把周樟寿改名为周树人。在他看来，鲁迅来水师学堂读书，就如同吃粮当兵一样，"好铁不打钉，好男不当兵"。既然来了，这就辱没了祖先，玷污了家谱，于是就赐给了鲁迅一个"树人"的名字，实现其改名的设想。后来周树人的名字，竟成了鲁迅一生用的正式名字。看来，鲁迅对周椒生为他取的这个名字，并不反感。

鲁迅在政治、文化很发达的南京生活一段时间，很快接受了进步思想，开始阅读新书报，接受新思想。当他知道鲁迅在课外阅读《天演论》《时务报》《译学汇编》等倾向进步的书刊时，他就出来横加干涉。他为了"教育"鲁迅，拿了一张上面登有礼部尚书、总理各国事务大臣许应骙的奏折《明白回奏并请斥逐工部主事康有为折》的报纸，交给鲁迅，严肃地说："你这孩子有点不对了，拿这篇文章去看去，抄下来去看去。"可见他对新文化新思想的抵制。当然，鲁迅对他那种不正确的教导并不理睬，仍旧如饥似渴地阅读那些新书刊。

周椒生虽然思想保守，但和那些好吃懒做终日鬼混的僚吏不一样。不过凡他看不入眼的事，能够毫不客气地直言批评。如在南京时，他的顶头上司是饱暖终日、无所事事，整天抽鸦片烟，他不管得罪与否，竭力劝说那位上司戒烟，使那位上司很不高兴，怀恨于心。还有一次，曾帮他谋职的表亲施理卿，在施的母亲九十大寿时大摆宴席，过于铺张，他就当面申斥人家，施请他陪客，他却拂袖而去。这就引起了这些人的不满和排挤，最后他只好卷上铺盖回乡来做启蒙塾师。他的这种正直不阿的性格和生活节俭的作风，对青年鲁迅大概是不无影响的。但他的那副道学先生的面孔，我们在鲁迅的小说中可以找到影子。

日本留学时期（1902—1909）

鲁迅和章太炎

  1908年夏天，鲁迅同许寿裳、钱玄同、周作人等同学一起，到东京《民报》社听章太炎讲文字学。他们每个星期天早晨，便结伴而行，来到章太炎在东京的寓所——牛込区二丁目八番地《民报》馆。这是章太炎为这几个学生开设的特别班，所以在星期天上课。学生们来到后，章太炎便为他们讲解段玉裁《说文解字》和郝懿行《尔雅义疏》等。师生按日本习惯，席地而坐，环绕着一张矮桌。先生讲，学生听、记，从早晨一直到中午。

  这时，章太炎刚从上海狱中出来，以民主革命宣传家的身份出现在东京，在《民报》上撰文宣传革命，批判保皇。他本人和他的文章，都吸引了东京留学生中的进步学生们。而鲁迅，这时也弃医习文，到东京从事文艺运动已经两年了，曾经筹办过《新生》杂志，发表了《人之历史》《科学史教篇》《文化偏至论》《摩罗诗力说》等重要论文。章太炎对他具有很大的吸引力。鲁迅很爱看《民报》，尤其爱读上面发表的章太炎的战斗文字。鲁迅后来回忆说："我爱看这《民报》，但并非为了先生的文笔古奥，索解为难，或说佛法，谈'俱分进化'，是为了他和主张保皇的梁启超斗争，和'××'（献策）的×××（吴稚晖）斗争，和'以《红楼梦》为成佛之要道'的蓝公武斗争，真是所向披靡，令人神旺。"[①]

  正是在这种情况下，鲁迅到章太炎那里去听讲。"但又并非因为他

---

① 《且介亭杂文末编·关于太炎先生二三事》。

是学者，却是为了他是有学问的革命家"。

章太炎讲课，生动活泼，丰富多彩。"新谊创见，层出不穷"（许寿裳语）。整个上午，他旁征博引，阐释讲解，表现了诲人不倦的精神。在讲课中，朱遏先（希祖）笔记记得最勤。在谈天时，话说得最多的是钱玄同。鲁迅听讲，很为用心，但是说话极少。

这课程一直进行了半年。在这半年中，鲁迅受到章太炎先生比较深刻的影响。这是鲁迅与章太炎师生之谊最厚，也是受先生影响最主要的时期。鲁迅后来回忆说："我的知道中国有太炎先生，并非因为他的经学和小学，是为了他驳斥康有为和作邹容的《革命军》序，竟被监禁于上海的西牢。"[①]听半年《说文解字》课，章太炎那种有学问的革命家的"音容笑貌，还在目前，而所讲的《说文解字》却一句也不记得了"[②]。

鲁迅对章太炎的学问、道德都是很敬重的，但是却不盲从。有一次，章太炎问到文学的定义是什么，鲁迅回答说："文学和学说不同，学说所以启人思，文学所以增人感。"这回答是抓住了文学与学说的区别和各自特征的。但是章太炎却说，这样分法虽然比前人的解释强，但是仍然不恰当。他说，郭璞的《江赋》，木华的《海赋》，何尝能动人哀乐呢。鲁迅听了，默然不语。他不敢苟同。出门后，他对许寿裳说："先生诠释文学，范围过于宽泛，把有句读的和无句读的悉数归入文学。其实文字与文学固当有分别的，《江赋》《海赋》之类，辞虽奥博，而其文学价值就很难说。"[③]

由此可见鲁迅"吾爱吾师，吾尤爱真理"的精神和在治学上的严谨与独立思考态度。这种精神，也表现在鲁迅对章太炎一生的评价上。

章太炎的一生曲折跌宕，死后毁誉不一。但鲁迅却坚持实事求是的精神，给予恰当评价。章太炎（1869—1936），本名炳麟，字枚叔，后改名绛，别号太炎，清同治八年出生于浙江省余杭县的东乡。他自称在少年时代就有"逐满之志"。23岁时，到杭州就学于俞樾，研读经史。俞樾（曲园）精通朴学，旁及艺文，章太炎从俞学习，前后七载，学问大有长进。

①②　《且介亭杂文末编·关于太炎先生二三事》。
③　许寿裳：《鲁迅印象记·从章先生学》。

章太炎1900年剪去辫子，立志革命。

1902年（清光绪二十八年），章太炎由朋友蒋智由（观云）介绍，到上海爱国学社教三、四年级的国文。这个学校是中国民主教育家蔡元培等人在上海英租界创办的，以宣传民主革命思想为职志。章太炎在这里得与邹容（蔚丹）相识。邹容在日本留学，因反对清政府留日学生监督姚某，而被迫回到上海，也入爱国学社。1903年，他写了著名的反清革命宣传品《革命军》，并自署"革命军马前卒"。他拿所写书请章太炎润色，章太炎读后颇为感动，大加赞赏，便写了一篇序言。同时，又作了一篇驳斥康有为保皇谬论的《驳康有为论革命书》，一同刊出。当时在《苏报》上也发表了介绍《革命军》的文章。这几篇文章，以其激烈的反满言论和炽热的革命热情，鼓舞、激励了人们的反满革命思想，受到很热烈的欢迎。《革命军》在不到一个月的时间里，就销售好几千册。因此，使清朝统治者为之震惊，并决心镇压。清政府严谕两江总督魏光焘查办。魏奉谕后即派道员俞明震到上海执行。俞到沪后，与上海道、英副领事共同策划，于1902年5月逮捕了章太炎和邹容，关入西牢，严加审讯。这便是震惊中外的"《苏报》案"。章、邹二人被囚禁了七个月后，清政府外务部会同各国公使加以宣判，章太炎监禁三年，邹容监禁两年，均罚做苦工，监禁期满后，即逐出租界。邹容体弱，抑郁激愤，不堪折磨，不幸病死于狱中。章太炎在西牢里被监禁了两年零四个月后，于1906年6月出狱。不久，即被孙中山迎至日本。章太炎来到东京，整个留学生界为之轰动。7月15日，留学生在东京神田区锦辉馆楼召开欢迎大会，到会人达七千多名，盛况空前。章太炎在会上发表演说，宣传反清革命，痛快淋漓。此时，鲁迅正放弃医学，改习文艺，从仙台来到东京，他很可能参加了这次盛会。

章太炎到东京后，即加入同盟会，并主编该会机关报《民报》。这时，同盟会的革命派正与康、梁保皇派展开激烈的关于革命问题的论争，在思想上、理论上最后划清革命与改良的界限。章太炎此时写了许多文章，宣传革命主张，批判改良主义，表现了一个民主主义革命宣传家和理论家的风貌。他的文章，很受欢迎，鼓舞了青年们的反清爱国热情和坚强不屈的斗争意志。这时正在日本东京的鲁迅很爱读《民报》，尤其爱看章太炎的驳论文章。

1908年，清政府勾结日本政府，封闭了《民报》，章太炎不得不停止了自己的文字宣传工作。但他仍然留居东京，在神田区大成中学开办国学讲习会，讲授"国学"；同时又在自己的住处为几个学生开特别班，讲学授业。

1911年武昌起义成功，不久上海光复，章太炎便从日本回到上海，主编《大共和日报》。南京临时政府成立后，孙中山任临时大总统，聘章太炎为总统府枢密顾问。以后，一度受张謇的拉拢，参加了统一党。1913年宋教仁被刺后，全国讨袁，章太炎转变原来拥袁的态度，而参加反袁斗争，因此被袁禁锢。章太炎在被软禁中，对袁世凯进行了多次的斗争。他有时拿勋章作扇坠，摇着羽毛扇到总统府门前去大骂袁贼。有时将住处的东西打烂，以示抗议，并曾进行绝食斗争。袁世凯死后，章太炎才得自由。1917年参加护法军斗争，担任秘书长，并亲去西南各省联络北伐军。1924年以后，脱离了孙中山改组的国民党，在苏州定居。从此脱离政治，与群众隔绝，设章氏国学讲习会，而以讲学为业。晚年为日本侵略中国而愤慨，态度改变，赞助抗日救亡运动。1936年6月在苏州病逝。时年67岁。

章太炎作为鲁迅的先生，对鲁迅产生了一定的影响，他与鲁迅的关系，也可以分为四个时期。早年时期，在1906年章太炎去东京前，章太炎写《驳康有为论革命书》、作《〈革命军〉序》，以及《苏报》案发生后的种种表现，显示了他的革命精神和坚强意志，鲁迅对此颇为仰慕敬佩。1906年到东京后，章太炎主编《民报》，与主张改良的《新民丛报》展开了激烈的论争。鲁迅很爱看《民报》，认为那上面的章氏文章"令人神往"。鲁迅这时期彻底摆脱维新主义影响，建立民主革命思想，受到了章太炎的影响。以后，跟从章太炎学《说文》，在国学方面和文字学方面获益匪浅，为今后的学术研究打下了一定的基础，而主要的仍然是革命思想的影响和熏染。甚至写文章的好用古字，词句古奥，也都受到章氏的影响。这是鲁迅接受章太炎影响的主要时期。第三个时期，即辛亥革命前后的几年，章太炎虽有错误或不妥言行，但后来识破袁贼阴谋，与之斗争。当他绝食时，鲁迅还曾和同学一起去看望和劝说。他对这位先生仍是敬重爱护的。不过，已经不再受到他的什么影响了。第四个时期，袁世凯死后，章太炎逐渐走上脱离时代与人民，反对白话、提倡尊孔、主张读经的错误道路。鲁迅本着"吾爱吾师，吾尤爱真理"的精神，对章太炎进行了批评。如1926年夏听闻章太炎当了孙传芳的婚丧祭礼制会会长，并参加投壶古礼时，便激动地对朋友说：
"先生纯然成为儒宗了！这是多大的污点！"当他看到章太炎攻击白话
文、反对使用口头语时，便写了《名人与名言》，指出了章氏的错误。
那时，章太炎提出："你们说文言难，白话更难。理由是现在的口头
语，有许多是古语，非深通小学就不知道现在口头语的某音。就是古代
的某音，不知道就是古代的某字，就要写错。"鲁迅针对章太炎这个所
谓《保守文言的第三道策》，指出："因为白话是写给现代的人们看，并
非写给商周秦汉的鬼看的，起古人于地下，看了不懂，我们也毫不畏
缩。所以太炎先生的第三道策，其实是文不对题的。"然后，鲁迅又指
出了博识家多浅、专门家多悖的道理，他说："太炎先生是革命的先
觉，小学的大师，倘谈文献，讲《说文》，当然娓娓可听，但一到攻击
现在的白话，便牛头不对马嘴。"①

　　但是，当章太炎逝世后，有人施行攻击时，鲁迅却对这位逝去的老
师进行了全面衡量，做出了公正的评价。鲁迅写道：

　　　民国元年革命后，先生的所志已达，该可以大有作为了，然而
　还是不得志。……既离民众，渐入颓唐，后来的参与投壶，接收馈
　赠，遂每为论者所不满，但这也不过白圭之玷，并非晚节不终。考
　其生平，以大勋章作扇坠，临总统府之门，大诟袁世凯的包藏祸心
　者，并世无第二人；七被追捕，三入牢狱，而革命之志，终不屈挠
　者，并世亦无第二人：这才是先哲的精神，后生的楷范。②

鲁迅和许寿裳

　　许寿裳是鲁迅交往时间最长、关系最密切、友谊最深厚的朋友。自
1902年在日本弘文学院同学开始，以后几度同事，他们互相帮助、互
相支持，心胆相照、亲似手足，结为终生挚友。

　　许寿裳（1883—1948），字季黻，或作季茀、季市，号上遂。浙江
绍兴人。1902年9月以官费赴日留学，入弘文学院补习日文。鲁迅比许

① 《且介亭杂文二集·名人和名言》。
② 《且介亭杂文末集·关于太炎先生二三事》。

寿裳早5个月到弘文学院，他们虽不在一个班——鲁迅为江南班，许寿裳为浙江班，但终于因为志同道合、意气相投，共同为民族的衰落而哀凄，为异族的压迫而怒号，而走到一起。就在许寿裳到弘文学院不久，他就和鲁迅交上了朋友：

> 有一天，谈到历史上中国人的生命太不值钱，尤其是做异族奴隶的时候，我们相对凄然。从此以后，我们就更加接近，见面时每谈中国民族性的缺点。①

这是他们交往的开始，从此，他们两人朝夕相处、形影不离。在课余经常一起到神田一带书店选购图书，每从书店归来，两人钱袋空空，相对苦笑，引以为乐。

1903年1月，鲁迅和许寿裳、陶成章等29名绍兴籍留日学生在东京召开绍兴同乡恳亲会，并联名发出《致绍兴同乡公函》，劝导绍兴乡人出国留学，学习外国先进科学，以挽救危亡的祖国。3月，由于弘文学院院方对学生屡次提出的改革学科课程的要求置之不理，又无故增收学生费用，鲁迅与许寿裳等52名学生发起了有名的"挤加纳于清风，责三矢于牛人"的罢课抗议斗争。最后取得了罢课胜利。

1903年，鲁迅为了向好友表述自己以身许国、以身献国的决心，在剪去发辫的第一张照片上，题了七绝一首，赠给许寿裳。许寿裳在《我所认识的鲁迅》一文中回忆说：

> 鲁迅对于民族解放事业，坚贞无比，在1903年留学东京时，赠我小像，后补以诗，曰："灵台无计逃神矢，风雨如磐暗故园。寄意寒星荃不察，我以我血荐轩辕。"三十余年来，刻苦奋斗以至于死，完全是为中华民族的生存而牺牲，一息尚存，不容稍懈。

这首诗既是鲁迅自己的誓言，也是对好友许寿裳的勉励。

1903年，留日学生为宣传革命思想而创办的《浙江潮》创刊了。从第五期起，开始由许寿裳接任主编。许寿裳接编《浙江潮》后，首先请鲁迅写稿，鲁迅对好友许寿裳的约稿并不客气，很快编写了一篇历史小说《斯巴达之魂》。鲁迅的第一篇翻译短篇小说《哀尘》，也是在《浙

---

① 见许寿裳：《我所认识的鲁迅》。

江潮》上第一次发表的。以后写的科普文章《说钼》、科学论文《中国地质略论》等，也都是由许寿裳主编的《浙江潮》发表的。

1904年4月，鲁迅在弘文学院结业。8月，他去仙台医学专门学校学医，临行前向好友许寿裳告别，并将心爱的屈原《离骚》赠给许寿裳作纪念。不久，许寿裳考入东京高师读书。这时，他们经常保持书信来往，彼此报告学习和生活的情况，但这些信现在都已散失。其中一次谈鲁迅因衣服单薄，每日借入浴取暖的信，许寿裳曾在《我所认识的鲁迅》一书中回忆过：

> 鲁迅1904年，往仙台进了医学专门学校，有一次来信给我，大意说气候较寒每日借入浴取暖，仙台的浴池，男女之分，只隔着一道矮矮的板壁，同学们每每边唱边说，有的人乃踏上小机子，窥望邻室。信中有两句，至今我还记得的："同学阳狂，或登高而窥裸女。"自注云："昨夜读《天演论》，故有此神来之笔。"

从中可以看出鲁迅当时生活的俭朴清寒和刻苦夜读的情况。他们除彼此经常保持通信外，鲁迅在入学后第二年的春假时，特地从仙台乘火车到东京，和许寿裳等同学一起结伴登山，游览芦之湖，眺望富士山，大家围坐谈天直到深夜。

1906年，鲁迅从仙台退学，弃医从文，就又回到东京，入学籍于东京独逸语学会所设的德语学校，和许寿裳又相处一起了，他们一起赴会馆听讲演，一起看新戏，一起参加徐锡麟、秋瑾追悼会。1907年夏，还和许寿裳、袁文薮、周作人一起，在东京筹办《新生》文学杂志，鲁迅亲自设计了《新生》的封面。但后来由于袁文薮去英国留学和经济拮据，终于没有办成。后又一起同陈子英、陶望潮、周作人、汪公权等六人向孔特夫人学俄文。次年，许寿裳已从东京高师毕业，他租了一幢住宅邀鲁迅和周作人、钱家治、朱谋宣等人同居，起名叫"伍舍"。后来"伍舍"的四人又和钱玄同、朱蓬仙、龚未生、朱希祖等共八人，同赴"民报社"听章太炎讲《说文解字》。他又和许寿裳朝夕相处了三年。

1909年初，许寿裳回国，出任浙江两级师范学堂教务长。鲁迅当时由于家庭经济负担重，需要马上参加工作，因此在许寿裳回国前，就请托许寿裳介绍，去两级师范学堂任教。当时浙江两级师范学堂监督

（校长）是沈钧儒，许寿裳介绍鲁迅，一荐成功。鲁迅即于秋天回国，与许寿裳一起在该校任职。鲁迅在校期间，和许寿裳一起，对新任的顽固守旧的监督夏震武进行了坚决的斗争，开展了一场反对尊孔的"木瓜之役"。在斗争中，鲁迅团结进步师生全力支持了教务长许寿裳对夏震武的一切正义行动。最后取得了"木瓜之役"的胜利。

　　不久，鲁迅和许寿裳先后离开了浙江两级师范学堂。鲁迅于1910年7月回绍兴任绍兴府中学堂教职。许寿裳在1912年初，受中华民国临时政府教育总长蔡元培之召，从北京去南京协助蔡元培筹备教育部工作。许寿裳到南京后不久，就向蔡元培推荐鲁迅来南京协助工作。蔡元培久慕鲁迅才学，立即要许驰函绍兴，敦请鲁迅速去南京报到。鲁迅连接许寿裳的两封来信，就于2月中旬去南京就职。故友重逢，分外亲切。从此他们形影不离，朝夕相处。接着，他们一起随教育部同迁北京，又同居绍兴县馆。这时，正是袁世凯统治下的教育部，政局不稳，无所事事，鲁迅和许寿裳就经常出没于琉璃厂旧书店，觅购汉魏古碑拓片。1917年12月，许寿裳由教育部参事改任江西教育厅厅长，直至1920年回教育部，在这离别的三年中，除经常保持通信联系外，鲁迅经常将"五四"以来的新刊物如《新潮》《新青年》寄给许寿裳。许寿裳也经常在外地为鲁迅搜集碑帖。1922年许寿裳出任北京女子高等师范学校（后改称北京女子师范大学，简称女师大）校长，次年10月许寿裳聘请鲁迅兼任该校讲师，讲授中国小说史。1925年8月，由于鲁迅支持女师大进步学生驱逐校长杨荫榆运动，北洋军阀政府教育总长兼司法总长章士钊非法宣布鲁迅教育部佥事的免职令，引起了社会人士和教育部同事的强烈不满。鲁迅的好友，教育部部员许寿裳、教育部视学齐寿山率先联名发表宣言，提出罢职，以示抗议，并声称"章士钊一日不去，即一日不到部"，积极支持鲁迅的正义斗争。在强大的社会舆论压力下，段祺瑞政府不得不撤销章士钊的免职令。在女师大被段政府非法解散时期，鲁迅和许寿裳积极帮助学生在宗帽胡同租借新址继续上课，他们并义务授课，一直坚持到女师大复校开课。1926年三一八惨案以后，段祺瑞执政府进一步准备迫害缉捕爱国进步人士，鲁迅和许寿裳都被列入通缉的黑名单里。鲁迅奔赴厦门，许寿裳则离职回故乡避居。

　　鲁迅一到厦门，就准备向厦门大学推荐许寿裳来校任教，只是因为没有找到得力的人，所以一直没有荐成，但一直十分关心，这在鲁迅和许广平的通信里多次提到。后来鲁迅准备离开厦大而赴广州接受中山大学之聘。鲁迅自己尚未到中山大学，就四处写信，推荐许寿裳到中山大学任教。后来在老友沈兼士、孙伏园等帮助下，中山大学接受了鲁迅的推荐，聘许寿裳来中大任教。鲁迅获知消息后，一连发了数封信，催促许寿裳赴广州。许寿裳一到广州，正值鲁迅刚从香港回来，又因足受伤不便行走，就派许广平迎接。当时鲁迅住在中大大钟楼上，鲁迅就请许寿裳与他同住一室，各占一角。故友再次相逢，欣喜之情可以想见。许寿裳在《亡友鲁迅印象记》中回忆这段生活时说：

> 那时候，他住在中山大学的最中央而最高最大的一间屋——通称"大钟楼"，相见忻然。书桌和床铺，我的和他的占了屋内对角线的两端。这晚上，他邀我到东堤去晚酌，肴馔很上等甘洁。次日又到另一处去小酌。我要付账，他坚持不可，说先由他付过十次再说。从此，每日吃馆子、看电影，星期日则远足旅行，如是者十余日，豪兴才稍疲。

后来鲁迅不愿和现代评论派合作共事，又愤慨于校方对"四一五"被捕学生不予营救，怒而辞职。许寿裳则采取相应行动，和许广平同时提出辞职，充分表现出他们患难与共、生死相托的深厚友谊。

1927年鲁迅由广州到上海，当时在家里以写作为生，没有固定收入，许寿裳一直为鲁迅的生计担心。这时正好许寿裳受蔡元培之请，去南京大学院任秘书长工作，许寿裳就向蔡元培推荐鲁迅为大学院特约撰述员，这样鲁迅既可以从事自己的写作，每月又可以有三百元的固定收入，使鲁迅无后顾之忧，专心于革命文学事业。

鲁迅定居上海的十年，虽然许寿裳先在南京大学院任职，1934年又去北平任北平大学女子文理学院院长，两人天各一方，但他们的心还是紧紧相连，随时随地关心着对方的安危。1931年春，因柔石等"左联"五烈士被捕，上海、北京小报谣言四起，或说鲁迅被捕，或说鲁迅已死。这可急坏了南京的老友许寿裳。正当许寿裳焦急万分的时候，很快接到了鲁迅的报安信。这封信的体裁和以前的大不相同，不但不加句读，而且改换的姓名除老友许寿裳可以理解外，换一人则如读天书，不知所云。这封信是这样写的：

季黻吾兄左右（：）昨至宝隆医院看索士兄病（，）则已不在院中（，）据云（：）大约改入别一病院（，）而不知其名（。）拟访其弟询之（，）当知详细（，）但尚未暇也（。）近日浙江亲友传其病笃或已死者（，）恐即因出院之故（。）恐兄亦闻此讹言（，）为之黯然（，）故特此奉白（。）此布（，）即请道安（！）弟令斐顿首一月二十一日（。）

这才使许寿裳放了心。

1932年，上海一·二八事变发生，上海陷入一片火海之中，家家户户都在逃难，交通阻隔，通信中断。这又使许寿裳很着急，只好打电报给陈子英，要陈子英就近打听鲁迅安危。陈子英也无法找到鲁迅，就只好登报寻找。鲁迅见报时，正离家在内山书店支店避难，就立即写信给许寿裳，告诉逃难的近况。从上面两件事，可以充分看出他们友谊的深厚。他们虽然人分两地，但心总是紧紧地连在一起的。

1933年6月18日，中国民权保障同盟总干事杨杏佛被国民党特务暗杀于上海。这时正值许寿裳从南京来上海探望鲁迅。他19日到鲁迅家，知道20日在万国殡仪馆为杨杏佛举行殓仪。当时国民党暗杀杨杏佛后，扬言还要加害鲁迅，许寿裳很不放心。第二天鲁迅去参加杨杏佛的殓仪前，许寿裳赶到鲁迅家。鲁迅将开门的钥匙交给许广平，冒着生命危险，在许寿裳的陪同和保护下，参加了杨杏佛的殓仪。

这十年间，许寿裳虽然不能常常晤见鲁迅，但彼此仍保持密切的交往。从鲁迅定居上海起到鲁迅逝世前的《鲁迅日记》中可知，仅鲁迅给许寿裳的书信就达65封。据许寿裳回忆，这一时期，凡是到上海办事或途经上海，必定去探望鲁迅，每年至少也有十多次。最后两年，因许寿裳调北京工作，到上海的机会就少了一些，但也有四五次见面。在鲁迅病重的1936年，许寿裳专程去上海探望鲁迅。又从《鲁迅日记》中可知，自1927年10月开始，鲁迅就经常给许寿裳寄赠书籍。他自己的著译书，寄赠或面赠的就有《唐宋传奇集》《思想·人物·山水》《而已集》《艺苑朝花》《壁下丛书》《新俄画选》《士敏土之图》《中国小说史略》《三闲集》《竖琴》《两地书》《鲁迅自选集》《北平笺谱》《引玉集》《新文学大系·小说二集》《鲁迅杂感选集》《凯绥·珂勒惠支版画选集》。另外有一些书由鲁迅作序，或收有鲁迅的文章的，出版社送给鲁迅三五本样书，鲁迅也都首先送给许寿裳。这些书中有《海上述林》《淑姿的信》《进化与退化》《初期白话诗稿》《创作的经验》《小小十年》，以及日译本《鲁迅全集》等。在这十年中，鲁迅送给许寿裳的书，还有很多是在《鲁迅日记》中不记书名的，只记"寄季市书三种六本""寄季市书十册""寄季市书籍杂志一包"，那就无法统计了。鲁迅主编的杂志如《语丝》《奔流》《萌芽》等，也都是按期给许寿裳寄去。虽然他们人在南北，思想是相通的。许寿裳发表的著作，鲁迅也是时时注意的，得到后总是认真阅读，对好友的著作绝不一味恭维，而能开诚布公、提出意见，这使许寿裳很感激。那是1936年9月北平大学女子文理学院编辑出版的《新苗》第八期上，刊有许寿裳所作《纪念先师章太炎先生》一文，文中谈到章太炎1906年在东京留学生欢迎会上的演说，在节引其中"用宗教发起信心，增进国民的道德"一段之后，便说："现在中国虽称民国，而外侮益亟，民意益衰，一般国民之怯懦浮华，猥贱诈伪，视清末或且加甚，自非一面提倡佛教'以勇猛无畏治怯懦心，以头陀净行治浮华心，以惟我独尊治猥贱心，以力戒诳语治诈伪心……'"鲁迅看了这篇文章后，对许寿裳进一步宣扬章太炎的以佛法救中国主张提出了不同的意见。他在1936年9月25日致许寿裳信中直率地指出：

> 得《新苗》，见兄所为文，甚以为佳，所未敢苟同者，惟在欲以佛法救中国耳。

鲁迅在同一封信中迂回地指出，对章太炎的纪念，应该纪念他反清爱国的那方面，应该宣传他的《狱中赠邹容》《狱中闻沈禹希见杀》《狱中闻湘人杨度被捕有感二首》那种慷慨激昂的具有民族气节的爱国诗篇，宣扬他反对袁世凯而书写的七尺"速死"篆书。鲁迅对好友做了婉转的批评。

鲁迅和许寿裳不仅从共同事业上彼此关怀，无异于兄弟，而且在生活上也一直互相关心照顾。按照绍兴的风俗，孩子上学，必须请一位品学兼优的做开蒙老师。许寿裳的长子世瑛5岁时，许寿裳就请鲁迅为其启蒙。后来世瑛考入国立清华大学文科，请教鲁迅应该看些什么书，鲁迅便认真地给世瑛开了一张详细的书单。连许寿裳的女儿有眼病，鲁迅也多次亲自带领到医院诊治。1935年鲁迅正忙于赶译果戈理的长篇小说《死魂灵》，时间十分紧，但听说许寿裳的长女世瑂要在新亚酒家举行婚礼，一向不参加这种酬应仪式的鲁迅，独对许寿裳例外。那天，鲁迅偕许广平带着海婴一起去贺喜，虽然耗用了宝贵的时间，也在所不惜。1935年7月16日鲁迅致萧军信中所说，"月初因为见了几回一个老朋友，又出席于他女儿的结婚，把译作搁起来了，后来须赶译，所以弄得没有工夫。"就指的是此事。

1936年7月鲁迅大病稍有转机，许寿裳由嘉兴回北京，途经上海，于27日去拜访鲁迅。这时鲁迅印造的德国《凯绥·珂勒惠支版画选集》正在亲手装订，就挑选一本送给许寿裳，并亲笔题词说：

> 印造此书，自去年至今年，自病前到病后。手自经营，才得成就，特赠季茀一册，以为纪念耳。

这是他们的最后一次会见，这本书也成了他们友谊的最好纪念。

鲁迅逝世时，许寿裳远在北京，教务缠身，不能赶来参加葬仪，仍被列为鲁迅治丧委员之一。噩耗传来，哀痛莫名，当天给许广平拍来唁电，唁电说："豫才兄逝世，青年失其导师，民族丧其斗士，万分哀痛，岂仅为私，尚望善视遗孤，勉承先志……"第二年一月，许寿裳利用寒假南归，特至万国公墓的鲁迅墓前敬献花圈，并在途中成《哭鲁迅墓诗》一首，以抒其对故友的凭吊之情。

> 身后万民同雪涕，生前孤剑独冲锋。
> 丹心浩气终黄土，长夜凭谁叩晓钟。

鲁迅逝世后，许寿裳以宣传鲁迅精神为己任，编写《鲁迅年谱》，搜集鲁迅遗文，撰写回忆鲁迅和纪念鲁迅的文章。不管是在抗日战争年代在西北联大、华北大学任教期间，还是在抗战胜利后到台湾任省编译馆馆长或台湾大学国文系主任期间，始终不渝地捍卫鲁迅、宣传鲁迅。由于许寿裳积极宣传鲁迅思想和鲁迅精神，为国民党反动派所忌，于1948年2月18日在台北寓所遭杀害，成为一名著名的捍卫鲁迅的杰出战士。他的一生著述，是以回忆、纪念和研究鲁迅的著作为主，成集的有《亡友鲁迅印象记》《我所认识的鲁迅》，另外还有《鲁迅的思想与生活》《鲁迅年谱》等单篇。这些都是研究鲁迅必不可少的珍贵文献。

鲁迅和蒋抑卮

1975 年 11 月，周海婴上书给毛泽东主席，要求整理出版鲁迅著作，其第一条就是整理出版比较完备的《鲁迅书信集》。正当毛泽东主席批发海婴的信件之后，人民文学出版社准备将《鲁迅书信集》发排的时候，海婴收到来自武汉的一封信。写信人名叫蒋世显。他说，他是蒋抑卮的亲属，手中存有鲁迅文物数件，要面交海婴。海婴热情相邀，蒋世显带着文物来到北京。他交出的是鲁迅在仙台写给蒋抑卮的书信一封，还有鲁迅、许寿裳同蒋抑卮的三张合影。该书信是迄今所见鲁迅最早的一封信，照片中有鲁迅身着和服与人合照一帧，都是非常宝贵的。这封信当时就在报刊上发表了，引起了广泛的兴趣，鲁迅研究工作者和现代文学史研究者都十分重视。从此，《仙台书简》成为鲁迅研究中极珍贵的资料之一。原来，这封信的发现，不仅填补了鲁迅早期思想研究中的空白，丰富了新版《鲁迅全集》的内容，而且信的内容非常丰富，至关重要。

这封信是鲁迅从仙台写给蒋抑卮的。当时，鲁迅才到仙台学医。鲁迅在信中记叙了自己的学习生活，转告了自己的思想状况，也发表了对于异国生活和日本同学的观感。这些内容，反映了鲁迅的爱国深情，对于学校教育的深刻见解以及思想的活跃。因此它被认为是中国近代史上的重要文献，也是帮助理解鲁迅早期著译的"最简洁的注释"。

这封信发表后，人们开始注意了解蒋抑卮其人。他是怎样一个人？与鲁迅是什么关系？

说来有趣，蒋抑卮是一位经济界人士。他在鲁迅生平早期的一段时间里，曾与鲁迅交往甚密，对鲁迅从事的文艺运动给予了支持，起了值得注意的作用。

蒋抑卮（1875—1940），字一枝，又作抑卮，浙江杭州人。原籍绍兴，其父少时贫穷，背布匹串门做生意，由此起家，到了蒋抑卮时才富起来。1902 年 10 月，蒋抑卮自费到日本留学。1903 年浙江籍留学生创办《浙江潮》杂志，蒋抑卮曾垫款一百元，又捐洋十元。当时，鲁迅的好友许寿裳主编《浙江潮》，由于在东京的浙江籍留学生不多，又有许寿裳和《浙江潮》的关系，蒋抑卮可能与鲁迅相识，并且过从甚密。这从鲁迅的仙台书简中即可看出。

1904年，蒋抑卮回国，参加创办浙江兴业银行，经营上海广昌隆绸缎庄。鲁迅的《仙台书简》，就是这时写给他的。

1909年1月，蒋抑卮偕眷到东京治疗耳疾。他到东京后，即住进鲁迅与许寿裳、周作人同居的西片町住宅。鲁迅等人把小间空出给蒋氏夫妇住。他们住了两三个星期后，在离鲁迅等人住处不远的地方租了房子，搬去住了。蒋抑卮白天经常到鲁迅住处来谈天。在治疗耳疾时，鲁迅为蒋抑卮当翻译。鲁迅帮助他进了耳鼻喉专门医院，做了手术。手术后引起了丹毒，蒋抑卮因此发高烧。当发热说胡话时，他叮嘱鲁迅记着，这是日本人嫉妒中国出了他这样的一个人，所以故意加害。这反映平常他是自视甚高的。在平日闲谈中，蒋抑卮还有一句口头禅，当说到什么事情发生了障碍时，他便说：只要"拨伊铜钱"（绍兴土话"给他钱"）就行了吧。这也反映了他的商人习气。鲁迅还曾因此给他取了一个绰号叫"拨伊铜钱"。

在同住期间，蒋抑卮听了鲁迅关于介绍外国文艺，以推动中国思想和文学改革与发展的谈话，大为赞赏，即表示愿意资助。后出资一百五十元，帮助鲁迅、周作人印行了《域外小说集》初集一千册和二集五百册。《域外小说集》在国内的代销处就是蒋抑卮在上海开设的广昌隆绸缎庄。

由此可见蒋抑卮是鲁迅最早的友人之一，并且是他的事业的一个最早的支持者。

鲁迅回国后，与蒋抑卮仍有联系和交往。此时，蒋抑卮已成为实业界人物，在北京、上海都开设有企业，常往来于京沪间。1914年4月，鲁迅曾到来远公司访问过蒋抑卮；在上海，鲁迅也曾到浙江兴业银行去拜访过。据《鲁迅日记》记载，他们的来往终止于1928年1月，有记载的来往41次。他们的友谊为何中断不得而知，但思想变迁和道路不同，肯定是根本的原因。

但蒋抑卮对鲁迅一直保持着情谊。前面说到的几件文物，他始终保存着，直到1940年逝世。蒋抑卮逝世后，蒋世显又一直珍重保存着这几件鲁迅的文物。"文化大革命"期间，几乎被毁。当时这几件文物已经被送上火堆，即将付之一炬。在蒋世显要求下，得到允许，才从架起的火堆当中，救出了这封信和三张照片，使父子两代珍藏了60年的珍贵文物得免于难。这倒是鲁迅研究和我国文化事业中的一件幸事了。

鲁迅和何几仲

鲁迅在好友范爱农不幸逝世后，写了《哀范君三章》，表示自己沉痛的哀悼和深沉的悲愤。诗中有句云："华颠萎寥落，白眼看鸡虫。"鲁迅在诗后附言中写道：

> 我于爱农之死，为之不怡累日，至今未能释然。昨忽成诗三章，随手写之，而忽将鸡虫做入，真是奇绝妙绝，霹雳一声，速死豸之大狼狈矣。

鲁迅在这里自谓把"鸡虫做入"，"真是奇绝妙绝"，是因为"鸡虫"与"几仲"在绍兴口语中完全谐音，而在意义上，既引用了杜甫诗"鸡虫得失无了时"之意以表示鄙薄，又讥刺了"几仲"其人。这个"几仲"就是何几仲。他是鲁迅和范爱农在辛亥革命时期的同事，而为人卑劣恶作，为鲁迅所鄙视，因此成为鲁迅日后刻画、抨击这类宵小冥顽之徒嘴脸的素材之一。

何几仲（？—1937），名撰（又作揽），字寄重（又作几仲）。浙江绍兴龙门桥马弄人，祖居绍兴硖山。早年曾留学日本，后回故乡绍兴。1911年11月绍兴光复后，王金发当了绍兴军政府的都督。他是鲁迅在同盟会的旧友，主政后便聘请鲁迅担任山会师范学堂的监督。这时，何几仲也在山会师范当职员。鲁迅在一些文章中都写到过辛亥革命时期那些投机革命的人，如何装成自由党，"咸与维新"，成为革命胜利果实的蛀虫。在《阿Q正传》中，他还写到：

> 这几日里，进城里去的只有一个假洋鬼子。赵秀才本也想靠着寄存箱子的渊源，亲自去拜访举人老爷的，但因为有剪辫的危险，所以也就中止了。他写了一封"黄伞格"的信，托洋鬼子带上城，而且托他给自己绍介绍介，去进自由党。假洋鬼子回来时，向秀才讨还了四块洋钱，秀才便有一块银桃子挂在大襟上了；未庄人都惊服，说这是柿油党的顶子，抵得一个翰林。

这段描写，反映了辛亥革命后绍兴的现实情况。当时，"柿油党（自由党）"在绍兴颇盛行，而何几仲便是绍兴自由党的头目，可见他投机革命的嘴脸和逢迎钻营的本领了。但他这种趋炎附势、蝇营狗苟的作为，很为鲁迅、范爱农所不齿。辛亥革命胜利后，鲁迅即应蔡元培之邀，到南京临时革命政府教育部任职，不久，又随教育部迁京而到了北京。鲁迅走后，山会师范学校校长的职务即由封建顽固派傅励臣接任，何几仲与傅励臣狼狈为奸、为非作恶。此时，仍留校的范爱农一直盼望着鲁迅能为他在外谋一职务，忽来电报召他去赴任。但是，他一直未能等到这个电报，却被何几仲伙同傅励臣撵出了学校。范爱农在1912年5月9日给鲁迅的信中悲愤地诉说道："弟之监学则为二年级诸生斥逐，亦于本月一号午后出校。此事起因虽为饭菜，实为傅励臣处置不宜，平日但求敷衍了事，一任诸生自由行动所致。弟本早料必生事端，惟不料祸之及己。推原及己之由，现悉统系何几仲一人所主使，唯几仲为弟结如是不解冤，弟实无从深悉。"

范爱农被何几仲排挤出校后，穷困凄苦，悲伤愤懑。鲁迅颇疑心他是自杀。事后，鲁迅写了《哀范君三章》，对封建顽固势力进行了揭露抨击，表示了对辛亥革命的失望。同时，对何几仲，也以"白眼看鸡虫"的双关语，给予了鄙弃的讥刺。鲁迅对自己这"神来之笔"甚感快慰，可见他对何几仲痛恶之深。鲁迅在得到范爱农死讯后，在日记中写道：

悲夫悲夫，君子无终，越之不幸也，于是何几仲辈为群大蠹。

这段话表达了对何几仲一类人的谴责。由此可见鲁迅将何几仲看作破坏辛亥革命的投机分子的一个代表人物。在鲁迅揭露这一反动社会类型人物时，何几仲是模特儿之一。

何几仲以后仍混迹于绍兴学界，1913年秋，参加绍兴省立第五中学（前身即绍兴府中学堂）学生的文学团体——羑社，为名誉社员。后来，又挂牌当律师，但仍然奔走于豪门权贵，鱼肉乡里。甚至绍兴许多土娼拜他为干爹，以求保护，可见其作恶之甚、品格之卑劣。1927年后，何几仲又成为国民党反动政权的走卒，曾任绍兴县孝义镇镇长。晚年患精神病，于1937年病死在绍兴，结束了可耻的一生。

鲁迅和张梓生

张梓生是鲁迅在山会初级师范学堂担任监督时的学生。在鲁迅定居上海后，又与鲁迅有过一段密切的交往。鲁迅的一首重要诗作，与他有关联，故现为研究者所注意。

张梓生（1893—1967），名森，字君朔，又字子乔。他是鲁迅的同乡。在山会初级师范简易科毕业后，曾在绍兴塔子桥僧立小学和万安桥明道女校任教。张梓生20岁左右时，父亲在清江浦搞水利工程，不幸殉职在任所，因此孤儿寡母，生活艰难，又受乡里欺侮，勉强维持到1922年前后，不得不变卖典当家产，流落到上海。到上海后，张梓生先在商务印书馆当排字工人，以后又到商务所属的《东方杂志》任校对、编辑。1931年后，到《申报》馆工作，主编《申报年鉴》，主要的工作是统计国家经济实业情况。以后，又担任著名副刊《申报·自由谈》的主编。1935年，《申报》总经理史量才，因受忌于国民党反动政权，被国民党蓝衣社特务，于刺杀杨杏佛之后，在杭州到上海的路上杀害。史量才遇害后，张梓生也遭到迫害，不得已离职而去。后到南京担任开明书店南京分店经理。1967年逝世。

张梓生作为鲁迅的学生，与鲁迅有较为经常的交往。据统计，《鲁迅日记》中，从1919年到1936年，提到张梓生的地方有50多处。而且鲁迅的几个重要事件与他有关。1916年3月，他拿了山阴杜泽卿作的印章集《蜕龛印存》请周作人作序，周作人写了《〈蜕龛印存〉序》给鲁迅看，鲁迅改写一遍。鲁迅在这篇序中，对杜泽卿的治印给予了好的评价，指出他"用心出手，并追汉制，神与古会，盖粹然艺术之正宗"。鲁迅在序中，还简要地论述了艺术的发展与特点。他写道："尝闻艺术由来，在于致用，草昧之世．大朴不雕，以给事为足；已而渐见藻饰，然犹神情浑穆，函无尽之意，后世日有迁流，仍不能出其封域。"这对于了解、研究鲁迅的美学思想，是很有价值的。

在这期间，鲁迅在北京，张梓生在绍兴，两人时有书信来往。在《鲁迅日记》中记载着，鲁迅有时给他和周建人寄书报杂志，有时单独给张梓生寄，也有时替周作人给张梓生寄书。如1919年2月、3月，连续给张梓生寄书和杂志。3月13日和18日，五六天内即两次寄杂志和书给张梓生，可见交往之密切。1919年12月，鲁迅从北京回绍兴搬家北上时，曾经把三箱书籍寄存在张梓生家里。1954年，根据许广平提供的《绍兴存件及付款簿》，绍兴鲁迅纪念馆派人到张梓生的老家找回了这三箱书，其中有鲁迅批注过的《花镜》，鲁迅手抄的《二树山人写梅歌》和在南京读书时手抄的讲义《八线》《几何学》等。这都是研究鲁迅的重要文物。

1926年8月鲁迅从北京去厦门途经上海，1927年10月鲁迅到上海后，张梓生都曾去旅馆看望和问候鲁迅。

以后，鲁迅在上海定居，张梓生也在上海工作，两人交往更为密切。鲁迅在上海期间，自1933年起，为《申报》副刊《自由谈》写杂文，对国民党反动统治，对当时黑暗社会的种种腐朽、没落、罪恶的现象，予以有力的揭露、抨击和批判。这些杂文的发表，得到了编者黎烈文的许多帮助。这些杂文，后来收集在《伪自由书》《准风月谈》等重要杂文集中。但是，1934年5月，黎烈文被迫辞职，继任者是张梓生。原来，反动派以为挤走了黎烈文，鲁迅的杂文便被压制而不能发了。但不想张梓生是鲁迅的学生和旧交。在张梓生的支持下，鲁迅的杂文仍然不断用化名在《自由谈》上发表，继续发挥它揭露、批判的战斗作用。

1934年9月，张梓生为了约稿事去访问鲁迅。过了几天，鲁迅约张梓生吃饭，周建人作陪。席上，张梓生向鲁迅索诗，鲁迅含笑答应了。过了几天，鲁迅即将写好的诗交给周建人转赠张梓生。这就是鲁迅写的《秋夜偶成》一诗。诗云：

> 绮罗幕后送飞光，柏栗丛边作道场。
> 望帝终教芳草变，迷阳聊饰大田荒。
> 何来酪果供千佛，难得莲花似六郎。
> 中夜鸡鸣风雨集，起然烟卷觉新凉。

有人解释此诗是写张梓生青年时代当家庭教师时，与所教的两姊妹之间的风流韵事。但张梓生本人说："我声明，这完全不对！请诸位注释那首诗的时候，万万不要采用此说作注。理由是：我和鲁迅先生的交往情形，一向是，我恭恭敬敬地去访问，他的接待态度也使我感到亲切中有严肃，大概先生不至于将我的'莫明其妙的轶事'入诗见赠。"（张梓生1954年给出版部门的信）。张梓生认为，鲁迅的诗是记述了1934年秋那次吃饭时的谈话内容，是鲁迅对当时文坛景况的抒怀之作。这首诗，揭露了国民党反动统治，表达了坚决斗争的决心，描写了鸡鸣可闻、风雨密集，黎明的曙光就要在东方地平线上出现的情景。

"五四"时期（1912—1926）

鲁迅和刘半农

1918年2月10日，即农历除夕之夜，刘半农在北京绍兴会馆，同鲁迅、周作人一起，度过了一个难忘的良宵。他们在一起畅谈心曲，有意把除夕"当平常日子过"，而不像一般人那样忙碌于迎神拜佛、敬祖团聚之中。这天晚间，他们谈得很投契，商量着怎样来招引缪斯这位文艺女神，发展新文学事业；怎样像日本刊物一样，在《新青年》上开辟"蒲鞭"专栏，鼓励催促新文学的产生。他们这天晚上谈得是这样愉快，刘半农在深夜回家时，还以畅快兴奋的心情，以超尘脱俗的感受，想着在远远近近的爆竹声中，"此时谁最闲适？地上只一个我！天上三五寒星！"后来，刘半农写了一首诗《除夕》来记述和纪念这个难忘的除夕。这诗发表在《新青年》四卷三号上。鲁迅虽然只在当天的日记中写了"晚刘半农来"这样简略的一句，但是，这一夜畅谈，却对他产生了一定的影响。就是在这天之后不久，鲁迅便写了小说《狂人日记》，发表在《新青年》四卷五号上。

如果说钱玄同的不断拜访和催促，对鲁迅提笔写作、投身文学革命运动起了促进作用，那么，刘半农的这一脱俗之举和深夜畅谈，则使鲁迅受到一次最后的触动和推进，而终于拿起笔来战斗了。

这件事反映了五四运动前夕和当时，鲁迅与刘半农交往之亲密与深切，也说明刘半农对鲁迅有过一定的影响。

在《狂人日记》发表以后，刘半农曾戏呼鲁迅为"狂人"。1920年的一天晚上，刘半农领了北大学生常惠去拜望鲁迅。一进屋，他就对鲁迅说："这是北大的常君，来看'狂人'来了。"鲁迅也很风趣地说：

"哦！丢了人了，到这里来找人吧?"——刘半农原名"半侬"，到北京后才把"侬"的立人旁去了改名"半农"，所以鲁迅这样来同他开玩笑。由此可见鲁迅的幽默风趣和他同刘半农之间的亲密关系。这时期，可以说是鲁迅和刘半农的友谊最笃的时期。他们是同一战阵的战友。鲁迅对这时期的刘半农是赞许的，特别是对于他与钱玄同所扮演的"王敬轩双簧戏"很为称赞。

那时，刘半农到北京的时间还不太长，他是从上海来的。刘半农（1891—1934），江苏江阴人，原名复，别号曲庵。15岁时入江苏常州中学读书。辛亥革命后在军队里担任过一段文牍工作。1912年到上海，在《中华新报》和《红玫瑰》杂志当记者。1915年，陈独秀在上海创办了《青年》杂志（后改名为《新青年》），他便积极撰稿。后来，《新青年》编辑部迁入北京，他也来到了北京，在北京大学担任预科的国文教员。1918年初，《新青年》为了打破沉寂的局面，推动文学革命运动，展开对复古派的斗争，便由钱玄同化名"王敬轩"，把当时社会上的一些反对新文化运动的错误言论都归拢起来，写成一封攻击新文化运动的信，装作是复古派投寄给《新青年》的。同时，由刘半农写回信，对这封来信中的种种谬论痛加驳斥。这两封信同时发表在《新青年》四卷三号上。当时，在宣传上、在反对复古派的斗争上，起到了很好的作用。虽然胡适等人认为这种做法不妥，但鲁迅仍然肯定了刘半农、钱玄同的功绩。鲁迅称赞这时的刘半农是"跳出鸳蝴派，骂倒王敬轩，为一个'文学革命'阵中的战斗者"①。

以后，1920年6月，刘半农作《她字问题》一文，指出："一、中国文字中，要不要有一个第三位的阴性代词？二、如其要的，我们能不能就用'她'字？……我现在还觉得第三位代词，除'她'字外，应当再取一个'它'字，以代无生物。"这样，刘半农便为我国现代文字中，创造了"她"字和"它"字，至今仍在为人们所使用，这是他在新文化运动中的一个贡献。

对于刘半农的这些劳绩，鲁迅都是肯定的。他说："他活泼，勇敢，很打了几次大仗。譬如罢，答王敬轩的双镇信，'她'字和'牠'字（按：应为'它'字）的创造，就都是的。这两件，现在看起来，自

---

① 《花边文学·趋时和复古》。

然是琐屑得很，但那是十多年前，单是提倡新式标点，就会有一大群人'若丧考妣'，恨不得'食肉寝皮'的时候，所以的确是'大仗'。"①

在战斗中，刘半农表现得活泼、勇敢，但有时近于草率和无谋。因此有人讥评他"浅"。然而他又表现了很好的战斗品格。鲁迅说："要商量袭击敌人的时候，他还是好伙伴，进行之际，心口并不相应，或者暗暗给你一刀，他是决不会的。"②刘半农一方面努力提倡新文化，另一方面身上又留着"红袖添香夜读书"的封建文人的思想，而且自己到处去说。这样，就又遭到一些人的嘲笑和攻击。

这时期，他与鲁迅来往比较密切。据《鲁迅日记》记载，在1918年至1919年的仅仅两年中，他们来往就有40余次。鲁迅把他当作同一战阵中的战友，同时又批评他的缺点，把他那种才子佳人的思想反掉了。

刘半农因为受到攻击，便于1920年赴法留学。到法国后，专攻语音学，获法国文学博士学位。1925年回国，历任北京大学教授、北平大学女子文理学院院长，并研究语音、文法和音韵等。

1926年，刘半农偶然在厂甸市上买得清光绪时出版的用俗谚写成带讽刺而流于油滑的章回体中篇小说《何典》，并将它标点重印，请鲁迅作序。鲁迅便写了《为半农题记〈何典〉后，作》。文中，鲁迅说到作序、标点、书籍，只有汪原放、胡适这些学者作得，"刘半农、李小峰，我，皆非其宜也"。又说，教授为了生活，印书卖书以至为销路而做广告，都是无可厚非的。这些老实话，却惹恼了刘半农，为此极不高兴。以后，鲁迅主编《语丝》，在上面发表了一篇文章，纠正了刘半农说"林则徐被俘"的错误，刘半农因此更恼火，从此不再给《语丝》撰稿。这些事反映了他的教授架子、名士脾气已经渐渐滋长起来了。

1927年以后，刘半农地位高了，思想更趋保守。1933年，北京大学招生，刘半农是阅卷官，从国文卷上发现了一些可笑的错字，就做诗为文对青年人加以嘲笑挖苦。鲁迅批评他说："当时的白话运动是胜利了（指五四运动时提倡白话文），有些战士，还因此爬了上去，但也因为爬了上去，就不再为白话战斗，并且将它踏在脚下，拿出古字来嘲笑后进的青年了。"③

①② 《且介亭杂文·忆刘半农君》。

③ 《准风月谈·"感旧"以后（下）》。

鲁迅在对待刘半农的问题上，表现了高度的原则性，同时也表现了对旧时战友的深情和实事求是的态度。一方面，由于刘半农的变化，认为他"渐渐的据了要津"，而"将他忘却"，又因为他"禁称'蜜斯'，"做打油诗，弄烂古文"，而见面时竟"几乎已经无话可谈了"。但是，另一方面，对于刘半农在"五四"时期的功绩，对于他的品性方面的优点，又都予以充分的肯定，并且对陷沙鬼们在人死之后的恶意攻击给予揭露和批判。

1934年，刘半农到内蒙古调查方言，感染回归热，病死于北京。

刘半农逝世后，人们对他毁誉不一，鲁迅写了《忆刘半农君》一文。他在文中写道：

> 现在他死去了，我对于他的感情，和他生时也并无变化。我爱十年前的半农，而憎恶他的近几年。这憎恶是朋友的憎恶，因为我希望他常是十年前的半农，他的为战士，即使"浅"罢，却于中国更为有益。我愿以愤火照出他的战绩，免使一群陷沙鬼将他先前的光荣和死尸一同拖入烂泥的深渊。

鲁迅的话，正确地评价了刘半农的一生。

鲁迅和胡适

1932年11月鲁迅北上省亲，13日到达北平。第二天，胡适就向各报记者发表谈话，对鲁迅进行攻击。而当他见到鲁迅时，劈头说了一句："你又卷土重来了！"

鲁迅冷冷地给予讥刺的回答："我马上卷土重去，不抢你的饭碗。"

话不投机的情况，在这短短的谈话中明显地表露出来了。胡适的话，的确表现了他自己的内心活动，他怕鲁迅回到北平来从事战斗。鲁迅的话，除讥刺之外，也是实情：北平不少大学和朋友、学生，希望他留下教书，但被鲁迅谢绝了。鲁迅这样说和这样做，都有着深刻的原因。这次来平，他遇到几个五四时期的战斗伙伴和密友。然而情况却发生了很大的变化。比如钱玄同，以前彼此是那样亲密，然而现在，他竟反对北京师范大学的学生邀请鲁迅前去讲演，说什么"我不认识什么姓鲁的""鲁迅要来讲演，我就不当这个国文系主任"。另一个旧友刘半农倒友善一些，背后表示想去看看鲁迅，不知谁吓唬了他一下，他没有敢去。鲁迅后来说："这使我很惭愧，因为我到北平后，实在未曾有过访问半农的心思。"①这些情况，表明了五四时代同一战阵中的战友，发生了多么深刻的变化。从鲁迅与胡适在这次久别重逢中的简短的交锋中，也已经表露出他们两人，在中国知识分子的这种大分化中，各自站在了不同的一方，成为各方的一个代表人物了。

胡适是我国现代文学和现代文化史上，曾经煊赫一时，而且始终在文化界活动的人物。他与鲁迅，从五四新文化运动开始时起，就从事共同的战斗，曾经建立了一定的友谊关系；但是，后来分道扬镳，成为对立面。他对鲁迅，无论从正面还是从反面看，都产生了不可忽视的影响。

胡适（1891—1962），原名洪骍、嗣穈，字希疆、适之。曾用笔名有天风、希疆、藏晖、铁儿、H·S·C等。原籍安徽绩溪，生于上海，他出身于官僚地主兼商人家庭。幼年时，九年的私塾教育，使他奠定了旧学的根底。但他很爱读小说，《水浒传》《红楼梦》《西游记》《三国演义》以至《薛仁贵征东》《薛丁山征西》之类，他都颇有兴趣地读过，这又为他后来重视白话文小说，并作出研究成绩，打下了最初的基础。正如他自己所述："不知不觉之中受到了不少的白话散文的训练，在十几年后于我很有用处。"同时，他也读文言的小说，如《聊斋志异》等，并且把文言翻成口语，讲给本家姊妹们听。这对于他后来的创作与研究很有益处。1904年春，胡适在家乡读私塾。14岁，又到上海读书，开始接触西方学术与文化，受到进化论的影响。他读了赫胥黎的《天演论》之后，写了一篇文章，题为《生物竞争适者生存论》，发挥进化论的思想，并改字为适之，把名字改为胡适。以后，又受梁启超的很深的影响，接受了梁的改良主义思想，给今后接受实用主义，转化成买办资产阶级思想文化代表，打下了最初的思想基础。他自己追述这段思想经历时说："我个人受了梁先生无穷的恩惠。""他的《新民说》诸篇给我开辟了一个新世界，我彻底相信中国之外还有很高等的民族，很高等的文化；《中国学术思想变迁之大势》也给我开辟了一个新世界，使

---

① 《且介亭杂文·忆刘半农君》。

我知道四书五经之外中国还有学术思想。"①1910年夏，胡适考取了第二批庚款留美。到美国后，先后入康奈尔大学、哥伦比亚大学。在康奈尔先学农科，后又转文科，学习政治、经济，兼学文学、哲学。1915年入哥伦比亚大学后，跟杜威学哲学，从此成为杜威实用主义的忠实信徒，也是实用主义在中国的积极推行者。胡适在美留学近7年。在这漫长的学习岁月中，他全盘接受了西洋文化、哲学、思想的浸染，给今后的洋奴买办文化思想奠定了深厚的基础。在政治上，他属于右翼。这时，正是中国从袁世凯政权到北洋军阀统治都实行卖国政策，中国更深地沦为半殖民地的时期；也是人民群众中爱国主义思想情绪高涨并展开了爱国反帝斗争的时期。许多留学生，身处异邦，刺激更深，爱国情绪更为激昂。鲁迅在20世纪初年在日本留学时就是这样一面受卖国浪潮的刺激、一面受爱国热潮的激励而促进了爱国主义思想的成长发展的。但是胡适却在这个时期，表现了相反的态度。1915年袁世凯同日本签订丧权辱国的"二十一条"，留美中国学生纷纷写信打电报声讨日本帝国主义，谴责袁世凯卖国，并举行爱国集会。但是胡适却反对这些爱国主义行动。他不去参加活动，也不参加爱国集会，还说："吾辈远去祖国，爱莫能助，纷扰无益于实际，徒乱求学之心。函电复驰，何裨国难？不如以镇静处之。"他的表现，遭到人们的耻笑，留学生们称他所持的是"不争主义"，对他"皆曾嗤之以鼻"。这年3月，他又写《致留学生界公函》，说什么不必与日本人作战，留学生也不要管国家安危，唯有"认真地，安静地、不受干扰地和毫不动摇地致力于学习"②。他的这封公开信发表后，遭到更激烈的反对，留学生称他为"木石心肠""不爱国"。以后，袁世凯对日本提出的无理要求完全承认，激起了全国人民的反对。但是，胡适却十分赞扬，他在日记中歌颂道："吾国此次对日交涉，可谓知己知彼，既知持重，又能有所不挠，能柔亦能刚，此则历来外交史所未见。"

　　胡适对爱国运动挑剔和反对，认为不如安静读书好，但是，却不怕花费时间，去参加美国社会的政治活动。他先后加入世界大同会、国际政策会、联校非兵会等社团。他还跑去会见美国下台的总统塔夫脱，同

---

① 胡适：《四十自述》。

② 胡适：《胡适留学日记》。

他讨论远东问题。他对美国当时的总统威尔逊又称颂备至，赞扬威尔逊的演说"其言句句精惊，语语肝胆照人"，并歌颂他的对华政策"皆是人道主义"。他对美国的资本主义制度和社会风尚也十分钦羡，常常发出"百不如人"的感叹。

陈独秀在上海创办《新青年》杂志后，胡适与他经常联系，发表意见，也常投稿。在一次给陈独秀的信中，他提出对于文学革命的八项要领。陈独秀看后很为欣赏，便促他写成文章"以告当世"。胡适便把它写成《文学改良刍议》一文，从美国寄回国。陈独秀将文章发表在1917年1月出版的《新青年》上。这八项要领是：

一曰，须言之有物。

二曰，不摹仿古人。

三曰，须讲求文法。

四曰，不作无病之呻吟。

五曰，务去烂词套语。

六曰，不用典。

七曰，不讲对仗。

八曰，不避俗字俗语。

这是五四新文化运动中，发出的第一篇呼吁改革的文字。陈独秀接着写了《文学革命论》。陈独秀提出的问题，比胡适更进了一步，态度也更加激进。以后，李大钊、鲁迅、钱玄同、刘半农，都先后发表文章或作品，从理论上和创作上表示赞助和声援，掀起了新文化运动的浪潮。

1917年夏，胡适回国，到北京大学任教授。这时，陈独秀在北大任文科学长，并把《新青年》由上海迁到北京。从1918年起，陈独秀把《新青年》改成同人刊物，李大钊、鲁迅、钱玄同、刘半农、胡适都成为编辑部成员和主要撰稿人。他们成为同一战阵中的人。这时，胡适从事新文化运动，研究中国文学，与鲁迅时有往还，书信不断，结下了较好的友谊。据统计，从1918年8月到1924年9月的6年之中，《鲁迅日记》中提到胡适的地方就有36次。1924年《鲁迅书信集》中共收14封信，其中致胡适的就有5封。而据《鲁迅日记》记载，同年1至8月，鲁迅给胡适写了10封信。他们在这些交往中，互相促进，互相帮助，切磋学问。鲁迅曾为胡适删阅诗集《尝试集》中的作品，肯定胡适对《水浒传》《红楼梦》的研究成果。当胡适把《五十年来中国之文学》寄给鲁迅看时，鲁迅回信说："大稿已读讫，警辟之至，大快人心！我很希望早日印成，因为这种历史的提示，胜过许多空理论。"对于胡适所作的《水浒传》两种序，鲁迅也在给胡适的信中说："序文极好，有益于读者群。"胡适对于鲁迅的创作和研究也给予了肯定。他在《五十年来中国之文学》中指出：鲁迅的《狂人日记》等短篇小说，是白话文学中"成绩最大的"，并说"他的短篇小说，从四年前的《狂人日记》到最近的《阿Q正传》，虽然不多，差不多没有不好的"。1924年鲁迅的《中国小说史略》初版出版时，赠胡适一本。胡适后来在《〈官场现形记〉序》中写道："我在《五十年来中国之文学》里，曾说《官场现形记》是一部模仿《儒林外史》的讽刺小说。鲁迅先生在他的《中国小说史略》里另标出'谴责小说'的名目，把《官场现形记》《二十年目睹之怪现状》《老残游记》《孽海花》等书都归入这一类。他这种区别是很有见地的。""鲁迅先生这样推重《儒林外史》，故不愿意把近代谴责小说同《儒林外史》并列。这种主张是我很赞同的。"

胡适在五四运动一开始就表现了他的右翼知识分子代表的面目。首先，他对五四运动是冷淡的，对学生爱国运动是不赞同的。当五四运动在北京爆发时，胡适正陪他的美国老师杜威南下上海讲学，兜售实用主义。对于学生们的集会、斗争，以及被捕，他或者非议，或者不闻不问。到第二年，他还发表反对的言论。他说："近一年来，教育界的风潮几乎没有一个月平静的，整整的一年光阴就在风潮扰攘里过去了。"他更进一步攻击说："单靠用罢课作武器，是最不经济的方法，是下下策，屡用不已，是学生运动被动的表现。"又说："用罢课作武器，还有精神上的很大损失：（一）养成依靠群众的恶心理。……（二）养成逃学的恶习惯。……（三）养成无意识的行为的恶习惯。"以后，胡适更反对马克思主义在中国的传播，攻击说"被马克思、斯大林牵着鼻子走也算不得好汉"。

胡适作为五四运动中右翼知识分子的代表，早在五四运动期间，就与鲁迅有分歧。但这时的一致、共同作战和切磋学问，还是主要的。起先，在如何办好《新青年》的问题上，他们有过不同意见。以后，胡适又大肆鼓吹"整理国故""踱进研究室"。鲁迅对此提出了批评。他在《未有天才之前》中指出："就现状而言，做事本来还随各人的自便，老先生可以整理国故，当然不妨去埋在南窗下读死书，至于青年，自有他的活学问和新艺术，各干各事，也还没有大妨害的。但若拿了这面旗子来号召，那就是要中国永远与世界隔绝了。倘以为大家非此不可，那更是荒谬绝伦！"以1923年为分水岭，胡适与鲁迅，由一般的意见分歧，发展到分道扬镳。

这年12月鲁迅在《碎话》中，批判胡适的"踱进研究室"，讽刺道："这当然也是名言，何用多说呢，就遵谕钻进研究室去。待到有一天，你发见了一颗新彗星，……""'束发小生'变成先生，从研究室里钻出，救国的资格也许有一点了，却不料还是一个精神上种种方面没有充分发达的畸形物，真是可怜可怜。"1927年四一二反革命政变以后，中国革命进一步深入发展，知识分子又进一步分化，胡适与鲁迅的分歧也就更深了。胡适逐渐发展到成为投靠国民党反动政权的买办资产阶级文人，每在民族斗争和阶级斗争的关键时刻，跑出来充当反动派的代言人。因此，鲁迅也每在这样的时刻，对胡适进行了深刻有力的批判。五四运动后，胡适对不断兴起的学生反帝爱国运动表示反感，劝学生"踱进研究室"，引诱青年脱离革命运动。在他的影响下，一批资产阶级知识分子迅速地从五四运动学生队伍中分化出去，如五四运动中风云一时的人物、新潮社的骨干分子傅斯年、罗家伦等，便是著名的代表。对此，鲁迅曾给予揭露和批判，指出："前三四年有一派思潮，毁了事情颇不少。学者多劝人踱进研究室，文人说最好是搬入艺术之宫，直到现在都还不大出来，不知道他们在那里面情形怎样。这虽然是自己愿意，但一大半也因新思想而仍中了'老法子'的计。"[1]鲁迅还揭露说，许多"外国的考古学者们联翩而至了"，但"这虽然可恶，却还不奇，因为他们究竟是外人。而中国竟也有自己还不够，并要率领了少年、赤子，共成一个大古董以供他们鉴赏者，则真不知是生着怎样的心肝"[2]。鲁迅鼓舞青年们，"寻什么乌烟瘴气的鸟导师！"莫如"寻朋友，联合起来，同向着似乎可以生存的方向走"。[3]以后，鲁迅对于胡适朝见清废帝溥仪、向国民党统治者频送秋波、歌颂国民党的监狱以及向日本侵略者献策，叫他们"征服中国民族的心"等反动行径和作为，都给予了及时

「五四」时期（1912—1926）

---

① 《华盖集·通讯》。

② 《华盖集·忽然想到（五至六）》。

③ 《华盖集·导师》。

的、深刻的、不留情面的揭露、抨击和批判。

九一八事变后，蒋介石召见胡适。鲁迅立即指出："中国向来的老例，做皇帝做牢靠和做倒霉的时候，总要和文人学士扳一下子相好。"鲁迅说："当'宣统皇帝'逊位逊到坐得无聊的时候，我们的胡适之博士曾经尽了这样的任务。""见过以后，也奇怪，人们不知怎的先问他们怎样的称呼，博士曰：'他叫我先生，我叫他皇上。'"现在是蒋介石召见了，鲁迅讥讽地写道："现在没有人问他怎样的称呼。为什么呢？因为是知道的，这回是'我称他主席……！'"短短几句，便辛辣地揭出了胡适卖身投靠的奴才相。

以后，在民权保障同盟的活动中，鲁迅与宋庆龄以及国民党中的进步人士蔡元培、杨杏佛等，都积极地从事揭露国民党反动统治、保卫人民权利的工作，而胡适作为同盟北方分部的负责人，竟公开为国民党的黑暗监狱唱颂歌。鲁迅便写了《光明所到》，揭露了胡适为主子辩护的奴才本质与用心的实质："莫非中国的监狱竟已经改良到这地步，'自由'到这地步；还是狱卒给'英国话'吓倒了，以为胡适博士是李顿爵士的同乡，很有来历的缘故呢？"再以后，胡适更堕落到为日本侵略者献策，叫他们不要用暴力，而要用王道来征服中国民族之心。鲁迅也给予了深刻的揭露和批判，不仅揭发了他当汉奸的嘴脸，而且指出了这种献策是毫无用处的。

胡适自己曾经说过："人各有最明白的地方，也各有最懵懂的地方，在甲点上他是新时代的先驱者，在乙点上他也许还是旧思想的产儿。"这番话倒是很适合胡适自己。作为最早提倡文学改良、为中国新文化运动揭开序幕者之一，他曾经走在前头；但是，在另外的地方和在此之后，他便不仅是旧思想的产儿，而且是旧思想的代表了。作为中国现代知识分子的代表，胡适与鲁迅，也正好走着完全相反的两条道路。

胡适一生，曾创办过多种刊物，如《努力周报》《读书杂志》《国学季刊》《现代评论》《新月》等。曾任北京大学校长、国民党政府驻美大使等。

胡适晚年致力于《水经注》版本的考证。1948年至1949年写了六篇关于《水经注》的学术论文，见解独到，有一定的学术价值。他的主要著作有：《胡适文存》《戴东原的哲学》《国语文学史》《白话文学史》等。

鲁迅和李大钊

李大钊作为鲁迅的同时代人，对鲁迅产生了重要的影响。在五四运动时期，李大钊是鲁迅心中的革命前驱者，也是自己敬重的战友；后来，李大钊作为中国共产党的领导人，依然是鲁迅向共产主义前进的引路者和楷模。李大钊与鲁迅同为五四时代的战士，虽然在运动发展和进行期间，鲁迅的声望不如李大钊高，但在历史的回顾中，却可以明显地看到，他们是五四运动时期，中国思想文化上空的两颗最明亮的星。这一对双子星座，闪烁高空，交相辉映。

李大钊（1889—1927），字守常，河北省乐亭县大黑坨村人，生于1889年10月29日。他的幼年生活是很不幸的。父亲李任荣，早年得了肺病，35岁就去世了，留下了怀孕的妻子。李大钊出世后，母亲伤感过度，一年多以后也去世了。只留下幼年的李大钊，依靠着年老的祖父生活。他后来在《狱中自述》中说："在襁褓中，即失怙恃，既无兄弟，又鲜姐妹，为一垂老之祖父抚养成人。"

祖父李为珍，也是个读书人，他对孙儿非常宠爱，但管教却非常严厉。李大钊3岁识字，四五岁时开始读《千字文》《百家姓》《三字经》等蒙童读物，同时还从见到的对联、告示、碑文中学字。他的童年是在不断学习中度过的。

他学习勤奋、刻苦，而且爱思考，爱发问。他进步迅速，才思敏捷，能文善诗，在乡里颇为著名。

1905年，李大钊考入永平府中学。他依旧勤学不懈，成绩总是名列前茅。

李大钊比鲁迅小8岁。当他出生于冀东平原之上、浩茫渤海之滨时，鲁迅正在江南水乡，嬉戏于东湖之滨、稽山之下。而当李大钊考入永平府中学堂时，鲁迅正在日本的仙台学医。

李大钊早在少年时代，就有感于社会腐朽、国家衰落和清廷腐败，心里萌生了爱国的思想，并逐步发展。他常向老师发问："为什么洋人在中国横行霸道？""为什么穷人没饭吃、没衣穿？"当有一次老师讲过太平天国的故事后，他就激动地说："我长大了一定要学洪秀全，推翻清朝皇帝！"正如他后来在《狱中自述》中所说："钊自束发受书，即矢志努力于民族解放之事业。"这时，他13岁。进了永平府中学堂之后，他接触了新思想、新知识，了解了更多的国家、社会以至世界的状况，他的爱国思想更向前发展了，他对祖国的命运怀着深切的关怀。他手不释卷地阅读康有为、梁启超的文章、著作，和同学们讨论国家大事。

1907年，年轻的李大钊又失去了唯一依靠的祖父。而家庭财产又被姑母和堂叔挥霍殆尽，经济上的原因，造成他失学的威胁。但他拒绝了井家坨财主宋举人的"栽培"，不接受他的资助，而是依靠真情而贤惠的夫人"辛苦艰难，典当挪借"①，继续完成学业。1907年夏，李大钊到天津报考学校。在军医学校、银行专修和政法学校三个可供选择的学校面前，他选择了第三个学校，他不喜欢军医，又认为"理财致个人之富，亦殊违我素志"，只有学法政，能够"求得挽救民族、振奋国群之良策"。

当李大钊高兴地走进北洋法政专门学校时，鲁迅已经于前一年退出仙台医学专门学校，回到东京从事文艺运动了。鲁迅与李大钊不同，他曾经向往医学，欲以救民，并想在战争时去当军医；而李大钊却不乐于此道。当鲁迅鄙弃"法政警察"，以为不足以救国时，李大钊却心怀伟志，走进法政专科学校了。他们是如此的看法不一。但是，他们救国救民之志是一致的，鲁迅为了"立人"，改造国民性，使人民"发扬踔厉"而去从事文艺运动；李大钊为了寻找"振奋国群之良策"而去学法政。两位青年爱国志士，为了共同的目标，而走着不同的路，但却殊途同归。

1910年，李大钊的老师白亚雨，为革命英勇就义，在刑场上立而不跪，昂首宣称"此身可裂，此膝不可屈"。并对周围行刑的士兵宣传："共和大好，我们要为共和奋斗到底！"这种革命精神，给了李大钊以深远的影响。

1911年辛亥革命取得胜利，李大钊曾经为之欢欣鼓舞，但很快就失望了。1912年6月，他写了《隐忧篇》，指出中国如"敝舟深泛溟洋……固犹在惶恐滩中"。以后，他奔走京、津间，与政界人物接触，期有利于救国救民。但是，他看到国是日非、壮志难酬。1913年4月他又写了《大哀篇》。其中谈道："共和共和，幸福何有于吾民也！"这时期，他写了不少诗文，吊民伐罪、泣血陈词，显示了一个深沉的爱国志士对于辛亥革命的失望、对于现状的忧愤和对于拯救祖国的道路的殷切探求之情。

这时，他仍然是法政学校的学生。

此时的鲁迅，已经在北京教育部任职。他也同样处在苦闷、忧愤的沉默期。

1913年冬，李大钊得友人的资助，去日本留学，寻找救国救民的真理。他的东渡，较鲁迅晚了几乎十年。但时代不同，他此时出国也比鲁迅去国时怀着更明确的民族解放思想。到东京后，他考入早稻田大学政治科。这时，他接触到欧洲社会主义思潮，开始研读介绍马克思主义的著作。他的高度的爱国主义和革命民主主义思想，有了进一步的发展。这时期，他写了许多热情洋溢，具有战斗精神的文章。对于袁世凯的窃国称帝，他口诛笔伐，并揭露了帝国主义侵略者的阴谋。

李大钊热情地投入反袁斗争。他从事宣传活动，帮助云南"护国军"筹军饷。1916年春，他到江户送友人回国，吟诗一首：

> 壮别天涯未许愁，尽将离恨付东流。
>
> 何当痛饮黄龙府，高筑神州风雨楼。

表达了悲壮的情绪和对革命的期求。

1916年4、5月间，在袁世凯复辟帝制的活动越来越严重，全国的反抗斗争也日益发展的时候，李大钊未等毕业，便回国投入反袁运动。他先来到上海。

这时，陈独秀正在上海办《新青年》。李大钊将1916年春在日本时写的《青春》一文投寄陈独秀，文章在9月出版的二卷一号上发表。他在文中指出，正当"白发之中华垂亡，青春之中华未孕"之际，"吾族青年所当信誓旦旦，以昭示于世界，不在龂龂辩证白首中国之不死，乃在汲汲孕育青春中国之再生"。他号召青年永远"前进而勿后顾，背黑暗而向光明"，"以青春之我，创建青春之家庭，青春之国家，青春之民族，青春之人类，青春之地球，青春之宇宙"。《青春》一文，成为迎接五四运动到来的一篇革命民主主义的宣言书，对前期新文化运动有着重大的影响。

1916年6月，李大钊北上，到北京任《晨钟报》总编辑。他对此寄予很大希望，他想要"振此'晨钟'"，唤起"吾民族之自我的自觉"，担当起"青春中华之创造"的使命。他在社论前面设计了一座警钟,每天在上面发一警语,第二号上的警语是"铁肩担道义",表现了他的远大抱负和坚定精神。

在《晨钟报》上,李大钊揭露军阀、官僚、政客的罪恶,反对封建独裁,宣传民主主义。他号召青年们"长驱迈往",不惜"断头流血",来"索我理想之中华"。然而,掌握《晨钟报》命运的研究系政客们却很不理解,他们不让李大钊贯彻自己的革命民主主义的宣传方针。李大钊对于当时的众议院议长、研究系主要成员汤化龙对《晨钟报》的控制很不满,虽然汤化龙曾经资助过他留学日本,但他仍不顾私情,与汤抗衡。但是,阻挠却日益加重,李大钊不与妥协,便愤而辞职。他主持笔政仅仅22天。

1917年1月,李大钊受聘于章士钊主编的《甲寅》日刊。在这个刊物上,他又发表了许多反对军阀统治和封建文化的文章。这引起了章士钊的恐慌,劝他不要这样做。但李大钊仍然坚持自己的立场。

这年7月上旬,军阀张勋带领他的辫子兵开进北京,拥戴已遭废黜的清帝宣统(溥仪)重新上台,上演了一出复辟丑剧。李大钊仓促离京,来到上海。眼看着国家危亡、民族衰敝、人民潦倒、革命受挫,他百感交集,思考着民族的前途、革命的道路。他写道:"一代声华空醉梦,十年潦倒剩穷愁";"正是黯然回首处,春申江上独登楼!"

此时的鲁迅,也仍然处在沉默中,他抄碑帖、辑古书、读佛经、集拓片,原以避袁贼之耳目,继则以此探索中国历史发展之轨迹,寻求救国救民的真理和民族之出路。

他们在殊途同归的长途中,按照各自的思想发展路径前进。

1917年11月,俄国爆发了十月革命。俄国工农的胜利,新的苏维埃国家的诞生,像一轮红日升起,朝霞映红了寒冷北国的上空。李大钊为之欢欣鼓舞,他在寻觅探求中,见到了新世纪的曙光。1918年,他受聘于北京大学,任图书馆主任,再次回到北京。在这里,他结合实际,更深入地研究了马克思主义,研究俄国革命,认清了中国革命必须走十月革命的道路。从这年11月起,他的历史名文《庶民的胜利》和《布尔什维主义的胜利》在《新青年》上发表。他发出了"试看将来的环球,必是赤旗的世界"的信心百倍的预言。

1918年6月,李大钊发起建立少年中国学会,第二年7月1日正式成立，会员中会聚了不少英俊之才，毛泽东、邓中夏、恽代英均参加学会活动。1918年冬，李大钊又在北大组织了马尔格斯学说研究会，为马克思主义在中国的传播，开辟了最初的道路，建立了最初的基础。他成为五四运动前，新文化运动中的马克思主义的思想家和启蒙者，成为革命青年走上革命道路的导师。

从1918年1月到北京大学工作时起，李大钊就参加了《新青年》编辑部的工作。从《新青年》1918年第四卷起，李大钊同陈独秀、钱玄同、胡适等轮流担任各期编辑。李大钊参与和主持编务，使《新青年》成为宣传马克思主义的阵地，更使新文化运动从反帝反封建的思想运动发展成为马克思主义的思想运动。1919年5月，李大钊为《新青年》编了"马克思研究专号"，并发表了《我的马克思主义观》，对马克思的唯物史观、"阶级竞争学说"、"经济论"及其相互关系，做了系统的阐述，比较系统地介绍了马克思主义。此时，李大钊已从一个激进民主主义者，转变为共产主义战士了。

1918年，鲁迅的小说《狂人日记》在《新青年》四卷五期上发表，并开始不断在该刊上发表《随感录》。从此，鲁迅与李大钊共同战斗在一起。

1919年5月4日，爆发了伟大的五四运动。李大钊不仅为这场运动的兴起准备了思想和群众条件，而且是这个运动的主要组织者和领导者之一。他所在的北京大学，是五四运动的主要发祥地。他在这个学校的许多工作，为运动准备了多种条件。在运动发生的当天，他自己参加了游行示威。以后，他又派邓中夏等革命青年到各大城市进行宣传，使运动迅速扩展到全国，并促进了学生运动与工人运动的结合。

从1920年1月开始，他与陈独秀讨论了建立中国共产党的问题。

1920年3月，他在北大发起组织了我国第一个"马克思学说研究会"，团结了一批进步青年，学习研究马克思主义，研究中国社会和中国革命问题，为建立中国共产党准备了思想和干部条件。

正是在五四运动前夕，在《新青年》的编务工作中，李大钊与鲁迅结识了，并成为亲密的战友。鲁迅虽然比李大钊大七八岁，但是，他对这位年少于己的战友的道德文章是颇为推崇的，并视为自己的革命伙伴和革命的前驱者。鲁迅后来追忆时写道，我在"新青年时代""以他为站在同一战线上的伙伴"。"我最初看见守常先生的时候，是在独秀先生邀去商量怎样进行《新青年》的集会上，这样就算认识了。不知道他其时是否已是共产主义者。总之，给我的印象是很好的：诚实，谦和，不多说话。"①鲁迅还说到，他提笔创作小说，起初是为了"呐喊几声，聊以慰藉那在寂寞里奔驰的猛士，使他不惮于前驱"。而且，他还说，他的作品是听前驱者之"将令"的"遵命文学"。这里所说的"前驱者""将令"，李大钊是其中主要的一员。

鲁迅之走上战阵和从事勇猛的战斗，与李大钊的影响是分不开的。他们互相影响，携手共进，去投身和领导那伟大的历史运动。

在以《新青年》为核心的五四运动文化革命统一战线中，李大钊与鲁迅，代表了共产主义知识分子与激进民主主义知识分子，他们形成了运动的左翼；以胡适为代表的资产阶级知识分子则组成了运动的右翼。两者之间，在当时虽然为着反帝反封建的目的，进行了共同的斗争，但是矛盾和分歧很早就存在。1919年7月，五四运动刚刚过去，胡适便发表了《多研究些问题，少谈些主义》一文，反对宣传马克思主义，反对阶级斗争。8月，李大钊发表《再论问题与主义》的公开信，批驳了胡适，指出为了社会问题解决，就要"宣传我们的主义"，"本着主义作实际的运动"。他着重指出，必须运用马克思主义阶级斗争的理论，"为工人联合的实际运动"。

这就是历史上有名的"问题"与"主义"的大论战。

从1920年以后，李大钊逐渐转向为筹建中国共产党、领导工人运动和革命斗争的活动。这年9月，继5月间上海首先建立共产主义小组之后，李大钊发起在北京也建立了共产主义小组。他是小组的组织者和领导者。他推动、组织和领导邓中夏等青年学生，到民众中去，到工人中去，进行宣传、调查，促进了马克思主义与工人运动的结合。在他领导下，创办了向工人进行社会主义宣传的通俗小报《劳动音》；以后，又在长辛店创办了劳动补习学校。在李大钊领导下，这个学校成为北京共产主义小组组织工人的主要纽带，创造了一个先进知识分子与工农群众相结合的有效形式。

1921年7月，在上海召开了中国共产党第一次全国代表大会，宣告了中国共产党的诞生。党的一大之后，成立了党的北方地区执行委员

---

① 《南腔北调集·〈守常文集〉题记》。

彭定安文集 5
鲁迅和他的同时代人

会，李大钊担负起领导的责任。1921年8月，党建立了中国劳动组合书记部，李大钊担任这个组织的北方区分部主任。在李大钊领导下，北方的工人运动开始逐步形成第一个高潮。长辛店、唐山、山海关铁路工人的罢工，开滦五矿工人的罢工，以及京绥路、正太路铁路工人的罢工，相继兴起。

1922年，中国共产党召开了第二次全国代表大会。李大钊当选为中央委员。

以后，李大钊全身心地投入党的工作，领导北方工人运动和革命的开展，与孙中山谈判，领导了第一次国共合作。他与鲁迅各自战斗在不同的战线上，但他们的目的是共同的。

1924年底，中共北方区执行委员会成立，李大钊负总责。此时，为了全力投入党的工作，他辞去了几个大学的教授职务。

在震惊中外的五卅运动中，在李大钊领导下的党的北方区委，英勇地领导了工人和广大群众的爱国反帝斗争，李大钊亲自参加群众集会，指导群众的斗争。此时，鲁迅正倾全力支持北京女师大斗争。这个斗争，汇入了五卅运动的洪流。鲁迅从女师大风潮和五卅运动中，受到深刻的教育，思想发生进一步的变化，他看到了群众的力量，考虑着新的斗争方式和逐渐看清了革命依靠的社会力量和革命前景。他正面临着思想飞跃的最后酝酿期。在客观上，他正是前进在李大钊在其中居于重要领导地位的中国共产党所领导的斗争行列中。他在向以李大钊等为代表的共产主义知识分子靠拢。

1926年3月18日，为了抗议帝国主义的侵略行径，反对卖国军阀政府，北京总工会等200多个团体10多万名群众，齐集天安门，召开大会，反对八国最后通牒，李大钊是大会主席之一。会后，到段祺瑞政府门前请愿，发生了反动派枪杀大批徒手群众的惨案，死者达47人，伤200多人。在惨案发生时，李大钊掩护群众退却，险遭杀害。鲁迅曾经记叙了他的这段危险经历："1926年3月18日，段祺瑞们枪击徒手请愿的学生的那一次，他也在群众中，给一个兵抓住了，问他是何等样人。答说是'做买卖的'。兵道：'那么，到这里来干什么？滚你的罢！'一推，他总算逃得了性命。倘说教员，那时是可以死掉的。"①

---

① 《南腔北调集·〈守常全集〉题记》。

这次斗争中，鲁迅的学生刘和珍等英勇牺牲。鲁迅悲愤已极，称这一天为"民国以来最黑暗的一天"，但强忍悲痛，以深沉丰厚的感情，写了名文《记念刘和珍君》。在文中，他写道："真的猛士，敢于直面惨淡的人生"，"真的猛士，将更奋然而前行"。

在这之后，李大钊与鲁迅，都以真的猛士的英姿，在斗争的前线"奋然而前行"。李大钊从此转入地下，领导北方党和工人农民展开了波澜壮阔的斗争。而鲁迅则思想更加发展，斗争更加坚定。他们在殊途同归的斗争中，正在走到一起去。

1927年4月6日清晨，李大钊不幸被捕，奉系军阀对李大钊施行了严刑；但李大钊坚贞不屈，表现了崇高的气节。

1927年4月28日，李大钊被奉系军阀残酷杀害。临刑前，他在绞刑架下发表了最后的演说。他说：

> 不能因为你们今天绞死了我，就绞死了伟大的共产主义！我们已经培养了很多同志，如同红花的种子，撒遍各地！我们深信，共产主义在世界、在中国，必然要得到光荣的胜利！

李大钊英勇斗争的一生，对中国革命，对人民，对中国的新文化，作出了伟大贡献，最后为共产主义事业献出了自己的生命。此时，他年仅38岁。

鲁迅对于李大钊的被害是十分痛心的，他深深地哀悼和怀念自己十分敬重的战友。

他写道："在厦门知道了这消息（指李大钊遇害）之后，椭圆的脸，细细的眼睛和胡子，蓝布袍，黑马褂，就时时出现在我的眼前，其间还隐约看见绞首台。"

"不过热血之外，守常先生还有遗文在……他的遗文却将永住，因为这是先驱者的遗产，革命史上的丰碑。"[1]

这简短有力的话，表达了鲁迅对战友的哀悼、认识和评价。

---

① 《南腔北调集·〈守常全集〉题记》。

鲁迅和陈独秀

陈独秀在中国新文化革命运动中是先驱者，是一颗明星。他与鲁迅的交往，他对鲁迅的影响，主要是在五四新文化运动时期。鲁迅在《呐喊·自序》中曾经说到，他之所以提起笔来参加战斗，起初倒并不是"切迫而不能已于言"，他的呐喊声，是为了"聊以慰藉那在寂寞里奔驰的猛士，使他不惮于前驱"。又说，他的呐喊，是"听将令"的。这里所说的"前驱者""猛士""将"，其中都包括陈独秀，而且陈独秀是主要的一员。

陈独秀（1879—1942），原名仲甫，家谱名庆同。"五四"时期倡导新文化运动，才改名独秀，号实庵。1879年出生于安徽省安庆市（原怀宁县）。陈独秀的父亲陈象五没有中举，一直教书为生。在陈独秀年幼时，他就去世了。陈独秀被过继给叔祖父陈昔凡。陈昔凡曾在辽宁省辽阳、新民当过知县和知府。陈独秀年幼时随叔祖父在这些地方读过书。

陈独秀幼年读书，聪明活泼，成绩优秀。18岁时，就被誉为"皖城名士"，只是由于叔祖父和长兄的督促，才在安庆参加了科举考试，中了秀才。1902年，同潘赞礼、葛襄等首次在安庆藏书楼作革命演说，以后到日本留学。在日本时，参加了留学生中第一个革命团体——青年会。1903年，为惩罚清政府的南洋学生监督姚昱（文甫），陈独秀与邹容、翁浩、王孝缜、张继等五人闯入姚寓，剪其发辫，悬于留学生会馆的屋梁上展览。此时，鲁迅也在日本留学，就读于弘文学院。他没有参加这些留学生的激烈行动，但他对邹容的革命行动是颇赞赏的。陈独秀与邹容共同行动，想亦为鲁迅所知。不过这时他们并不相识。

陈独秀因惩治姚文甫事，不久即与邹容、张继等先后被遣送回国。归国后，回到故乡安庆，在这里发起组织抗俄义勇队，并且约集有志青年在藏书楼集会，倡议成立爱国会，准备同上海的爱国学社"通成一气"。在一百多名青年学生的集会上，陈独秀慷慨陈词，"满座欷歔"。江督因此电令安徽巡抚缉拿他。陈独秀便逃往他乡。他来到了上海，与章士钊共同创办《国民日报》，以代被封的《苏报》。章、陈共同主持该报笔政。陈独秀还翻译法国雨果的名著《悲惨世界》。这时，他全部精力倾注于革命事业。有一天早晨，章士钊发现陈独秀的黑衬衣上有白色的小点点在蠕动，惊呼："仲甫！那是怎么回事？"陈独秀从容地看了看，淡淡地说："虱子嘛！"

第二年，《国民日报》停刊，陈独秀又回到皖城，与汪孟邹等人创办《安徽俗话报》，宣传革命。1907年，陈独秀再次东渡，入正则英语学校，后又转入早稻田大学深造。这时期，他悉心研究西方文明，特别是法国的文化，接受了西方资产阶级进步思想、文化的深刻影响。以后，为鼓动革命，往来奔走于日本以及国内的皖、浙、沪等地，直到武昌起义。

辛亥革命后，陈独秀任安徽都督府秘书长、安徽师范学堂校长。1913年反袁世凯的斗争失败后，又逃亡日本。在日本，再度与章士钊合作，协助他办《甲寅》杂志。1915年回国。9月，在上海创办《青年杂志》，他任主编。他在杂志创刊号的《敬告青年》一文中，向青年提出了六点希望，即：（一）自主的而非奴隶的；（二）进步的而非保守的；（三）进取的而非退隐的；（四）世界的而非锁国的；（五）实行的而非虚文的；（六）科学的而非想象的。他还指出："国人而欲脱蒙昧时代，羞为贱化之民也，则急起直追，当以科学与人权并重。"

1916年，陈独秀到北京，先任北京大学教授，次年即任文科学长。同时，《新青年》编辑部也随陈独秀迁入北京。《新青年》入京后，在陈独秀主持下，更加明确地、激烈地提倡民主与科学，发起了一场反封建的思想革命浪潮。斗争锋芒明确地、尖锐地指向封建专制制度和封建礼教。陈独秀在《1916年》《吾人最后之觉悟》等文章中，系统地批判了封建伦理道德。他指出："儒者三纲之说，为一切道德政治之大原。君为臣纲，则民于君为附属品而无独立自主之人格矣；父为子纲，则子于父为附属品而无独立自主之人格矣；夫为妻纲，则妻于夫为附属品而无独立自主之人格矣。"他提出要"恢复独立自主之人格"，要用思想革命来进行"国民性改造"与"民族性改造"。《新青年》上关于反封建礼教的宣传，唤醒和促进了人们起来斗争，冲破封建束缚，争取人格独立、人权和个性解放。

陈独秀同时还鲜明地举起了科学这面旗帜。他着重提出的几点是：第一，强调科学的重要性，主张"用科学解决宇宙之谜"；第二，宣传唯物论和无神论，反对唯心论和天命观；第三，主张用科学态度对待传统观念和一切社会问题。

《新青年》从1917年起，又发动了文学革命。首先是胡适在陈独秀鼓励下，写出了《文学改良刍议》。接着，陈独秀发表了《文学革命论》，明确提出了文学革命的口号，他痛斥"选学妖孽""桐城谬种"，提出了革命文学的"三大主义"，即："推倒雕琢的阿谀的贵族文学，建设平易的抒情的国民文学"，"推倒陈腐的铺张的古典文学，建设新鲜的立诚的写实文学"，"推倒迂晦的艰涩的山林文学，建设明事的通俗的社会文学"。他的这些主张，具有强烈的反对封建思想文化的精神，推动了文学革命的前进。

这期间，在《新青年》周围，聚集着新文化革命的群雄，李大钊、钱玄同、刘半农、吴虞、易白沙等人，都写了许多文章，呼唤着反封建的口号，提倡新思想、新文化。

鲁迅倒是稍后一点参加到这个行列中来的。他正是在陈独秀等人和《新青年》杂志的推动下，走上了战阵。鲁迅对于《青年杂志》和后来的《新青年》杂志，一开始并没有注意。当时，他正处在沉默期，正在失望与痛苦中，探寻中华民族的前途与出路，探寻革命前进的路径，寻找革命的力量。他当时认为，中国好像一个四面没有窗户的铁屋子，里面的人都快要闷死了，而铁屋子却难于破毁。鲁迅在苦闷中看见了《新青年》，并渐渐对其产生了注意。而这时，他在日本时期的同学钱玄同，也不断出现在他寂寞的书斋里，鼓动他提起笔来参加战斗。鲁迅为钱玄同的热情以及陈独秀等《新青年》集团的战士们的革命精神所感动，怀着不顾自己过去曾经为之痛苦过的寂寞，再来使现在这些前驱者们痛苦的心情，他终于提起笔来，写了一篇小说《狂人日记》。这篇小说一发表，立即引起了人们的深切注意。它的彻底的反封建精神，它对封建家族制度的深刻揭露，具有振聋发聩的作用，像一声春雷炸响在当时的文坛。鲁迅从此一发而不可收，他不仅写小说，而且写《随感录》，写论文、杂文等。收集在《坟》里的《我之节烈观》《我们现在怎样做父亲》等重要论文也连续发表。在这些作品中，鲁迅所高举的，正是陈独秀和他的战友们所提出的民主与科学两大旗帜。他不断号召向旧文明、旧社会进攻，不断揭露封建制度、封建礼教的罪恶和弊害，并且提出了改造国民性的课题，主张要解除人们身上的封建束缚，解放我们的子女。鲁迅曾说，他这时的作品，是"遵革命之命"而作的"遵命文学"，他的思想是与前驱者合拍的。这都表明，他是在接受了陈独秀的思想影响，在陈独秀和他主编的《新青年》的鼓舞下，重新鼓起斗志，增强信心，而参加战斗的。

鲁迅后来总结五四文学革命时，曾经说到《新青年》"是提倡'文学改良'，后来更进一步而号召'文学革命'的发难者"，但是，起初却只有文言创作和翻译小说，以后也是议论和翻译的作品多，而创作甚少。"在这里发表了创作的短篇小说的，是鲁迅。从1918年5月起，《狂人日记》《孔乙己》《药》等，陆续的出现了，算是显示了'文学革命'的实绩。"①鲁迅在这里明确地论证了《新青年》的理论倡导和他的创作实践之间的关系，说明了陈独秀和《新青年》杂志的提倡鼓励对他的推动作用，以及他自己的创作成绩，给新文学运动建立的实际功绩。

以后，鲁迅参加了《新青年》编辑工作，并成为它的主要撰稿人。据统计，鲁迅从1918年发表《狂人日记》开始，到1921年为止，仅仅3年时间里，就在《新青年》上发表了50多篇文章，各种形式的作品都有，其中包括小说、随感录、政论、新诗、评论等。有时一期上面就发表五六篇，最多的一期达到7篇。这时，鲁迅与陈独秀的交往多了，不仅从文字上，而且从互相交往中来交流思想、互相影响了。鲁迅后来曾经记述他这时期与陈独秀接触的情况和他对陈独秀的印象，并且拿他和李大钊、胡适做了对比。他写道："《新青年》每出一期，就开一次编辑会，商定下一期的稿件。其时最惹我注意的是陈独秀和胡适之。假使将韬略比作一间仓库罢，独秀先生的是外面竖一面大旗，大书道：'内皆武器，来者小心！'但那门却开着的，里面有几枝枪，几把刀，一目了然，用不着提防。"但是，胡适却不同——"适之先生的是紧紧的关着门，门上粘一条小纸条道：'内无武器，请勿疑虑。'这自然可以是真的，但有些人——至少是我这样的人——有时总不免要侧着头想一想。"这里，鲁迅对于陈独秀的坦率与夸张，表示了他的赞赏与微词，而对胡适的城府甚深也流露了他的不满与批评。

陈独秀对于鲁迅的创作，给予了很高的评价，他是最早认识鲁迅作品思想意义与社会价值者之一。1920年8月22日，鲁迅的第七篇小说《风波》将在《新青年》八卷一号上发表时，陈独秀在给周作人的信中，除了通知这件事之外，特别指出："鲁迅兄做的小说，我实在五体

---

① 《〈中国新文学大系〉小说二集序》。

投地的佩服。"陈独秀对鲁迅的小说做了高度的评价，也反映了他对鲁迅的敬佩之情。

陈独秀还希望鲁迅多写随感录。他在给周作人的信中讲："随感录本是一个很有生气的东西，现在为我一个人独占了，不好不好，我希望你和豫才、玄同二位有功夫都写点来。"（1920年9月28日）陈独秀还是最早敦促鲁迅将自己的小说收集出版的人。他在上面那封信中，最后特别写道："豫才兄做的小说实在有集拢来重印的价值，请你问他倘若以为然，可就《新潮》《新青年》剪下自加订正，寄来付印。"这表现了陈独秀对鲁迅作品的喜爱与重视。

陈独秀和《新青年》上的文章，对鲁迅的思想和创作，产生了重要的影响。陈独秀对鲁迅及其作品的赞赏、鼓励，也是促进鲁迅思想发展、斗志高昂和创作旺盛的一个不可忽视的因素。鲁迅在《我怎么做起小说来》一文中，说道：

> 但我的来做小说，也并非自以为有做小说的才能，只因为那时是住在北京的会馆里的，要做论文罢，没有参考书，要翻译罢，没有底本，就只好做一点小说模样的东西塞责，这就是《狂人日记》。……
>
> 但是《新青年》的编辑者，却一回一回的来催，催几回，我就做一篇，这里我必得记念陈独秀先生，他是催促我做小说最着力的一个。"

鲁迅不仅说明了《新青年》编辑催促的作用，而且说明特别着力催促的是陈独秀，他要特别"记念陈独秀先生"。这表明，陈独秀的催促，对于促进他的创作、推动作品的产生起到了催生的作用。这应该说是陈独秀的又一个功绩。

1920年以后，陈独秀逐渐转向马克思主义。9月，《新青年》改组为中国共产党上海发起组的机关刊物，成了宣传马克思主义的重要阵地。陈独秀从此逐渐转到建党工作和实际政治活动与斗争方面去了。《新青年》也成为党的理论刊物。因此，以后鲁迅不再在《新青年》上发表文章，与陈独秀的联系也减少了。此后，陈独秀对鲁迅的影响就不多了。

在1927年的大革命中，陈独秀犯了右倾投降主义错误，使党遭受到重大的损失。在党的八七会议上，他被撤销了总书记职务。以后更堕落为中国的托派，1929 年被开除出党。陈独秀在革命形势迅猛发展、工农运动和革命军事斗争日益发展的情势下，逐渐由消沉而堕落。他虽是中国共产党的创始人之一，但是，在党的领导下开展的新民主主义革命的第一阶段他就倒下了，而进到第二阶段时他更堕落了。他从提倡共产主义，又回到了资产阶级民主主义的老路上。然而革命发展了，时代不同了，革命的任务不同了，他因此成为时代的落伍者，革命的绊脚石。陈独秀曾经同情劳动人民的疾苦，但却认为他们愚昧无知，不相信他们的力量。后来，在大革命中，工农群众在党的领导下奋起，拿起了刀枪锄头，掀起了轰轰烈烈的革命运动。在这历史的巨涛面前，陈独秀被吓倒了，成为群众革命运动的对立面。然而，鲁迅却正与陈独秀相反。在大革命运动中，他经受了严酷的考验和血的洗礼，在共产党领导的工农群众与反动派的两军尖锐对垒中，他明确地站在了前者一边，完成了自己从激进的民主主义者向共产主义者的过渡。他也曾经同情工农的疾苦而沉痛于他们的麻木与愚昧，把希望寄托在青年身上。但是，在大革命中，他看见了工农群众的伟大力量，找到了中国革命的正确和明确的道路，发现了革命所能依靠的社会力量。他所走的是与陈独秀正好相反的道路。

陈独秀曾经作为革命先驱者，影响过鲁迅，推动过鲁迅；鲁迅曾经得到陈独秀的鼓励和催促的力量，而在五四运动中更坚强地前进。然而，在"五四"过后知识分子的第一次分化中，在大革命运动后的第二次分化中，鲁迅继续不断地前进，而陈独秀则一直未能振拔。这种历史现象，证明了鲁迅的伟大和正确。

1932 年陈独秀被南京国民党政府逮捕，被判处 13 年徒刑。1937 年抗日战争爆发，他被释放。抗日战争期间，在重庆、江津等地居住，搞文字注释。

1942 年，陈独秀患高血压病逝世。

鲁迅和李秉中

1936 年 7 月 16 日，鲁迅收到一封用"国民政府军事委员会用笺"写的信。这封信写得格式老旧，用语谦恭，内容是希望鲁迅"同意解除通缉"，一切手续都可由他来办，而且"绝不致有损"鲁迅的"毫末之尊严"。鲁迅得到这封信后，没有接受这个"好意"的建议，而且连信也不愿意回，而"由广平复"。同时，他对日本友人内山完造说过，一个在南京的学生，写信来劝他同意撤销国民党浙江省党部对他所下的通缉令。内山问鲁迅的意见如何，鲁迅讥嘲地说："我今后的日子不会太长了，跟了我十年的通缉令撤销了，我会寂寞的。"

这个学生和说客，就是李秉中。

李秉中是鲁迅的学生，曾经与鲁迅有比较密切的师生之谊。鲁迅与他通信，是鲁迅现存书信中最多的一个。鲁迅在日记中提到他，多至132次。他与鲁迅交往，从1924年到1936年，前后12年。但是，他与鲁迅的友谊，却分三个不同阶段：起初师生来往，比较密切；以后书信往还，既有师生之谊，又有朋友之情；而最后，却不仅是不欢而终，而且已经各自站在不同的立场上，成为两个敌对阵营中的人了。

李秉中（？—1940），字庸倩，四川彭山人。原来是一个富家子弟，后成孤儿，家产因此被舅父夺去，从此穷落，并远去北京，就读于北京大学。他何时与鲁迅来往，已不可考。从书信来看，1924年2月开始与鲁迅联系，一是要访问鲁迅，一是要借钱。从鲁迅的回信看，说他坦率真挚，以诚相见，而且在自己经济拮据时，设法借钱给他。对于李秉中的感谢，鲁迅回信说："这些便都是些微小事，或者简直不算是小事"，"都可以毫不放在心里"，表现出对学生的亲切关怀。关于来访的问题，鲁迅则说了一段肺腑之言：

> 我恐怕是以不好见客出名的。但也不尽然，我所怕见的是谈不来的生客，熟识的不在内，因为我可以不必装出陪客的态度。我这里的客并不多，我喜欢寂寞，又憎恶寂寞，所以有青年肯来访问我，很使我喜欢。但我说一句真话罢，这大约你未曾觉得的，就是这人如果以我为是，我便发生一种悲哀，怕他要陷入我一类的命运；倘若一见之后，觉得我非其族类，不复再来，我便知道他较我更有希望，十分放心了。（1924年9月24日）

鲁迅对学生何等坦率。由此可见师生之间的亲密关系和鲁迅对这个学生的喜爱了。鲁迅接着还写道：

其实我何尝坦白？我已经能够嚼黄连而不皱眉了。我很憎恶我自己，因为有若干人，或则愿我有钱，有名，有势，或者愿我陨灭，死亡，而我偏偏无钱无名无势，又不灭不亡，对于各方面，都无以报答盛意，年纪已经如此，恐将遂以如此终。我也常常想到自杀，也常想杀人，然而都不实行，我大约不是一个勇士……

我自己总觉得我的灵魂里有毒气和鬼气，我极憎恶他，想除去他，而不能。我虽然竭力遮蔽着，总还恐怕传染给别人，我之所以对于和我往来较多的人有时不免觉到悲哀者以此。（1924年9月24日）

这已经是披肝沥胆、毫无保留地倾谈了。这一方面固然表现了鲁迅的坦率，如日月经天、无所藏匿，但另一方面，也足见师生之间的亲密无间。同时，也照见了李秉中其人，大概他的来信中，也颇有率真的肺腑之言，由此而引起先生的同样或更深的率真的回复。

在1924年中，李秉中来访鲁迅达24次之多，有时是呼朋引类而来，而鲁迅也曾去看过他两次。同时还给鲁迅写了15封信，鲁迅回了6封。李秉中还向鲁迅借钱4次，鲁迅赠款1次。这种来往可谓不寻常。

1924年10月以后，李秉中在南方革命浪潮的激荡下，带着愤世嫉俗之情投笔从戎。鲁迅支持他的行动，并赠送了路费。李秉中来到广州，入黄埔军官学校学习，曾参加讨伐陈炯明的东江战役。这时，他曾给鲁迅来过六七封信，但鲁迅一封信也没有回他。从信中可以看出，李秉中虽身在革命营垒中，而思想颇复杂、荒诞。他在给鲁迅的信中说："……而且我颇恨人类，而且并不爱我。所以，与其说我是革命，是为革命而战，为革命而去杀反革命的民贼，不如说我是××（两字看不清），恨得较轻的人去杀恨得重的人，而且在战场上去赏玩人类的打杀。"这种思想感情，浸透了极端个人主义的哀伤和不平，然而又空疏浮泛。鲁迅是很不喜欢此种小资产阶级知识分子的怪癖的。大概这是不回信的原因之一。

1926年，李秉中被派到苏联留学，入莫斯科中山大学学习。5月，给鲁迅来了一封信。鲁迅回信说，收到他的信，感到"'出于意表之外'地喜欢"，并表示，虽然一年"不闻消息，我可是历来没有忘记"，并推测无消息的原因是：第一，在东江之役中战死沙场了；第二，已经成了个武人，不写字了。鲁迅在信中谈及了自己的思想和生活状况，最后对李秉中说："你如有工夫，望常给我消息。"表达了对于一个远在红都、身在革命队伍的学生的关心和爱护。

1927年末，李秉中毕业回国。他从苏联回来，路过上海时，曾经四次去探望鲁迅。同年，又去日本学习军事。1929年5月，曾回北平结婚，鲁迅去参加了婚礼并赠送了礼品。李秉中在日本5年，直到1932年才回国。归国后，在南京国民党中央军校政训处当教官，成为国民党的高级军官了。

在日本留学期间，与鲁迅经常通信，现存鲁迅复信收入《鲁迅全集》的即有10封。这些书信反映了鲁迅当时的生活状况，思想创作、战斗等方面的情况，成为研究鲁迅生平、思想和创作的重要资料。

李秉中在南京国民党军事机关工作后，鲁迅与他的关系便冷淡下来了。李秉中到南京后，给鲁迅寄过明信片，赠送过名章，鲁迅都没有回复。1933年，没有来往。昔日的师生情谊已经淡如水了。1934年，李秉中到上海来探访过鲁迅3次，并且赠送了食物、童鞋、浴衣、壁瓶等礼物，鲁迅也回赠了给孩子的食物。但来的明信片却没有回。这已经是一般礼节式的往来了。1935年，又是一年无消息。1936年，又赠拓片、女衫，并曾于5月、7月来信两封，鲁迅均置之不理。接着又来了第三封。信称：

> 关于吾师之自由一事，中（李自称）惟之数年矣！恐或有玷吾师尊严之情操，是以不敢妄启齿。近惟吾师齿德日增，衰病荐至，太师母远在北平，互惟思慕，长此形同禁锢，自多不便。若吾师同意解除通缉，一切手续，中当任之，绝不致有损吾师毫末之尊严。成效如何，虽未敢予必想不所无结果，不识师意若何？伏乞训示。东行已有期否？吾师病中，本不敢屡渎，窃望师母代作复示，曷胜企盼！未此敬视痊福师母大人、海婴弟无恙。

学生李秉中7月13日

原来，这是一封深藏祸心的劝降书。他是秉承了国民党反动政府和蒋介石的指示，来当说客的。虽然口称"绝不致有损吾师毫末之尊严"，但鲁迅深知反动派的阴险毒辣，背后自然是有交换条件的，所以他拒绝了。

李秉中曾经受到鲁迅的培养、教育、帮助，亲自教诲，多年通信，然而却终于背叛鲁迅而去，成为反动派戕害鲁迅的一个奴才。这是他的世界观始终没有改变的必然结果。从他身上，从反面反映了鲁迅的伟大。鲁迅与李秉中虽有多年师生之谊，然而在大是大非面前，既不受骗，亦不妥协，也不为旧日情谊所动。

鲁迅和徐志摩

徐志摩是新月派著名诗人，也是因为曾经同胡适、陈源（西滢）一起攻击鲁迅，反对群众革命运动，被鲁迅作为某种资产阶级流派的代表人物而给予了深刻批判的人物之一。因此，他也是并非因为友谊，而是因为对立，才成为与鲁迅分不开、为鲁迅研究工作者所注目的鲁迅的同时代人之一的。不过，他不仅与章士钊不同，与陈西滢、杨荫榆不同，而且与胡适也不同。

徐志摩（1896—1931），笔名云中鹤、南湖。浙江海宁硖石镇人。他出身于一个广有资财的封建化、买办化倾向明显的富裕商人家庭。父亲徐申如在海宁硖石镇经营钱庄、酱园、绸庄、蚕丝厂、布厂、电灯厂等许多工商企业，长时间担任硖石商会会长。这种家庭生活，给他的思想打下了烙印。徐志摩是长孙，又是独子。祖母、母亲疼爱非凡。但父亲对他的教育却抓得很紧。他从小熟读诗书，能写洋洋洒洒的骈四俪六古文。少年时，思想颇为活跃开通。在硖石开智小学毕业后，即去杭州府中学（后改名第一中学）读书。1915年，毕业于杭州一中。后考入上海沪江大学。同年，转入天津北洋大学，1916年再转入北京大学。1918年到美国留学。出国前，曾写作并自印了《徐志摩启行赴美文》，文中说："耻德业之不立，遑恤斯须之辛苦，悼郐国之殄瘁，敢恋晨昏之小节。刘子舞剑，良有以也。祖生击楫，岂徒然哉？""时乎？时乎？国运以苟延也今日，作波韩之续也今日；而今日之事，吾属青年实负其责。"其思想中透露着一种爱国主义情绪。到美国后，入克拉克大学社会系学习银行学，后又入哥伦比亚大学研究院学习政治。1920年到英国留学，入伦敦剑桥大学研究政治经济，获硕士学位。初到美国时，在第一次世界大战结束之日，曾在日记中写道："方是时也，天地为之开朗，风云为之变色，以与此诚洁挈勇之爱国精神，相腾嬉而私慰。嗟呼！霸业永诅，民主无疆，战士之血，流不诬笑。"仍然表现出青年留学生的爱国心胸。这与胡适留美时的表现是不同的。但是，美国豪华的资产阶级生活、物欲横流的物质文明，又使他脱离现实，吸烟、划船、骑自行车，读闲书，过着一种落后于时代的优游日子。同时，接受了资产阶级文化的熏陶和资产阶级文学的影响。这些，又在他的思想中种下了甚深的脱离群众、不理解以至反对革命的孽根。1922年，徐志摩回国，历任北京大学、清华大学、平民大学、上海光华大学等校的教授。他教书颇有特点，也受到学生的欢迎。他在北大的学生、著名诗人卞之琳回忆说："徐志摩是才气横溢的一路诗人。他给我们在课堂上讲英国浪漫派诗人，特别是讲雪莱，眼睛朝窗外，或者对着天花板，实在是自己在作诗，天马行空，天花乱坠，大概雪莱就化在这一片空气里了。"作为教授，他培植提携了我国现代一些知名学者与文学家，如卞之琳、陈梦家、赵景琛、赵家璧、何家槐等。

徐志摩的父亲一直要他当一个银行家，继承家业。所以他学的是经济、政治，但他却热爱文学，亦有才能，因此在文学方面，尤其在诗与散文上，取得了一定成就，是五四以后现代诗人中比较有特色的一个诗人。他从1921年开始写诗，那时他还在剑桥大学攻读政治经济，但课余却致力于诗歌创作。由于身在美国，读过英国的一些诗歌作品，受到影响。英国贵族化的社会和唯美主义、印象主义、艺术至上的创作思想，影响了他的诗歌创作，给他的诗在讲求音韵、格律、创造意境等方面起到了一定的好的作用，但同时也带来了消极影响，使他成为近代英国式的唯美派诗人。卞之琳认为，徐志摩由于自己的出身和经历，思想感情相当驳杂，这在他的诗里都有所表现。"他的诗，不论写爱情也罢，写景也罢，写人间疾苦也罢，我感到在五光十色里，不妨简单来说，其中表现的思想感情，就是这三条主线：爱祖国，反封建，讲'人道'。"①

1923年，属于资产阶级文学派别的新月社成立，胡适、陈西滢、梁实秋等均是其中成员，徐志摩是主要成员之一。他颇为活跃，写了不少诗与散文。1924年出版了《志摩的诗》，以后，又陆续出版了诗集《翡冷翠的一夜》《猛虎集》和散文集《落叶》《自剖》等。

---

① 卞之琳：《徐志摩诗重读志感》，《诗刊》1979年第9期。

1924年，印度伟大诗人泰戈尔访问中国。徐志摩与王统照任翻译，后随泰戈尔漫游欧洲。回国以后，担任了北京《晨报》副刊的编辑，提倡诗与戏剧，写了不少散文。1926年4月，北京《晨报副镌》创刊，徐志摩任主编。1926年离开北京南下，到上海任光华大学教授，后又到大厦大学、南京中央大学任教，并兼任中华文化基金委员会委员。1926年春，与胡适等人一起，创办新月书店、《新月》月刊，并任总编辑。

徐志摩作为一个有成就、有影响的资产阶级诗人，在新诗创作和理论上的探索，是应当受到重视，给予一定的历史评价的。但是，他在政治上反共，攻击俄国十月革命；攻击新文化运动中的左翼，反对鲁迅；后又攻击无产阶级革命文学和革命文学运动。1925年曾去苏联访问，回来后攻击说："俄国革命是人类历史上最惨剧苦痛的一件事实"，"莫斯科本身就是一个怖梦制造厂"。1925、1926年，在鲁迅支持北京女师大学生的反封建、反军阀统治的斗争中，在五卅运动中，他都站在为军阀统治和封建教育当局张目、充当帮凶帮闲文人的陈西滢一边，反对进步学生运动，反对鲁迅、攻击鲁迅。因此遭到鲁迅的反击与痛斥。他错误地攻击中国人民反对帝国主义的口号，鲁迅讥刺地写道，他到杭州西湖去看梅花，不知梅花是不是也在那里反对中国人反对帝国主义？徐志摩在鲁迅与陈西滢等人围绕着女师大事件、三一八惨案的斗争中，对鲁迅进行谩骂、攻击，后又以中间人的身份、调和者的态度来调停，实际上是是非不明、对错不分而偏袒了陈西滢等人。当鲁迅与陈西滢正进行激烈的斗争时，他给周作人写信，表示赞赏周作人的"软"和"温和态度"，而说"只有令兄鲁迅先生……怕不易调和"。他自称"和事佬"，主张"息争"。徐志摩还曾写文，提出"带住！让我们对着混斗的双方猛喝一声，带住！"鲁迅在《我还不能"带住"》一文中，给予了痛斥。鲁迅首先指出："我还没有怎样开口呢，怎么忽然又要'带住'了？……还不能这样地谨听指挥，你要'带住'了，我也就'带住'。"鲁迅深刻地指出：

　　我自己也知道，在中国，我的笔要算较为尖刻的，说话有时也不留情面。但我又知道人们怎样地用了公理正义的美名，正人君子的徽号，温良敦厚的假脸，流言公论的武器，吞吐曲折的文字，行私利己,使无刀无笔的弱者不得喘息。倘使我没有这笔,也就是被欺侮到赴诉无门的一个;我觉悟了,所以要常用,尤其是用于使麒麟皮下露出马脚。

鲁迅的战斗,正起到了这种使陈西滢等人被撕下绅士的假面具,露出帮凶帮闲文人的马脚的作用。

对于徐志摩等人的绅士派头名士气,鲁迅也作了深刻的揭露批判。鲁迅指出:"中国的青年不要高帽皮袍,装腔作势的导师","倘有戴着假面,以导师自居的,就得叫他除下来,否则,便将它撕下来,互相撕下来。撕得鲜血淋漓,臭架子打得粉碎,然后可以谈后话。这时候,即使只值半文钱,却是真价值……"

鲁迅对徐志摩的这些批判,都带有原则意义,这不仅是对徐志摩个人的,而且是对这种阻碍民主革命和新文学运动前进的资产阶级政治与文学的流派予以反击。作为一个诗人,徐志摩是新月派的主要代表之一。他早期的创作,还有一些内容健康、格调明朗的作品,如《太平景象》《这是一个懦怯的世界》《雪花的快乐》等,表达了对黑暗社会和军阀混战的不满。他的诗,语句比较清新,韵律谐和,意境优美,讲究比喻,音乐性强,在艺术表现上也追求形式美。在散文写作方面,他也获得了一定的成就。但是,同时也有神秘主义的倾向。1924年12月,他在《语丝》上发表法国波特莱尔的《死尸》一诗的翻译,他在译诗前写道:"我不仅会听有音的乐,我也会听无音的乐(其实也有音就是你听不见),我直认我是一个干脆的Mystic(按:即神秘主义者)……你听不着就该怨你自己的耳轮太笨,或是皮粗,别怨我。"在这里,即宣扬了神秘主义,又表现了资产阶级文人的"高贵"习气。鲁迅随即发表了《"音乐"?》一文,加以嘲讽。鲁迅写道,读了徐志摩的议论之后,"我这时立即疑心自己皮粗,用左手一摸右胳膊,的确并不滑;再一摸耳轮,却摸不出笨也与否。"最后写道:"咦,玲珑零星邦滂砰砰砰砰砰的小雀儿呵,你总依然是不管甚么地方都飞到,而且照例来唧唧啾啾地叫,轻飘飘地跳么?""只要一叫而人们大抵震悚的怪鸱的真的恶声在那里!?"(《集外集》)鲁迅在这里批判了那种资产阶级绵软轻佻的歌声,而期望震人醒世的战斗声音。这正表现了两个文学流派之间的矛盾。然而鲁迅说:"这是我和后来的'新月派'积仇的第一步。"但是,正如鲁迅所说，他以后批判陈西滢以至徐志摩，"虽大抵和个人斗争，但实为公仇，决非私怨"①。因为在1925、1926年期间，徐志摩在政治上反共，攻击共产党，说什么"国内共产党一类问题，到今天为止，始终是不曾开刀或破口的一个大疽"②。他还诬蔑社会主义革命和无产阶级专政，有时美化北洋军阀反动统治。对于这样的徐志摩，鲁迅在杂文中给予了讥刺、批判。他在《十四年的"读经"》《评心雕龙》《并非闲话（三）》《有趣的消息》等文中，都曾在批判章士钊、陈西滢时，顺笔挥洒、涉笔成"趣"地对徐志摩给予了批判。

徐志摩交游极广，三教九流皆有所识。但他的社会关系多是上层社会中的大学教授、英美留学生、银行家、企业家和官僚们（如国民党政府的部长、次长们）。在他的朋友中，属于左翼作家阵营的，只有同乡同学郁达夫。何家槐虽是左翼的著名青年作家，是他的学生，受过他的帮助，却对他没有什么影响。因此，徐志摩在政治、思想上的倾向，是很明显的。不过，他的思想驳杂，后来亦有变化，代表了中国现代知识分子右翼中的一部分人。徐志摩交往甚密的名流学者中，有胡适、闻一多、张奚若、梁思成、金岳霖、杨振声、梁实秋、张慰慈、郁达夫、杨铨、余上源、方令孺等人。他们之中，有些人后来变化也不小。其中，胡适与闻一多，各代表了一端。徐志摩与胡适交往甚密。他因与陆小曼的婚姻上的痛苦，从沪到京后，即寄居在米粮库胡同的胡适家里，两人可能是朝夕相处了。但是，他们却又不是真正的莫逆之交。徐志摩与胡适之间的不一致甚多。胡适一贯反对学生爱国运动，而徐志摩虽在1925年反对过学潮，但在1930年冬光华大学的学潮中，他能立场鲜明、大义凛然地反对国民党反动派把学校纳入党治的范围，被推举为校务执行委员会委员之一。他曾希望中国青年"也表明他们一致重新来过的伟大的决心"，表现了爱国的热忱和革命的要求。他指出了中国当时三种症候：混乱、变态和一切标准颠倒。但他开的药方却很可笑：主张打破知识分子和农民的界限，打破江浙人和北方人的界限，实行"尽量的通婚"，来改善我们的民族，使"将来的青年男女一定可以兼士民和

---

① 《1934年5月22日致杨霁云》。

② 徐志摩：《又从苏俄回讲到副刊》，《晨报副镌》1925年10月10日第49期。

农民的特长，体力和智力得到均平的发展"。①当有人问他"共产党能否救中国"时，他思索良久，然后回答："我反对俄国人来领导我们的革命；如果是中国革命家，像孙中山那样的人来领导我们的革命，治好我们民族的病症，我也会拥护的。"这些，都反映了他思想上的矛盾和消极面。他受到了阶级的局限，受到了资产阶级和西洋政治、文化的深深的影响。他虽然与胡适友善，但却不同意胡适的热心仕途。他曾表白自己"是绝意于名利的，所要的，只是'草青人远，一流冷涧'"。事实上，他也确曾拒绝走上仕途，蒋梦麟任教育部长时聘他当司长，他即拒而不就。

从徐志摩思想上、政治上的表现中，我们可以明显地看到，他同鲁迅是多么的不同。最根本的是，他虽有爱国之心却未能背叛本阶级、真正同人民站在一起；而鲁迅则彻底地憎恶本阶级、背叛本阶级，并且一贯地全心全意地为人民的幸福、解放而斗争。从这里看出鲁迅与他的同时代人之一的徐志摩的根本差别。从徐志摩的思想发展路径和复杂表现来看，鲁迅对他的批判是十分贴切、中肯而深刻的。因此，鲁迅的批判表现了中国现代史上两个阶级的斗争的一个侧面。

随着民族危机的加重、国民党统治的日益腐朽以及为徐志摩本人的思想素质所决定，九一八事变之后，他思想上有所变化。在事变后，有一次曾乘张学良的座机自北平飞上海，途中，张学良向徐志摩谈了许多蒋介石不抗日反要自己背黑锅的怨言。徐志摩回家后，曾对妻子陆小曼表达了对蒋介石不抵抗政策的不满和义愤。陆小曼后来曾说："可惜他生前没有机会接触党。如果不死，我相信他不会跟着走胡适的道路，也可能走闻一多的道路。"

但是，徐志摩却早早地就死于一次偶然事故中了。1931年11月19日，徐志摩乘一架小飞机由南京去北平。途中，因遇雾，飞机在离济南不远的地方，触开山（白马山）而坠落。死时年仅35岁。从他1921年开始写诗时算起，仅十年间，写了不少作品。其著作有：诗集《志摩的诗》（1925年），散文诗集《翡冷翠的一夜》（1927年）、《猛虎集》（1931年）、《云游》，散文集《落叶》《自剖集》《巴黎的鳞爪》《秋》，小说集《轮盘》。译著有：《涡堤孩》《玛丽玛丽》《曼殊斐尔小说集》

---

① 徐志摩：《秋》。

《死城》《卞昆冈》等。

鲁迅和陶元庆

陶元庆只活了短短的 36 岁。但他短促的一生，却对我国新兴的美术事业、现代出版事业和插图艺术的发展，作出了可贵的贡献；而他的这一切，都是同鲁迅的帮助、提携分不开的。他像是中国新兴文艺事业上空的一颗一闪而过的流星，也是鲁迅生平史上流逝而过的一位不可忽视的学生与挚友。

陶元庆（1893—1929），字璇卿，浙江绍兴人。他是鲁迅的学生许钦文的同学和挚友，因此结识鲁迅。他从小就爱画画。那时画的是国画。花卉仕女都画得有一定水平，因此还在小学时就出了名。后来考入杭州第五师范学校，虽然还是一个学生，但是人们就争先恐后地拿宣纸来求他作画了。在第五师范学校读书时，他开始从国画趋向于西洋画，注意素描和水彩画。少年时酷爱并擅长国画和此时对于西洋画的热衷与学习，为他今后在艺术创作上努力使中西艺术结合，打下了思想与艺术的基础。

从第五师范学校毕业后，陶元庆留校任附小教师，业余仍然从事美术学习、进修与创作。以后，考进上海《时报》馆，任美术编辑，专画《小时报》上的图案。在《时报》馆他有机会见到狄青所收藏的大量的日本图案和印度图案，他认真地进行学习，在艺术上获得很大的益处，给以后的创作留下了重要影响。

陶元庆在《时报》馆工作一段时期后，考入上海师范专科学校，继续深造。在这里，他又开始注意学习油画，授业于老画家陈抱一。陈抱一很赞赏陶元庆善于运用单独看来像是肮脏的颜料配合成鲜明的对照，造成开朗的画面，并称赞陶元庆笔触像刀锋，是强有力的。

陶元庆还先后担任浙江台州第六中学、上海立达学园、杭州美术专科学校的教员。

1924 年 7 月，陶元庆来到北京，与许钦文同住绍兴会馆。他每天努力地写生、作画。

鲁迅翻译的日本厨川白村所作文艺理论著作《苦闷的象征》将出版时，因鲁迅知道陶元庆在北京并从许钦文了解到陶的一些情况，便提议请他作封面画。陶元庆欣然同意。不久就画出来了。画面是由一个半裸体的女子，披着长长的黑发，用鲜红的嘴唇舔着镗钗的尖头变化而成。构图新颖，对比强烈，很有特色。鲁迅看了很满意，连声说："很好，很好!"便用作《苦闷的象征》的封面。这是我国新文艺书籍用图案作封面的第一本。鲁迅并且立即要许钦文陪陶元庆来谈谈。12月3日，陶元庆在许钦文陪同下来拜访鲁迅。他们从此相识，并不断交往。

有一次，陶元庆同许钦文一同到天桥看戏，归后奋而作画。他早起没洗脸、不吃饭，即开始挥毫，中间不肯休息，直至傍晚画成，题名为《大红袍》。画中站着一戏装捏剑的女子。许钦文称：那女人半仰着脸的姿态，当初得自绍兴戏的《女吊》，舍去其形象的病态因素，表现出悲苦、愤怒、坚强;蓝衫、红袍和高底靴，取自古装戏中的人物，捏剑的姿势则采自京剧的武生，加以变化。当许钦文将陶元庆作画的情形和作品表现的内容告知鲁迅后，鲁迅颇为感动，感慨地说："啊，是这样的，璇卿是这样的!"并且说道："这样一气呵成，好像是偶然的，其实早就积累了素材，甚至有了初步的腹稿;那天晚上的看戏，是最后的促成。写文章总要多看看，不看到一点就写，才能写得深刻、生动;绘画也要这样，有功夫的艺术家，大概都是这样的。"

1925年3月19日，陶元庆在北京西四帝王庙举行个人画展。鲁迅事先为之写《〈陶元庆氏西洋绘画展览会目录〉序》。序中称陶元庆为"潜心研究了二十多年的画家"。接着，便以深沉优美的笔调，甚赞陶氏绘画的成就：

> 在那黯然埋藏着的作品中，却满显出作者个人的主观和情绪，尤可以看见他对于笔触，色采和趣味，是怎样的尽力与经心，而且，作者是凤擅中国画的，于是固有的东方情调，又自然而然地从作品中渗出，融成特别的丰神了，然而又并不由于故意的。(见《集外集拾遗》)

展览开始，鲁迅在同一天下午，两次前去观看。看过展览后，他对许钦文说："璇卿的那幅《大红袍》，我已亲眼见过了，有力量，对照强烈，自然调和，鲜明。握剑的姿态很醒目!"为了保存和流布陶元庆的这幅作品，鲁迅特将它用来作为自己选编的许钦文小说集《故乡》的封面。

以后，陶元庆又应鲁迅之约，为《彷徨》、《朝花夕拾》和《坟》作封面画。每次鲁迅都非常满意。在信中以一再求画，称"得陇望蜀"，表示感谢并致歉意。鲁迅看到陶元庆作的《彷徨》封面画后，高兴地写信给陶元庆说："《彷徨》的书面实在非常有力，看了使人感动。"后来又写信说："这里有一个德国人，叫 Ecke，是研究美学的。一个学生给他看《故乡》和《彷徨》的封面，他说好的。《故乡》是剑的地方很好。《彷徨》只是椅背和坐上的图线，和全部的直线有些不调和。太阳画得极好。"

以后，鲁迅曾请陶元庆为自己画肖像。陶元庆在京时，因鲁迅工作紧张，不能抽出时间，未能画成。后来陶元庆参考照片，用炭笔画成一幅速写像。鲁迅很满意。回信说："给我画的像，我觉得画得很好，我很感谢。"这幅肖像画，鲁迅一直很珍爱，也是后来鲁迅画像中最流行的一幅。

1927年鲁迅定居上海后，陶元庆也在上海立达学园任教，常去探望鲁迅，并共同筹备、组织美术展览。1927年12月，陶元庆举行画展，鲁迅再次作文评价。他在《当陶元庆君的绘画展览时——我所要说的几句话》一文中，高度评价了陶元庆的绘画，指出："他以新的形，尤其是新的色来写出他自己的世界，而其中仍有中国向来的魂灵——要字面免得流于玄虚，则就是：民族性。""陶元庆君的绘画，是没有这两重桎梏的。就因为内外两面，都和世界的时代思潮合流，而又并未桎亡中国的民族性。"（见《而已集》）

后来，陶元庆到杭州美专任教，还时常给鲁迅写信或到上海探望。1928年8月6日，陶元庆因患伤寒，医治无效，于杭州逝世。鲁迅对陶元庆的过早逝世深感哀痛，对他的家庭亲人亦甚关心。为了纪念陶元庆，鲁迅慷慨捐赠三百元，交许钦文在杭州西湖边上买地修坟园，定名"元庆园"。

作为中国新兴美术事业中的一个有成就的开拓者，陶元庆得益于导师鲁迅的教诲和引导。正是在鲁迅的提倡、鼓励和帮助下，他的书籍装帧画和书籍插图作品得以快速发展。他的进步的、现实主义的艺术思想，也得益于鲁迅的教导。当然，他的作品留传后世，也是同这些作品与鲁迅、鲁迅作品分不开有很大关系。作为学生，陶元庆对自己的先生也是发生了影响，起到了他的有益作用。鲁迅对于改革书籍装帧、提倡书籍插图艺术的想法，由于陶元庆的努力，而得到了很好的实现，同时也就鼓舞和推动了鲁迅在这方面的倡导和努力。陶元庆的出色的作品，也给了鲁迅以推动和帮助；鲁迅对于新兴艺术的理想，对于既不落后于世界潮流，又不失民族性的中西结合的新艺术的理论，都在陶元庆的作品中得到具体体现，这便使鲁迅的理论更具具象化，也更从画家的实践中得到启发，并日益发展。

鲁迅和任国桢

任国桢是鲁迅最早接触的共产党人之一，而且作为鲁迅的学生，师生感情融洽。他很敬爱鲁迅，鲁迅也颇器重他。作为革命烈士，任国桢对于鲁迅的影响，也是值得注意的。

任国桢（1898—1931），原名鸿锡，字子卿，又作子清。辽宁安东（今丹东市）人，农民的儿子。他1898年11月11日出生，1906年8岁时开始入学，就读于安东市滨江村。1918年考入北京大学文科俄文系。这时正是五四运动前夕，爱国学生运动正在兴起，任国桢积极地投身于这一洪流。1919年5月4日他参加了火烧赵家楼、痛打卖国贼的爱国行动，并因此被捕，后经营救而被释放。

1920年开始听鲁迅讲授的"中国小说史略"课，成为鲁迅的学生并建立了师生情谊。从此直到1924年，他与鲁迅时有往还，特别是经常给塔斯社和《真理报》写稿子，曾得到当时北大俄文讲师伊法尔（亚力克赛斯·伊凡诺夫）的帮助，并得到鲁迅的指导。

1924年，任国桢加入了中国共产党。大约从1923年起，他注意到苏联文艺界的一场大论战，并且注意收集论战中的论文，并把发表在《列夫》、《艺术左翼战线》、《纳巴期佳》、《在前哨》杂志和《真理报》上面的有关论文各选了一篇有代表性的文章翻译出来，又加选了一篇长篇论文，辑录成一本《苏俄的文艺论战》。此书编译成后，他便寄给了鲁迅，请老师校订。鲁迅对于任国桢辑录编译的这本书很重视，他不仅及时给予校订，而且帮助联系出版、校对、发行等具体事宜，又写了《前记》。在《前记》中，鲁迅对任国桢的工作给予了热情的鼓励和中肯的评价：

……不独文艺，中国至今于苏俄的新文化都不了然，但间或有人欣幸他资本制度的复活。任国桢君独能就俄国的杂志中选译文论三篇，使我们借此稍稍知道他们文坛上论辩的大概，实在是最为有益的事，——至少是对于留心世界文艺的人们。

这本书的翻译，被鲁迅称为"极为有益的事"，也使鲁迅借此了解到苏俄文艺界的论争情况，了解了无产阶级文艺的理论与实践，这正是鲁迅当时向实现思想飞跃迈进时所迫切需要的。

鲁迅对这本书颇为看重。出版后，立即向书店取得了10本，以后又买了4本，分送给友人、学生。直到1928年鲁迅从日文翻译的苏联的《文艺政策》一书在《奔流》上连载时，鲁迅曾在《〈奔流〉编校后记》中写道："俄国的关于文艺的争执，曾有《苏俄的文艺论战》介绍过，这里的《苏俄的文艺政策》，实在可以看作那一部的续编。如果看过前一书，则看起这篇来便更为明了。"在这里，鲁迅再次肯定了任国桢工作的意义，并把自己的译作视为学生的工作的继续。这在鲁迅与任国桢的师生情谊上和任国桢对鲁迅的影响方面，都是很可以注意的事情。

1925年6月10日，奉天学生反帝爱国运动被镇压，中共北方区委员会即派任国桢赶回奉天。到达奉天后，他进行了切实有效的工作。先是同斗争中的先进分子一同总结了斗争的经验，决定采取适当的斗争策略，以"奉天基督教青年会"为掩护，进行深入的宣传工作和组织工作。并且同吴晓天一起举办了"暑期大学"，对进步青年进行马克思列宁主义教育。结业后，各校学生回校组织学生会，传播马列主义，在奉天播撒下了革命的种子。在此基础上，建立了奉天的第一个党支部——中共奉天支部，任国桢任第一任支部书记。

1925年冬，党中央派任国桢赴哈尔滨工作。他以《东北早报》主编的公开身份为掩护，从事宣传马列主义和筹建党组织的工作。

1926年春被捕。第二年初经保释出狱，旋奉命回奉天，任奉天支部书记，而以老精华眼镜公司经理身份为掩护。

1927年6月29日，因叛徒出卖，任国桢再次被捕。直到1928年6月，张学良因其父张作霖被害，举父丧而释放政治犯，任国桢才得出狱。出狱后一时找不到党的关系，只好回到家乡安东市。但他并未因此停止战斗。在家乡，他又参加了安东制鞋工人的斗争，指导运动的开展。同年9月，与党取得联系，又奉中共满洲临时省委的委派，再度赴哈尔滨工作。先后担任满洲省委候补委员、委员、候补常委兼哈尔滨县委书记、哈尔滨市委宣传部部长、哈尔滨市委书记等职。

1926年3月8日，任国桢被捕后在被押解去吉林时，偷偷写了一封信设法寄给了鲁迅，鲁迅于1926年3月20日收到这封信，在《日记》中写道："晚得任国桢信，八日吉林发。"1930年3月，任国桢奉命到党中央所在地上海学习。学习结束时，他秘密地看望了鲁迅。这是任国桢第二次探望鲁迅（第一次为1925年在北京），但也是最后一次。

探望鲁迅后，任国桢即奉党委派到青岛，任山东省委书记。到青岛后，他曾连续给鲁迅去了两封信。鲁迅均未复。大概因为斗争紧张，任国桢居无定所或无可靠通信地址，无法投寄。

这年8月，山东省委和青岛市委连遭敌人破坏。12月间，任国桢调任北京市委书记。1931年又调天津，领导职工运动，旋又回北京工作。9月，调任唐山市委书记。10月间，调山西太原任中央特派员。到太原不久，即因叛徒出卖而第五次被捕。不久即与山西省委书记刘天章、省委组织部部长阴凯卿一起，英勇就义于太原市小东门外。

鲁迅和许广平

> 十年携手共艰危，以沫相濡亦可哀。
> 聊借画图怡倦眼，此中甘苦两心知。

鲁迅这篇《题〈芥子园画谱三集〉赠许广平》的诗，感情真挚深沉，虽未能尽写出他们艰危相知、患难与共的生活的丰富内容，但很好地概括了它的精神实质。的确，许广平作为鲁迅的学生、爱人、助手和战友，在十余年的岁月中，与鲁迅相濡以沫、甘苦相知，携手战斗、艰危与共，对鲁迅的战斗、思想与生活所起的作用是巨大而深刻的，是别人所不能代替的。

许广平（1898—1968），广东番禺人，自号景宋，曾用平林、归真、寒潭、君平、持平、正言等笔名发表文章。她出生于广州一个败落的官僚家庭。她的祖父曾任清朝巡抚，父亲是妾所生，在家庭里受到歧视。许广平一出生就被算命先生胡乱判定为"命硬"，会"剋父母"，因而在家庭中遭到冷遇。她出生不久，母亲就为了消灾禳祸而打算赔贴养育费把她奉送给一个因抽大烟而穷困潦倒的本家。后来这个厄运避免了，但是又遭遇了另一个不幸：父亲在喝得酩酊大醉时，碰杯为婚，把她许配了人家。这家姓马，是个劣绅家庭。马家信奉孔教，但又纵容家人拦路抢劫，甚至掳人勒赎，为非作歹，因此民愤极大。

许广平出生于这样的家庭，又遭到这样不幸的命运，因此在思想性格上形成了几方面的特点。一方面，母亲固然曾经要打发她，但既然未走成，就留在身边长大，而她自己作为一个澳门华侨的女儿，既懂医道，又能作诗词，这对于许广平早通文墨，后喜文学，以至后来成为文人，可以说是最初的条件。这又算是许广平的幸运了。然而另一方面，她又有许多不幸。当她还刚刚识字之时，就在幼小的心灵中，感受那"所遇非人"的悲伤了。

许广平的母亲是缠足的。据说母亲过门时，那花鞋在酱油碟子里也可以放得下。母亲照自己的样子给大女儿缠足。以后又想按陈规旧俗再来塑造自己的二女儿。然而，许广平不屈服。一个年幼的弱女子，唯一的斗争武器只有大哭而已。母亲以"不缠足一辈子也别见我"相威胁，然而许广平并未低头，仍然大哭不已，终于使母亲妥协，而保卫了自己的一双天足。

以后，许广平在家塾里读书，所得颇多。然而，父亲却认为，女子无才便是德，读书识字只图能记个家庭账、识个票据就可以了；将来嫁人，仍是居乡，断文识字无大用场，所以，他告诉家塾先生，用蓝青官话教广平诸兄弟，而以土话教广平。于是，许广平再次不屈服，并巧妙地进行了斗争。这一次，哭已无用了，她用的是"装傻"。这"傻"很特别，先生用土话教读，效果极差，一天背不下几句书；但是，一用官话讲授，"傻"学生就立刻聪颖起来，琅琅而诵，当场背出。于是先生只好依了学生。

再后来，许广平对于每月初一、十五塾师都要率学生顶礼膜拜孔子颇为反感。她便做了个纸牌位，上书"大成至圣先师孔子"，把它放在抽屉里，以示轻蔑，并以此嘲弄塾师。稍长后，她敢于在马家来人时，不顾父母的申斥，对婆家当面提出抗议。马家想以金钱诱之，她不为所动，亦不为所惑，将钱扔掉。后来，她终于在二哥的帮助下解除了这个束缚自己的不幸的封建婚约，争得了婚姻的自由。

1911年9月，许广平13岁，母亲去世。1917年，她只有19岁，父亲亡故。孑然孤女，失怙失恃，遭到极大的不幸，也沦入更要忍受白眼冷遇的痛苦中。幸有大哥许崇禧，在父母先后故去之后照顾妹妹。以后，又在二哥帮助下，挣脱婚约枷锁，并得以走出家庭，来到北京。更可贵的是，在大哥的影响下，许广平由自发地反抗，进入具有民主革命意识的觉醒状态。许崇禧曾留学国外，具有民族民主革命思想，并常向妹妹进行宣传。在他的影响下，许广平阅读进步书刊，接受和形成了资产阶级民主主义思想。她从广东民主报纸《平民报》上看到了关于世界共和的宣传，萌发了爱国主义的思想情绪。从《妇女报》上，她接触到关于妇女不缠足、婚姻自主、移风易俗的宣传。因此她不戴首饰，不做绸衣，不戴耳环。

1915年袁世凯复辟称帝，许广平勇敢地写信给一位革命者，表示希望投身反袁斗争。虽然后来因为被家人发现而未果，但是她的民主爱国思想和勇敢的性格显露出来了。

1917年，父亲病逝后，二哥奔丧回家。许广平在他的帮助下解除了封建婚约，并随兄到了北京，然后又去天津归依姑母，以出售家藏古画所分得的二百元为学费，考进了天津直隶第一女子师范学校预科。从此，她一面在校努力学习，一面投身于爱国学生运动，并在斗争中成长。在学校里她认识了当时学生运动领袖郭隆真，结下了深厚友谊。五四运动爆发后，天津广大学生积极响应，掀起斗争高潮。在这新时代的革命洪流和新文化的高潮中，天津涌现出了周恩来、邓颖超以及郭隆真等青年领袖。许广平与他们共同斗争，邓颖超任天津学联评议委员并负责组织讲演工作。许广平则主编《醒世周刊》，侧重评论妇女问题。在这些斗争和工作中，许广平的思想、才能都得到锻炼和提高。

1922年，许广平毕业于天津女师。为了继续深造，于第二年考入北京女子高等师范学校（后为北京女子师范大学），入国文系学习。

1923年10月至1926年8月，鲁迅曾在女师大兼课。许广平聆听鲁迅教诲。她很爱听鲁迅的课，很爱读鲁迅的文章，也很崇仰敬佩鲁迅的为人与品格。1925年3月，她开始和鲁迅通信。在第一封信中，她以直率热情的笔触，陈述了"许多怀疑而愤懑不平的久蓄于心中的话"，请求敬爱的老师给予"真切的明白的指引"。鲁迅立即给了热情真挚的回答，剖析了社会，教她以自己向来实行的"壕堑战"的战略从事战斗。

从此，两人频繁通信。在信中，情真意切，义深思远，但确实没有山盟海誓，而是对于教育界鬼蜮的揭露与批判，对于封建社会黑暗的控诉与指斥，对于如何战斗、出路何在、前途如何等问题的讨论。这些信件后来编为一书，取名《两地书》，以鲁迅、许广平共同署名出版。

通信后数月，许广平到鲁迅家访问。以后常去鲁迅家。两人感情迅速发展。

这时，鲁迅正处于苦闷、彷徨、探索的时期，但已是思想上新质与旧质激烈斗争并开始发生转化的阶段。这时的鲁迅，工作繁忙、战斗紧张，思想在演进、文章在发展，正是在跃动、前进、变化的情状中。重大的历史事件——女师大风潮、三一八惨案、五卅运动，一件接着一件，如大涛巨浪，滚滚向前，推动着历史前进，中国革命在迅速发展。在这些运动中，在这个跃变期，鲁迅以激进的民主主义思想战士、青年导师和文化旗手的英姿，冲杀在斗争前列。在斗争中，作为学生运动领袖之一的许广平，既得到来自她所敬爱的师长的真诚的帮助与深刻的指导，又成为师长的助手与战友。这时期鲁迅写了后来收集在《华盖集》和《华盖集续编》中的大量的战斗杂文，对军阀统治及其帮凶文人、对封建制度和社会种种腐朽黑暗现象进行了猛烈的抨击和鞭挞。许广平在鲁迅的鼓励与指导下，也写了不少杂文，投身战斗。如她写的《怀疑》《内幕之一部》《酒瘾》《一生一死》《瞎扯》《过时的话》《反抗下去》等，都先后在鲁迅主编的《莽原》上发表。

这个时期，鲁迅在生活上正陷于苦痛、孤寂和无人照料的境况中，更加上1923年7月与周作人决裂，心情抑郁愤懑。因此，他曾说，自己原以为是活不长的，而且有纵酒、拼命干、不顾惜身体与生命的做法。可以说，在生活的天空中，也正密布着乌云。正是在这时候，许广平以一个学生和恋人的深情和敬意，像寒夜中的明月，照进了鲁迅紧张战斗、热情工作、赤诚献身然而苦闷、孤寂、冷清的生活中。她先是窥见了那隐痛的一面而产生同情，后又深深理解了老师的痛苦之深和需要照拂之切而萌发爱情。她帮助鲁迅抄稿，也关心鲁迅的生活。她劝先生戒烟戒酒，劝他爱惜身体，注意营养与休息。她以自己的爱温暖了一颗战士的心。鲁迅为感激她的这番情意，撰写了《腊叶》一文。许广平则写了《同行者》，热情歌颂鲁迅，并表示自己要"一心一意向着爱的方向奔驰"。她又作《风子是我的爱》一文，率真而勇敢地写道："不自量也罢，不相当也罢，合法也罢，不合法也罢，这都与我们不相干。"她在致友人信中，诚挚地感谢"周先生……慷慨挽救"，直率地表白"人待我厚，我亦欲舍身相报"。

许广平对鲁迅的情真意切的爱情，给鲁迅以温暖、鼓舞与力量。

1926年8月，鲁迅因遭军阀迫害离京南下。许广平与他同行。但因为经济上的原因和别的情况，他们一个去厦门，一个去广州。许广平抵达广州后，到广东省立女子师范学校任训育主任兼舍监。在此期间，她与在厦门的鲁迅书信往还，数日一封，给了正在最后摆脱苦闷、彷徨，酝酿思想突变的鲁迅以爱的温暖，使鲁迅在精神上得到慰藉。

1927年1月，鲁迅离厦门到广州中山大学任文学系主任兼教务主任。许广平任他的助教。1927年四一二反革命政变后，鲁迅愤而辞去中山大学一切职务。9月，离广州去上海，许广平与他结伴而行。他们冲破封建礼教束缚，无惧于世俗的议论和有些人的恶意攻击，在上海同居。从此时起，直到鲁迅逝世，许广平以自我牺牲精神一直作为鲁迅的助手和战友，在鲁迅身边协助战斗和写作。她说，鲁迅的"工作是伟大的，然而我不过做了个家庭主妇，有时因此悲不自胜，责问自己读了书不给社会服务。但是，我不可能又不忍离开家庭，丢下他，独自个儿走到外面做事"。她愿意"忘了自己"，做一个默默无闻的人，尽力使鲁迅能够为中国革命、为人民贡献更多的、非她自己所能及的功业。她曾经活跃在学生运动的前线，是个办事干练的学运领袖；她也曾经执笔为矢，参与了文化思想斗争；她也逐渐在妇女运动中显露身手，但是，在上海的近十个年头中，她自觉自愿地放弃了这一切，而从社会退回家庭，协助鲁迅，帮他抄稿、校对、寄信、料理家务。很难想象，如果没有许广平在最后十年时光中的细心照料和尽力协助，鲁迅能够那样卓有成效地进行斗争和写作。

1929年9月27日，许广平生下一男孩，鲁迅给他取名海婴，意为出生于上海的婴儿。自此，许广平又挑起了抚养海婴的担子。

在上海期间，鲁迅身处危境，在国民党反动派通缉时，在柔石等"左联"五烈士遇害后，在中国民权保障同盟总干事杨杏佛被杀害后，鲁迅都曾外出避难，许广平总是陪侍身边。鲁迅外出，常让许广平过街对面行走，意恐许广平跟随自己一同被害，而许广平则不肯离开鲁迅一步。

许广平生活俭朴。她说:"至于我自己衣着的不讲究等,是一面不愿意和他做太相反的对比,更不愿意在不必要的地方花去他绞脑汁换来的金钱,而他却时常笑笑地说:'看你这样落拓,去买一些新的来吧!'我说:'要讲究,你这点钱不够我花呢。'彼此一笑也就罢了。"①

1936年10月19日,鲁迅逝世。许广平遭受极沉重的打击。但她化悲痛为力量,很快抖擞起精神,继承鲁迅未竟的事业。她为收集、整理、出版鲁迅的著作,写作回忆和纪念鲁迅的著作、文章,为保卫鲁迅、宣传鲁迅、研究鲁迅作出了独立的、别人所不能作的贡献。

1937年,日寇侵华,上海沦陷。为保护鲁迅的遗著、手稿和遗物,她携海婴毅然留在孤岛上。但她并不避世而居,更不当顺民,而是积极参加了在党领导下的上海文化界的抗日救亡斗争。她积极为抗日将士筹款筹物,还单用自己省下来的钱买了一百只电筒送给八路军。她重新提起笔在《上海妇女》《妇女界》《鲁迅风》等上海进步刊物上撰稿,宣传抗日。

在艰难危险的条件下,她先后整理、编定印行了鲁迅的多种著作。计有:鲁迅生前已经编定未及出版的《且介亭杂文》《且介亭杂文二集》和未及编定的《夜记》《且介亭杂文末编》;编定出版了《集外集拾遗》《译丛补》。特别是,她同留在上海的鲁迅生前战友胡愈之等,在非常困难的条件下,仅以三个月的时间,就编辑出版了600万字20卷《鲁迅全集》。这是鲁迅著作第一次集录较全且以全集形式出版。许广平在这部《鲁迅全集》的出版工作中,付出了艰辛的劳动,表现了极大的热情和对鲁迅深沉真挚的爱。当时参加校对工作的蒯斯曛回忆说:"担任校对工作的十个人,五个是业余的,五个是专职的,各个校次和看清样也恰巧都是业余和专职各半……专职的五个人中,许广平先生最忙,她日夜校着二校,还不断地为我们找鲁迅先生的原稿或作品的初版本,来解决疑难。她那种对鲁迅先生作品的每一个字的负责精神,她那种细致认真的工作态度,常常使我感动和佩服。"许广平所做的工作,是她对鲁迅、对文化事业的一大贡献。

1942年12月15日,在上海的日本侵略军为了寻找上海抗日知识分子和出版家的线索,逮捕了许广平。许广平在上囚车的一瞬间,机智地让年仅10多岁的海婴通知了党在上海文化界的负责人王任叔（巴人），使其他同志都得免遭难。在宪兵队里，许广平忍受了酷刑的折磨，但她坚贞不屈，宁可自己受痛苦，不使同志遭灾难。当时也在孤岛上从事地下斗争的郑振铎后来记述道："她是怎样的拼着牺牲自己的生命来保护同伴们！这是一个典型的中华民族的女战士和英雄。"[①]当敌人用苦刑折磨她时，她抱定"牺牲自己，保全别人；牺牲个人，保存团体"的信念，毫不动摇。当敌人把三尺军刀架在许广平的脖子上时，她也毫无惧色，临难不畏，坚定地想："大不了一死！决不能出卖那些对祖国竭尽忠贞的义士。"敌人还曾卑劣地以"剥光衣服拉到南京路游街"相威胁，这对于一位女志士是最令人愤怒而不可忍受的。但是，许广平既料定这不过是威胁恐吓，又思考决定了万一敌人无耻，出此卑劣之策时，将何以对待。她想：如果有血性的中国人看到自己的儿女、姊妹被敌人凌辱到一丝不挂去示众，这将是暴露敌人、唤起民众的宣传资料。

敌人丧心病狂，对坚贞不屈的许广平竟施用了电刑，并且多达十几次，有时把电流加到了最大限度。此时，许广平决心一死，反转平静。这表现了她为国为民为同志牺牲的坚强意志和崇高精神。这是鲁迅的思想精神在她身上的体现。

在刑讯庭上，许广平还进行了一种特殊的斗争：敌人对每一本作者签名赠送给鲁迅的书，都要仔细盘问，想从中得到什么，打开缺口。他们追问作者的情况，跟作者认识的经过，作者当时的住址等。如果同一位作者赠送了两本书，就要追问哪一本书赠送在前、哪一本书在后。每就一本书接受盘问，就如同过一关。许广平必须编造一些口供来迷惑、骗过敌人；每次的口供又必须一致，免得露了破绽。许广平勇敢而机智地进行了巧妙的斗争，克敌制胜。1943年3月1日，许广平出狱。

抗战胜利后，许广平积极投入反独裁、争民主的运动。她经常为《民主》《周报》等进步刊物写稿，并担任中国妇女联谊会上海分会主席，参加中国民主促进会，担任上海市小学教师联合会进修会顾问。

1948年10月，许广平在党的安排下，与其他民主人士一同进入解放区，参加新政协筹备工作。中华人民共和国成立后，她被任命为中央人民政府政务院副秘书长。后又担任第一、二、三届全国人大常委会委

---

① 郑振铎：《记几个遭难的朋友们》。

员，全国政协常务委员，全国妇联副主席，全国文联副主席，民主促进会中央副主席，中国保卫世界和平委员会委员等。另外，多次作为人民的友好使者出国访问，曾去日本、瑞士、越南、苏联等国。

1960年经毛泽东、周恩来亲自审批，许广平加入了中国共产党。

1968年3月3日，因受"四人帮"偷盗鲁迅全部书信手稿一事的刺激，心脏病突发，猝然逝世，终年70岁。她在遗嘱中表示将遗体"供医学解剖"，亲属要"忠诚地听党的话"，表现了她对中国共产党的忠诚。

许广平虽然逝世了，但是，她活在人们对于鲁迅的纪念之中，活在鲁迅的伟大事业中。有人曾经攻击许广平与鲁迅的结合。许广平曾有诗《为了爱》，对此给予了严正的回答，也明晰剖示了自己崇高的心灵：

一切的经过，
看《两地书》就成，
那里没有灿烂的花，
没有恋爱的情。

我们的心换着心，
为人类工作，
携手偕行。

你孤独了的一生，
书中没有说起女人，
在十年以前。

过渡的时代，
自己"肩住了黑暗的闸门"，
让别人生存。
朋友多晓得你，
我的爱人！

在深彻了解之下，
你说："我可以爱。"

你就爱我一个人。

我们无愧于心，
对得起人人。

此刻——
有些人忽然要来清算，
横给我们罪名。
说什么："每星期都有信。"
好似我从中作梗。

…………

卑鄙的血液染黑了心，
封建的思想盘据着神经。
你们想拿着法律，
杀害普天下人！

在亚当夏娃的心目里，
恋爱结合神圣；
在将未解放的社会里，
恋爱，再——
志同道合，成就婚姻。

那言语不通，
志向不同，
本来并不同在的，
硬说"佳偶"，
就是想污蔑你的一生。

真理或有时存在，
我将依着进行。

所有那些狡计，

让他发昏。①

在这里，许广平不仅保卫了自己，也保卫了鲁迅。许广平对于鲁迅研究也作出了自己特有的贡献。她的劳绩永在鲁迅研究事业中闪光。

鲁迅和刘和珍

"在四十余被害的青年之中，刘和珍君是我的学生。学生云者，我向来这样想，这样说，现在却觉得有些踌躇了，我应该对她奉献我的悲哀与尊敬。她不是'苟活到现在的我'的学生，是为了中国而死的中国的青年。"②这是1926年三一八惨案中，刘和珍被害后，鲁迅写下的真挚而深沉的悼文中的话。他以尊师长者之心，对自己的学生，写出了"尊敬"二字。这在鲁迅是何等的谦虚，而在刘和珍是何等的光荣。这光荣，不仅因为她血洒长街，为国捐躯，而且因为她作为烈士，生前和死后，都对她的敬爱的先生有着一定的影响。她是"五四"之后，从封建束绳下解放出来的最早一批青年女性中的一员，而且是一个佼佼者。

刘和珍（1904—1926），祖籍安徽合肥，因父亲在江西做官，久居南昌，所以成长于江西，一般人便以江西为其籍贯。她从小聪明活泼，待人接物和蔼委婉，父母很是喜爱，所以取名"和珍"，有"和氏璧一样的珍宝"之意，可见父母钟爱之深。7岁开始读书，好学强记，经史杂书能记忆背诵的不少，打下了较好的古文根底。14岁时，父亲不幸病故，家庭遭到打击。15岁毕业于女子公学，考入江西女子师范学校。

这时候，因为父亲去世、家境贫寒，外祖母和一个弟弟、一个妹妹，都因为无钱治病而不幸相继死去。这种家庭的大变故，对刘和珍思想上的影响显然是很大的。她以一个少女柔弱的心，承受到父亲死后的接连丧失亲人的沉痛打击，她以一个初识世事的少女的眼光迷惘地凝视着人生、社会与世界。有许多疑问和不平在她幼小的心灵中萌生。

这时，她的贫寒的家庭里，只有一位老母和一个弱弟了。"凄凄柴门风雪夜"，凄凉冷寂的家庭里弥漫着哀愁。但刘和珍在困难中，勤奋

---

① 原载1937年2月20日《中流》一卷十一期，转引自陈漱渝《许广平的一生》。

② 《华盖集续编·记念刘和珍君》。

学习，卓有成效。她的文思与年华并进，考试总是名列前茅，同学姊妹，都很敬畏她。

她除了在校努力学好各门功课外，还在校外补习英语，并在课余广泛地阅读多种书报杂志。这正是五四运动刚过，新文化运动席卷全国，新书刊、新报纸风靡全国的时候，时代的风雨刮到刘和珍的生活中来了。《新青年》《新潮》，上海《时事新报》的副刊《学灯》，上海《民国日报》的副刊《觉悟》等进步报刊，她都经常阅读。新思想、新文化，像春雨淋淋，洒进了她年轻的心灵里，使她萌发了争自由、求解放的愿望。这时，她首先在家庭里进行了革旧布新的工作，她说服了母亲，在家里不敬神、不拜佛、不烧香、不祭祀、不叩头、不贺年贺节、不请客送礼。她家不仅有女同学女朋友来往，也有男友（学生、教师和报社人员）来访。当时，男女授受不亲的封建条规在社会上还很盛行，然而在刘和珍家里已经被冲破了。

在学校里，她积极投身于学生爱国运动，参加和领导了多次斗争，表现了坚定的反帝、反封建精神和干练的斗争才能。南昌女校向来有许多封建陋习和礼教条规，束缚着青年女性的发展。学校规定，学生在校时把一张红牌挂在学监的房里，学生离校必须由家长用白牌交学监，学生领取红牌出校，否则不能离校一步。学校像囚笼一样囚禁着学生们。学校还规定学生不能会客和通信。学生们对于这种封建束缚很不满。刘和珍便领导同学起来斗争。她与江西学生联合会取得联系，成立了女师学生会。然后，她四处奔走，争取外援，还发表文章、散发告家长书，争取社会同情与支持。她更在南昌市其他学校的支援下，率领学生队伍冲出校门，到教育局斗争，强烈要求废除不合理的封建校规。在学生的坚决要求下，因为怕引起更大的学潮，反动当局只好同意修改校章，取消了红白牌，允许学生会客通信。

1921年，刘和珍又领导了女子剪发的斗争。她首先自己毅然把辫子剪掉，成了齐耳短发。她回家时，母亲一见，担心地说："这是冒天下之大不韪，学校里容不了你了，准备回家吧。"她回答说："事情总要有人带头，牺牲难免，开除不开除现在不管，准备同校长斗争到底，很可能她开除不了。"在刘和珍带动下，学校形成了剪发风潮，校长企图镇压，但学生起来斗争，终于取得胜利。南昌各女校学生都闻风响应，把长长的辫子剪掉了。她还参加江西各界反基督大同盟，为不许外国人当教会学校校长而进行斗争。在斗争中，她英勇坚决，遭到校长的忌恨。

1921年冬，刘和珍又发起创立了革命学会——"觉社"，提倡白话文，反对文言文，并且联合各校学生共同展开反帝反封建的爱国斗争。她创办了刊物《时代之花》。她的积极性和才干都发挥出来了。她除写稿外，集稿、发行等工作也都积极去做。

年轻有为的刘和珍，表现了独特的性格。她既刚毅坚强，又温柔和婉。她挥洒笔墨，能写文章，也能绘画，还能弹琴吹笛，并善歌唱。面对恶少的罪恶行为，她勇于斗争，显出刚烈品性。有一次，她的同学傅淑英被浪荡子弟轻薄调戏于街头，四周的人议论纷纷、气愤不平，但却不敢上前与之斗争。刘和珍看到这种情形，毅然上前申诉，对作恶者晓以大义，终于解救了傅淑英。她对刘和珍的见义勇为感激涕零，从此两人成为莫逆之交。刘和珍在为取消封建校规、为剪发而斗争和组织反基督教大同盟时，都遭到校方的威吓与处分，但她从不示弱，斗争意气并未减退。

1923年女师毕业后，刘和珍考入北京女子师范大学英文系。到北京以后，她努力学习，成绩优异，尤其喜爱文学，很爱看鲁迅办的刊物。《莽原》出版，她便预订全年的期刊。她也爱读鲁迅的文章，爱听他的课。同时，她积极参加学生爱国运动，与许广平、杨德群等同学一起走在斗争的前列，成为女师大学生会的领导人、北京学生运动中的领袖。1926年3月18日，她和女师大学生一起，参加在天安门召开的国民大会。会后到段祺瑞执政府门前请愿，抗议英美等八国为大沽口事件发出最后通牒。段祺瑞为了讨好列强，卖国求荣，不但不接受学生们的要求，而竟预先布置军警，对手无寸铁的学生进行了残酷的虐杀。刘和珍不幸被害，年仅22岁。

鲁迅对于刘和珍牺牲是十分哀痛的。在她牺牲之后，鲁迅追怀着文写道：

> 我平素想，能够不为势利所屈，反抗一广有羽翼的校长的学生，无论如何，总该是有些桀骜锋利的，但她却常常微笑着，态度很温和。待到偏安于宗帽胡同，赁屋授课之后，她才开始来听我的讲义，于是见面的回数就较多了，也还是始终微笑着，态度很温

和。待到学校恢复旧观，往日的教职员以为责任已尽，准备陆续引退的时候，我才见她虑及母校前途，黯然至于泣下。①

刘和珍牺牲，使鲁迅更加痛恨封建军阀的统治，激起了更坚定的斗争决心："真的猛士，将更奋然而前行。"②

他还认为，"既然有了血痕了，当然不觉要扩大。至少，也当浸渍了亲族，师友，爱人的心，纵使时光流驶，洗成绯红，也会在微漠的悲哀中永存微笑的和蔼的旧影。"③这就是说，亲人的追怀和记忆，就是仇恨的种子与斗争的萌芽。死者的鲜血将激起活人的斗争决心。

鲁迅更从刘和珍等青年女学生斗争的精神、干练的才能中，看见了人民的力量、民族的希望。他写道："我目睹中国女子的办事，是始于去年的，虽然是少数，但看那干练坚决，百折不回的气概，曾经屡次为之感叹。至于这一回在弹雨中互相救助，虽殒身不恤的事实，则更足为中国女子的勇毅，虽遭阴谋秘计，压抑至数千年，而终于没有消亡的明证了。倘要寻求这一次死伤者对于将来的意义，意义就在此罢。""苟活者在淡红的血色中，会依稀看见微茫的希望。"④刘和珍作为鲁迅的优秀学生，她的牺牲对于鲁迅的思想发展起到了促进的作用。

鲁迅和韦素园

"是的，但素园却并非天才，也非豪杰，当然更不是高楼的尖顶，或名园的美花，然而他是楼下的一块石材，园中的一撮泥土，在中国第一要他多。他不入观赏者的眼中，只有建筑者和栽植者，决不会将他置之度外。"⑤

这是鲁迅在韦素园逝世以后，为文悼念他时写出的一番话。这不仅是对韦素园公允恰当而崇高的评价，而且在对韦素园的评价中，树立了一种崇高人格的规范。在这评价中，也隐含着韦素园对鲁迅的影响。

韦素园（1902—1932），安徽霍邱人。出生于小商人家庭。小时候读了几年私塾，于1913年进入霍邱县立小学读书。1914年秋，转学叶家集明浊小学高级班。那时，后来未名社中的骨干人物台静农、李霁

---

① ② ③ ④ 《华盖集续编·记念刘和珍君》。
⑤ 《且介亭杂文·忆韦素园君》。

野、韦丛芜等也都在一个班里读书。1915年秋，因为家境困难，考入公费的阜阳第三师范学校。在校内受到进步教师的爱国主义教育。在第一次世界大战中我国向德宣战后，他便于1919年春离开学校，到北京参加段祺瑞所办的参战军。但不久便识破段祺瑞的骗局，又毅然离开了这个参战军，而转到长沙法政专门学校预科读书。1920年夏，又随从长沙转到安庆就职的大哥韦凤章，到安庆入安徽法政专门学校读书。

这时，五四运动的浪潮，已经席卷了安徽。在这里，发生了驱逐皖系军阀马联甲的"驱马运动"。在运动开展中，马联甲像其他封建军阀一样，施行了血腥镇压的手段，枪杀了学生高琦。于是，斗争更加激烈地展开。韦素园积极投身于这个斗争，并在运动中成为学生联合会的领导人。

当马克思主义最早在中国传播的时候，韦素园便开始阅读马克思主义书籍了。这时，他不仅自己阅读，而且将《共产党宣言》等马克思主义著作寄回家乡，让亲人们学习。

1921年初，上海社会主义青年团组成一个代表团，去莫斯科参加列宁主持召开的共产国际第三次代表大会。韦素园是这个代表团的成员。同时去的代表中还有任弼时、蒋光慈、曹靖华、吴宝鹗、廖化平等。这是我国派往苏联的第一个代表团。

韦素园到莫斯科后，进入东方劳动大学学习。在这里，他不仅亲眼见到了俄国十月革命后的现实，而且学习了马克思主义，学习了俄罗斯古典文学和苏联革命文学。这使他的思想起了很大变化，也确立了今后从事文学活动的方向。他坚信只有十月革命的道路才能救中国，以介绍俄罗斯古典文学和苏俄进步文学为自己的终身事业。

可是，他不幸染上了后来使他过早逝世的肺结核。1922年，同学吴宝鹗、廖化平因病不能继续学习，韦素园便同曹靖华一起，护送他们回国。当年秋，韦素园回到北京，入俄文法政专门学校学习。这时，他便开始介绍俄罗斯文学。1923年，他选译了梭罗古勃的《蛇睛集》。

1924年夏，韦素园在生活上遭受了一个沉重的打击：在江苏常州弃官为僧的大哥韦凤章病逝了，遗嘱素园带领也在北京读书的弟弟韦丛芜返回安徽老家，结束颠沛流离的求学生活。韦素园十分哀痛，他不仅失去了经济上的接济，也失去了曾是手足情深、依托为生的大哥。

1924年初冬，李霁野因请鲁迅校阅自己的译作《往星中》而认识了鲁迅，后又介绍韦素园认识了鲁迅。韦素园一向崇拜敬仰鲁迅。结识鲁迅，他认为是自己一生中最大的幸福。这时，他住在北京大学对面的一个公寓里，经常到北大去旁听鲁迅的课。

1925年春，韦素园去河南，到国民军第二军给苏俄军事人员当翻译。但不久俄军人员因不能工作撤走了，韦素园回到北京，由鲁迅介绍，到《民报》任副刊编辑。他工作认真负责，作风踏实，又因有鲁迅的支持，报纸风行一时。他因此为军阀张作霖所忌恨，仅仅一个月后，报社便被封了。

1925年8月，在鲁迅的提议、帮助和领导下，成立了未名社。韦素园的住处沙滩新开路五号的一个公寓，便成了未名社的办事处，而韦素园就成为鲁迅所说的"守寨"的"经理"了。韦素园以很高的热情和认真的工作，来支持未名社的发展。他用俄文替李霁野校订了《往星中》和《黑假面人》，为韦丛芜校订了《穷人》，而主要的精力还用来完成社务。至于自己的译作，他放在后面，在深夜有时间时才来进行。他这几年除《外套》外，译作不算多。

鲁迅对未名社给予了极大的关怀。他在北大上课后，常常到未名社来小坐，同韦素园谈话。

在繁忙的工作和艰苦的生活中，韦素园的肺病日见严重。1926年12月，他大量咯血，一病不起。先在法国医院、协和医院等处治疗，病情好转些。1927年春季，在未名社朋友的帮助下，到京郊西山福寿岭疗养院疗养。在疗养期间，虽然不能起床，但仍伏枕读书、写作。这时他读了不少马克思主义文艺理论著作，思想日渐成熟。因此鲁迅说他这时的信，"措辞更明显，思想也更清楚，更广大了"。但他的身体却渐渐衰弱，病入膏肓了。面对这不幸的命运，他坚强而冷静，并且表现出崇高人格。他在事先写好的遗书中写道："现在我要先你们而'别去'了，愿你们勿以我为悲哀。这种离别乃人生之常，早晚免不了的。"他对革命、对国家的命运与社会的发展都怀着信心，在给友人的信中，他写道：

> 怀疑是对旧时代的破坏，坚信，是对新时代的创造。不能彻底的怀疑，旧社会不能有彻底的动摇；但不能彻底的坚信，新社会却也不能有彻底的建造……我希望在文学中能叫出一些希望，然而希

望很难在怀疑中产生，却要在坚信里开始而且坚固。

1932年，他又在写给韦丛芜等人的信中说："现在社会紊乱到这样，目前整理是无希望的了，未来必经大破坏，再谋恢复，但在此过程中，痛苦和牺牲是难免的。"

他还乐观地对朋友说："我在病中觉到，人生就是工作，只有在工作中求得真实的快乐和意义。"

这些书信和谈话表明，他在病中所思虑的仍是国家和社会的问题，并且具有深刻的见解。而对于自己的不治之症和不幸的命运，都是达观的。

1929年5月鲁迅到北平省母，在忙迫的应酬和讲演活动中，还抽空同李霁野等人一起到西山疗养院去看望韦素园。他们在病院里谈得很愉快，但想起韦素园的病，鲁迅又很感哀痛。鲁迅在1929年5月30日的日记中记载："晨目寒、静农、丛芜、霁野以摩托车来邀至磨石山西山病院访素园，在院午餐，三时归。"可见他们在一起聚谈了大半天。同天，鲁迅在给许广平的信中详述了这次访问的情形和自己的感受：

> 今天我是早晨八点钟上山的，用的是摩托车，霁野等四人同去。漱园还不准起坐，因日光浴，晒得很黑，也很瘦，但精神却好，他很喜欢，谈了许多闲天。病室壁上挂着一幅陀斯妥夫斯基的画像，我有时瞥见这用笔墨使读者受精神上的苦刑的名人的苦脸，便仿佛记得有人说过，漱园原有一个爱人，因为他没有全愈的希望，已与别人结婚；接着又感到他将终于死去——这是中国的一个损失——便觉得心脏一缩，暂时说不出话，然而也只得立刻装出欢笑，除了这几刹那之外，我们这回的聚谈是很愉快的。①

后来，在韦素园逝世后，鲁迅在《忆韦素园君》中，再次深情地提到这次访问："1929年5月末，我最以为侥幸的是自己到西山病院去，和素园谈了天。"文中再次提到韦素园原来的爱人经他同意和别人订了婚；又为韦素园"竟连介绍外国文学给中国的一点志愿，也怕难于达到"而深感遗憾。当再次提到墙上挂着陀思妥耶夫斯基的像时，又说到陀氏"用沉郁的眼光，凝视着素园和他的卧榻，好像在告诉我：这也是可以收在作品里的不幸的人"。

鲁迅在这朴实无华然而感情深沉真挚的记述中，表达了对自己的学生和朋友的挚爱、器重和对他不幸命运的深刻同情与哀痛。他认为，韦素园是一个足以写进作品的人物，他的早逝是中国的一个损失。

鲁迅在前面说到的信和文章中，都提到韦素园原有一位爱人和后来又分开了的事。这事是确实的。在处理这件事情上，也表现了韦素园的崇高的品格。

韦素园有一位女友，认识多年，彼此倾慕。女友后来去美国留学，曾自大西洋彼岸，寄来情诗十首。这时，韦素园正吐血病发。他深爱着这位女友，但考虑到自己的病体，于是忍受着痛苦，给她以"病重无望"的回答，婉劝她另选爱人。

在病中，他忍受着这样多方面的痛苦，仍然伏枕做了大量的工作。几年中，他选译了高尔基、契诃夫、安特烈夫、梭罗古勃等人的短篇小说（后集为《最后的光芒》出版）；译了俄国普罗特尼珂夫的《革命与文学》的一章；译了卢那察尔斯基的《托尔斯泰的死与少年欧罗巴》；写了十篇散文小品，集为《西山朝影》；写了近二十首新旧诗歌，集为《山中之歌》。此外还有谈论文艺问题的几篇杂文和几十封书信。

在临终前，韦素园又深深地怀念起自己敬爱的师长鲁迅和他所崇拜的俄罗斯作家。他在病榻上装挂了鲁迅、托尔斯泰和陀思妥耶夫斯基的像。他还在一封作为遗嘱的信中，表达了他对平素敬爱的师友的怀恋，他写道："鲁迅先生和靖华，是我极尊重的先生和朋友。"

在病体垂危时，韦素园写诗一首赠侄儿：

> 几年病体卧京华，往事已非愿已差。
> 一志未衰犹望尔，百年伟业映支那。

在这最后的声音里，他仍然惋惜自己的革命志愿未能实现，怀恋着革命的伟业，而把希望与遗志交给后来人。

1932年8月1日晨5时半，韦素园病逝于北京同仁医院，年仅30岁。

鲁迅对于韦素园的逝世感到十分悲痛。他在致友人信中，一再表示"这使我十分哀痛""素园逝去，实足哀伤"。1934年，鲁迅为韦素园写墓志，沉痛写道：

「五四」时期（1912—1926）

宏才远志，厄于短年。文苑失英，明者永悼。

短短四句，不仅写出了内心的哀痛和惋惜，而且对韦素园做了深刻评价。

鲁迅与韦素园虽为师生，但友谊情挚意深。柔石与素园，可以说是鲁迅在众多学生中的两个心心相印的至交。他们对鲁迅也是既作导师敬爱，执礼甚恭，又是挚友意深，互相关怀体贴。鲁迅曾在《两地书·序言》中说到，"回想六七年来，环绕我们的风波也可谓不少了"，"其间，含沙射影者都逐渐自己没入更黑暗的处所去了，而好意的朋友也已有两个不在人间。"这两个学生和战友便是韦素园和柔石。鲁迅对他们表达了深挚的感谢之情。在这深挚的感情中，鲁迅不仅给予自己的学生和战友教诲、关怀和帮助，而且学生也给他以温暖、支持与力量。

鲁迅曾以认真与激烈来概括韦素园的性格和品性。他说："他太认真；虽然似乎沉静，然而他激烈。"当军阀段祺瑞的走卒林素园带兵去接收女师大时，韦素园曾十分激愤，而将自己的名字改为"漱园"，以与此辈同名为耻，这表现了他爱憎分明的情感。当高长虹因韦素园处理稿件事而大闹《莽原》，并大骂韦素园时，素园便写出长信，叙述详情并作文在杂志上剖白。这也表现了他的认真精神。鲁迅对这种品质是赞赏的，认为反映了韦素园的纯真、正直的心地。然而，鲁迅又说这是"他的致命伤"。鲁迅说：

> 认真会是人的致命伤的么？至少，在那时以至现在，可以是的。一认真，便容易趋于激烈，发扬则送掉自己的命，沉静着，又啮碎了自己的心。[1]

鲁迅在这里指出的是，性格、思想同周围环境的矛盾，肯定了本质的优秀，但提醒的是：注意现实的条件，讲求斗争的策略。而韦素园却因为不能注意及此，加速了自己的年轻生命的结束。这是鲁迅对于韦素园思想性格的深刻分析。这个分析的意义，自然不止于对认识韦素园具有作用，更重要的是，对于我们知人论世也具有指导作用和启发意义。而且，这也是韦素园对于鲁迅的一种影响。

---

[1] 《且介亭杂文·忆韦素园君》。

鲁迅和司徒乔

在鲁迅北京寓所的书房墙上，挂着一幅速写画，画面上画着五个警察在拽着、拖着一个怀孕的穷女人。这就是司徒乔的作品《五个警察和一个0》（"0"代表孕妇）。这是鲁迅从司徒乔的画展上买来的。鲁迅在1926年6月6日的日记中写道：

"往中央公园看司徒乔所作画展览会，买二小幅，泉九。"

这里所说"二小幅"，除《五个警察和一个0》之外，就是《馒头店前》。第二幅画的画面上是冬天早晨，一个卖馒头的店铺门前，刚出锅的馒头正冒着热气，吸引着行人；而一个贫苦的、瘦弱的老人，却忍着饥饿失望地向胡同里走去。

司徒乔在这两幅画中，表达了对旧社会穷苦劳动人民的同情和对生活中的不平的控诉。鲁迅正是赞赏他这种创作态度和思想，而购买了这幅画，并将其中更喜爱的一幅挂在时常面对着的书房墙壁上。

司徒乔（1902—1958），出生于广东开平赤坎塘边村。这里虽然土地肥沃，但是穷人的命运却只有被地主老财剥削的份儿，因此男人们大都泛海而去美洲、澳洲谋生。司徒乔的曾祖父也曾经参加到这个远走异国他乡的谋生者的行列里。但是，十年之后，双手空空而归，逢人就劝说："家里还有只母鸡就不要去受那洋人的气，世上哪儿也没有穷人的好活路。"此后，司徒乔的祖父再没有出洋谋生。他先是挨家舂米，后来苦挣着开了一个小小的米店，勉强能维持生活。但不幸的是，他去世时，留下了七个儿女，其中六个女儿、一个儿子（即司徒乔的父亲司徒郁）。司徒郁一人挑起了养活十口之家的沉重的生活担子。他这时才19岁。这个年轻人不善做买卖，米店又受到洋米的冲击，不几年，米店就关门了。1914年，司徒乔12岁，他父亲在走投无路时，到广州岭南大学附小管杂务，以后管伙食。按学校规定，每个校工都可以有一个孩子免费入校读书，司徒乔这才意外地得到进入这个美国教会主办的、只有买办官僚子弟才能上得起的学校读书。

司徒郁是一个业余美术爱好者。在操劳之余，他还瞒着妻子练画，到业余画社学画。他的爱好传给了儿子，司徒乔也爱好画画，学校里每年的图画奖都被他得去了。司徒乔的母亲季兰姑，也善于绣花剪纸，她能绣得一手好花，也能剪出栩栩如生的蝴蝶等动物。而且，她还是一位口头文学创作者，能编出很好的歌儿。当司徒乔的祖父不幸去世时，她编唱了一首哭诉的歌儿，其中两句是：

> 龙舟人多船就快呀，
> 我挽船人少实难浮。

抗战时期，她竟能编出颇有思想意义的歌曲给村里的妇女们传唱。有一首歌儿唱道："今日扎紧头髻和他打，他日梳光头髻享中华。"母亲的艺术才能，也传给了司徒乔。穷困的家境、不幸的生活遭遇和父母的艺术才能，给予司徒乔今后道路决定性的影响。司徒乔在学校里还结识了后来成为音乐家的冼星海。他们一个是校工的儿子，一个是洗衣妇的儿子；一个爱好美术，一个爱好音乐。他们有时在江边山头，一个画风景，一个吹单簧管；有时同在一间房里，一个在琴声中作画，一个伴着画家奏琴。他们在青年时代，互相影响，共同成长。

1919年，五四运动爆发。这年司徒乔17岁。在这开始成长之年，五四新文化运动的浪潮冲击到他的生活与学习中，唤醒了他，引导他走上爱国的、从事进步艺术事业的征途。南国学生都向往五四运动的发源地北京和整个北方。冼星海到上海去上了音乐学院，司徒乔也在历经了种种艰苦之后来到了北京。他进了贵族式的教会学校燕京大学，但他却与穷人和乞丐的心相通，把自己的同情赋予他们，用自己的画笔来诉说他们的苦楚。当时在鲁迅支持下的《语丝》上曾有一段文章介绍他：

> ……司徒君是燕京大学的学生。他性喜作画，据他的朋友说，他作画比吃饭还要紧……司徒君画里的人物大抵是些乞丐、驴夫和老头子，这是因为他眼中的北京是这样……有一天我到他那里去，看见他正在作画，大乞丐小乞丐排着坐在他的床沿上——大的是瞎了眼的……我又见到了一张画好了的老头儿的头，据说也是一个什么胡同的老乞丐，在他的皱纹和须发里真仿佛藏着五千年的专制的历史。

就在这时候，司徒乔接受了鲁迅的思想影响。他自己回忆说："我在校旁（指燕京大学）小巷里散步的时候，随处都看见祥林嫂、闰土、阿Q、小栓。他们又使我想起幼年在开平乡间所见的祥林嫂、闰土……我开始爱上他们，并痛恨那些压弯了他们的脊梁、榨干了他们血液的人吃人的制度；我便开始画，画他们的痛苦和愤怒。"他为了了解他所同情、爱戴而又要表现的对象，便搬进当时的小贩、人力车夫集中的贫民窟（孟端胡同）去住，而且和一个叫老李的人力车夫交上了朋友。司徒乔是在鲁迅的思想作品的感召和引导下走向社会生活、走向人民的。

鲁迅从别处得知司徒乔的情况，甚赞他的态度："那时是在北京，知道他不管功课，不寻导师，以他自己的力，终日在画古庙，土山，破屋，穷人，乞丐……"①

这时，司徒乔曾给《莽原》和未名社的出版物画过封面和插图。《莽原》共出两卷，全用司徒乔的画作封面。《莽原》第一卷（24期）的封面，是一片乱草丛生的荒原，远处，太阳刚升上地平线。在太阳的光照前面，立着一颗挺拔的幼树。第二卷封面上，这幼树已经长成欣欣向荣的茂林了。鲁迅说过，他创办《莽原》，是为了吸引和培植更多的新进战士，一同来向旧社会、旧文明进攻。司徒乔的画，表达了这个意境。这个时期，在事实上，司徒乔和鲁迅已经不仅有心的相印，而且有工作上的交往了。

1927年10月，鲁迅到上海定居，司徒乔也来到上海。他们在一次宴会上相会，神交已久，一见如故。以后，鲁迅曾去司徒乔的一间狭小简陋的房间，即所谓"乔小画室"里，看司徒乔的作品。司徒乔也多次去探望鲁迅。此时正处在精神苦闷时期的司徒乔，从鲁迅的作品、精神中得到鼓励和教育。鲁迅在北京看司徒乔画展时，见其中有一幅画，名叫《荆冠上的亲吻》，画上画着一个女性吻着耶稣的荆冠。这回他们在上海见面了，鲁迅便问司徒乔："那女性是谁？"司徒乔回答说："天使。"鲁迅认为这个回答不能使他满意。

1928年3月，司徒乔在上海举行个人画展——"乔小画室春季展览会"。鲁迅去参观了画展，并且订购了两幅画。鲁迅还为展览会的目录写了序言。在序中，鲁迅称赞司徒乔的画表现了"中国人的……对于天然的倔强的魂灵"。接着，鲁迅更深刻地剖析和赞扬说："……这回我发见了作者对于北方的景物——人们和天然苦斗而成的景物——又加以斗

① 《三闲集·看司徒乔君的画》。

争，他有时将他自己所固有的明丽，照破黄埃。至少，是使我觉得有'欢喜'（Joy）的萌芽，如胁下的矛伤，尽管流血，而荆冠上却有天使——照他自己所说——的嘴唇。无论如何，这是胜利。"[1]

在这里，鲁迅再次提起"耶稣基督"，并指出那"荆冠上的吻"是胜利。鲁迅的教诲，让司徒乔"终生不忘"。他回忆说："我在当时，由于看不见人民的力量，胜利的观念是很薄弱的，先生却一语点醒。"

司徒乔的展览，也引起了著名画家徐悲鸿的注意，得到他在艺术上的称赞。徐悲鸿当时为文评介说："司徒先生对色调之感觉，为当代最敏之人，又有灵知之笔，供其纵横驰骋，益以坚卓，倘再加用功，便可追踪意人Etoretito。"

这个展览会也引起了当时在上海的外国人的注意，并因此由万国美术会给司徒乔开了一个展览会，使他得到售金四百元。凭这笔有限的款子，司徒乔得以赴法留学。1928年底，司徒乔到达巴黎。这年他27岁。

他在巴黎待了近两年，实际上在校学习的时间不多，因为他交不起高昂的学费，也没有钱维持最低的生活，而只能靠做工挣一点钱，上一段学（往往只是十天半个月）；钱花光了，又辍学去做工。但他靠着到博物馆、美术馆去观摩名画，得以汲取深沉的艺术营养。1930年，他在朋友的帮助下去美国，打算在那里靠做工挣一笔钱，然后再回巴黎学画。在美国，他过着艰辛的生活，然而不断地偷师学画，并且创作了著名的泰戈尔像。然而，他竟被以"明明是学生，却画画赚钱"的"罪"名，送进了牢狱。1931年5月，他在交了三百美元的罚款后出狱回国。他回到了广州。母校岭南大学聘请他教西洋画，他这才有了一个谋生之道，能够继续自修深造。这时，他一面练习油画，一面学国画和书法，画风由此进入一个新的阶段。

1933年，司徒乔参加粤东各界慰劳团，北上慰问在察哈尔前线抗击日寇的抗日同盟军。不幸在辛劳中病倒，愈后即留北京。1934年应邀编辑《大公报》的《艺术周刊》。1935年12月移家上海，仍为《大公报》上海版编辑《艺术周刊》。全面抗战爆发后，他先后转辗于上海、南京、武汉等地。1938年受聘赴缅甸仰光任福建华侨女师校长。在这里，他画了不少反映缅甸人民生活习俗的画。后来，因为发动给陕北公

---

[1] 《三闲集·看司徒乔君的画》。

学和延安抗日军政大学募捐而开罪当地国民党分子，不能立足，便离开仰光，于1939年4月来到槟榔屿。在这里停留9个月，又去新加坡。太平洋战争爆发后，于1942年2月转辗到达重庆。这期间曾到西北高原、新疆写生。抗日战争胜利后，参加"善后救济总署"的工作，曾先后到各地写生。这些作品，仍然像以前的作品一样，表现了人民的苦难。观众在参观他的作品展览后留下了这样的评语：

> 不忍看，不忍读，彻底的办法，是赶快实行新民主主义。
>
> 司徒先生，伟大的画家，你是忠于人民的。
> 你写了地狱一角，
> 你写了黄河的水，
> 你写了无名英雄，写了忠骨和义民，
> 你写出了人类的互爱，
> 写了神州的剩水残山，
> 更用你有力的彩笔，
> 歌颂着中国光明的前途。
> 人民的画家司徒先生，
> 向你敬礼！……

　　1946年，司徒乔与夫人冯伊湄一同赴美治疗长久纠缠他的肺痨。在美3年多，1949年新中国成立后，他感奋不已，决定回国。经过多种周折，1950年8月，他们才登上了"威尔逊总统号"，启程回国。在路上，司徒乔作画《三个老华工》，是给三位历尽艰辛、受尽外国资本家剥削的归国华工画的写生肖像。司徒乔是在舟摇手颤的情况下画完这幅作品的，但每根线条都"集中了全船的中国旅客对帝国主义的无穷愤怒，倾吐了三位华工心头的无穷仇恨"。这幅作品在他归国后，即发表在报纸上，在当时揭露帝国主义侵华罪行、对人民进行爱国主义教育的宣传中，起到了很好的作用。

　　1950年，司徒乔全家来到北京，参加革命博物馆的筹备工作，从此结束了颠沛流离的生活。1958年2月16日，突发狂喘，仅仅一个多小时后便不幸逝去。

　　画家司徒乔一生的艺术生活，与鲁迅有着密切的关系和深刻的因缘。除了早期在北京曾经既受到鲁迅的思想上的教诲、精神上的影响，又直接得到鲁迅的鼓励之外，在上海时期和后来定居北京，也都与鲁迅有着重要的关系。1936年，他与鲁迅同在上海，经常受到鲁迅的教诲。鲁迅逝世前几个月，司徒乔曾要求给鲁迅画油画像，鲁迅答应了。但是，也像陶元庆一样，终于没有画成。直到鲁迅逝世，司徒乔才给鲁迅画了两幅像，一幅是为鲁迅送葬时用的大幅画像，还有一幅是司徒乔用他自己创制的竹笔画的速写画《鲁迅先生遗容》。它以简洁有力的笔触，画下了鲁迅那瘦削的、安详的最后一瞥。这幅画也成为鲁迅画像中的名作之一，流传很广，至今为人们所喜爱。

新中国成立后，司徒乔热情地、认真地为鲁迅作品画插图。先后创作了《一件小事》、《药》和《故乡》等小说的插图。其中题名《鲁迅与闰土》的《故乡》插图，以简洁有力的笔触、朴素无华的构图，特别是以生动、真实、准确的形象描绘了鲁迅与闰土，成就很高。此画为画家自己所喜爱，也为群众所喜爱，至今仍是公认的鲁迅作品中的优秀插图。司徒乔曾立志为鲁迅全部小说作插图，但因过早逝世而未完成。

他以他的与鲁迅有关的优秀作品，表明他是鲁迅的优秀弟子之一。鲁迅在五四运动时期，就盼望有新兴美术家出现。他说："进步的美术家，——这是我对于中国美术界的要求。美术家固然须有精熟的技工，但尤须有进步的思想与高尚的人格。他的制作，表面上是一张画或一个雕像，其实是他的思想与人格的表现。令我们看了，不但欢喜赏玩，尤能发生感动，造成精神上的影响。"①

司徒乔和陶元庆正是鲁迅所期望的进步的美术家中的两位佼佼者。他们在思想上和艺术上，都受了鲁迅的教育和影响。而他们也以自己的行为、作品给了鲁迅影响，以他们的画给鲁迅美的享受，并看见了中国新兴美术事业的早期成就以及它们的作者的思想与艺术风貌。这对鲁迅作为中国美术事业的倡导者、拓荒者和思想与艺术的导师，都发挥了作用，产生了一定影响。他们的作品也启发鲁迅，给鲁迅以具体材料，去发展自己关于培植新兴美术和进步美术工作者的思想。

彭定安文集 **5**
鲁迅和他的同时代人

---

① 《热风·随感录（四十三）》。

突破与超越

——论鲁迅和他的同时代人

一个人的发展取决于和他直接或间接进行交往的其他一切人的发展；……我们可以看到，发展不断地进行着，单个人的历史决不能脱离他以前的或同时代的个人的历史，而是由这种历史决定的。

——马克思、恩格斯《德意志意识形态》

（1845—1846年）

与同时代人一起发展（代序）

　　同时代的人们，生活在大体相同的历史时期。时代、民族、人民给予他们的条件大体相同。虽然他们从"生活"这个大海洋中所吸取的有同有异，经过他们各自的加工、发酵所酿制出来的思想、性格、情趣、愿望、志向又各具特点，他们所成就的事业也各不相同，然而，他们中的任何人都不是孤立地独往独来。他们在互相影响下，相向或相背地彼此推动着前进。相识的或不相识的，相近的或相远的，同道的或对立的，都是如此。这是历史的力量在个体身上的具体体现。这也是一种制约力。他们只能在这种力的作用的控制范围内发展、成长、创造。

　　研究这种力对于每个历史人物的作用和范围、力度和效应，是历史研究的一项任务。对于某一具体的历史人物的研究，也离不开这种研究。

　　马克思曾经说过："一个人的发展取决于和他直接或间接进行交往的其他一切人的发展；……单个人的历史决不能脱离他以前的或同时代的个人的历史，而是由这种历史决定的。"（马克思、恩格斯《德意志意识形态》）鲁迅也是这样：他的发展"取决于和他直接或间接进行交往的其他一切人的发展"，他的历史同样"不能脱离他以前的或同时代的个人的历史"。这当然不是说，一个伟大的人物，包括鲁迅在内，都是一个被动的，完全受其他同时代人的历史、发展状况和发展水平的支配，而没有任何个人的独创性。这里只是指明一个伟大人物发展的历史条件、社会条件。这是客观存在。个人的作用，只能在这个基础上发挥，他只能在这个历史舞台上演出，他同他的同台演出的角色，一同发展。这说明任何一个在历史上起过重大作用，作出了重大贡献而成为伟大人物的人的出现，都不会是孤立的、偶然的现象。他首先是一个历史的产儿，民族的以至世界的和人类的历史，赋予他种种性质，以及他的思想的、性格的和各种志趣的历史内涵。其次，他又是时代的骄子。他的上述的一切都是时代所赋予的，带着时代的特色。再次，他又是阶级的、家族的、家庭的儿子。在这里，"历史的"和"时代的"都具体化了、个别化了。当然，在这个"化"的过程中和结果上，又赋予了具体的形态、色彩，增加了一些具体的内涵。大凡一个伟大的人物，就是这么造就成的吧？但只这些，还不够。他还要受到他的同时代人的各种各样的影响。当然，这种影响也不是孤立的，抽象的；它是把历史的和时代的内涵与影响容纳于其中了。这也就是说，同时代人——这是一个群体，一方面他们本身要受到历史的、时代的决定性的影响；另一方面，他们又带着自己的这些影响，去影响、去造就别的人。——他们执行着历史的任务、时代的任务、阶级的任务。

以上所述也许可以视为一个历史人物产生的鸟瞰式的"蓝图"。

鲁迅的产生，也是遵循着这样一个"蓝图"的轨迹的。探索这一轨迹，对于认识、理解、研究鲁迅，都很有必要：知其所由来；知道他是带着怎样的历史嘱托、时代使命与革命激情，来从事他的事业的；他的同时代人，又是怎样在他身上投射了自己的"影子"、灌注了自己的"血液"的。

被神化的伟大历史人物，往往是被人们有意地或无知地割断了这种关系，被从他的同时代人、他的环境那里，"抽象"出来了，把他放在了高高在上的地位上，他只是给予、恩赐、施舍，一无所取。这样，他就被抽象化、偶然化也偶像化了，以至难于理解。那样也就把一个伟大的历史人物歪曲了。于是，崇拜和讴歌，实质上变成了亵渎和膜拜。这当然不是历史唯物主义的态度。马克思则明确地指出了正确的历史观、英雄观应该如何看法，这就是：他同他的同时代人一同发展、成长。当然，他可能突破他们的某些局限而超越他们、高于他们。

我便是在这样一个观点的引导下，来研究、探索鲁迅与同时代人的关系的。

鲁迅的同时代人，至少涉及三代人、两种情况。三代人是：鲁迅的长辈、同辈与晚辈。这三辈人曾经在同一个时代活动。长辈，如严复、孙中山、章太炎等人；同辈，如李大钊、陈独秀、胡适、钱玄同、刘半农等人；晚辈，如瞿秋白、柔石、冯雪峰、韦素园等人。当然，这里的所谓"辈"，是就基本情况而言，不能严格地照年龄的差别来计算。所谓两种情况是：相识的、有交往的，和不相识的、未曾交往过的。当按照三辈人、两种情况的分法，对鲁迅的同时代人做一个大体的分类排比，并约略地看一下他们对鲁迅的影响大小时，我发现，这里并不存在这种规律：长辈影响最大、同辈次之、晚辈又次之；有交往的同时代人的影响大于没有交往过的人。事实上，呈现出十分复杂的状况。但总的倾向是：影响的大小、深浅及影响存在时间的长短，均因人而异，因情况不同而不同。这是可以理解的。历史的发展，特别是人的思想的发展，有其基本的规律，但却不会按公式行进。唯其如此，才有丰富多彩的、活生生的历史和个人的思想经历。在这本书中，我从鲁迅的同时代人中"筛选"出二十几位对鲁迅有影响的人，从他们与鲁迅之间的关系入手，着重探讨他们如何影响了鲁迅，这种影响在鲁迅身上产生了怎样的作用等。仅从这二十几位同时代人与鲁迅的关系中，我们发现：鲁迅是接受了多方面的影响的，是从同时代人那里获得了教益、鼓舞、推动的，但有时也遭到他们之中一些人的阻碍、挫伤。

我们看到，有一大批文学界和文化界的名流、优秀的文学家、艺术家、教育家、历史学家、语言学家、翻译家等，活动在鲁迅周围；也可以说，鲁迅活动在他们之中，同他们中的许多人有或深或浅的友谊关系，交流着思想、见解，交流着学术的和创作的成果，互相切磋和帮助；另有许多人，他并不认识，没有交往，但他阅读过他们的著作和作品。鲁迅从这些同时代人身上获得了知识、信息、资料、诗情和艺思，还从他们那里得到启发、推动以及研究和思索的课题。鲁迅正是在这种广泛的接触中，在多方面的影响下，不断发展自己的思想，开展自己的工作，并从事自己的创作的。

同时，还应看到，鲁迅所接触并与之交往的这些人中，许多是各方面的优秀人才，他们有的站在时代的前列，处在民族文化和智力的高层；有的了解社会与人民，从事革命的、进步的文化事业或社会斗争。这许多才华出众、学问高深、各具特长的人，足以给鲁迅以各方面的助力。如本书写到的李大钊、陈独秀、瞿秋白、茅盾、胡适、钱玄同、刘半农、任国桢、韦素园、柔石、冯雪峰、陶元庆、司徒乔等，他们都是各有特长并在某一方面取得了成就的。他们对鲁迅的影响不是偶然发生的，而是带着必然性地出现的。因为他们既然都是共同活动在中国现代社会这个舞台上，又都在"文化"这个领域中，那么，他们或者会为共同的事业、工作、活动，"碰"到或组织到一起；或者会去寻找对方、访问对方，主动建立联系。这样，他们就结成了共同发展的文化和事业网络。例如，鲁迅同李大钊、陈独秀、胡适等是在"五四"时期，在行动中结合到一起的；茅盾则是慧眼识英雄地发现了鲁迅，而转托孙伏园与鲁迅建立联系；柔石是自己去找鲁迅求教，以后他又介绍了冯雪峰去见鲁迅；萧红更是为心向鲁迅而与萧军一同从青岛奔到上海，如此等等。各有不同的偶然的因素，但其中含着必然的根源。

不过，对于鲁迅来说，重要的不仅在于他与同时代人一同发展，而且，还在于他从不停滞，从不"黏结"，而是随着时代、历史的发展，而发展自己，——越过了他的那些同时代人。他从他们那里接过了火炬或接力棒，接受了帮助、影响、鼓舞、推动，或者受到挫伤之后，又向前跨越了三代人。这实际就是他越过两个历史阶段的具体表现。特别是，有的人原来是走在他的前面的，比如辛亥革命时的章太炎，五四运动时的胡适、钱玄同、刘半农等，然而，后来他们有的人停滞了、倒退了，终于被鲁迅跨越过去了。尤其感人的是，鲁迅把许多比他年轻的后辈也落在后头了。这是鲁迅的非常突出的特点。正是由于具有这个特点，他才能成为伟大的文学家、思想家、革命家。

但是，我们却又不能因为鲁迅越过了他们，就忽视他们，就忽视他们曾经起过的作用。只有看到并承认这些，才能看到，鲁迅正是如马克思对于一般历史人物所说的：他同他的同时代人一同发展。

如果从另一个角度来看，也可将鲁迅的同时代人分成三个范围，这就是：家族与家庭的、社会的和历史的。这几类人的作用，是各不相同的。第一类人的影响，发生得最早，关系最亲近，比如父母兄弟和族内的长辈与晚辈。不过，这种影响，在日后的生活中，往往要由别的影响来进行"再加工"，或加强、或抵消、或发扬、或抑制、或改变，等等。但作为始初的根基，有些则是长久地留着印痕的。这方面的情况，在本书的《论鲁迅的家族和他的性格基因与思想创作》中作了一些探讨。第二类是社会的，即指在社会活动（包括战斗、工作、教学、文学及一般文化活动等）中接触和交往的人们。这类人的影响是大量的、比较深刻的，但又是不断变化的。鲁迅在自己成长和战斗的各个时期，接触了大量的人，与之交往的人，为数也很多。这些人包括社会各界的人们，比较集中的是文化教育界、文学艺术界的人。他们都是活动分子、时代的先锋、各方面的代表、有成就的人物，他们有学者、教授、科学家、文学家、艺术家，也有政界和其他职业界的人，他们之中的一部分人，在同鲁迅的交往中，给了鲁迅或大或小，或深或浅的影响。我们说，鲁迅同他的同时代人一同发展，主要的内涵就是指在同这一类人的交往中发展。在这本书中，涉及这方面的人是比较多的，在二十几人中有十六七人，占一半以上。不过，这些人的活动时期，即对鲁迅的影响期各不相同，而主要则是在"五四"时期和鲁迅的最后十年中。

第三类人是指"历史的"——这个提法也许不很明确，不够科学，意思是指：在一定历史时期活动的，对鲁迅产生过影响，但鲁迅未曾与他们结交。比如严复、孙中山等便是这样的人。他们可以说是鲁迅的私淑之师、神交之友。这类人影响特点是：一般都是在重点问题上，给予较深的影响。像本书中谈及的孙中山之在革命精神上的影响；严复之在树立一个新的世界观和思想方法上的影响，便都属于这一类。

当我这样排列着、探讨着的时候，不禁想到，"鲁迅和他的同时代人"这个论题，实际上已是属于研讨"鲁迅别传""鲁迅外传"范围内的问题了。这样做，从可能达到的目标来说，可以成为宏观地、立体地来认识和理解鲁迅，也就是向认识和理解鲁迅的深化方面发展。同时，在写作过程中，我不断感到，在对一些问题的探讨上，实际上不仅接触到中国现代文学史这个主题，而且触及中国现代文化史这个主题了。我在写作鲁迅与李大钊、鲁迅与陈独秀、鲁迅与胡适、鲁迅与瞿秋白、鲁迅与茅盾以及鲁迅与五四运动中的那些风云人物时，便都感到了这种课题的迫近。在已经谈及的范围内，多少也已经涉及到了。比如从鲁迅和胡适的关系的演变中，可以寻觅中国现代文化发展的两条路径；从李大钊、鲁迅、瞿秋白的身上，可以窥见一条共产主义思想文化在我国现代社会和人民革命的过程中萌芽、奋斗、受挫、挣扎、发展的连贯线；而从鲁迅同几辈文化人的交往及其中的演绎变化，虽然裹着人事的纷争与纠葛、各种人们思想的变幻嬗递，但是其间却也有一个文化发展的基本线索，如此等等。这都是文学史、文化史的题目。从鲁迅这方面看，这也是很自然的事情，因为鲁迅作为我国的文化巨匠，作为伟大的文化学、思想家、革命家，他的生平历史、战斗经历与思想历程，在他与同时代人的关系中，涉及文学史、文化史方面的主题，是必不可免的，理所当然的。

鲁迅曾经写过一些悼念他的同时代人的文章，这些情文并茂的美文，表明了鲁迅同这些无论是长辈还是同辈或是晚辈，但同是同时代人的思想、感情、事业等方面的关系，反映了这些人曾经怎样给予鲁迅影响，鲁迅又怎样从他们那里得到各种各样的益处，有的人，在战斗中、在困厄中、在被谋杀中英勇地或痛苦地逝去，他们都把鲜血洒在了祖国的大地上。在这本书中涉及的就有李大钊、瞿秋白、柔石、殷夫、任国桢、刘和珍等，他们都是我们民族的精英，有的已经在事业、学问上皆有所成，可以功垂史册，有的正当英年，才华初露，便遭屠戮。无论是前一种情况，还是后一种情况，都是国家民族的损失，都令人感叹不已。他们的鲜血，染红了祖国的大地，也如鲁迅所说，浸渍了亲人的心，使他们痛、恨，并且奋起。鲁迅曾经多次写到这种血的牺牲，并且，曾经在理论上探讨过这种流血同民族的救亡图存、人民的自由解放的关系，探讨它的意义、价值和所能取得的效果。他曾经痛苦地面对着这些同时代人的血，深思它的内涵与意义。这种沉思，往往激动他的感情，撼动他的心灵，他总是从这种带血的沉思中，得出一些结论，结合着民族的、革命的斗争和自己的思想经历，有所获，有所变，有所进。同时代人的血，是推动鲁迅前进的一个很重要的因素。这一点，表明了鲁迅总是不脱离时代，不脱离现实，不脱离斗争，不脱离人民。这方面的情况，也反映了中国现代文学、现代文化发展的艰辛，和着血前进。这不能不决定了中国现代文化的"品性"。从这一点说，作为中国现代文化巨匠、革命文学先驱者的鲁迅，注意这个血的主题，也是很自然的。在这本书中，有几篇涉及这样的同时代人，也就涉及这方面的问题了。今天，当我们讨论到这个问题，回顾到这段历史时，缅怀先烈，回首往事，感情还不时掀起波澜，对那些烈士的精神品德，顿生崇敬；对他们的遗作，更觉热爱。这种民族的感情、阶级的感情和历史的是非感，是人们都有而且可以理解的。但是，近年来，却起了一种另一形态的波澜，从国外到国内都有，他们对历史的血与剑的搏斗，以"误会"释之，对从事这种阶级与民族的搏斗，为人民而献身的烈士的斗争，表示遗憾，而对正当其时，躲在象牙塔里，或站在云端，甚至站在另一方的文士、作家们，却一味顶礼膜拜，推崇备至，以带血的作品为下品，而以绛红的，轻盈缥缈的、低回婉转的为上品。这不免令人感到：作为外国人，是不懂得中国人民的感情，作为中国人则忘了历史。当然，对于后一种作家的作品和成就，一笔抹杀，概不承认，是不对的；但是把他们抬得很高，特别用来同以鲁迅为代表的作家相比，而抑一扬一，就很难理解，也难以令人信服。从文学史、文化史的角度看，这种评论也是违背历史的真实的。

自然，作为文人，作为文化的先驱和巨匠，鲁迅的思想发展受到影响的重点还是在文化、思想、理论上，在他的同时代人中，有更多的人，在这方面给他以重要的影响。这是鲁迅吸收营养的一个主要方面。而鲁迅之所以能够成为伟大的文化革命的主将、旗手，成为伟大的文学家、思想家、革命家，同他这方面的兼容并蓄而又"万变不离其宗"（其宗，便是为祖国、为人民），是分不开的。他确实像大江大河一样，吸取了千万支流而壮大发展自己。

当然，我甚感愧赧的是，所有我在前面说到的各点，都是我想到了，接触到了的，但却未能很好地展开、做深入的探讨。这是很遗憾的。

在写作过程中，我还有意就鲁迅的家族、家庭、婚姻对他的影响问题，做了一些探索。这是对于他的"私情"的探索。在探索中我发现，鲁迅也是看重"儿女私情"的；在这方面的际遇，对于他的思想、情绪、艺术的影响是不可忽视的。这种伟大人物的平凡的一面，也同样是可以注意、应该注意的。这种"平凡面"，也是组成伟大人物的不可分割的部分，而且对于他的思想性格的铸成是发挥着特殊作用的。尤其是对于文学艺术家，更是如此。当然，这究竟是"儿女情""平凡面"，因此也不可过于索求，强作通人、曲为之解。鲁迅说过，战士的生活并不总是伟大的，但是又无不与伟大相通。这是一种辩证的观点。当然，这"相连"部分，因人而异，相连的方式、所起的作用，也都是各不相同的。这就是个性。我们所要探索的，便是这种个性、特色及意义。我在本书中，对鲁迅的父母、祖父母以及家族，对朱安和许广平，以及我们民族习惯上视为五伦之一的"师"和十分重视的"友"等，所给予鲁迅的影响，无论是欢乐还是痛苦、是推动还是阻滞、是积极还是消极，都作了一些探索。由于行政事务和其他事情占用了时间精力，这部书稿，迁延几近两年，才算完成。虽然时间拖了很长，内容仍不免粗疏浅薄，这是我深以为憾的。

这里写到的鲁迅的二十多位同时代人，他们的生平事迹和与鲁迅的交往等方面的材料，许多研究者作了收集、钩稽、考订、论证，为这方面的研究工作提供了丰富的或比较丰富的材料，我学习、参阅了这些材料。

在写作过程中，还得到不少同志的鼓励、帮助和支持，这种师长、前辈、同志和朋友的关怀，使我感到温暖，得到了力量，我由衷地感谢他们。

鲁迅说："倘能生存，我当然仍要学习。"当我经常复诵这些话时，时常感到羞愧，因为我不能做出好的成绩。我当更加努力学习，以期能够有多一点、好一点的研究成果，奉献给我们伟大祖国的"四化"事业。

1983 年 11 月 30 日于辽阳

第一章　家族与家庭嬗变的刻痕

19世纪最后20年的初始年代，正是中国逐步沉入苦难深渊的时期，是中国最后一个封建王朝走向崩溃的时期，也是封建地主阶级日趋没落的时期。鲁迅正是在这样的年代出生于崩溃了、仍在崩溃的封建家族之中。他的家族和家庭，犹如一叶扁舟，颠簸于时代的狂风暴雨之中。他的亲族和家人们，也恰如寄身于风狂雨骤中的一叶孤舟，晕眩、呕吐、挣扎，失去了立足的根基，失去了各方面的平衡，四面来袭，前途茫茫，他们的命运在风雨飘摇中。在这种境遇里，他们苦闷、痛苦、惶惑，以至心性扭曲、脾气怪戾、行为奇特，扮演着种种的苦剧、闹剧、笑剧。

鲁迅就生活在这个家族舞台上，生活于这些乱舞的群魔中。但是，在这个"大舞台"和"群丑"中，鲁迅自己的家庭——由他的祖父、父亲和他自己这一辈人组成的这　封建家庭，还是比较好、比较"纯净"的。鲁迅就在这样一个大家族的包围中和这样一个小家庭的养育下成长。这不能不在他的思想、感情、性格中留下深深的印痕，产生深深的影响。

"家族的亲人们啊！每一个人都以自己的思想、感情、品格、性情、趣味，向周围的亲人渗透、侵蚀，发生潜移默化的作用，影响深入于灵魂，远及于终生。在以后的发展中，它是酵母，是根苗，是种子，或发展壮大，或经过改造，或被抑制、扼杀、抵消，优或劣，好或坏，它们在发生着作用……。作为社会关系的总和的每一个人，对别人发生的影响，都是'执行'时代的历史的任务；反映着时代、历史的作用。这也是每个人受历史、时代影响的一个方面。"①

---

① 引自拙著《鲁迅评传》第9页。

在这里，我探讨的就是鲁迅的家族中的人，特别是他的家庭中的诸亲人，对他所产生的影响，特别是在他的性格中留下的刻痕。"德国历史，童年时代的磨炼，对人们生活过程的观察，唯有这些才是我的导师。"①鲁迅也正是以这些作为他的导师的。中国历史的苦难，这种苦难加之于和反映于他的家族与家庭中所产生的影响，以及这种影响所给少年鲁迅的磨炼；他在这种磨炼中所观察到的人们（特别是他的族人和亲人）的生活过程：这些，就是他的思想与生活道路的最早的导师。

"有谁从小康人家而坠入困顿的么，我以为在这途路中，大概可以看见世人的真面目。"②鲁迅正是这样评价了他的早期"导师"对他的启蒙作用。

然而鲁迅自从18岁离家去南京求学开始，就基本上脱离了故乡与老家，并且不再接受这个家庭的影响，而是给这个家庭以影响了。以后，在北平，他组成了一个其乐融融的新的大家庭：由母亲、朱安夫人以及周作人一家、周建人一家组成。不过，这个家为时不长，便分崩离析了：建人南下，作人分裂，鲁迅出走。然后，在北平阜城门内西三条胡同二十一号修宅定居，由母亲、他自己和朱安夫人组成了一个新的"小家庭"。这是一个安静然而寂寞的家。他与朱安在这个寂寞之笼里，度过了紧张战斗、勤奋写作然而抑郁忧戚的若干岁月。这两个家和前一个家的破裂、后一个家的寂寞，在他的思想、感情和创作心理上，产生了巨大而深刻的影响。我们透过他与朱安的关系和部分地同许广平的关系，可以窥见一斑。

在他生命的最后十年，他与许广平组成了一个完全新式的家庭。这个家庭给了他幸福，然而也有局部的、点滴的忧患与不睦。这些，在正面（主要的）和反面（很为次要的）都产生了影响。

这里，纵向地探讨了这些"私"的方面，对于鲁迅思想、性格、生活、战斗所给予的影响、所起的作用。在时间上，跨越了鲁迅从出生到逝世的整个一生。

过去我们曾经忽视了这个方面。而忽视了这方面，对于了解鲁迅就会是不全面的。对于一个作家来说，他的幼年生活、他的家庭构成和状

---

① 恩斯特·台尔曼：《台尔曼狱中遗书》。

② 《呐喊·自序》。

况都是十分重要的。这对于他的创作心理的形成和构成艺术思维的特质，对于他的作品的取材和主旨，都有重要的作用。鲁迅就是如此。他在关于自己的小说创作的记述中、在散文中，都曾经直接阐明了家族、家庭和幼年生活如何影响了他的创作。在本书中，从这个角度也作了一些探索。

在我们所探讨的这个范围内和这个贯穿鲁迅整个一生的时间中，有四位女性在鲁迅的身边，先后发生了不可忽视的作用，这就是他的母亲、朱安、羽太信子和许广平。她们都与鲁迅的生活发生了密切联系，并且对鲁迅的生活和思想、事业和战斗产生了影响。母亲由于"爱"而给他包办了不如意的婚姻、给了他终身的痛苦；但母亲却给了鲁迅积极的性格影响，她对儿子的抚育、关怀、支持，又是很感人的；她是儿子尊敬的母亲。朱安是一位可怜的女性，她忠诚地信守"生是周家人，死是周家鬼"的箴言，对鲁迅竭尽忠诚地服务，但却终身忍受没有爱情的婚姻，而且作为一个"庞大"的阴影，遮蔽了鲁迅的爱情的"艳阳天"，像"爱情的影子"那样，跟随着她的法律上的丈夫，使他痛苦而忧伤。许广平则不同。她的爱情，温暖了鲁迅冰凉的心，她成为鲁迅的学生、助手、伴侣和战友，她主要地是对鲁迅多所奉献。羽太信子作为周作人的妻子，以她的狭隘和无知、刁钻和作恶，破坏了鲁迅与作人的兄弟手足之情，给鲁迅的感情上以沉重的打击，生活上造成许多困难。她制造的都是苦酒和毒汁。鲁迅曾以"宴之敖者"的笔名表达了他对这个日本女子的无比愤慨。[①]对于前三位女性对这位文化巨人的影响，本书作了评述；但对于羽太则付阙如，只有以后有机会时再补作了。

一、论鲁迅的家族和他的性格基因与思想创作

作家、艺术家的家族和家庭往往对他的思想艺术产生深刻的影响。这主要表现在三个方面：一是对他的思想性格的形成，刻下印痕；二是为他的创作提供素材；三是对他的创作心理、审美趣味的影响。许多作家的作品带有自传性质或使用了幼年生活的素材；许多作家、艺术家的

---

① 许广平《鲁迅回忆录》："（鲁迅）先生说：'宴从宀（家）。从日，从女；敖从出，从放（《说文》作敖，游也，从出从放）；我是被家里的日本女人逐出的。'"

思想性格和艺术气质在幼年时期种下最早的根苗。因此，了解作家的家族构成和生活状况，便成为了解、研究作家及其作品的重要方面。

鲁迅的家庭和家族对他的影响更不同于一般作家。他的家族命运跌宕，他所受的影响更多方面、更久远也更深刻。这是他的家族本身的状况和他自己的幼年、少年时期的生活所决定的。

鲁迅在自己的文章、书信和谈话中，都曾间接或直接地谈到过他的家族对于他的思想、生活的影响，虽然他没有做过系统的、专门的论述，但这些散见的议论，对于我们探讨他的思想、创作同家族的渊源关系，却是很重要的。因为这是他自己的直接提示和论述，为我们指明了总的方向，提出了主要的方面。当然，也有他自己并未说到过，而且在他的生平史实中，在他的创作实践中表现出来的。这些，则需要我们去收集、归纳、勾勒和探索。无论是前一种情形或者是后一种工作，对于鲁迅研究都是很有意义的。这意义不限于探究鲁迅如何受到家族的影响，而且更在于了解鲁迅思想、创作的最早渊源，了解他的思想、性格以至创作的特色的早期渊源，这对于了解鲁迅的思想的发展历程，深入了解鲁迅的思想、艺术，都是很有意义的。

（一）

一个人出身和生长于某个家庭中，每个家庭成员都会给予他不可忽视的影响。这影响是发生在人们最初接受社会影响的时期，其作用是巨大的、久远的。有时候会在一生的思想与事业中发生决定性的影响。当然这种影响又会在日后的生活中，由于种种原因而发展、改变、抵消或消失。这种影响，对于生长于封建时代的、封建大家族中的人，更值得注意。因为在这种条件下，发生作用的不是单个家庭的少数成员，而是包括许多家庭、人数众多的整个家族；而且其影响作用也更大，方面也更广泛、复杂。因为封建家庭对于子弟的教育，是非常注意的、带有强制性的。鲁迅即属于后一种情况。他的没落的封建士大夫家族的命运和遭到这种命运后的家族的一切，对他产生了巨大、深刻的影响。这种影响，在鲁迅一生的思想与事业中，发生了不可忽视的作用。在这方面，我们除了对于他因祖父入狱、家道中落而引起的思想变化进行了较多的记叙和论述外，其他方面都还探讨得不够；而即使是前者，也难免往往视为突发事件，孤立地看待，而未能与"前因"和周围关联的事联系起来，即未作横向和纵向的探索，因此影响了研究的深度。

那么，鲁迅的家族，对他产生了哪些方面和哪种性质的影响呢？我们不妨概括为几个主要方面：思想、性格与创作。思想影响主要是指在最初的思想方向和人生道路选择上的影响以及形成思想特点的最早因素的产生；性格方面的影响则主要是鲁迅的性格特征在童年时代如何种下了最早的根苗和在家族土壤上的萌芽；而创作方面的影响，主要是指在创作动因和素材上如何在家族生活中，形成了早期的储备，特别是产生了他的特殊艺术气质、创作心理和美学风格的最初因素。

人们的气质和性格都受到家庭和周围人们的影响。从童年开始，人们便在家庭中承受心理素质上的潜移默化的影响。"性格如果从综合的观点来考察，乃是由社会环境获得的多种印象的独特的整合。"①鲁迅从童年时代起，就受到他的变故迭起的家庭的许多事情的深刻刺激，受到从他的曾祖母到祖父母、父母以及族人的各种思想性格的熏染。这些"由社会环境获得的多种印象的独特的整合"，形成了他的气质与性格的最初因素和发展基础。鲁迅所属的绍兴周氏家族，原籍湖南道州，先本务农，家境贫寒，才迁徙到浙江。明正德年间落户绍兴，弃农经商，生活富裕起来，以后历经三世，到六世祖周韫山考中举人，才由商家而跻入士林。此后，从清乾嘉盛世到光（绪）宣（统）末世，经历了一个波浪形的发展过程。这段漫长曲折的兴衰史，恰与清代统治者的兴衰过程基本上吻合，这正说明了这个封建官僚绅商阶级家族的命运，同封建统治阶级联结一气的关系。周氏家族靠经商，特别是靠盘剥敲榨的当铺业而发家，虽为绍兴名门望族，但却不是诗书传家的书香门第。不过，中间有些获取功名的人。尤其是败落之后，身居第十二世的周介孚（鲁迅的祖父）却热衷科举，追逐功名，想以此重振家业。他的努力获得成功。因此，可以说，在周氏家族子弟身上，流着商人与士大夫两种血液，遗传着这样两种不同的气质基因。鲁迅也是接受这种遗传的子弟之一，但他所承受的，是书生学子的这一面，而不是商贾品性。这当然与他的祖父的影响有着密切的关系。

鲁迅的祖父周介孚想与命运搏斗，决意要从科举仕途上猎取功名，振兴已经没落的家业。虽然他的母亲戴氏反对他走这条路，但他仍执意

---

① 彼得罗夫斯基主编《普通心理学》，第362页。

不改。家境贫寒，请不起教师，也上不起学，他就到三台门①私塾去旁听，顽强地刻苦学习，终于在1871年（同治十年）考中了进士，实现了金榜题名的夙愿。但是，他命运不济，仕途多舛，最后更招来杀身之祸。这固然有种种封建官场的倾轧在起作用，更由于他在科举考试上舞弊；但事情之所以如此发展和结局，却与他的刚强耿介的性格分不开②。祖父性格的这一面，显然给予孙子深刻的影响，从而成为后者性格的基因。

　　鲁迅的母亲和姑母，在性格上也表现了各自不同的刚强、坚定与执着。母亲鲁瑞的一生，有几件事情，突出地表现了这种性格特征。她虽然出身于官宦家庭，然而父亲早年隐退，乡居多年，并未给女儿认真的教育。但是，女儿却以刚强坚毅的精神，坚持自学；在先生给兄弟上课时，她站在旁边听，如斯一年；后来，父亲不让她听，她便自己学，不会的就问别人。这样，终于凭自己的努力和坚持，培养了看书的能力。以后，在接受和学习新事物方面，如放足、剪发、学织毛衣，也都表现了思想毫不守旧，又显露了刚毅的品性。更突出的表现是，对于感情素厚的长子鲁迅的遽然先己而逝，能够那样克制自己深沉的悲痛③，那刚强的性格是十分感人的。她的爱子椿寿，幼年夭折，使她悲痛难禁，便请画师凭想象画了一张像，她把这张画像挂在自己的卧室里，直到逝世。这时，她的孙儿海婴已经比他早逝的叔叔死时年龄还要大了，爱子

---

① 周家台门原在绍兴覆盆桥，后因人丁兴盛，家势发展，又新建两处住宅：一在覆盆桥西坝、张马河南岸，屋前有一座跨河的石桥，故名"过桥台门"；一座在老住宅往西百余步，称为"新台门"。三处合称新台。

② 据记载，周介孚因居官清廉，不谄谀迎合，为顶头上司抚州知府所深恶痛绝，他对非科甲出身的上司巡抚李文敏也多不敬，和缉私委员陈某发生争执。

周介孚案发后，致房仁派礼系的女婿陈秋舫（华汉），适任苏州府的发审。周介孚去见他，他拒不接见。苏州知府想把案情缩小，他坚持不允，据实揭参，使周介孚下狱。原来，陈在不得志时，曾久居岳父家。周介孚曾背地讥刺他说："布裙底下躲躲的没出息的东西，哪里会出山。"陈华汉深受刺激，并怀恨在心。此次，乃挟嫌报复。（详见《鲁迅生平史料汇编》第一辑）

③ 当她得到鲁迅逝世的消息后，悲痛至极，但却怕使前来报信的宋紫佩难堪，而强忍悲伤，没有哭泣。过后跑两腿软瘫，难于站立了。她对人说："一个女人最伤心的是死了丈夫或孩子，瑞姑死得早；太先生卧病三年，他的逝世总有想得到的。老四死了几十年，至今我还常想念他。老大是我最心爱的儿子，他竟死在我的前头，怎么能不伤心呢？"（见俞芳《我记忆中的鲁迅先生》）

之情，历数十年而不衰。这种爱的执着，是何等深沉、感人。

鲁迅大姑母周德性格之刚强，仅在她因之丧生的一件事中，就表现得十分突出。她只因继母一句也许是幽默戏言，而坚持冒险回家，因此葬生于暴风雨中。虽然是家庭纷争，死而无意义，但当时的家庭妇女，实难脱此樊笼，思想性格只能拘囿于此种范围中，也只能表现于此种事情上。这是我们不能苛责的。但从中却可窥见她的性格的突出特征。

显然，我们在鲁迅的性格中，看得见这种刚毅、坚强、执着的特征，我们可以合理地推断，这种性格是受到他的祖父、母亲与姑母以及其他族人的影响的，从他们身上接受和继承了最初的因素。祖父是鲁迅所敬重的，祖父对长孙的教育也很重视。母亲更是鲁迅最爱的人，尤其在家庭败落后，他是母亲心灵上最大的安慰，生活上最大的助手。家庭成员中这种有意识的灌输（教育），同生活、共患难的经历中的接触、影响与平素的濡染，都会在性格上造成深刻的影响。

当然，我们不是说鲁迅的性格就是这样生成的。这里只不过指出他的性格的家庭渊源。这一点是不可以也不应该否认的。心理学研究过人们性格形成的种种因素，其中特别肯定了人在童年时从家庭成员和家庭环境中受到各种影响的作用力，证明"家庭和学校生活的道德—心理气氛，对学生性格的形成具有重大的影响"，"性格是反映生活影响整个复杂性的结果"。[①]鲁迅的性格特征的最早因素，也是在这种复杂的家庭生活影响下积累和形成的。

那么，何以解释同在一个家庭里长大的周作人没有形成像鲁迅那样的性格呢？原来，性格的形成是环境与个人交互作用的结果。不仅环境影响个人，而且个人也作用于环境。气质上的差异，特别是在家庭中的地位与作用的不同，会使人们对于环境的各种影响，有不同的注意方面和感受、反应，从而在性格上打下不同的烙印。鲁迅在家庭中处于长子长孙的地位，祖父入狱、家庭没落之后，又过早地为母亲分忧和操持家务，生活对他似乎更严酷一些，使他更早地投入生活的急流中浮沉、搏击。生活要求于他的也颇为不同：逼使他更接触现实，更早熟、更坚强。这就决定了他对环境影响的吸收面和发展趋向，而种下了刚毅、坚强、执着的性格的种子。

---

①　彼得罗夫斯基《普通心理学》，第361，362页。

当然，这种最初的因素、初播的种子，只是作为性格胚胎、萌芽而起作用，不仅在今后的生活，学习、战斗中会发展，而且会得到改造。鲁迅性格中的刚毅、坚强和执着，后来在不断的学习和战斗中得到了发展，特别是在以后几十年的革命战斗中，得到广大深刻的发展，被注进了无产阶级的高贵品质、马克思主义思想以及共产主义战士的品格等内涵，而发展成为一种无产阶级革命战士的伟大性格典型。这与最初的性格胚胎、萌芽，显然有很大的差别，有本质的不同，而与祖父等家族成员的性格"原型"，更有本质的区别。

（二）

鲁迅的幽默是举世闻名的，这不仅是他的性格特征，而且是他的作品的艺术特征。"作家的幽默才能，就帮助他用艺术的形式来表现他的政治立场，他的深刻的对于社会的观察，他的热烈的对于民众斗争的同情。"[①]瞿秋白曾经这样准确地论证了鲁迅的幽默性格与才能在他的杂文创作中的作用。他的幽默不仅充满于他的杂文中，而且深藏或流露于他的不少小说创作中；他的讲课、讲演、谈话，也都为幽默所充实和带着思想与艺术的光彩，因而具有引人和动人的力量。鲁迅的这种幽默的性格和才能，我们也可以在鲁迅的家庭中发现渊源。

幽默往往是一种力量的表现，是一种出于正直性格、正义冲动而对于相反的人和事予以揭露的一种方式、手段。幽默是这两种相反事物相撞击时发生的智慧火花。因此，它往往出现在性格刚毅、耿介和感情激越的人身上。鲁迅的祖父在性格上正具有这一面。他素性耿介，不喜欢巧言令色、阿谀奉承，因此与上司顶撞忤逆，甚至遭到弹劾。当他在江西金溪知县任上时，有一次晋谒知府，话不投机，这个上司便用大帽子压他，说："这是皇上家的事。"周介孚竟答："皇上是什么东西？什么叫皇上？"在这侮骂中，透露着一种激越的幽默感。周介孚的一个本家侄媳守寡不贞，他常常议论这件事。这侄媳的公公周藕琴为之辩解，说这其实也没有什么，有"寡妇见鳏夫而欲嫁之"这句话，也就说的是这些旷夫怨女吧，并说他们一鳏一寡，虽有乖伦常，却也是人之常情，何必刺刺不休呢？周介孚听了便加以反驳，说道，那么猪八戒游盘丝洞也

---

① 瞿秋白：《〈鲁迅杂感选集〉序言》。

是合乎情理的了。从此以后，周介孚一碰到周藕琴，便要大讲其《西游记》，但是只讲盘丝洞这一节。周作人在《鲁迅的故家》的《讲〈西游记〉》一节中，曾详细地描述了这种情形。但他却不知其中的奥妙，前面所说的缘由，正是由藕琴的儿子冠五讲的。但周作人之所述，却真实生动地表现了周介孚的幽默和他使用幽默的武器来"战斗"的效果。

鲁迅的继祖母蒋氏，也是性格幽默诙谐。据周氏族人介绍，她常坐在房门口一把椅子上，族孙辈到她家来玩，孩子们聊天说笑，她总是默默地听着，往往在关键的时候，说上一句两句，画龙点睛，引得大家哄堂大笑，而她自己却不动声色，还反问："你们为什么这样好笑？"这里记述的，同后来许多人回忆鲁迅的幽默故事简直是一模一样。当然，内容和思想是不一样的。蒋氏最有趣有力的一次幽默故事是，因周建人被族叔周伯文无端用长烟管敲了脑袋，她巧妙有趣地给以报复的事①。那办法，带着风趣而严峻的幽默。简直可以和鲁迅后来提倡和实行的"即以其人之道还治其人之身"的战法类似。

关于鲁迅的母亲，人们的回忆中没有提到过幽默的表现，但有些事情，确也透露着这种性格的消息。比如她放足之后，本家有个叫金鱼的，便放谣风说：某某放足，怕是要嫁给外国鬼子了吧。她不但没有被吓住，而且并不申辩，却回敬道："可不是么，那倒是很难说的呀。"这两句话，不是既表现出刚强，又透露出幽默吗？鲁迅后来对于论敌的斗争，也有时会用此种战法而收到很好的效果。

从以上简单的记述中可以看出，鲁迅这些亲属的性格中，程度不同地具有幽默的一面。一般地说，亲属的性格，尤其是直系亲属的性格，对子弟产生影响，这是常见的现象。我们可以举出许多作家艺术家在幼年时受到长辈影响而形成某种性格特征的事例。至于鲁迅，我们可以想象到，当他在少年时代在祖父、祖母和母亲身边生活时，经常看到他们的这种幽默的言谈举动，有时还和他们一同分享这幽默所带来的欢笑和

---

① 有一天，周建人从外面回来，族叔周伯文正双手插腰站在门槛上，手里拿着旱烟袋。建人轻轻从他的腋下擦过去。他抡起烟管便敲建人的头，并斥责说："见长辈为什么不叫！"建人回去告诉了祖母。蒋氏不动声色，一边抽烟，一边走到神堂下坐下，等周伯文走到面前时，她也抡起长烟袋敲他一下说："看见长辈为什么不叫！"又说："你会教训阿侄，我也会教训阿侄！"周伯文受到训斥，连忙认错："阿侄错者，何侄错者。"（见《鲁迅生平史料汇编》第一辑）

"战果"。这耳濡目染、潜移默化的力量，自然是很大的，不能不在鲁迅的性格中播下最早的基因。鲁迅对他的祖父是敬重的，与祖母和姑母感情很好，同母亲的感情更是深厚执着。所有这些感情因素、亲密关系，都可以说是长辈向晚辈自然而然地灌输性格基因的条件和渠道。因此，我们完全有根据说，鲁迅的坚毅、耿介、幽默的性格特征，最早的渊源，来自他的家族。当然，这只是性格的胚胎、萌芽，促使它生长、发展的，是日后历史的、社会的、文化的多种因素，那情形自然是复杂的。但这最早的因素，却是基础，值得我们注意。

鲁迅思想性格的另一面，表现为思想发展方向和人生道路选择上的突出特点是：坚决地不走科举道路和对劳动人民的深厚同情与感情联系。在这方面，来自家族的影响，也是很分明而突出的。关于鲁迅对科举反感和对科举道路的决绝的态度，向来为鲁迅研究工作者所肯定，他自己在著作和书信中也明白地申述过。这原因，却探索得很不够，事实上，这里有来自家族的深切的影响。鲁迅的祖父周介孚纵然不能叫作科举迷，至少也可以称为走科举道路的坚定分子。他不仅自己立志靠科举来振兴已经没落的家族事业，而且幻想儿孙都跟随他走这条道路，要把伯宜（鲁迅的父亲）、伯升二子和长孙树人（鲁迅）培养成为翰林，他心目中悬了一个封建士大夫的高大目标：在台门口悬一个"祖孙父子兄弟叔侄翰林"的匾额。直到自己因科场舞弊案入狱之后和在狱中度过八个春秋获释回家之后，他仍然热衷此道，要求鲁迅学八股文、作试帖诗，命鲁迅把所作诗文寄杭州交他审阅。身系狱中，犹不忘儿孙科举仕进之事。无可否认，这种家教和在这方面所做的实际安排，都不能不给少年鲁迅以一定的影响。但是，另一方面，这位祖父在教儿孙读书方面，又颇具特点，表现了不同于封建教育的开明一面。在启蒙教育方面，他与先教孩子熟读四书五经的一般封建家长不同，认为孩子应当先念一点历史，先对历史有一点概略的了解。他还主张小孩子可以先读能够看懂的小说，如《西游记》这种当时被轻视、排斥的"闲书"，然后读《诗经》。学诗，他则主张可先学易懂的白居易诗，还可以多学陆放翁等诗人的作品，因为其中"多越（绍兴）事"。这都表现了他高于当时的封建士大夫和冬烘先生，而带着开明的色彩。正是在他的这种开明思想的指导下，鲁迅开始就读了《鉴略》，以后又公开地看《西游记》，并学习了白诗、陆诗。这些实际教育措施，其作用与效果，正是与科举教育相反的。《鉴略》的历史知识、《西游记》中的民主性精华、白诗的人民性和陆诗的爱国主义，都是启迪少年的民主思想、活泼心性而与封建科举思想相抵牾的。这样，周介孚在长孙身上所施行的是两种不同性质的教育，而后者是更进步也更接近少年天性并易为他们所接受的。它抵制了，抵消了甚至超过了封建科举教育的作用。这是目的与手段的矛盾。周介孚种下的是"跳蚤"，而收获的却是"龙种"。

对鲁迅进行了反科举教育的，还有实际生活的启示，这种教育是具体的、深切的，因而具有更大的影响作用。鲁迅的曾祖母戴氏，一向反对她的儿子周介孚走科举道路。也许周氏家族以经商发迹的家史给了她现实的教育，而使她鄙薄科举。她有一个看法："做官如不能赚钱便要赔钱"，这也表现了商贾观念。因此，她不仅没有鼓励儿子周介孚刻苦向学，而且当儿子考中进士，报子拿着京报远道而来，提锣狂敲，高声贺喜，本应是全家欢腾的时候，这位戴老太太却闻报而在后堂放声大哭。人问其故，她说道："拆家者，拆家者。"①这种与世俗观念大相径庭的表现，自然会广为传播，更为家族子弟所熟知。鲁迅被曾祖母的这个举动震惊也是可想而知的。当然，更富有深切教益的是后来的事实：祖父周介孚果然因为做官为宦而弄得险些丧生，终系牢狱，而使家庭败落，苦难无穷。这不能不使身受其大害，为之吃苦受难的鲁迅痛感科举之路的可畏可憎和曾祖母不幸言中的震撼人心的力量。

鲁迅的祖父周介孚因在科举场通关节这种在当时腐败已极的清末本是司空见惯的事情上，险些遭到杀身灭族之祸，其原因在他得罪了人和官场的倾轧。而鲁迅在祖父入狱之后，因为父病弟弱便分担了家庭担子。平常的筹措，每年秋季为祖父免遭极刑而借款、通关节等，他都与母亲共同承担。这也都使他更加深切地感受到科举制度的黑暗和仕途的险恶。

在鲁迅生活于其中的新台门周宅里，还有许多周氏子弟在科举制度下潦倒牺牲的实例，如子京的悲惨下场，玉田的寂寞终生，四七与五十的潦倒堕落，还有许多被称为"破靴党"的人物，台门子弟浪荡胎，肩不能挑手不能提，科举无出路，谋生无本领②。他们的命运与生活，都

---

① 绍兴土语，意为毁家败业。

② 参阅《鲁迅的故家》中《白光》《子京的末路》《四七》《四七与五十》《桐生》《桐生二》《阿有与阿桂》等节。

是对科举制度的血泪控诉和哀痛的挽歌，这不能不使后继者深深地思考之所以如此的原因，并且对自己所应走的道路进行慎重的抉择。这些家族实例像一把把犀利的刀剑，划开了少年鲁迅眼前的云翳，使他更展开视野看到社会上、绍兴城里的种种类同现象：方正博学的老师寿镜吾先生，教书糊口，清苦一生；孟夫子沦为窃贼，被人轻视毒打，等等。这些，再配合当时封建末世的种种腐败没落现象，就不能不使走在人生十字路口的鲁迅，下决心要"走异路，逃异地"，不仅不肯走科举之路，而且"总是不愿意走科举之外的当幕僚和经商的"另外两条道路。在硬被拉去参加了一次考试并被录取之后，坚决不再参加复试。

彭定安文集 5
鲁迅和他的同时代人
126

尝有论者，把鲁迅的反封建科举，说得好像是天生的反封建品性的表现。这是主观加臆造的妄说。更多的则是未做探求而遽下结论。事实上，鲁迅抉择的正确和态度的坚决，并非天纵之圣的表现，而是家族生活中许多不幸人的不幸命运在他思想中的反映，是生活实际的启示，这里，正反映了鲁迅是封建阶级的逆子贰臣的最初的原因。

鲁迅在谈到自己如何下决心"走异路，逃异地，去寻求别样的人们"时，曾经写道：

> 有谁从小康之家而坠入困顿的么，我以为在这途路中，大概可以看见世人的真面目。①

这记叙是很准确的，也很深沉贴切。但没有详细说明。不过，我们根据这一概述，结合他的家族情况，可以进行一些探索。当然，提到鲁迅的家庭由小康坠入困顿，首先使人想到他家因为祖父入狱，突生变故，而遭到世态炎凉、人情冷暖的打击，比如下乡避难而被人讥为乞食者。原来称他为"小友"的叔祖玉田在族人议事时，也帮同大家作出不利于鲁迅家的决议，而且当鲁迅以"需问祖父"为由而拒绝同意时，他竟申斥鲁迅，等等。还有他在整整四个年头之中，出入于当铺与药铺的屈辱与忧伤的生活和在这种生活中的痛切感受等。这些，都是鲁迅提到过的、不可忽视的事实，也是被研究者常常拿来作为鲁迅思想引起变化的论据的事实。但是，显然，仅仅举出这些事情是很不够的，是不足以充实地说明鲁迅所做的上述概括的。在一个败落的封建士大夫家庭里，

---

① 《呐喊·自序》。

"家庭轶闻"、家庭故事之类的事情是很多的，家庭成员的命运，也呈现出纷繁复杂、奇谲多变的情况。这是鲁迅所说的"世人的真面目"的一个方面。在这方面，我们还可以举出不少惹人注目甚至令人触目惊心的事实。前面提到的鲁迅的曾祖母戴老太太因儿子金榜题名人皆庆贺而她独自哀伤的事件，尤其是她的预感成了现实这一点，是很令人惊讶不止而且感触很深的。鲁迅祖母的命运也是很可一提的。鲁迅的亲祖母死得很早，而与他共同生活过并给他讲故事的是他的继祖母蒋氏。这位继祖母虽然性格幽默诙谐，但是，她作为继室夫人，命运是很不幸的。周介孚当了京官之后，娶妾潘氏，从此家庭不睦。这件事，曾经成为周介孚在江西金溪县任知县被弹劾去职的原因之一。这自然是一件使家庭生活不愉快的事情。以后，又发生了前妻孙氏（即鲁迅的亲祖母）之女周德因误会她的话的意思坚持回家而不幸落水溺亡的事件。作为后母，她遭到人们的议论。而她唯一的亲生女儿周康又因产褥热而死去，使她失去了唯一的安慰。正是在这一年，她的丈夫周介孚又因科场案而险遭杀身之祸，家庭发生极大变故。身为继室，夫妻不和，家庭不睦，又加上在生活中遭到的许多不幸，使这位封建时代的妇女感到了生活的、命运的沉重压力。她虽然不念佛不上庙，但仍然免不了要用一对三拜蜡烛和三支线香，长跪膜拜，乞求上天赐福。然而，有一次当一个基督教女教士来传道，向她宣传来世幸福时，她却回答说："我这世还顾不周全，哪有工夫管来世呢。"这是充满了绝望与哀伤的声音，反映了封建社会一个士大夫家庭中妇女的不幸命运和哀叹。鲁迅与这位继祖母的感情很好，这不仅反映在她活着时曾经给孙儿鲁迅讲过许多优美的民间故事，为鲁迅所久久不忘，而且表现在她去世后，已经是一个为人注目的新党人物的鲁迅，奔丧回家，接受守旧人物的条件，亲自为死者穿衣、穿白、跪拜（这细节鲁迅都写进了小说《孤独者》中）。这件事还说明了鲁迅对于祖母的死以及她一生中的不幸的深深同情和哀伤。小说中所写的"忽然，他流下泪来了，接着就失声，立刻又变成长嚎，像一匹受伤的狼，当深夜在旷野中嗥叫，惨伤里夹杂着愤怒和悲哀"[①]，这一段描写，即使不是完全的写实，却也真实地写出了鲁迅当时的真实感情和深切的感受。

①　《彷徨·孤独者》。

鲁迅祖父的一生也是坎坷不平的。他虽然刻苦自学，得遂素志，但是，遭弹劾、革职、奔丧、科场舞弊、事发入狱，不仅自己险遭杀身之祸，而且连家庭也遭难。鲁迅的父亲周伯宜，因父亲入狱，自身有"罪"，功名被革，身罹重病，转辗床褥，抑郁而死。母亲鲁瑞，在公公入狱、丈夫久病、儿女弱小时，她独力支撑一个倒塌崩溃中的家庭，而且失女、弃子、丧夫，遭到一连串的沉重打击。那一生的哀痛，也是很深沉的。

鲁迅的小姑母周康是继室蒋氏所生，她性情和善，与侄儿们感情很好，并能给他们讲故事、唱歌，因此侄儿们都很喜欢她。当她出嫁时，孩子们竟天真地要跟了她去。她嫁到东关镇金家后，夫妻感情很好，可是舅姑刁顽，不易侍候，受到不少折磨。她的父亲周介孚在狱中有所闻，脾气发作，提出要与金家绝交（这在当时是难于实现的，两家关系从此变得更坏）。1894年，即周介孚下狱，鲁迅已经13岁那一年，她得了产褥热，不幸母子同逝。周康得病后，发高烧时说胡话，声言有红蝙蝠飞来。当时，鲁迅写了类似祭文的文字，质问上天神明，派遣这红蝙蝠，是神的使者还是魔鬼，为何使好人早夭。可见鲁迅对小姑母的感情很深，对她的生活悲剧的感触也很深。后来鲁迅在日记中记着小姑母的忌日，还怀念着这位早逝的亲人。由此亦可见这位亲人的不幸命运对鲁迅思想感情上的影响。

大姑母周德的悲剧，更令人触目惊心。她非蒋氏所生，母女间有着隔阂，又因父亲在择婿上的挑剔，高不成、低不就，而致出嫁较晚，不得不为人作填房。以后，又在一个三伏天，因后母的一句戏言，而致惨死于暴风雨中①。她的死，不仅引起了人们对她的同情，而且招来了人们对蒋氏的议论，认为若是亲生母亲，怎能让女儿走呢。于是引起家庭不睦。周德死后，遗下一个女儿玉姑，遭到兄嫂的虐待压迫，走投无路，只好随乳母出奔，后来给一个茶食店的伙计作妾，又遭大妇的凌

---

① 有一年三伏天，周德回家拜生母的忌日，打算照例当天返回。当她到叔父周藕琴家谈及此事时，藕琴劝她推迟行期，因为暴风雨要来了，雷声已经轰轰作响了。她自己又从小怕雷电。周德回家又向继母蒋氏学说此事。蒋氏可能是出于诙谐，说道："九叔（指藕琴）这么说吗，九叔的话不会错，那么今天乡下河港里不会再有船了。"周德认为话中有刺，忙说："一定要回去。"蒋氏又说："九叔叫不要去，你怎么能去呢？"周德斩钉截铁地说："我一定要回去。"她果然走了。途中，暴风雨袭来，她不幸落水而死。

虐，竟被卖入娼寮，最后不知所终，结局之悲惨是可想而知的。大姑母的悲惨的一生和表妹凄惨的遭遇，显然是会引起鲁迅深深的感触和伤痛的。

这样一连串的至亲骨肉的不幸，对鲁迅的打击和思想感情的影响，肯定是至为深沉的。从这些家庭事故和亲人命运中，他所感受到的，起初可能只是不幸和痛苦，后来，就不免要逐渐集中起来思考，融汇着各种感受，而从对于"为什么这样"的问题的探讨中，逐渐认识到封建家庭的没落命运了。几十年后，他写过"毫不可惜它的溃灭"的话，态度是很决绝的，同时也包含着痛苦的感受。这一系列家庭变故和亲人的不幸，反映的正是封建家庭制度的腐朽，封建家庭的没落和地主阶级、士大夫阶级的溃灭。这是一个拌和着血与泪、哀伤与悲痛的苦难过程。它使人伤怀，难于忍受，因而宁愿它毁灭并产生对新生活的企求。

这种封建家庭的溃灭和地主阶级的没落，还有另一方面的表现，这就是家庭中的不愉快以至令人痛苦的现象。周介孚因娶妾而造成家庭不睦。他获释后脾气更坏，时常骂人。他曾娶妾章氏，生一子伯升后死去，又娶妾潘氏。潘氏系北京人，比周介孚小31岁。这个不幸的女人，像一粒随风飘荡的砂石，跌入了南国水乡的封建大家族里。她给这个家庭带来了不和与不幸，这个家庭又像一架复杂而残酷的机器一样碾压这个外来的砂粒，给她制造了一生的悲剧。家庭风暴总是归罪于这个外来人，而这种风暴也总是袭击这个不幸者。周介孚逝世后，她年仅三十六七岁，难于孤守。蒋氏最后以主母身份，立下手谕，称"因汝嫌吾家清苦，情愿投靠亲戚，……嗣后远离家乡，听汝自便，决不根究"。潘氏也立下字据，称"情愿外出度日，无论景况如何，终身不入周家之门，决不食言"，从此又流落风尘。鲁迅的父亲也因为种种不幸的遭际，脾气坏起来，经常是抑郁寡欢，有时还酗酒生事。更不幸的是，他还吸食鸦片，这也给周家带来痛苦。以后周伯宜吐血而死，做父亲的周介孚还不肯宽恕他这一点，在挽联中给予谴责："世间最苦孤儿，谁料你遽抛妻孥，顿成大觉；地下若逢尔母，为道我不能教养，深负遗言。"在这沉痛、激愤的言语中，对生者的不幸的哀叹，令人痛心伤怀；而对死者的缺失的谴责，却不免令人感到过苛，也为父子之间的生死抵牾而难过。此时，鲁迅已16岁，已经告别少年时代而开始步入青年时代了，对这些家庭哀史一定是感受很深、触动很大的。他后来对旧的生活的决绝态度与此有直接关系。

鲁迅家庭里亲子之间的关系，也是复杂的。祖父周介孚的原配夫人曾生子伯宜、生女周德；后娶的妾章氏，生子伯升；继室蒋氏又生女周康。父母、兄弟、姐妹、叔侄之间，关系亲疏不一，不免常常发生摩擦。再加聚众而居，人多嘴杂，又有人挑唆（如衍太太之流），那情形更是复杂、不安宁和令人伤怀的。

如果走出周介孚一支人居住的房宅，进到整个新台门周宅的各个角落，那么映入眼帘的，还有更多的台门子弟"破脚骨"。如子京、桐生、四七、五十等，他们或者名为读书子弟，其实不通之至，科场必然落第，教书误人子弟；或者略具才识，但不争气，终于没落；或者流落街头，沦为乞丐；或者偷鸡摸狗，堕落潦倒，成为社会渣滓；或者怪癖奇特，一生怪人怪事，贻笑大方。……这一帧帧"人物画"，构成一幅群像，它所告白的是：这个阶级除了没落不能有更好的命运，因而只能"毫不可惜它的溃灭"了。

以上各方面的情况汇集起来，所显示的便是一幅具体、复杂、生动的地主阶级没落和封建家族制度腐朽的图画。在这里，众多的人，男女老幼，在转辗反侧，遭遇不幸，遭受痛苦，也可以说是在"吃人"和"被吃"。鲁迅在这幅活生生的、飘散着愁云惨雾的家庭"图画"面前，感受着痛苦，思考着人生，观察着世态，体验着生活。在这种人生体验中，他对生活的感受不断深化，思想也在不断前进。正是在这时，他接受到一些维新思潮的影响。由此，才产生了他的坚决与科举道路、与封建家族决绝的态度，要"逃异地，走异路，去寻求别样的人们"，"总得寻别一类人们去，去寻为S城人所诟病的人们，无论其为畜生或魔鬼"。这感情是何等激越、深沉，这态度是何等坚定、决绝，他是怀着对旧的深刻痛恨、拒斥和对新的热切追求、企望的心情，走向新的世界的。这是一种觉悟，是向维新思想的飞跃，也是向爱国主义最初的迈进。这也是鲁迅对于封建士大夫道路和地主阶级的背叛，是他成为伟大革命家的起点。

（三）

托尔斯泰在伟大的作品《战争与和平》里，写进了自己的许多家事，祖父、祖母、父亲、姨母等都"化装"进入了作品，他们的事迹的某些片段，他们的思想、性格，都以原型和"因素"的姿态进入了作品，使作品具有血肉，人物栩栩如生。曹雪芹的身世与《红楼梦》的关系是人们所熟知的。巴金把自己家里的事情大量地写进了《家》。这些，都表明家族事物和人物对于一个作家的影响和作用。鲁迅的家族，其生活和人物，也像上述作家一样，影响到他的思想和创作。但情形又有不同。鲁迅既不像托尔斯泰那样把家族众多人物作为"模特儿"写进长篇巨著，用大量的家庭传说构成小说的情节，也不像曹雪芹、巴金那样，将家事加以改造，创造性地构制一部动人的长篇。他是比较零碎地采用的，而且方面更广泛，形式更多种多样。

首先，他把青少年时代的生活和家族生活，作为创作的素材用。这种情形，在鲁迅的作品中是比较多的。不过，这有几种情况。一种是将往事基本上如实地、系统地记叙成文，如《朝花夕拾》里的回忆散文，它们完整地记叙了鲁迅童年和少年时代的生活，基本上可以看作一种传记文学。但鲁迅在写《旧事重提》时，对素材进行了艺术加工，他将思想之光投进"死"的素材中，使它像阳光照射植物而使它发生光合作用一样，产生了新的生命，这便是从一己的、一个家族的生活中，反映出当时的社会面貌以及生活在变化、社会在前进的步伐，而且揭露和抨击封建社会和它的思想、道德、习俗，成为当时进步文学以至民主主义思想文化的一朵艳丽的花。在艺术上，取材、剪裁、结构、叙述、抒情、议论，都表现了艺术大师的劳绩和功力。这些，当然都不是素材本身所给予的了。但是，素材是他创作的基础。

这种提供素材的作用，还有第二种形式，即在小说创作中运用家事。《白光》中的陈士成，是以叔祖子京为模特儿的；《孤独者》中写进了自己的事情；《阿Q正传》、《祝福》和《在酒楼上》，都写进了台门里的人物（虽然并不是家族中的人）的性格的某一点或某一件故事①。当然，鲁迅对这些素材，进行了同在《朝花夕拾》中所做的大不相同的加工。这里进行的可以说是一种"扭转乾坤"的改造制作功夫，不仅是细节的变化和改造，而且，使事件的思想意义大大地或者从根本上发生了变化。

---

① 阿Q的名字和某些事情，取自阿桂；祥林嫂的"再嫁的女人死后是不是要锯解"的疑问，取自住在台门里的单妈妈的故事；《在酒楼上》中吕纬甫买剪绒花送邻家女儿的故事，是阿有的一段往事，等等。详见《鲁迅的故家》。

鲁迅家族里的人们和生活，对他日后创作发生影响的第二种情况是：大量的、丰富的人和事，成为他提炼思想的素材。鲁迅的著作（包括小说、杂文以及讲演、书信等）被称为"百科全书"。在这部"百科全书"中，家族生活是其内容的一个方面。鲁迅不少深刻的思想观点，是他的伟大深刻的思想同早年家族生活及日后的多种生活素材相结合的产物。鲁迅在《英译本〈短篇小说选集〉自序》中曾经说到过，他生长于"都市的大家庭里"，曾经看见和感受到上流社会的虚伪与腐败，以后又在外婆家所在的农村看到农民的"受着压迫，很多苦痛"。以后，当他懂得用小说为手段，"而呼号，而战斗"时，"便将所谓上流社会的堕落和下层社会的不幸，陆续用小说的形式发表出来了"。这里告诉我们的，不仅是他的小说创作的素材有许多来自他的家族生活，而且他的基本思想——上流社会的虚伪与堕落和下层社会的不幸——也从这种生活中提炼出来了。鲁迅少年时代，新台门周家已经没落，虽然一个豪门望族的躯壳仍然保留着，但是，里面居住的人都已经分化，有的仍保留着士大夫的身份，但已经没落、沉沦，便表现出上流社会的虚伪和没落；而另一部分早已败落，成为劳动者、小商贩，或者沦为破靴党、偷鸡摸狗以至地痞流氓之类，走入了劳动人民或游民无产阶级队伍中，他们的生活则显露了下层社会的不幸。无论是两者中的哪种情况，我们从鲁迅的亲人和同族中都可以找得到。

鲁迅的族叔观鱼（即周冠五）在他的《回忆鲁迅房族和社会环境35年间（1902—1936）的演变》这部颇有史料价值的书中，介绍了周氏家族各色人等的形象，十分具体生动：

> 现在把春秋两届参与祠祭典礼时，所目击的实际情况，就记忆所及作一概括的介绍，权作当时的实地写照。

> 宗祠中所接触的是哪些人物呢？粗率地观察分析，可说是行行皆有，色色俱全，薰莸同器，良莠互见。有官绅胥幕、地主奸商，有衙役地保、乞丐小偷，有媚富傲贫的钱猢狲（绍俗呼钱庄中人为钱猢狲，以其手腕敏活，动即为其攫去），有剥蚀贫民的镴夜壶（镴夜壶即绍人呼'当朝奉'的鄙称，绍人呼'尿壶'为'夜壶'，呼'锡'为'镴'，意谓用锡制夜壶，锡即等于废料，不能改制他物，以其臭不可闻也），有执行死刑的刽子手，有局赌渔利的牧猪

奴，有玩弄女性的假道学，有巧取豪夺的伪君子，有颠倒是非的恶讼师，有代撰书状的"官代书"（清朝经官衙考取准为人民代撰书状的谓之官代书，由官发给木戳，撰就盖于状尾），有坐拥皋比的村学究，有酸气扑鼻的穷秀才，有累试不第的老童生，有种菜翻地的园艺人，有挑葱卖菜的行贩人，有小本经纪的商业人，有工雕琢篆刻的手艺人，有擅长丝竹管弦兼唱词调的曲艺人，有专事游荡不务正业、迷信宿命坐以待毙的没落人，有胁肩谄笑卑鄙龌龊的无聊人，有遇事生风借端敲诈的白相人，有迎神赛会演戏施食首事敛钱的人，有游山玩水迷惑风鉴寻求来龙去脉的人，有诵经拜忏勉持升斗的人，有念佛宣卷借作鬼混的人，有看相卖卜测字算命浪迹江湖的人，有纵情逸乐不问生计唯声色犬马是务的人，有好吃懒做自趋绝境的人，有傲世玩物目空一切的人，有忍饥挨饿不屑人怜的人，有依人作嫁的店伙栈司、帮工打短的苦力、依赖手艺的百作老司（泥水木作、成衣剃头等都叫百作老司）。凡此种种都是全族众的写景，三台门中的人物当然也有些在内，不过象地保、衙役、乞丐、小偷、刽子手、代书等是三台门中所没有的。

这简直可以视为一幅"百丑图"或叫"百怪图"，形形色色、千姿百态，把一幅当时的社会相呈现出来了，也把一个没落的封建大家族的形象生动地表现出来了。这里不仅是各行各业、各色人等的展览，而且是一个封建家族的分化、堕落的表现。

鲁迅在少年时代和青年时代的早期，或者在家族的共同生活中，日常交往中，直接接触、体察了近支族人的种种"风貌"，看到他们的多种表现，多种形象；而且在广泛的社会接触中、家族传闻中，以至在家族祠堂的集中活动中，闻见到更多、更丰富、更广泛的族人的各种形象与事迹。

鲁迅正是从这两个方面，从这些家族的人和事中，获得了他的创作素材，而且提炼了他的创作的主旨和立意：这是他对于这部分素材的总体性感受。当然，我们不能说，这是唯一的部分，但却不能不看到这是最早的、重要的一部分。

这种提炼素材的作用，表现在杂文中，也是不可忽视的。当然，这部分显得分散、零碎、不明显，但确实是存在的。这一点我们在阅读鲁迅的杂文时，联想到他的家世，会常常感到。比如关于母亲确实爱孩子但是却用自己从爱出发的行为坑害了儿女，实际成为"吃"了他们的悲剧；关于妇姑勃谿，闲人喊喊喳喳，对闲得发慌的无聊等家庭关系、人事纠纷的痛恨与分析以及关于破落户子弟的种种入木三分的分析等，都是如此。

鲁迅在给友人的信中说过："因为我自己是这样的出身，明白底细，所以别的破落户子弟的装腔作势，和暴发户子弟之自鸣风雅，给我一解剖，他们便弄得一败涂地，我好像一个'战士'了。使我自己说，我大约也还是一个破落户，不过思想较新，也时常想到别人和将来，因此也比较的不十分自私自利而已。"①这段话鲁迅很谦逊地说明了自己的情况，从中我们可以看到，他的出身和他的家族的生活，成为他剖析社会的材料、射击敌人的子弹。这当然不仅表现在对破落户子弟的剖析和批判方面，而且表现在对于整个旧社会的剖析上。他所说的"又因为从旧垒中来，情形看得较为分明，反戈一击，易制强敌的死命"，则是比较全面的概括。鲁迅在小说《狂人日记》中关于封建社会和旧的家族制度的吃人本质的揭露，在许多杂文中对于破落户子弟和暴发户子弟的灵魂的揭露，在许多杂文中对旧社会的虚伪、冷酷、残忍、奸诈、无聊、畏葸等丑恶、落后现象的揭露与批判，也都融进了他对家族人们和生活的见闻或感受。这方面的情况，我们在鲁迅前期的杂文中，如《坟》中的杂文和《热风》中的篇章，可以清楚地看到和感受到。如《论照相之类》中对于"S城人"的思想、习惯、陋俗、守旧的揭示，便有着他的家族生活的反映。在《论雷峰塔的倒掉》和《从胡须说到牙齿》中，写进了关于祖母给他讲的白蛇故事的生活往事，以及周族长辈对于他的牙痛病的诬陷。前者是正面地反映出家族生活给他精神上的获益；后者则相反，是精神上的虐杀，说明了旧观念和家族生活的消极面。在后期的杂文中，时有隐含于其中的早年家族生活的印痕，或以举例形式出现，成为剖析的材料、射击的子弹。比如在《我的第一个师父》和《女吊》中，写进了自己的童年生活，而其他散见或隐现于杂文中的还不少。

鲁迅的早年生活对于他的创作的影响，还有一个很重要的方面，这就是他的作品（主要是前期）的冷峻、沉郁的风格，和他的家族的不

---

① 《1935年8月24日致萧军》。

幸、家庭生活的跌宕、众多不幸以及自己过早地被迫卷入愁苦的生活波浪中，是分不开的。这种早年的不幸生活，在他的性格中打下了烙印，铸成了他性格上冷静、沉郁的胚胎，反映在作品中，也就使作品带有这种色彩。当然，这种情况，在前期比较明显、突出，后期随着他的思想飞跃发展，在文章风格上有了相应的变化。

这里，我们要特别指出的是早年生活对鲁迅创作心理的影响，形成了他的艺术气质的特殊性。在鲁迅的作品中，多次写到死。他写不幸的夭折和自杀、悲惨的被杀和倒路而死、幼儿的病故和野兽的吞噬，他写鬼魂、丧仪、死者凄凉和生者的哀痛。《狂人日记》《药》《孔乙己》《阿Q正传》《白光》《孤独者》《在酒楼上》《无常》《女吊》等，鲁迅作品中的这些名篇，从最初的作品到最末的篇章，都有死亡，而且是不幸的死亡。这决不是偶然的。一方面，固然是当时的社会状况和下层人民不幸生活与命运的反映；另一方面，也不可忽视作家的性格特征、创作心理与美学情趣。这些因素，不仅决定了他要写这些，而且决定了要这样写。这里，鲁迅早年的生活、家庭、家族成员的不幸命运和悲惨的死，肯定会种下早年的种子。首先，这些人和事使他受到深刻的刺激，留下了惨痛的记忆，心灵受到创伤，于是形成一种心理素质，对这种不幸的死亡，怀着一种惨痛难耐而又爱去抚摸的哀伤痛楚心理，因此在写作中便重视这已逝的人事，重历一场这种心的痛史。这是令人伤怀的，但又会尝到一种苦汁和着微甘的况味。好像一声叹息、一次长吁，使人心灵由此松弛一下，并且从中体味到一种美的享受，这就是一种审美选择和美学情趣，一种创作心理。第二，其中也寄托着作家的哀思。死者已矣，但追忆中重历这段生活，把过去未曾明了也未曾倾泻的情意与思想倾诉一番，一以寄情，并作出今天的批判与评价。所以鲁迅说，他的"苦于不能全忘却"的"已逝的寂寞时光"，"便成了《呐喊》的来由"[①]。第三，在美学风格上，由于这种美学情趣，创作心理在审美选择上发生的作用（表现在题材选择和题材处理两个方面），以及以后的艺术修养的作用，就形成了他的沉郁、冷峻的风格和这种风格的美。他以他的具有这种风格的作品，使自己与读者都得到一种特殊的美的享受。

这是鲁迅的家族生活在他的艺术上的最深刻的影响。

---

① 《呐喊·自序》。

以上，我们对于鲁迅和他的家族之间的关联和这种关联对他的思想创作的影响进行了一些探索。这只是一种尝试。但当我们比较系统一点地排列叙述之后便可看到，像许多伟大作家一样，鲁迅也从他的家族成员和他们的生活中吸吮了乳汁，这乳汁或者含有营养成分，或者含有毒素，或者是沁甜的，也有的是苦涩的。但不管何种情况，都熔进他的思想性格之中，成为酵母，以后，经过各种条件的作用，成为影响他的思想、创作的因素之一。这种情况说明，伟大的人物不是无本之木、无源之水，不管他以后的发展如何，这最初的源头和最早的根苗，这起初的土壤，总是发挥着作用的。

二、梦魇、隐痛和挚意真情
——论鲁迅与朱安

鲁迅和朱安，这是一个以前人们讳莫如深、回避躲闪，而近年有人钩稽索引、寻踪觅迹并已有所得的题目。然而，承认、面对这个不幸的事实还不够，更重要的是探寻它的意义：它是怎样发生的？发生了以后又怎样？它怎样影响了鲁迅的生活、思想与艺术？

最早提出、承认、面对这个事实的是鲁迅最亲密的朋友和最亲近的亲人：许寿裳和许广平。许寿裳以史家和学者的求实态度而要在鲁迅年谱中写上这个鲁迅生平中用刀子也剜不掉的事实；而许广平则更勇敢，更豁达大方、有识见，她不仅承认这个事实，同意在年谱中写上这个事实，而且对这个事实和后来发生的与她自己及鲁迅都关系至深的事实，都提出了只有新的女性才有的深刻、开通的见解。当许寿裳将"（1906年）6月（由日本）回家，与山阴朱安女士结婚"句写进《鲁迅年谱》时，曾致函许广平希望她"谅察"。许广平不仅谅解，而且这样写道：

> 关于我和鲁迅先生的关系，我们以为两性生活，是除了当事人之外，没有任何方面可以束缚，而彼此间在情投意合，以同志一样相待，相亲相敬，互相信任，就不必要有任何的俗套。我们不是一切的旧礼教都要打破吗？……所以在寄给许先生的后十年年谱里，在十六年十月我是写着："……与许广平同居"这六个字简单明了的记载，……至于朱女士的写出，许先生再三声明，其实我绝不会

那么小气量，难道历史家的眼光，会把陈迹洗去吗？[1]

这是许广平的认识与态度。

朱安呢？当朱安于1947年逝世前，她仍然信守着她信守了一辈子的封建条规："我生是周家人，死是周家鬼。"而且，在鲁迅逝世之后，她与许广平一直保持着友好关系，她临终前仍然说："周先生对我并不坏，彼此间并没有争吵，各有各的人生……许先生待我极好。……她确是个好人。"[2]

至于鲁迅，他一直没有同朱安离婚，他说："这是母亲给我的一件礼物，我只能好好地供养它，爱情是我所不知道的。"[3]事实上也是如此。

这样，这件不幸事实所牵扯的三方，都是对己严格、对对方原谅忍让的。生活是平静的。

然而，在这个平静的外表的掩盖下，有着多少不平静的内涵。其间，有眼泪、痛苦、期待、追求、失望、忍受、牺牲……一杯人生的苦酒，一代文化巨人和两位截然不同然而又有很相似之处的女性，一同啜饮，前后达数十年之久。在这杯苦酒中，照见了至少是两代人的思想、观念，反映了三个人的人生以及社会的面貌。对于鲁迅来说，从青春年少到忧伤中年到多病老年，在为人民争解放、为民族求独立、为共产主义理想作贡献的伟大而艰巨的斗争中，却不免在私宅斗室之中，在个人感情生活中，不得不啜饮这杯苦酒，背负着一个沉重的心理包袱、萦绕于一个不可排除的梦魇，难逃一种内心的隐痛。这对他的思想、生活与艺术，不能不产生巨大的影响。

（一）

当1906年鲁迅在东京被召回故乡发现被骗要与朱安女士结婚时，他是那么痛苦。他一语不发，饮泣终夜，婚后四天就"弃家离妇"携弟东渡了。但是，以鲁迅的性格，坚定顽强，又留学数年，思想进步，何以没有反抗、没有逃婚？这个问题，至今没有充分的材料来说明其真实的原因。但有一些蛛丝马迹，可供推断。第一，鲁迅事母至孝。他是长

---

[1]　许广平：《〈鲁迅年谱〉的经过》，原载1940年9月16日《宇宙风（正刊）》二卷9期。

[2]　《朱夫人在寂寞中死去》，载1947年7月29日南京《新民报》日刊。

[3]　许寿裳：《亡友鲁迅印象记·西三条胡同住屋》。

子，家庭中落后，他同母亲一起分担了这突然的变故所引起的一切后果，患难与共，母子情深。为了不拂母意、不伤慈心，他并未坚决退婚约（只是要求女方放足、读书，然而均未办到），既有此始初，此时木已成舟，更不能"放肆"了。而且，鲁迅出自封建士大夫家庭，自幼秉孝悌家教，在心理上，这种遵母命的观念也是强烈的。另外，时值清末，整个社会为封建礼教所严峻地统治着，社会舆论、家族规制以及来自这两方面的谴责等，都使人不能轻易反抗婚事。这是极严重的一件事情。因此，鲁迅说"这是母亲娶儿媳妇"，又说"这是母亲给我的礼物"，不能不接受。第二，鲁迅在东京时，正在从事启蒙运动，年轻气盛、眼光辽阔、思想宽广，或者会有年轻人那种"豁达大度"的情怀，以此等儿女情长之事为小事私情，而决定忍受之。鲁迅酷爱匈牙利诗人裴多菲的一首诗，从小至老，终生不渝，尤其是青年时期为甚。这首诗说："生命诚可贵，爱情价更高，为了自由故，二者皆可抛。"这里，把人生的价值，分了三个等次，首先生命是可贵的，但爱情比它有更高的价值，但自由又比这两样东西更为可贵，为了自由，那两样都可以抛弃。鲁迅在东京时，正以启蒙运动思想战士的风貌，从事辛亥革命发动和准备工作，为民族的自由而奋斗。那么，在他当时想来，为此目的这生命与爱情是"皆可抛"的。"我以我血荐轩辕"不是道出这种高尚的心意情怀了么？第三，便是许广平回忆所说："鲁迅对人说：当时正在革命时代，认为自己死无定期，母亲愿意有个人陪伴，也就随她去了。"这一点，颇可参考。鲁迅当时确曾认真考虑到母亲的生活而对于自己的生死则置于度外[①]。第四，有的日本人提出，可能有经济原因，即认为鲁迅与朱安结婚，朱家富裕，可以救助鲁迅家[②]。

这些原因，现在都还只能是一些推断，有些可靠一些，有些可能带有主观推断的色彩；但不管怎样，这些都可能是其中的因素。不过，在总的方面我们却从中可以体味到：首先，鲁迅对这桩婚事是不同意的、

---

① 鲁迅的日本学生与友人增田涉回忆说："他在晚清搞革命运动的时候，上级命令他去暗杀某要人，临走时，他想，自己大概将被捕或被杀吧。如果自己死了，剩下母亲怎样生活呢？他想明确地知道这点，便向上级提出了，结果是说，因为那样地记挂着身后的事情，是不行的，还是不要去罢。"

② "日本的鲁迅研究专家高木寿江就曾提出过：以富裕的妻家的经济援助这一屈辱条件和朱安订婚的见解。"（段国超：《鲁迅与朱安》，载《中国现代文学研究丛刊》1983年第3期）。按：高木寿江之说见于日本《鲁迅之友会会报》第13期《鲁迅的结婚和情》。

不满意的；第二，他只在形式上接受了这种婚姻，但在实质上他反抗了，"逃婚"了；第三，从这时起，这杯苦酒就已经酿成，他不得不时时啜饮，从这时起，他心头便有了这一点隐痛了。可怕的不幸的梦魇，他此时已经投身于其中了。

梦的觉醒则在十几年后的五四运动时期。在此之前，鲁迅在寂寞、抑郁、苦闷、沉默中生活，在古碑、字帖、古籍中以及佛经中钻研与沉思。整个的生活都几乎可说是一个梦魇。如他自己所形容：整个中国像一个没有窗户的铁屋子，人们都在里面昏睡；有少数觉醒者，则在痛苦中挣扎，他们呼喊或呻吟过，然而如入无人的荒原，没有回音，便又沉默了。结果将是：不在沉默中爆发，便在沉默中死亡。绍兴会馆的补树书屋，便有点这种铁屋子的缩影模样。不过，鲁迅此时则在沉默中思索探寻，酝酿着有朝一日的爆发。此时，他心头的隐痛是依然存在的，他孤寂地过着单身一人的生活。

当五四运动的热潮轰然而至时，其主要的浪涛之一便是恋爱自由、婚姻自主。爱情，忽然像火一样燃烧起青年们心头的激情，也像春天的雷声一样唤醒了他们的迷梦。文学中，爱情也成为重要的主题之一。此时的鲁迅，是这种时代浪潮的鼓动者、引导者，是先锋与导师。然而，在这股爱的浪潮中，他却是"保守者"。他的梦已醒。他鼓励青年们勇敢冲击封建礼教牢笼，然而他自己却相反。他在醒悟之后却又不得不重入梦魇，爱的心扉打开之后，又不得不马上封闭。礼教的闸门、道德的规范、社会的谴责、家庭的破毁、女性的痛苦，等等，阻挠着他。他不得不控制自己感情的奔腾。这是痛苦的。醒悟之后重新进入梦魇更令人痛苦难耐，打开过的爱的心扉又重新关闭，更充满哀伤。然而他从不倾诉。他决定自己"肩住黑暗的闸门，放他们到宽阔光明的地方去"，他决定偿还这几千年的旧账，自己做一世的牺牲。这种精神是崇高的、伟大的。这当然也是当时的社会状况所使然。然而，他的隐痛也就更深了。他习惯于夜晚工作，当黑夜将尽时，他将迎来旭日，然而他自己的爱情的、家庭生活的黎明却仍将沉入黑暗。毫无疑问，这是对他的一种巨大的损伤：伤害了他的心，他的情绪，他的生活以至他的身体。怨恨谁呢？始作俑者是自己至亲爱的仁慈的母亲，背负着的是那位名义上的夫人朱安。她们，现在正一个住在隔壁房间，一个住在对面。能够怨吗？恨吗？不能。能够解除吗？也不能。只有忍耐与牺牲。这就是当时鲁迅在这个问题上的心境。这是一个冲锋陷阵的英勇战士的心之一角，生活之一角。它的确是次要的，然而却不是可以不管的、无甚影响的。

然而，他不平静的心和心的隐痛，偶然地，在一次机遇中受到触发，便透露出来一点点了。这便是《热风》中的一篇文章《随感录四十》。首先，他说："有一首诗，从一位不相识的少年寄来，却对于我有意义。"这首诗，赫然写着两字题：爱情。

然而，他写的却是没有爱情的痛苦。他写道："爱情！我不知道你是什么。"然后说，父母兄弟姊妹待他都好，但彼此都不懂得真正的爱。再后说道：

> 我年十九，父母给我讨老婆，于今数年，我们两个，也还和睦。可是这婚姻，是全凭别人主张，别人撮合：把他们一日戏言，当我们百年的盟约。仿佛两个牲口听着主人的命令："咄，你们好好的住在一块儿罢！"
>
> 爱情！可怜我不知道你是什么！

这段自白，简直可以用作鲁迅的独白：连事实都几乎是一模一样的。难怪鲁迅说"对于我有意义"。接着，鲁迅给予高度的评价，认为"这是血的蒸气，醒过来的人的真声音"。这种赞扬令人惊心动魄，然而又真实得很。这是千百年来，千百万人的血、泪、尸骨蒸发出来的醒悟的声音。鲁迅接着说："爱情是什么东西？我也不知道。"这是一句普通的话，然而也是他的真的声音、真的生活、真的痛苦。他还指出，中国的男女都如此，爱情，"不知道有谁知道"！他把个人的痛苦，同广大人民的痛苦，同历史的痛苦联系起来了。这便使他对痛苦的体味更深，更具现实的与历史的内涵。他更指出，虽然如此，"从前没有听到苦闷的叫声"，因为一叫便要遭到反对、嘲骂、不幸。他于是指出那恶果：少的宿娼、老的买妾，这样来麻痹良心。现在，已是"东方发白的时候"，人类向各民族要的是"人之子"，于是从魔鬼的手上漏出了光，"知道了人类间应有爱情"，又知道了从前老的、少的那种做法是罪恶，所以，终于发出了叫声。鲁迅特别指出，在这个血泪的海中，"在女性一方面，本来也没有罪"，他们"是做了旧习惯的牺牲"。那么，我们应当怎么办？当然，我们既然"自觉着人类的道德"，我们良心上又不肯犯过去老的、少的那种买妾宿娼的罪恶，那么，也只好陪着做一世的牺牲，完结了四千年的旧账。然而，鲁迅也深知并指出，这种"做一世牺牲"的事，"是万分可怕的事"。但是，有什么法子呢？只能如此！"但血液究竟干净"；但要叫喊，"要叫出没有爱的悲哀，叫出无所可爱的悲哀"。要叫到什么时候呢？"我们要叫到旧账勾消的时候"。

然而，旧账又在何时、又当如何来"勾消"呢？他的回答是：

> 我说，"完全解放了我们的孩子！"

至此，鲁迅完成了自己内心的独白：他不知道什么是爱情，但他同情女性，明白她们无罪，而他又不能去，决不愿去犯老的少的过去惯犯的两项罪，那么，就只有一，要叫；二，叫出没有爱的悲哀；三，陪着做一世牺牲；四，完全解放了我们的孩子。然而他把自己却置于幸福的门外了。

（二）

鲁迅与朱安是同时代人、同辈人，然而他们又是两个时代的人、两个世纪的人、两个社会的人。他们在思想上、感情上、志趣上、爱好上、文化上，都处于好似隔着汪洋与重山的隔膜中。鲁迅，是中国现代思想文化的奥林匹克山头的宙斯，是新文化运动的主将，是文学艺术大师，是一代思想解放运动的导师，是反封建的勇猛战士。然而，朱安呢？她是喝着封建意识的毒汁长大的女性，"三从四德"的条规紧紧地束缚着她。她没有文化、没有知识，她与现代社会、现代科学文化隔绝。他们处于两极状态中，然而命运却把他们撮合在一起。他们没有共同的语言，不可能有思想与感情的交流。曾经在鲁迅家住过的俞芳，用日常生活的细节描述过这种生活在两个世界中的两个人的寂寞生活。俞芳写道：

> 大先生和大师母之间除些必要事外，谈话很少。有一件事——我猜测这是大先生想的办法——把一只柳条箱的底和盖放在两处，箱底放在大先生的床下，里面放着大先生换下来的要洗涤的衣裤；箱盖放在大师母的屋门右手边，即桌式柜的左边，盖子翻过来，口朝上，里面放着大先生替换的干净衣裤；箱底、箱盖上面各盖着一块白布，外人是不易知道其中的奥妙的。这样，他

们间说话的内容就更加少了。在砖塔胡同九个多月的时间里，我甚至连大先生、大师母之间当面如何称呼都不知道；后来也未曾知道。……白天大先生上班或在家做自己的工作，大师母则在厨房料理饭菜，有时在自己屋里做针线或休息，或吸水烟；晚上，则各到各的屋里睡觉。[①]

当鲁迅走进家门时，便没有了对谈者，没有一个最亲近的人同他交流思想，交流感情。这个孤寂，即使对于一位以解决国家民族、人民命运的大事为己任的伟大战士来说，也是难耐的、痛苦的、噬啮着心灵的。

弥补这一切的，是鲁迅投入反对旧社会、旧制度的斗争，是那广阔的、多方面的、丰富的社会生活，是那深邃的、触及社会各方面和灵魂深处、关乎国家民族人民命运的思考生活，是那从书海中获得多种知识学问的读书生活，是那收集材料、分析解剖、对比校勘的考据判断的治学生活，是那驰骋于历史、社会、人生与故事情节、人物形象、想象、联想的创作生活。它填补了家庭生活的空荡寂寞，照亮了无爱的生活的暗淡，抵消了痛苦岁月的忧伤。他有意识地用这一切，用它们的升华来构织自己理想的、美好的、充实的、有意义的精神生活。它闪着智慧的光芒、理想的彩练与哲人的崇高美。这也是人生之花、艺术之花，但它是那无爱的痛苦忧伤的泪汁所浇灌的。鲁迅付出了沉重的代价，获得了这一切。这是种下了跳蚤，却获得了龙种。当然，我们并非反倒歌颂这些，而是分析和指出这种生活的辩证法，并且由此理解鲁迅的精神生活和思想情感的渊源。

当然，正因为这生活与艺术之花是这样开放的，它不免就会像鲁迅称赞画家陶元庆为他的杂文论文集《坟》所画的封面时所形容的——披上了凄艳的外衣。

当五四运动思想解放的浪潮冲击了全国青年的心时，一代英年男女开始觉醒了，他们奋起去追求自身的幸福。许广平便是在这样的历史条件下，解除了封建婚约的束缚，争得了婚姻自由，为创造自己的幸福赢得了先决条件。然后，她在奋斗的路上碰见了鲁迅，他们相爱了。许广平作为年青的学生领袖，在社会斗争上冲锋陷阵，在爱情问题上也英勇

---

① 俞芳：《我记忆中的鲁迅先生》，第137-138页。

无畏。然而作为先生的鲁迅，却犹疑、彷徨。他所考虑的有三点：第一，自己不配爱；第二，"那人（即许广平）不太为自己牺牲了么"；第三，谣言、中伤、诽谤，将使自己身败名裂。如果说前两项都是心理上的障碍，那么第三项便是实际问题。然而无论哪一条，都与朱安的存在分不开。但同时也反映了鲁迅的心：如何妥当地安置朱安？如果不考虑这一点，那么，由于朱安的存在而发生的这三个问题都是无所谓的了。

于是，鲁迅从"做一世牺牲"以偿还"四千年的旧账"的那种"我入地狱以救世上青年"的梦魇中醒来，解除自我封闭，而享受爱情的甘露时，要付出多少思想上、心理上、社会声誉上和道德上的代价！躲起来，到乡下去默默地生活——这样的下场都想到了，都准备接受。这又表现他拿出了多大的勇气，下了多大的决心！因此，他的这次行动，又成为他直接地、面对面地同封建礼教的一场白刃战，是一场"为自己"同时又具有社会意义的反封建的战斗。好比一位统帅，他这次不是率领指挥千军万马去完成一次战役，而是单枪匹马为保卫自己的权利、幸福而战斗。这在鲁迅伟大的一生中，确是一个不大不小的插曲。它在鲁迅生平中具有重大的意义。我们只要读一读《两地书》中，他在厦门时期与许广平的通信，就能看到他的思想的沉重、情感的波涛。他在生活的岔路口犹豫、徘徊、沉吟，最后，下了决心，才迈出了那决定性的一步。他说，就去广州，让许广平就在身边工作当他的助教；他在文章中写出他的服用药物与营养品，不尽是为了他的爱人，这使许广平惊异而又欣喜，在信中说："但《坟》的《题记》，你执笔可真是放恣了起来，你在北京时，就断不肯写出'倒不尽是为了我的爱人，……'这样的句子。"[1]而且，这一切由于高长虹的插入，虽然并没有产生什么实际事务上的纠葛，但是在鲁迅的思想感情和心理上，更产生了巨大的波涛，而且使这一问题越出了私生活和一般感情生活的范畴，而影响到鲁迅对生活、对人生、对社会、对青年等一系列问题的看法起了变化。他不再对旧礼教屈首，不再对青年一律对待，不再置自己于当牺牲品的无爱的地位。总之，生活态度和感情生活以至心理状态都起了变化。

---

[1] 《两地书·一一一》。

梦魇开始解除，隐痛的一部分开始平复。心境开朗了。这对鲁迅来说，不是爱的苏醒，而是爱的复得。这种心境、变化，同他这时期的思想开始实现质的飞跃，是相协调的、一致的，因此也起了一种"配合"作用。

（三）

鲁迅与朱安是那样不同，从貌合神离地同居到分居，他们没有发生过任何感情的交流。然而，他们之间却存在着深情挚意。是的，是深情挚意。许广平曾经回忆过她一次亲眼所见的事情："师母"朱安给鲁迅送上一碗热牛奶，当她走进屋时，鲁迅便恭恭敬敬地站起来，站在椅子旁边，等朱安把牛奶放在桌上，鲁迅便欠身点头，连说两声谢谢。[①]俞芳也在回忆中写到：鲁迅每次买了点心回来，总要先到母亲房里，让她老人家先挑选几块爱吃的；然后到朱安屋里，由她挑几块；最后才拿了所剩的点心回到自己屋里去。曾经有一些激进的青年、学生，劝鲁迅断然处之——既无爱情，便应离异。然而，鲁迅考虑到，如果离异，朱安势必回乡，她将被看作被"休"回家，而遭亲友与社会的轻蔑、歧视、白眼、冷遇，她将在痛苦、孤寂中死去。因此，他宁愿"陪"她做一世牺牲。这种真情挚意是感人的。鲁迅1923年因与周作人决裂而迁居砖塔胡同61号的时候，临走前征求朱安的意见，问她愿意回绍兴娘家还是跟随自己到砖塔胡同的新居去。朱安选择了后者，鲁迅便带着朱安一起搬走了。1934年，鲁迅在给萧军、萧红的信中说："我的母亲在北京。大蝎虎也在北京，不过喜欢蝎虎的只有我，现在恐怕早给他们赶走了。"[②]这里所说的"大蝎虎"就是指朱安。鲁迅说喜欢她的只有他自己。他用了"喜欢"二字。这喜欢是真的，但不是爱的欢喜；他是对她的诚挚的真情的感谢，对她侍母孝顺的感谢，也是对她的痛苦的一生、抑郁痛苦的同情。鲁迅在北京时，同周作人分居后，家务就交朱安主持，将生活费交给她安排。离京居沪之后，朱安与鲁迅母亲在一起，家务也由朱安操持。当朱安健康欠佳时，鲁迅便增加生活费用，以便朱安买些补品服用。所有这些，都说明鲁迅对朱安是尊重的、爱护的、关怀

---

① 见段国超：《鲁迅与朱安》，《中国现代文学研究丛刊》1983年第3期。

② 《1934年11月17日致萧军、萧红》。

的，他尊重她的人格，关心她的生活。这里也表现了他对女性的尊重，对朱安在家庭中的地位的尊重。然而，"爱情是我所不知道的"。这是无爱之情，是同情而无爱情。

朱安对于鲁迅则是尽心尽力的。她全力服侍鲁迅，在北京同居期间，她负起了照顾鲁迅起居吃穿等事情的全部责任。鲁迅从八道湾搬出迁入砖塔胡同时，她决定不回娘家而随鲁迅搬走，她认为鲁迅需要有人替他烧饭、缝补、洗衣、扫地[①]。她在做这一切时，怀着爱，也怀着希望："我想好好服侍他，一切顺着他，将来总会好的。"当她得知鲁迅与许广平同居的消息后，她这一切都成为泡影了，她很痛苦，她说出了这样一番动人的话语：

> 我好比一只蜗牛，从墙底一点一点往上爬，爬得虽慢，总有一天会爬到墙顶的。可是现在我没有办法了，我没有力气爬了。我待他再好，也是无用。[②]

这真是绝望之声。这同鲁迅那个做一世牺牲的告白，是同样的凄惨、伤痛。然而，她对于自己将来的生活却是有信心的。她说："看来我这一辈子只好服侍娘娘（太师母）一个人了，万一娘娘'归了西天'，从大先生一向的为人看，我以后的生活他是会管的。"[③]以后的事实证明了她的预料是正确的。鲁迅后来一直管她的生活。这证明了她对鲁迅的了解和信任是正确的。这也可以说是她的诚挚的爱所得到的报酬。鲁迅逝世以后，许广平又一直管她的生活，直到她最后结束了自己孤寂的一生和一世的牺牲。这又证明了许广平是忠于鲁迅的心意和真情的，许广平的关怀正是鲁迅的关怀的继续。1944年，当唐弢和刘哲民去沦陷的北平处理鲁迅藏书拍卖问题时，朱安同这两位鲁迅的故旧谈话，自称为"鲁迅的遗物"，并且眼泪汪汪地申明："我生为周家人，死

---

① 俞芳回忆说："她告诉我，大先生要搬离八道湾前，曾问她说：自己决定搬到砖塔胡同暂住，并问大师母的打算，留在八道湾，还是回绍兴朱家？又说如果回绍兴，他将按月寄钱供应她的生活。大师母接着对我说：我想了一想回答他：八道湾我不能住，因为你搬出去，娘娘（太师母）迟早也要跟你去的，我独个人跟着叔婶侄儿侄女过，算什么呢？再说婶婶是日本人，话都听不懂，日子不好过呵。绍兴朱家我也不想去。你搬到砖塔胡同，横竖总要人替你烧饭、缝补、洗衣、扫地的，这些事我可以做，我想和你一起搬出去。"（俞芳：《我记忆中的鲁迅先生》，第139—140页）

②③ 俞芳：《我记忆中的鲁迅先生》。

为周家鬼。"于此，唐弢写了如下一段话：

> "五四"的风暴猛烈地冲击了这个家庭。但是，生活竟是这样复杂，人是这样难以理解，我该怎么说呢！天呐！站在我眼前的这位可怜而善良的老人，却在剧风暴雨中木然不动，似乎连衣衫都不曾沾湿。①

是的，她作为五四运动文化主将鲁迅的夫人，身处这场暴风雨的中心，但却未曾被暴风雨的风或雨涉及一丁点儿。她的思想远远地、远远地落在那位每天就生活在她身边的主将的身后，她是封建礼教的牺牲品，又是封建礼教的忠诚的信奉和恪守者。她怀着无望的爱，封建礼教麻痹的心，去服侍那位主将，使他能够去冲锋陷阵。在这一点上，她又是为反封建斗争作出了自己的贡献，这是何等的矛盾啊！然而事实确是如此，她就这样"像蜗牛爬"似的在寂寞生活中彳亍。

当海婴出世的消息传到北京的时候，作为祖母的鲁瑞，当然是非常高兴的。而作为"母亲"的朱安呢？她也十分高兴。这是因为，她感到自己也可算赦免了无子的"罪名"了，而且当她走到另一世界时，也不再是孤魂野鬼而会有孝子烧纸送衣了。这是她最后的安慰。正因如此，当1944年她听到到北平看她的唐弢说起海婴，并告知海婴的哮喘病已经好了的时候，她很感欣慰，并略带责备的口气说为什么不带海婴来让她看看。她是把对鲁迅的感情又寄托在海婴身上了。她的爱是这样持久，直至生命的终了。这爱是朴素的、纯真的，然而是绝望的、痛苦的，得不到回响的。然而她竟能持续终身。这，又表现了一位封建思想浓厚的中国女性的爱的真挚、执着、深沉。

（四）

"灵台无计逃神矢"，鲁迅在这一诗句中，直接书写了自己婚姻的不

---

① 唐弢：《〈帝城十日〉解：关于许广平〈鲁迅手迹和藏书的经过〉的一点补充》，《新文学史料》1980年第3期。

幸和这不幸婚姻带给自己的痛苦与无可奈何的情况①，下句的"风雨如磐暗故园"，则诉说了故国的零落和风雨飘摇。两句相联，颇有国事家愁、自身的不幸，集于一身、融于一腔之慨。然后是"寄意寒星荃不察"，他决心以血荐轩辕。这与鲁迅所爱的匈牙利爱国诗人裴多菲的诗"生命诚可贵，爱情价更高，若为自由故，二者皆可抛"，精神意境是颇为一致的。而鲁迅将自己的爱情的冤苦与哀痛写入，就更加凄婉动人了。这是鲁迅将不幸婚姻第一次直白地写入自己的作品。这里对朱安并无丝缕的怨情，而只对冥冥之中的"神矢"，实际是对封建礼教的隐晦曲折的怨愤与反抗。不过，这首诗是鲁迅的个人抒情之作，并非公开发表的作品。（他书赠挚友许寿裳，后来由许寿裳发表）

他公开倾诉这段衷情的，当数前引《随感录·四十》。这倾诉是直接的、坦率的，"我不知道爱情是什么！"准备做一世牺牲，还清几千年的旧账。然而这倾诉却又是借他人酒杯抒自己块垒，通过一个不相识的青年的作品来诉说的。

更多的，还不是这两种情况，而是曲折地投影于自己的创作之中。

鲁迅与朱安的婚事，如我们前面所述，曾经引起了鲁迅那么深切的痛苦、巨大的情感波涛。这一切，不能不投影于鲁迅的艺术创作中。文学艺术家的创作心理，往往受到他的经历、生活、情绪的直接或间接、明显或隐晦的影响，必然会打上这一切的烙印。鲁迅在这方面的表现，

---

① 对这一诗句的意义，一般均据许寿裳的解释，认为是写留学异邦刺激之深。此处所用的"神矢"虽然用外国神话典故，但却转意为对祖国之爱。拙作《鲁迅诗选释》（辽宁人民出版社出版）即曾用此说。

然而，锡金先生一直用"婚姻说"，即认为此句、此诗为写与朱安之不如意婚姻。此说出于许广平之口，是她同锡金先生于1941年在研讨这首诗的内容时说的。她说："这首诗我问过周先生，周先生自己对我这样解释的。周先生不但自己解释了这诗，而且，还举出了后来在1918年所写的新体诗《爱之神》和1919年所写的杂文《随感录·四十》说，诗里的意思，和后面两篇里所写的是差不多的。"后来，1950年，许广平又在答单演义同志的问题时，作如此回答，"'灵台无计逃神矢'句，疑是先生旧式结婚后回日所写，因神矢典故乃爱神之矢示婚姻乃盲目被迫，照许（寿裳）说，留学外邦受刺激似解释较牵强。"（以上，均见锡金：《〈自题小像〉和"婚姻说"——〈鲁迅诗直寻〉之一》，载《鲁迅研究年刊（1981）》）。

按许广平之说得之鲁迅本人，当可靠。此种解释也可解得通，而且更好。既用洋典，其义本指男女爱恋，何以又转借他用？要讲爱国之情，本可用更贴切之典。下句讲祖国之零落，国仇家怨相连，亦通，且于人之感情、心理上也符合。当然，此说仍可讨论。仅申述如上。

不仅在于写作《随感录·四十》那样的作品，那是直接的流露，自然是明显而易见的。然而，更多的是曲折的、隐晦的、折射式的反映。它表现在影响他的选材、立意、美学选择和作品的艺术素质、情调风格等方面。鲁迅收在《呐喊》与《彷徨》中的小说，都写于1918年到1925年间。这正是他身处梦魇中和从梦魇中开始醒来又不得不仍然置身其中的时期。这种思想感情与心理的投影，在小说创作中是表现出来了。首先，在鲁迅的小说创作中，没有写到过幸福的爱情与家庭，他写的多是夫死子亡、再嫁、离异、失恋等；在他的小说作品中，也常常写到死亡、丧葬、哀怨、抑郁、痛苦、孤独、寂寞等。他的小说作品，总不免流露着哀怨和淡淡的愁绪，披着凄艳的外装。这当然不会是偶然的。自然，我们不能忽视，他的作品的题材和表现生活的角度，他的美学选择，之所以如此，其基础是中国封建社会的生活状况所决定的。劳动人民，主要是农民，还有正直的知识分子，他们的生活与命运就是如此，充满着不幸、痛苦、哀怨、寂寞，流淌着泪与血。他们呻吟、啼号、挣扎，这是生活之源，也是鲁迅反映这种生活的艺术之源。同时，值得我们注意的是，这也和鲁迅小说创作的总体立意和总体艺术设计是分不开的。鲁迅之创作小说，就是"为了人生"，并且"为了改良这人生"，而且他主要是描写病态社会的不幸的人们，描写中国人民在大石底下压了几千年而被扭曲了的灵魂。从这个创作立意出发所作的审美选择，自然会是这种"社会之轭"下，为奴隶、做牛马者的不幸的命运，这命运也反映于他们的恋爱、婚姻家庭等方面。这是鲁迅小说作品的艺术素质的决定性因素。

然而，在肯定了这一方面之后，我们又同样不应忽视，鲁迅由于家庭的变故、没落，特别是由于不幸的婚姻所带来的个人生活的哀怨、抑郁和寂寞，这些也成为他的心理素质的一面，成为他的心境、情绪的一面。这，在他创作时的题材选择中，便起到潜移默化的作用，时而明显、时而隐蔽地流泻于笔下了。鲁迅创作小说时的这种心理素质和心境情绪，投影于作品中，倒使他的作品具有一种独具特色的美学构成：凄艳、哀怨之美。这种美的"体态"又是和前面所说的他的创作的生活基础相统一的，它们结合着、融汇着，使得作品从思想内容、生活题材到艺术形式、风格情调都达到了高度的一致。这正是鲁迅小说作品成功的一面。

鲁迅的这种心头的隐痛和生活中的不幸，作为他思想情绪和创作心理上的折射与投影，还集中地反映在他的对于封建礼教、家族制度的深恶痛绝和彻底地反对、无情地揭露以及深刻地批判。他有切肤之痛、刻骨之恨，他的"私情"与"公仇"融汇、凝结在了一起。这正是一位伟大反封建文化战士的心性与感情。他特别表现了、写到了封建礼教与家族制度的心的酷刑如何摧残了人的本性，人的幸福、理想与愿望。而且，他写出了"执刑人"往往是"服刑人"的父母兄姊。这是何等的可悲而令人痛心。在《狂人日记》中，他写到了当大哥的要"吃"其弟（狂人），甚至写到母亲也"吃"其子女，也写到狂人想到自己何尝没有"吃"过自己的妹子的几片肉。他还特别写到妹子死时，母亲的哭。他写道："但是那天的哭法，现在想起来，实在还教人伤心，这真是奇极的事！"为什么是"奇极的事"？因为，母亲确实用封建礼教"吃"了自己的女儿（想想那些贞女、烈女，那些不自主的封建婚姻的受害者的少男少女，真是成千成万！），她是封建礼教的执刑人，然而她又并不知其罪，不明儿女的心思，对他们的死，又真正地伤心地哭。鲁迅的母亲最爱她的大儿子，然而却用这桩婚事如此深深地伤害了他。这正是鲁迅所说的：

> 死于敌手的锋刃，不足悲苦；死于不知何来的暗器，却是悲苦。但最悲苦的是死于慈母或爱人误进的毒药，……[①]

这也是"血的蒸气，醒过来的人的真声音"，只有亲身经历过而又为这经历所纠缠且刺伤了灵魂的人，才能写出这些深沉感人的语句！

因此，他说："要叫出没有爱的悲哀。"他的小说作品，便是用对于"没有爱的悲哀"的生活的描绘，对于那些在这种生活中被统治、驾驭的人们——阿Q、祥林嫂、单四嫂子、闰土等的命运刻画，来呐喊，来叫出没有爱的悲哀来。他在杂文中写道，中国的封建的政治制度和道德条规，把人分成了十等，一级一级地驾驭着、制服着，使大家不能动弹，叫弱小者献出自己的血、泪、幸福与生命。[②]

以上这些，自然是鲁迅对于中国封建社会、封建文明长期考察、思

---

① 《华盖集·杂感》。

② 《坟·灯下漫笔》。

考、研究、剖析所作出的结论，是他的思想的结晶。但是，这又同时是他的感情的升华、生活感受的凝聚。这感情与生活，自然，也同样是以他的观察、研究的结论为基础的，是为它所燃起的，是理性之火燃起的感情之火，这"生活"与"生活感受"也包括他的对于古籍、历史的研究与思考，对于过去和今天的广阔生活的思考。但是，同时也有他自己的生活的直接感受、亲身感受，也有他的"个人感情"的因素，正是这后一种，使"理性的"更感情化，使"公众的"具有一己的感受，使私情与"悲天悯人"之情相通；如此，而带上浓郁的、抒情的、独特的色彩。于是而放射出美的异彩。

这是一个作家的不可缺少的素质。正是这种生活与感情的酵母，使书本的、社会的、历史的、现实的、别人的……通统搅溶于一起，发酵、酿成思想与艺术的美酒，浇灌了美的艺术之花。

这确实又是因为有朱安的"闯入"，因为有朱安的存在而存在的。

然而她是无所知的。她只说："我生为周家人，死为周家鬼。"（！）这同样是生活的辩证法。

三、寒夜的明月　伴日的爝火
——论鲁迅与许广平

许广平在鲁迅一生的思想、事业中所起的作用，她对鲁迅的价值，无论从"常规"的还是特殊的意义来说，都值得我们注目和研究。然而，长时期以来，我们却忽视了这一有意义的工作。在一个相当长的时期里，"许广平偕行"这样一句"左传式的语言"，几乎成了各种类型鲁迅生平事迹记叙的通用语。它的简略和意义不明，都达到了惊人的程度。近年来，已经有了显著的变化，有的研究者注意及此，并且取得了成绩。不过，在这方面的工作，尤其是研究工作，还有待于我们进一步发展。对于许广平的研究和对于许广平与鲁迅的关系的研究之所以长期如此冷落，大概有两方面的因素在起作用。第一是把鲁迅看作伟大的人物，而有些人认为，伟大人物什么事情都是不平凡的，不同于凡人的，婚姻、恋爱、家庭，对于他们来说，都是无关紧要、不必谈论的，若有所及，就影响他的伟大了。第二，则是因为有的人认为，伟大人物总是"独来独往"，与他的周围的人以至同时代的人不说没有干系，即使有之，也是他乃给予者、授者、教育者，而不会是受授者、受教育者。这两点，都不免有英雄史观之嫌。然而曾经有一个时期，人们往往喜爱把伟大人物同周围一切（包括亲人和同时代人）分裂开来，使他可敬而不可亲。结果是把他放到历史的巅峰了，然而却远离了人间和群众。这对于我们认识伟人、认识历史却没有好处。因此，从一般意义上说，研究"鲁迅与许广平"，对于认识鲁迅是必需的、有益的。而且，从特殊的意义上说，许广平不同凡响，她与鲁迅的结合，她在鲁迅一生的征途上，在鲁迅的思想与事业的发展上，起了重要的作用，这作用是别人起不到的，不可代替的。因此，对她和她与鲁迅关系的研究，就更有特殊的意义了。

而且，人们常常注意伟大人物是如何对待人生、事业、学问、艺术的，其中包括如何对待爱情、婚姻、家庭以及如何处理这些人生大事同事业、学问、艺术的关系，他们想要从中窥见伟大人物之所以伟大处，也想从中吸取经验、力量和智慧。在这一点上，鲁迅与许广平，也是有一些重要的教益可以留给后人的。这样，我们可以说，在这个主题下的研究，就不仅是一般文学研究和鲁迅研究，而且，还具有一定的教育意义了。

（一）

当1925年3月，许广平第一次给鲁迅写信时，她是经过审慎的考虑的。在信的开头，她就写道：

> 现在写信给你的，是一个受了你快要两年的教训，是每星期翘盼着听讲《小说史略》的，是当你授课时每每忘形地直率地凭其相同的刚决的言语，好发言的一个小学生。

这段简要的自我介绍，说明他们师生间是比较熟识的。那么，有什么问题，当面提出就可以了，何必写信？又为什么写信时还要和同学商讨而后行？现在没有材料足以说明，许广平是出于追求她的敬爱的老师而写信的，但这种写信时的状况却可以证明，她写信超出一般的向老师求教，心中隐约地埋藏一种真挚深沉的感情。

她的信，提出了当时的教育，尤其是高等女子教育问题，但更主要的是提出了如何解除人生之苦闷的问题。她说："而苦闷则总比爱人还来得亲密，总是时刻地不招即来，挥之不去。""先生，你能否……给我一个真切的明白的指引？"

这样一种人生大题的提出，似乎也透露了某种感情的消息。

鲁迅在接到信的当天（3月11日）就写了回信。他本着一贯的对于青年关心的精神，直率地、详细地，也是深刻地回答了许广平提出的问题，对于如何"走'人生'的长途"，如何排除苦闷，他的回答是，第一，如遇歧路，先休息一下，然后"选一条似乎可走的路再走"，倘若遇见老虎，"我就爬上树去等它饿得走去了再下来，倘它竟不走，我就自己饿死在树上，而且先用带子缚住，连死尸也决不给它吃"。要是没有树，只好被吃，但被吃之前，"也不妨也咬它一口"。如果遇见了"穷途"，办法是："还是跨进去，在刺丛里姑且走走。"

第二，鲁迅指出，对于社会的战斗，则采取"壕堑战"的战法。

"总结起来，我自己对于苦闷的办法，是专与袭来的苦痛捣乱。"

这封回信，思想内容丰富而深刻，是精辟地阐述了鲁迅战斗思想的一段文字，是当时指导革命青年战斗的重要指示，是今天研究鲁迅思想的重要文献。而对于研究鲁迅与许广平的关系来说，它的重要性则在于：它直接地指导了许广平如何在战斗的人生道路上前进。从此以后，她真正做到了：锲而不舍，跟着你（按：指鲁迅）的足迹前进了。而且，以后，在他们两人的关系问题上，也确实风雨波涛、连绵不绝，他们正是这样用壕堑战的战法，锲而不舍地战斗过来的。

他们这第一次通信，似乎是师生之情的进一步发展，进到了战友的境界。这两种感情之流融汇一起，产生了新的感情，而且发展得很快。从这年的3月11日到7月29日，除了中间缺失了几封信外，几乎每封信都是双方在接到对方的信之后，立即答复的。在通信一个多月之后，许广平登门拜访鲁迅，未遇，但写了一封这样开头的信：

"尊府"居然探检过了！归来后的印象，是觉得熄灭了通红的灯光，坐在那间一面满镶玻璃的室中时，是时而听雨声的渐沥，时而窥月光的清幽，当枣树发叶结实的时候，则领略它微风振枝，熟果坠地，还有鸡声喔喔，四时不绝。晨夕之间，时或负手在这小天地中徘徊俯仰，盖必大有一种趣味，其味如何，乃一一从缕缕的烟草中曲折的传入无穷的空际，升腾，分散……。是消灭！？是存在!?

在这封信里，许广平以其青年女子的热情而细腻的感情和笔融，描绘了一幅鲁迅的家庭和工作、生活的惬意而富诗情的图画，这可以说是她眼中的鲁迅与鲁迅生活以至她眼中的人生。它真实地反映了许广平的思想感情，却没有真实地反映鲁迅的生活。这里罩着一层为幻想所形成的雾。然而这种热情和"调皮"，却是为鲁迅所接受并且喜欢的。在回信中，鲁迅在严肃地谈论时事和战斗时，顺便也谈了这次"探检"。他认为"你们的研究，似亦不甚精细"，接着便出题考试：

> 现在试出一题，加以考试：我所坐的有玻璃的房子的屋顶，是什么样子的？后园已经到过，应该可以看见这个，仰即答复可也！

许广平的回信，作出了答案：

> 那房子的屋顶，大体是平平的，暗黑色的，这是和保存国粹一样，带有旧式的建筑法。至于内部，则也可以说是神秘的苦闷的象征。……

这段关于"探检"与"考试"的来往书信，是夹在关于严肃的当前斗争与人生道路的探讨中写出来的。这是严肃中的"调笑"。这对于鲁迅和对于鲁迅与许广平之间的关系，却不可轻忽对之。它透露了一点消息。但我们主要不是指从中可以悟出感情的隐秘，而是看到因彼此间关系的进一步密切而透出鲁迅的变化：他在与学生的无伤大雅的"嬉笑"中，迸出了心情与性格上变化的火花。正是在这时，许广平的"闯入"，引起了鲁迅思想与心情上的巨大变化。

就鲁迅当时的家庭生活和精神生活来说，他的心上笼罩着一层乌云。而许广平的出现，就像寒夜的明月前来驱散了乌云。这本是人生的欢乐，伟大的鲁迅，也同凡人一样，需要这种欢乐和欢迎这种幸福的。然而生活是复杂的，生活的道路又总是有着各种的障碍和陷坑。在鲁迅的生活中，有一桩不幸的无爱的婚姻，但这婚姻却具有法律的威权与道德的约束力。因此，在鲁迅与许广平之间便有着几重的搏斗：内在的与外在的，感情的与理智的，新道德与旧道德的，理性的与实际的，家庭的与社会的。这是一种严酷的考验，这也是一颗又甜又苦涩的坚果。这在鲁迅的生命史上，可以说是一个带着关键性的、转折性的事件和时期。这个考验的通过，这颗坚果的获得和这个问题的以一种特别方式的解决，不仅说明了鲁迅生活与思想（由此而及于创作）的重大变化，而且反映了许广平对于鲁迅的第一次巨大的援助。这可以说是她与鲁迅的关系亦即她对鲁迅的影响的第一个时期。这个时期的内容和特点是什么？许广平对鲁迅的影响、作用、帮助体现在哪些方面？我们从中能够感受一些什么有益的东西？

鲁迅这时的生活是寂寞的，甚至含着凄苦的辛酸。寂寞，从大的方面讲，鲁迅作为伟大的启蒙思想家，从在东京创办《新生》失败和《域外小说集》遭冷遇时起，就纠缠于他的心上。鲁迅曾经多次诉说、回叙过这种寂寞难耐的情景与心情，一直到五四运动爆发，情况始有变化，他投身于新的革命运动和新的革命阵营，从事披荆斩棘的战斗。但很快出现的变化，统一战线阵营的分裂，又使他感到寂寞，他说"寂寞新文苑"，他慨叹何处是新的战友，他吟咏"荷戟独彷徨"。这种在革命战斗中存在的寂寞之感，的确时常噬啮鲁迅的心，给他的战斗情绪投下一丝暗影。这种寂寞感，主要来自鲁迅对于新的革命战友、新的革命高潮的期望，当然也来自他当时思想还没有实现从前期到后期的变化。这种情绪，不仅在《野草》中直接和间接地流露出来了，在鲁迅当时战斗的杂文中，也时有流露。而且，这种社会战斗方面的寂寞，更和鲁迅个人生活方面的寂寞紧紧地扭结在一起了。有人曾经回忆过，鲁迅阜内西三条胡同住宅在当时的北京是僻静之处，而他的住宅里更加冷寂：只有他和他的母亲、朱安夫人，此外有两位保姆。那个不幸的婚姻的阴影，始终笼罩于这个家庭之中。鲁迅搬出八道湾之前，那个三代人、三兄弟组成的大家庭曾经是颇为热闹的。母子同住，兄弟怡怡，子侄成群，这在《鸭的喜剧》中有所反映。但是后来，建人南下上海，鲁迅同周作人失和，兄弟决裂，从此分居。鲁迅先搬到砖塔胡同，最后迁居阜内西三条。往事的记忆，前后的对比，使鲁迅的心感到痛楚。寂寞和凄苦，混合着浸渍他的心。他因此曾经喝酒，而且说估计活不长的。这是一个战士的悲凉心境。当然，鲁迅虽然身处此境，仍然英勇战斗。但这种家庭生活和寂寞心境，对他不可能没有影响。个人生活的不愉快，也不能不影响到他对社会生活、革命进程的观察。鲁迅这时期的作品中总隐隐地有一种淡淡的哀愁渗透着，对社会现象、革命问题的分析、观察，当然根本上是决定于他当时的世界观，但赋予感情色彩和次要因素的，却不免有这种寂寞与伤痛之情的作用。

正在这时，北京女师大事件爆发了，五卅运动爆发了，三一八惨案发生了。中国革命进到一个新的阶段，人民群众的发动规模和斗争规模都超过了前几个时期。鲁迅这时的思想也已经发生了值得注意的变化。正是在这个时候，许广平闯进了鲁迅的生活。她的出现，给鲁迅的战斗生活带来了新的生机。尤其是在个人生活甚至工作上的影响，更为显著。以许广平对鲁迅的"秘密窝"的"探检"为界，许广平日益关心鲁迅的生活。她劝他戒酒，担心他褥子底下放一把匕首的用意。其辞恳切，其情真挚。她也常常到鲁迅家中，或受教诲，或听对于战斗与写作方面的指导，或为鲁迅抄稿。这时，他们当然也会有倾心之谈。鲁迅在几年之后他们已在上海定居后重回北平时，在给许广平的信中还深情地忆起此段生活，说：

> 此刻是二十三日之夜十点半，我独自坐在靠壁的桌前，这旁边，先前是有人屡次坐过的，而她此刻却远在上海。我只好来写信算作谈天了。

这段回忆，反映了当年他们相处的一点情景，也反映了此段生活给鲁迅留下的深刻的印象与影响。

正是在这种寂寞和凄苦曾经浓如酒、使人沉迷而又难于排遣，和由于革命形势的发展而开始被排遣时，许广平出现在鲁迅的家庭与生活中，既是学生又是挚友与助手，谦恭混合着深情与挚意，这种几重身份的女性的关切与协助，不能不使鲁迅获得力量，感情上得到慰藉，心理上得到平衡。如果说鲁迅曾经在从战士、教授、学者的各种战斗与活动结束后，回到家里，寂静一片，冷漠浸心，因而有一种淡淡的哀愁袭上来，而需要抖擞一下，排除感情的尘垢，然后才开始新的工作，那么，现在，他会有时能够期待或者已经在身旁的椅子上坐着一位懂得他的事业、理解他的心情，并与他共同战斗的关心他的女性，同他倾谈，同他商量，谈论战斗的情形与策略，向他请教学业上与写作上的问题。而鲁迅也从她的青年人的热情与勇敢中获得力量与鼓舞，并且从她那里得到抄写稿件等类的具体帮助了。我们当然不应孤立地，过分地来估计许广平这时对鲁迅的生活与战斗所起的作用。但是，也决不能忽视或轻视这种作用，像我们以前在多数情况下所做的那样。一方面，我们不能否认，在根本的、大的性质上，鲁迅的思想情绪的转变，是社会的变化、革命形势的发展所引起的；但另一方面，许广平的出现也是一个具体的因素，而且她的出现本身也是那个大的社会变化的一个具体表现。而另一方面，更不可忽视的是，即使是伟大的人物，也不能忘情于友谊、恋爱、婚姻、家庭的。那种对伟大人物的这一方面完全当作无关重要的个人私事、家庭琐事来看待的认识，是不对的。鲁迅也不例外，如果说原先他曾因为这方面的原因而痛苦，那么，他现在自然会因为这方面情况的变化而减轻痛苦以至感到欢乐。高长虹曾经把许广平比作月亮，鲁迅说，那么"我就是黑暗了"。我们不妨借用这个比喻：许广平恰像明月一轮，照进了鲁迅的像寒夜一样冷寂的生活中。鲁迅曾写《腊叶》，后来说明这是为"爱我者而写的"，并指出她便是许广平。鲁迅还曾对他的学生兼朋友孙伏园欣喜而感动地说过"许公（指许广平）"对他的关心和鼓励。鲁迅曾经说："我一生的失计，即在向来不为自己生活打算，一切听人安排，因为那时豫料是活不久的。……后来思想改变了。"这改变便是在离京南下时，预计了积蓄一点钱，把自己的生活安排一下。这改变的原因就是与许广平的结识。总之，使鲁迅对人生怀着更积极的态度，对自己的生活产生了乐观的情绪，这是许广平出现在鲁迅的生活之中以后所引起的变化。这变化，对于鲁迅的思想与战斗、生活与创作，都是具有积极作用的。

我们可以想见，一个战士，或者说一个率领大批战士战斗的领袖，他的周围有着千千万万的群众，这是他的力量的源泉。但是，当他回到他的住处、他的司令部里，他却没有参谋、助手、倾谈者，他是难免要感到孤寂的。这自然要影响到他的战斗情绪。鲁迅当时的情况颇类乎此。而许广平的出现，正填补了这个感情、心理与实际上的空白。他能够商量、倾谈，而且可以倾诉，他在战斗中的顺利与欢快、阻塞与不悦、计划与安排、对战友的赞赏与评品、对敌人的谴责与嘲讽，等等。这些在他们当时的通信中，已经有不少书面的记载，而日常的交谈，自然会更多。可以说，是一种动力，一帖思想的兴奋剂，一粒感情的酵母，推动了鲁迅思想向前发展。

至此，我们可以定为鲁迅与许广平的情谊发展的第一个时期。

第二个时期，从鲁迅离京南下，奔赴厦门开始，到他们定居上海时为止。这是一个关键的时期，虽然为时不长。这个时期的特点，我们可以归纳为：风雨同舟，走向结合。鲁迅南下后，先居厦门，后留广州。前一段主要是个人生活上和事业选择上的风雨；后一段则是政治上与思想上的风雨。前者有如雨潇潇连绵不断，后者则是一场狂风骤雨。在这严峻的、尖锐的、决定性的人生与事业的风雨中，许广平与鲁迅同舟共济，相濡以沫，生死与共。那种思想与感情上的结合是以革命大义为根基，以战斗情谊为纽带而结成的，它紧密、牢固，越是风狂雨骤，越是结合得坚不可摧。在厦门时期，鲁迅主要面临着两个重大的、根本性的问题：一个是个人生活的选择与安排；一个是事业和战斗方式的抉择。这两个方面又是互相牵制、互相影响的。当时，围绕着鲁迅与许广平的关系问题，在两人的家庭、家族中，在朋友、对手乃至敌人方面，都谣诼蜂起，猜测纷纭，既有友朋的关怀与支持，也有不怀好意的谣言与诬陷、无聊的传播与议论。好心者的关怀，使鲁迅甚感欣慰；而恶意的人的作为，则使他伤心、痛苦以至愤懑。鲁迅甚至以这样尖锐的方式来提出问题：他或者与许广平终身保持柏拉图式的恋情，彼此痛苦地为封建婚姻做一世牺牲，偿还这四千年的旧账；或者不惜身败名裂，从此毁弃了自己的一生事业，与许广平结合。当鲁迅在这样严峻的生活课题面前痛苦踟蹰、举步维艰时，许广平深情挚意、坚贞不屈。她像一个义无反顾的战士一样，去奔赴自己的崇高目标。而且，在这个问题上，鲁迅一直有一个矛盾的心理，一个难决的课题：如果说在北京时期，他曾经一直怀疑自己配不配爱，后来解决了，认为自己有权力爱，而且决定爱某一个人，那么，现在他在人己两方面都得到爱的肯定的回答时，却不禁想到一个严峻的问题："那人不是太为我牺牲了自己吗？"作为一个导师、长辈和战斗的引路人，他不能不审视自己、考虑对方。然而，许广平却直率地、深情地回答说："那人并不以为是牺牲，你又何必以此自苦。"这回答理而情，真挚而坚决。她连前题都予以否定：这并非什么牺牲。在这里，许广平是表现了她对鲁迅的爱的深沉，性格的坚强，品性的高洁的。她值得鲁迅奉献给她的爱。简直可以说，她是拉着自己老师的手，冲破礼教的束缚，绕过生活的暗礁，走出人生的歧途的。从此鲁迅开始走上一个新的生活路程。我们曾经见过历史上一些英雄、伟人、文人、学士，在择偶这个问题上的失策和迷误，终于铸成自己一生的大错或不幸；而鲁迅却因为得到许广平的助力，而得到了人生和事业的佳果。

与此相联系的另一个问题是：在事业和战斗方式上，在从事教育和学术工作，或是继续文学的战斗事业上，鲁迅需要进行抉择。这里，问题的实质是，或者退居书斋，过一种宁静平安的学者教授的生活，这不仅有保障而且舒适，而且也不怕人攻击，甚至不遭人攻击；或者，仍旧执笔战斗，风沙滚滚，硝烟弥漫，这是一种战士的生涯，生活乃至生命都无保障，或将颠沛流离，至少会不断遭到敌对阵营和论敌对手的攻击。在这个问题上，鲁迅在厦门孤岛上，迫于当时的时势和自己不利的处境，不能不严重地予以考虑。在他给许广平的信中一再地谈到，与之商讨，并希望学生、恋人能够给他"一条光"。在这时，许广平若是平庸之辈，只图过安静舒适的生活，那么，她的倾向、她的主意乃至她的希望与要求，都将发生很大的作用，而左右鲁迅的行动，或者给予深刻的影响。但是，许广平却迎着风浪上，她所给予老师的"光"，正是符合老师的思想性格、战斗历史和应取的事业态度。这一回，许广平又再一次在事业与人生路途的抉择上，给了鲁迅重大影响。

以后不久，鲁迅离开厦门来到广州。这一去一来，其中重要原因之一，就是许广平在广州这一事实和她希望鲁迅来到广州的心情。鲁迅曾经在信中说过，厦门是必须离开的，因此莫如去广州，"偏在一起"，"你当我的助教，看他们能怎样!?"他还几次说到，希望他们两人私定的分别两年以为生活做些准备的约言，快点到期。这不都说明广州的吸引力，固然主要的、决定性的是当时的革命策源地在此，鲁迅又打算同创造社结成联合战线，但同时也不能忽视许广平的请求和敦促。

鲁迅到广州之后，许广平正式成为他的助教，在生活和工作上对鲁迅的日常的、具体的帮助就更加多了。但更重要的是，四一五广州大屠杀发生之后，起先，许广平完全站在鲁迅的同一革命立场上，支持、帮助他的战斗，当然也还有在这种紧张、激烈的战斗中对他的生活上的照顾；后来，鲁迅离开中山大学，在广州居住了六个月。在这段生活中，鲁迅一方面是极端痛苦的、愤怒的——他为中国革命又遭挫折而痛苦，为大批共产党人、青年学生惨遭杀戮而痛苦、愤怒；另一方面，他又要对付国民党反动派的侦察、谋害。同时，正是这一时期，他经历了激烈、尖锐、急遽的思想斗争，他一面在酷暑下整理自己的旧作，一面整理自己的思想。战友已经遭杀害，朋友也都离去。在这种情况下，陪伴在侧的，这时只有许广平一人了。他们已经不仅是在人生的道路上而且是在革命的征途上结合了，成为面对强敌、共同战斗的伴侣了。如果说在第一阶段，他们虽然有在女师大事件中作为老师、支持者和学生、被支持者的战友关系，但主要的是在人生道路上的帮助，在心境上的影响；那么，在这血雨腥风的战斗中，在白色恐怖的高压下的亲密的关系，则主要是在革命战斗方面的深刻亲密的关系，发生作用的领域主要的已经是政治方面，思想、事业方面的了。

上海十年，是鲁迅与许广平共同战斗的十年。许广平作为鲁迅的最亲密的战友、同志、助手，做了可贵的大量的工作，对鲁迅，也是对中国文化与文学事业作出了自己独立的贡献。

她是在高度自觉的基础上来做出自己的牺牲的。她曾经说过，她与鲁迅的结合，她并不以为是牺牲，这主要是指的年龄、个人幸福等方面的内容；那么，现在，为了更好地照顾鲁迅、协助鲁迅，她却是在事业上，牺牲自己而把自己的一切熔进鲁迅的事业中去了。她懂得鲁迅对中国革命和中国人民的价值，知道他是伟大的；虽然她自己或者出去工作或者写作，也还可以做出一点独立的事情，但是，她却放弃和牺牲了这一方面，而全身心地去从事照顾、协助鲁迅的工作。这些事情一般都是繁杂琐细的，除了日常生活上的事情之外，便是校对、查找资料，抄稿，抄信，跑街送信，买报刊，招待来客，处理事务性的事情，等等。然而许广平做得认真而负责，并且认为自己是幸福的。她曾经这样讲过：

> 从广州到上海以后，虽然彼此朝夕相见，然而他整个的精神，都放在工作上，所以后期十年间的著作成绩，比较二十年前的著作生涯虽只占三分之一，而其成就，则以短短的十年而超过了二十年，这也许是到了现在想起来，千万分自愧中稍可聊自慰藉的了。①

> 总计他后期生活，在上海十年来的出产，超过前期二十年来的收获，几乎占全部的过半，自然这些都是他努力的成就，我不敢说有什么帮助的，只不过在琐碎事务上尽可能地，减轻他的精力和时

---

① 许广平：《因校对〈三十年集〉而引起的话旧》。

间就是了。①

鲁迅和许广平初到上海时，许广平曾经想自己找工作。她有自己的想法："我自己是准备着始终能自立谋生的。"保持自己的独立人格与地位，在事业和生活上坚持自主的原则，这是许广平一贯自奉甚谨的信条。然而，当这时她想要在与鲁迅同居后实现这一夙愿时，鲁迅不免感到为难与遗憾地说："这样，我的生活又要改变了，又要恢复到以前一个人干的生活中去了。"于是，许广平便放弃自己的打算而为鲁迅的战斗与事业牺牲自己的一切了。她没有放弃自己的信条，但改变了它的形式，她是独立地把自己的一切融进鲁迅的伟大事业中去了。

鲁迅后十年的成果之丰硕，固然是因为战斗的紧张频繁，但也不能忽视由于许广平的努力与牺牲所创造的家庭生活的安静与各种适宜的条件，和她的各种别人无可代替的帮助。而且，正因为战斗频繁，也更显出许广平帮助的重要了。

鲁迅的伟大成就中包含着许广平的心血与汗水，这正是许广平的自我牺牲所取得的最堪自慰、最有意义的东西。她的生命的价值与意义，也正在于此。

在这十年中，鲁迅的生活是不安定的，受到敌人残酷的迫害，受到各种围攻，曾经几次出走避难。在这种危险动荡的生活中，许广平始终是战友，是伴侣。最感人的是，当鲁迅与许广平一同上街时，鲁迅总是怕许广平与自己一同遭到敌人的暗害，因此要她到对面马路上走，而许广平又正因为怕鲁迅遭害而一定要走在他的身旁，保护他，准备随时与他一同献身。这种感情的深沉真挚和对鲁迅的忠贞与对革命的献身一致的精神，是十分令人感动的。

鲁迅有诗云："十年携手共艰危，以沫相濡亦可哀。"

这纪实而又感慨很深的诗句，概括了他与许广平相处最后十年的情景和内容。它也画出了许广平的高贵的形象。

从以上所述的几个时期的事实中，我们看到，许广平在她与鲁迅从通信到同居的十几年中，在许多方面帮助了鲁迅，影响了鲁迅，促进了鲁迅。我们当然不能提出"如果没有许广平鲁迅将如何"这一类把既成事实否定了的假设，来做历史的推论，并从这种虚假的推论中来得出对

———————————————
① 许广平：《从女性的立场说"新女性"》。

许广平的评价和对鲁迅思想生活的推测。我们只能从已有的事实中来论断。这样，我们就应当根据既有事实来得出结论说，许广平是鲁迅最亲密的战友、助手与伴侣，鲁迅不能没有许广平。

在鲁迅逝世以后，许广平对于鲁迅的忠贞的爱情，表现在三个方面：第一，收集整理出版鲁迅的著作（包括书信、日记和文章）；第二，宣传鲁迅、保卫鲁迅；第三，在鲁迅精神的引导和鼓舞下，参加民主革命斗争、妇女运动和社会主义革命与建设。在这三方面，她都几十年如一日，坚持不懈，努力取得了成绩，作出了自己独特的贡献。第一件工作，特别突出的是在新中国成立以前，尤其是鲁迅逝世后几年中，上海被日寇占领后的孤岛时期，她在鲁迅生前战友胡愈之、唐弢等的帮助下，共同努力出版了《鲁迅全集》（二十卷）、《鲁迅三十年集》。她冒着生命的危险、生活的艰辛，经历了铁窗生涯和严刑拷打的考验，保存了鲁迅的日记及其他遗物。这在后来，已经成为国家珍贵的文物了。这对鲁迅的事业，我国的鲁迅研究、文学建设以及文化出版事业，都是一个值得一书的贡献。在第二件工作上，许广平的贡献也是独特的，为别人所不能代替的。她在鲁迅逝世以后，写作了大量的回忆与纪念的著作，提供了不少可贵的资料。更值得敬佩的是她在第三个方面所做的工作。如果说当鲁迅活着的时候，她主要是作为助手出现，而牺牲了自己的独立活动，那么，当鲁迅逝世以后，她积极投身民生革命运动和妇女运动，写文章、办刊物、搞宣传以及其他实际工作，显示了自己的独立工作和活动的能力，在这些活动中都贯穿着她对鲁迅的爱和忠贞之情。尤其当她被日寇逮捕严刑拷问时，她坚贞不屈，在鲁迅思想和教诲的鼓舞和感召下，做了一个中华儿女应该做的事情。鲁迅生前的学生与战友郑振铎在回忆这段事情时曾经写道：

> 许广平把对鲁迅的爱与对民族与革命的忠诚结合在一起了。她的作为是难能可贵的。

许广平曾经对海婴说过：

> 海婴，你要知道，我作为一个女人，在你爸爸死后挣扎着生活过来，是多么的不容易。

这是何等朴实而真诚的语言！表现了一颗忠贞不渝的心和高洁的品

格。这是她自身所有的，但也是鲁迅的教诲、引导和影响所给予的。

许广平与鲁迅相差18岁，他们可以说是两辈人，然而他们又是同时代人。他们是在共同反封建的道路上相遇、相识直到结合的。共同的命运和奋斗的目标，是他们结合的思想的、政治的基础，而且他们的结合也反映了时代、社会的面貌；因为他们是当时社会的一员，是"一滴水"，虽然并非普通的一滴。

许广平有一个不幸的身世。她虽出身名门望族，但因庶出又是女子，在家族中地位低下，可以说是饱受欺凌忌刻之苦。她的读书的权利，都是几经波折、不断斗争才取得的。这种经历，一方面培养了她对于封建制度的痛恨和决裂的态度，另一方面也锻炼了她的斗争的品性。在这方面，她与她的师长鲁迅，相同又不相同。鲁迅出身于一个没落的名门望族，他不是由于一己之身的特殊不利条件，而是由于家庭的整个崩溃，遭到白眼冷遇，因此他们两人一个是受到家族内部的歧视，一个是遭到来自社会的不平。一个是从内部的倾轧中而感到封建礼教的可憎，从里杀出来；一个是从社会的欺压中体验到封建制度的可恶而离它去寻找新的人与新的生活。许广平几乎是一生下来就背上了一个封建婚姻的牢笼，使她不安和痛苦，小小年纪就有"遇人不淑"的哀痛。只是在哥哥的帮助下，她才在经过坚决的斗争后，解除了这个几乎可以毁灭她的一生的婚姻桎梏。鲁迅也有一个不幸的婚姻，但他却是在自己已经长大成人，在母亲的爱的欺骗（！）下，钻进了这个罗网，他本有自卫和自我解脱的能力，尤其是后来他已经是一个教授、学者、作家的时候，但他却由于对母亲的爱，而不能去、不想去进行斗争，而抱着"做一世牺牲以偿还旧债"的"认命"态度。他们两人的命运相同，但后果并不完全一样。但这种在婚姻问题上的共同的遭遇却使他们在相识之后而能产生同情之心，发生心的相印、情的交流。许广平既因自己的不幸而理解鲁迅的痛苦，又因自己的解脱羁绊而同情鲁迅的尚困缧绁，这成为他们日后结合的基础。更有意思的是，许广平在北京求学时期，有过一段真正的恋情，她与他不仅是真心相爱，而且已经是谊结同心，即将开始美满的生活。然而，晴天霹雳似的，那位青年却突然离世而去，而且死因是照顾许广平的病而染上了病，而且是在许广平病愈之后期望重见时，他却已经入土。这打击是极度沉重的，这伤痕是深刻的，直至几十年后，许广平还慨叹不已、念念不忘。鲁迅却不同，他直到与许广平相识为止，从未有过爱的经历，他一直认为自己没有爱的资格，他打算埋葬自己这方面的幸福。这样，当他们两人相遇，并产生爱的酝酿时，一个是已经失去过爱的青年女性的爱的重生，一个是从未爱过而把爱之心埋藏起来了的中年男子的爱的复苏。

所有以上的种种情况和两人之间的遭遇、经历的相同与不同，不仅构成了他们的爱情的形式，而且决定了它的内容。作为两个反封建的战士，他们是在战斗的道路上相遇、相识的，因此他们不仅有彼此的关怀和爱恋，而且更主要的是有着共同的战斗。因此在他们的频繁的通信中，确实没有花呀月呀的词句，而充满了关于现实问题的看法和对斗争形势、策略的分析与讨论，也还有关于战斗文章的写作、修改与发表的问题。这样，他们的爱情，就不只是一种私人的交往与情感发展，而是具有了社会意义的事情。《两地书》的价值就远不只是能够了解鲁迅与许广平的恋爱经过，而更重要的、主要的意义在于我们看见两位战士的交换意见、讨论问题，其中包括人生问题、婚姻恋爱问题的讨论。他们的经历，他们的见解，他们对待恋爱、婚姻、人生、事业的态度，至今对我们还具有教育意义。

而且，从他们两人的经历中，我们也还可以更进一步地看到一个重要的历史侧面：在"五四"前后，我们的先辈为了反对封建主义的束缚，需要生活在同一时代的两代人的共同斗争。他们的斗争，往往是从争取恋爱自由、婚姻自主这个战场开始的，并由此从家庭范围的斗争，进入社会范围的斗争，从为一己的幸福之争进入、提高到为大众的解放而斗争的高度。这也许可说是一代青年与一代战士的共同经历。这种经历反映了革命的性质、途径、内容和力量的组成。从文学的角度来观察，也看到"五四"前后的小说，反映青年一代的没有爱的痛苦、失去爱的悲哀和争取爱的自由的作品，为什么成为一时之盛和它们的时代意义之所在。

从历史的背景和时代的思潮方面来看，我们明显地看到，鲁迅与许广平的恋爱和为争取爱情权利的斗争，是他们作为反封建战士同旧制度、旧道德、旧习俗的一次短兵相接的斗争，一次为了自身的解放而战的斗争。他们当时遇到来自几方面的压力：敌对阵营的造谣诽谤，朋友的添枝加叶的传闻议论，家庭亲属的反对。但他们并不畏惧，也未退缩，许广平甚至不惜同自己的家庭决裂。这种直接的战斗，这种生活的大变，对于他们两人来说，当然都是至关重大、影响深远的。由此可见，它在鲁迅一生中的重大意义。如果夸大、缩小或歪曲这件事的真相和意义，都是不对的，都是对鲁迅的误解或歪曲。一种情况是不甚重视甚至不予论列，认为无关宏旨。这是把鲁迅看作神而不是一个人的观点的反映，至少把鲁迅的"人间烟火气"抹杀了。其实鲁迅公开出版《两地书》，就不仅是一个勇敢的行为，而且是一个坦率的举措，使人们目睹他的"丑态"，看到他的思想与性格的深处。然而这正是他的伟大处。也有另一种情况，即把鲁迅与许广平的恋爱与结合，当作他生平的主要关节来看，添油加醋、歪曲攻击，借此贬低歪曲鲁迅，或者借此责骂怪罪许广平。许广平有言：

> 我们无愧于心，
>
> 对得起人人。

这是至诚之声，铮铮之言。虽不能概括全盘，却足以表白心曲。

我们今天来回顾这历史的踪迹并探讨它的意义，必须有公正的、科学的态度，其根本就在于如列宁所说把问题放在一定的历史范畴来看待。这样，我们才不至于轻忽重要的或苛责前人。

（三）

许广平在《为了爱》①中，曾经这样追述：

> 一切的经过，
>
> 看《两地书》就成，
>
> 那里没有灿烂的花，
>
> 没有热恋的情。
>
> 我们的心换着心，
>
> 为人类工作，
>
> 携手偕行。
>
> 在深澈了解之下，

---

① 景宋：《为了爱》，载1937年2月20日《中流》一卷十一期。

你说："我可以爱。"

你就爱我一个人。

这篇率真之作，基本上说明了他们爱情的真谛。他们的爱的基础与基本内容，就是共同的战斗、共同的理想。

鲁迅与许广平在通信之后，关系日益亲密起来，是在女师大事件中。那时，鲁迅作为青年的导师、反封建的思想战士和女师大的讲师，全力支持学生们的斗争，引导他们、帮助他们，带领他们与军阀政府和反动教育当局进行斗争，并且承担起同诬蔑学生运动为反动派张目帮凶的反动文人陈西滢之流的斗争。由此他自己也遭到反动政府及其走狗们的压迫、打击和诬蔑：章士钊撤了他的职；陈西滢散布流言，放射暗箭。但鲁迅顶住了，坚持斗争。这可以算是他的实践自己那个"肩住了黑暗的闸门，放他们到宽阔光明的地方去"的名言的一次具体而重大的行动。他因此得到了青年学生的尊敬和爱戴，其中包括作为女师大学生领袖、运动中遭迫害打击最大者之一的许广平。她在以后致友人书中谈及与鲁迅的结合时，曾经说过：

> ……老友尚忆在北京当我快毕业前学校之大风潮乎，其时亲戚舍弃，视为匪类，几不齿于人类。其中惟你们善意安慰，门外送饭，思之五中何炙，此属于友之一面；至于师之一面，则周先生（你当想起是谁）激于义愤（的确毫无私心）慷慨挽救，如非他则宗帽胡同之先生不能约束，学校不能开课，不能恢复，我亦不能毕业，但因此而面面受故，心力交瘁，周先生病矣，病甚沉重，医生有最后警告，但他……置病不顾，旁人忧之，事关于我，我何人斯。你们同属有血气者，又与我相处久，宁不知人待我厚，我亦欲舍身相报……①

信中的记述，真实生动地写出了鲁迅当时对青年学生全心全力的支持，其作用以及许广平对此的感激之情。鲁迅当时作为青年导师的风貌，于此可见。许广平正是在这一方面由敬而生爱，由感激而生报答之心。许广平正是看到鲁迅"给人类以光、力、血……"，即理解了他的工作的意义和价值，才产生了爱的。这是学生对于师长的爱，战士对于

---

① 许广平1929年5月13日致常瑞麟信，转引自陈漱渝：《许广平的一生》。

导师的爱，后生对于先生的爱，当然，也是女子对于恋人之爱。这种爱饱含着社会的内容，战斗的意义，充实的生活内涵，它们使爱具有了高尚的意义与价值。

　　鲁迅作为青年的导师，思想文化战士，曾经把青年比作自己"身外的青春"。从进化论出发，他当时把希望寄托在青年身上。他对青年无微不至地关怀，以自我牺牲的精神来为他们看稿、改稿、筹划出版。但他不仅给予，而且也吸取。他从他所寄希望的青年身上，吸取力量，受到鼓舞，他与他们成战斗的伙伴。除了日常的教学和写作活动的接触之外，女师大事件是他的一次重大而直接的实践。在这次斗争中，他从青年身上所获甚多。这在他的名文《记念刘和珍君》中有明显的反映和说明。许广平作为女师大的学生领袖，这时与鲁迅来往频繁，通信颇多，而且在战斗中得到鲁迅的救助，聆听鲁迅的教诲，接受鲁迅的指导，从她来说，是亲炙了鲁迅的教导；而就鲁迅而言，也可以说是亲炙了青年人的光和热、斗争的激情和不屈的精神，这不仅使他亲见了青年的力量，而且给了他力量的信息。这中间，许广平是其中的佼佼者，也是最亲密的一个人。于此可见，鲁迅与许广平爱情的内容，而且也可见这爱情于鲁迅的意义。《记念刘和珍君》虽然是献给牺牲者的悼文，但其中的文字，有的是就群体而言（如"中国的女性""中国女子的办事""中国女子的勇毅"），有的有弦外之音，其实中间是也包含着对于牺牲者活着的战友的赞美的。这赞美的对象，也明显地包含许广平在内。于此也可见他们之间感情的基础，以及许广平作为先进青年的佼佼者，所给予鲁迅的鼓舞与影响。在这个问题上，我们往往容易把伟大人物只看作给予者、教育者，而不看作他同时也是接受者、被教育者。如无后者，他何以能成为前者？这里有着辩证的关系，而且正因为如此才见出伟大人物来自群众、生活于群众之中而（他的思想、精神以至品德等）又"回到"群众中去。这正是伟大人物之伟大的一面。对于鲁迅，我们正应作如是观。

　　自从鲁迅与许广平一同离京南下，他们的关系不仅肯定而且公开了。这时虽然一在厦门、一在广州，曾经分居两地，同在广州时也尚未同居，但此时期正是他们热恋时期，是具体地筹划、商讨、安排今后生活的时期。虽说如此，但他们这个时期的共同生活内容仍然是斗争和工作。四一五广州大屠杀发生之前，鲁迅在中山大学身负重任。他自己说过，开会，出考题、排课程，写作、讲演，应付访问，等等，是忙得连吃饭时间都没有的。这时，许广平是鲁迅名正言顺的助教，她在生活和工作上对鲁迅的帮助是很多的。当鲁迅受到不应有的攻击时，许广平根据鲁迅的意见，写了《鲁迅先生往那些地方躲》，作了回答。这是她直接地作为鲁迅的战友、助手的一次战斗。四一五广州大屠杀之后，鲁迅的处境更艰危，工作也紧张，许广平成了他身边唯一可靠的战友与助手了。鲁迅到知用中学讲演，特别是冒着风险到广州夏期讲演会上讲演（题为《魏晋风度及文章与药及酒之关系》），都是许广平担任粤语翻译。在白色恐怖下，在沉闷苦痛的生活中，在激烈的思想斗争中，在炎热的天气中，鲁迅编辑整理了散文诗《野草》，写了题记；编定了杂文集《而已集》、散文集《朝花夕拾》，写了小引和后记；编定了翻译作品《小约翰》；编辑整理了《唐宋传奇集》。特别是编完此书时，在后面写道："时大夜弥天，璧月澄照，饕蚊遥叹，余在广州。"鲁迅凛然宣布了他与许广平的亲密关系，并傲然而言："璧月澄照""余在广州"。这寥寥数字颇有千斤重的意义，他赞扬了许广平就在身边，对他有如明月相照。鲁迅这时期做了不少工作，这当然与许广平的帮助分不开。

在上海的十年中，许广平与鲁迅的生活和战斗，是十分紧张繁忙的，许广平可以说是全身心地投入了鲁迅的为民族为人民为中国文化的高尚事业中，不过她是完全服务于"后勤"战线。关于这个时期的生活，鲁迅与许广平都有简略然而也是扼要的记述。在鲁迅，就是两句高度概括而含蓄的诗句：

> 聊借画图怡倦眼，此中甘苦两心知。

它精炼地写出了他们是如何共同埋首于紧张工作与战斗，即使偶然能够休息一下，也只是拿来图画共同欣赏一下。但他们劳作之余，想到彼此携手战斗于艰危之中，相濡以沫而两心相知，他们是感到无限欣慰的。这慰藉与幸福是那些和他们生活不一样的人所无法享受到也不能理解的。

许广平则有一段详细描绘，写出了战士的家庭生活的劳累与乐趣：

> 我们的住处很似机器房，简单的用具之外就是机器材料，——书籍——而我们两人就是两部小机器。他在写作，我在抄写或校对之类，仅有的机会才到外面散步一下。他是值日而更偏重于夜班的。我值日班。这两部机器就这样地工作着，一个月内出产了《奔

流》、《语丝》和《朝花旬刊》之类,《近代木刻选集》,以及《近代美术史潮论》的按期翻译。以后期刊负责较少,然而质量方面并不减低,许多杂文集以及翻译都是证据。[①]

他们就是这样工作与休息,在这中间,总是贯穿着共同的战斗、共同的事业、共同的理想,它以工作来实现与充实,它给予生活意义与价值,它给予爱情和生命崇高的意义与巨大的价值。这样的生活,这样的爱情,是平凡的,又是伟大的;是劳苦的,却又是甜蜜的。总之,是美,是真善美的结合。

当然,他们之间也有过矛盾和摩擦。这是人情之常,也是生活之常。但是,如何对待呢?怎么处理呢?许广平对此也有过率真的记录和表白:

> ……彼此间在情投意合,以同志一样相待,相亲相敬,互相信任,就不必要有任何的俗套。我们不是一切的旧礼教都要打破吗?所以,假使彼此间一方面不满意,绝不要争吵,也用不着法律解决,我自己是准备着始终自立谋生的,如果遇到没有同往一起的必要,那么马上各走各的路……[②]

> 我们初到上海的时候,住在景云里的最末一幢房子里。有一天,差不多是深秋,天快暗了,他还在那里迷头迷脑,聚精会神,拿着笔在写不完尽写尽写。我偶然双手放在他的肩上,打算劝他休息一下,哪晓得他笔是放下了,却满脸的不高兴。我那时是很孩子气,满心好意,遇到这么一来,真象在北方极暖的温室骤然走到冰天雪地一样,感觉到气也透不过来地难过。稍后,他给我解释:"写开东西的时候,什么旁的事情是顾不到的,这时最好不理他,甚至吃饭也是多余的事。"这个印象给我是非常之深刻的,从此处处更加小心,听其自然了。但是在我们的生活里,他总勉强着自己,从来没有因为写作忙急而不和我在一起吃饭的,也可见他尽可能地在迁就别人。[③]

这些记述当然只是生活之流中的小波,溅起的一点小浪花,但它却

---

① 许广平:《从女性的立场说"新女性"》。

② 景宋:《〈鲁迅年谱〉的经过》,转引自陈漱渝:《许广平的一生》。

③ 许广平:《鲁迅先生与家庭》。

反映了生活的一股深流。他们虽然是师生而结成伴侣，是伟人与"凡人"、名人与普通人之间的关系，但却是平等的、互相尊重的、互相体谅的。

许广平曾经在她那篇哀伤而优美的散文《我怕》中，说到她与鲁迅每爱在黄昏时，不开电灯而迎进月光来，鲁迅"时常欢喜说一句：'今天月亮真好呀'"。许广平说，他的称赞月亮，似乎在厦门写文章自比于黑夜之后。

是的，用寒夜的月亮来比许广平之于鲁迅是合适的，她以明月的亮光照进鲁迅的为寂寞哀痛的乌云笼罩着的个人生活的天宇。鲁迅自己的感受亦如此——当然，这只是适用于鲁迅20年代在北京的那一段生活。以后，在上海战斗的十年，那情景则令我们想起唐弢的一段话。他说，许广平"她愿意'忘了自己'，做一个默默无闻的人，尽一切力量从生活上照顾鲁迅先生，使鲁迅先生能够安心写作，为中国，为革命，贡献出更多的非她本人所能及的功业"。因此，唐弢引《庄子》中的话"日月出矣，而爝火不息，其于光也，不亦难乎！"说，许广平好像是被鲁迅先生的日月光彩所掩的爝火。"其于光也，不亦难乎"！

然而，她自愿为爝火，伴着中天之日。

这是许广平的为人与品格，是她之于鲁迅。

在鲁迅与许广平的恋爱与家庭生活中，也可以照见鲁迅的为人与品格。这是一个伟大的革命家、思想家、文学家的一个侧面，然而又和"正面"相通、反映"正面"并为其一部分。人谁能够无此侧面，能够躲过这个侧面的反映？我们无须掩盖这个侧面，但我们需要保持这个侧面的纯净与高尚，这也正是那"正面"修养的体现。

在这个"侧面"中，有许多（或者基本上），却是许广平的"正面"，是她的生活的主要方面、主要内容。我们于此中所见，则是一个中国女性的美德的体现与发扬。她爱得郑重而热烈，爱得真挚而深沉，她不丧失自己的独立人格，但又不惜牺牲个人的事业，去成就爱人的更重要的事业，明月照人而不与太阳争辉。她从事烦琐零星的工作和家务，也不放弃自身的学习与提高。

第二章 踏着辛亥风云期师长与前辈的足迹前进

列宁在评论俄国伟大的民主主义革命家、文学家赫尔岑时，曾经指出："十二月党人的起义唤醒了他，并且把他'洗净'了。他在十九世纪四十年代农奴制的俄国，竟能达到当代最伟大的思想家的水平。"①这种被时代的历史的狂风暴雨所唤醒又洗净的情况，发生在许多伟大的革命人物身上，尤其是思想家、文学家、艺术家。鲁迅也是这样。他是被戊戌变法所唤醒的（那时他18岁，在南京求学），而六君子血洒长街、百日维新的失败，以至中日战争中清帝国败北、义和团运动被埋葬于八国联军所制造的血海中——这一连串发生的历史现象，又"洗净"了鲁迅，使他由改良（医学救国）走向革命。他在19世纪末和20世纪初的封建大帝国的中国，竟能达到当代思想水平的最高层次。

鲁迅之所以能够如此，同他受到与他处于同时代而又年长于他的革命先行者们的影响，是分不开的。没有这些同时代人的影响，也就不会有鲁迅。当他还是一个青年，刚刚来到南京求学，最早接触西方文化时，就以欣喜的心情阅读由向西方寻求真理的严复"达旨"的《天演论》，并立即接受了进化论思想，以它为指导形成了自己的新的世界观以及社会观、国家观、民族观、文化观、人性观。如果说家庭的突然没落，使他在坠落中识得世人真面目，那么，进化论的武装，则使他开辟了识得世界真面目的道路了。从此，他循着这个道路，走向革命，走向成为民族英雄、文化巨人的道路。毫无疑问，严复先生的创造性的译著曾经唤醒了中国一代知识分子，其中就有学生周树人，即后来的鲁迅。一直到若干年后在东京弘文学院时期，他仍然保持着这种对于进化论的

---

① 列宁：《纪念赫尔岑》（1912年），载《列宁选集》第2卷。

浓厚兴趣。不仅思想上，而且连文风和翻译上也受到了严老先生的影响。严复可说是鲁迅的第一个新学老师、革命引路人。以后便是辛亥革命的宣传家、杰出的学者，即被鲁迅称为"有学问的革命家"的章太炎，鲁迅不仅爱读章先生在《民报》上发表的文章，为先生驳康有为保皇理论而"心神俱旺"，而且为了亲炙先生的革命风范而与若干同学少年，"立雪程门"学习《说文》，而留下刻痕的，据他自己在先生死后不久和他自己死前不久写的追忆悼念文章中所说，主要的不是小学知识而是革命精神。章太炎就应该是鲁迅在早期走向革命的第二位导师了。如果说严复是未谋面的引路人，那么章太炎便是其亲聆过教诲、亲受过熏陶的带路人了。前者偏重于思想，后者则重在革命精神。

在此同时和稍后，便是孙中山的影响。这可以说更多地是"远效应"、是间接的影响。但主要的也是在革命精神上。鲁迅正是在孙中山、章太炎等人组成同盟会，表明在思想上和组织上都同保皇派、改良派划清了界线后，也彻底同改良思想断根，弃医从文，决定走革命道路的。这里明显地留着孙中山的影响。

正是一代革命先行者，吸引、指导、带领、影响了另一代人，接过他们的火炬，并开辟自己的领域，燃起革命的火焰，使国家、民族走向新生之途。

对于鲁迅受严复的影响，向来论及甚多；本书故从略，而只论述了章太炎与孙中山对鲁迅的影响。这里，却不只是进行他们之间的"双边"关系研究，而是也从一些侧面涉及中国近代史在思想文化方面的一些问题。我想把鲁迅作为中国近代的最后一位诗人和中国现代最初一位诗人来探讨。在他思想上体现着一种过渡。这种"过渡性"正是从接受他的革命先行者的影响、接过他们的思想火炬开始的。

他踏着伟大先行者的足迹前进。

一、青出于蓝而胜于蓝
——论鲁迅与章太炎

"青出于蓝而胜于蓝"用来形容鲁迅之与章太炎，不仅是指他曾经师从章氏学小学，而且更指广阔领域的关系而言。章太炎是我国近世一代儒宗，他师承顾炎武、黄宗羲、戴震、王念孙父子，更向清末朴学大师俞樾（曲园）问学七载，成为有清一代朴学的最后一员正宗大师，学问识见造诣很深。然而，甲午战争后，他思想渐变，学问转向，3年后（1897年）离杭谢师，投入资产阶级变法维新的热潮，入康、梁在上海办的《时务报》，撰述时论，宣传维新。从此走上新学道路，以后又很快与康、梁决裂，高举革命的言论旗帜，学问见解大变，成为中国近代知识分子的重要代表人物。他可以说是中国传统文化的一个承上启下的大师。鲁迅师从他学小学，仅仅是直接地就学于他。间接地、总体上，他同样向章太炎学习了很多，也是师承章太炎的。章太炎"上继"从顾炎武到俞曲园的文化传统，"下启"鲁迅与他的同代人这一辈近代知识分子。因此，说鲁迅对章太炎是青出于蓝而胜于蓝，其意义不限他们师生之间，还更有其广深意义，即鲁迅通过章太炎接受、继承了中国民族文化的优良传统，又从章太炎的手中接过了汉学的火炬，加以发展，并吸收异体文化，以实现中国文化的现代化。

然而，历史进入20世纪，进到中国资产阶级革命的新阶段，进到欧风美雨吹进中华古国，近代资产阶级思想文化包括自然科学和人文科学在内的新学潮流，冲进古老的中国文苑。

主要以留学生为先锋、桥梁与代表的新文化因素的输入、渗透、交流，形成了中国现代文化的滥觞。鲁迅又成为这一新文化潮流的杰出代表、伟大先驱者之一。他最后跃进到共产主义者的高度，成为无产阶级思想文化的伟大代表和主将。这样，他又"胜于蓝"，越过了乃师章太炎先生，跨步前进。他经过几个重大阶段向上的变化和最后的飞跃，与乃师经过几个重大阶段向后的变化和倒退，形成鲜明的对比，学生远远地超过了先生，高高地飞跃到先生的上边。通过师生两代、两种文化的杰出代表的联系与区别、出于斯和胜于斯的关系，正是集中地反映了两代文化代表和两种文化的递嬗变化、发展前进。

章太炎一生思想事业的发展，大致可分为四个时期[①]。第一时期，1894—1900年，基本上是追随康、梁，活动于维新改良范围之内。第二时期，1900—1908年，与康、梁改良派展开热烈论战，进行尖锐的政治思想斗争。第三时期，1908—1913年，辛亥革命胜利前后到袁世

---

① 此处用李泽厚说。其详细内容与论述见《中国近代思想史论·章太炎剖析》。

凯擅政，此时期章氏大闹分裂，反对孙（中山）、黄（兴），拥护黎（元洪）、袁（世凯），在近代革命史上起了坏作用，拉着历史的车轮后退。第四时期，1914—1936年，脱离时代，远离民众，渐入颓唐，或发表时论政见，或讲学论文，或声援学运、抗日，时坏时好，并非晚节不终，但确有白圭之玷。

（一）

鲁迅认识章太炎并师从他问学以及受他的甚深影响，都在章氏思想发展的第二时期。第一时期，他们师生异途，一在杭州从朴学大师俞樾学，后去沪投入维新运动；一在南京水师、陆师学堂学习，受严复译《天演论》影响，接受西方资产阶级进步思想文化的影响，信奉维新改良。1902年，他们两人同时而分别地去东京。至此，两人的思想经历基本相同，都是被维新运动所唤醒，从孔孟旧学中冲出，接受新学洗礼，然而又都迅速与维新改良思想分离，趋向革命。他们的这种经历，反映了中国近代社会的发展变化，资产阶级民主革命脱胎于改良运动又与之相对抗发展，成为独立运动和时代主流；也反映了中国近代文化脱胎于旧文化又与之相对抗地发展，向现代文化过渡。师生两辈人都在这个社会的与文化的发展路途中前进。他们各自发挥着承上启下的作用。不同的是，先生章太炎至此在文化上、思想上，再未越出资产阶级民主革命的范围；而学生鲁迅，却一面接受了中国古代文化传统的深刻陶冶，一面又迅速、大量地吸收西方近代文化的营养，为在思想上、文化上，逐渐越过民主主义的范围打下了基础。

进到章太炎思想发展的第二个时期，即他进入了与改良派进行尖锐思想斗争的时期，鲁迅的思想发展，便与之发生了交叉，开始直接接受章太炎的影响了。1902年春，章太炎亡命日本，与孙中山正式订交，同革命党人发起"支那亡国二百四十二年纪念"，章太炎撰写大会宣言，"雪涕来会，以志亡国"之句，痛切陈词，激励留日学生。虽然聚会不成，但章太炎先与日警声辩抗言，后以聚餐为名，举行纪念仪式。一时间，邻邦日本，革命气氛浓郁，反满呼声高涨，志士们慷慨悲歌，宣传家谈论警众。章太炎名声大振。此时，鲁迅正在东京弘文学院就学。他开始投身于革命活动之中，"除学习日文，准备进专门学校之外，就赴会馆，跑书店，往集会，听讲演"①。他与章太炎，一师一生，一个是知名的革命领袖，一个是无名的青年志士，虽不相识，经历各异，然而殊途同归，他们在相同的革命路上奋进，可以说是进入神交之期了。至少在鲁迅这方面来说是如此。此时，鲁迅正处在早期思想的最初形成阶段。孙中山与章太炎，作为辛亥革命酝酿期的两位领袖人物，是他由维新改良转入民主革命的思想形成和转变期的两位引导者。尤其是章太炎，作为思想家与宣传家，对鲁迅的影响更深一层。

以后，章太炎先后在《苏报》《民报》上发表宣传革命的文章，影响深广。到1905年，以孙中山和章太炎为代表的民主革命派和以康有为、梁启超为代表的改良保皇派彻底划清界线，提出了完整的民主革命纲领，掀起了民主革命的浪潮。正是在此之后的1906年6月，鲁迅也最后地、彻底地清除了科学救国的改良主义思想影响，弃医从文，离开仙台医专，到东京从事文艺启蒙运动，以推动革命的发展。到东京后不久，他仰慕章太炎为"有学问的革命家"，与许寿裳、周作人、钱玄同、朱希祖等，"立雪章门"，学习小学。这时期，章太炎正主编同盟会机关报《民报》，宣传实行革命，推翻清廷，建立民国。他在《民报》上发表了一系列文章和时评，猛烈地批驳了改良派，热烈地宣传了反满的民族民主革命思想。他这时文章震当世，革命名气盛，颇影响了当时的青年志士、留日学子。鲁迅便是其中之一。鲁迅在20多年后回顾这一段生涯时，还热情地写道：

> （章太炎）一九〇六年六月出狱，即日东渡，到了东京，不久就主持《民报》。我爱看这《民报》，但并非为了先生的文笔古奥，索解为难，或说佛法，谈"俱分进化"，是为了他和主张保皇的梁启超斗争，和"××"的×××斗争，和"以《红楼梦》为成佛之要道"的×××斗争，真是所向披靡，令人神旺。②

鲁迅在这里用了"所向披靡，令人神旺"来形容和赞颂章太炎当时的宣传、战斗和他的宣传、战斗文字之高妙，足以反映鲁迅自己当时对

---

① 《且介亭杂文末编·因太炎先生而想起的二三事》。

② 《且介亭杂文末编·关于太炎先生二三事》。《鲁迅全集》注："××"疑为"献策"二字，前面的"×××"指吴稚晖，后面的"×××"指蓝公武。

章太炎及他的文章的爱好和所受到的思想影响。这个时期，如李泽厚所说，正是章太炎一生的黄金时期，同时，也是他对鲁迅发生思想影响的最重要的时期。这一时期，鲁迅在东京居留，名义上在独逸学校学德语，但主要精力用于钻研学业、从事翻译与著述。他的足称辛亥革命准备期重要思想文献的著作如《人之历史》《科学史教篇》《文化偏至论》《摩罗诗力说》等，均作于此时，发表于宣传革命的《浙江潮》《河南》等杂志上。这些论著，肯定受了章太炎思想的影响。鲁迅在《坟》的《题记》中说："又喜欢做怪句子和写古字，这是受了当时的《民报》的影响。"这里只说到做怪句子和写古字，只涉及用词造句、文章笔法，然而却并不说明鲁迅当时所受影响只限于此。只是鲁迅的《题记》专门说明这方面的问题，而未旁涉。事实上，既然爱读文章，心为之折，连句法文字均受影响，那么思想上的影响自然是无可怀疑的了。

之后，因《民报》被封，又与孙中山不睦，章太炎在辛亥革命爆发前的几年间，专事讲学著书，成果甚富，如《小学答问》《新方言》《文始》《国故论衡》《齐物论释》等著作均作于此时。一时间，又颇以革命的学问家名世。鲁迅对于这些论著，大概可以推定当时是读到过，也在学识上受到益处的。鲁迅后来几次谈到章太炎对于自己文集的删减情况，颇不以为然，因为把战斗的文字都删去了。这说明他对于章的论著是熟悉的。由此可见，鲁迅在小学和国学方面的造诣，除了直接的受业，也还得益于章氏的论著。这是"有学问的革命家"在学问方面对鲁迅的影响。这方面的影响，鲁迅虽然并不强调，甚至说得不多，但其存在是确实的。两代文化大师之间的承继关系，这也是重要的方面。

（二）

鲁迅受章太炎的影响，主要是在思想方面，受章太炎的革命精神、革命志向、革命气节的影响。这与鲁迅所受孙中山的影响，基本上是一致的。只是鲁迅受到章太炎这方面的影响更大。

在辛亥革命之前，曾经影响鲁迅思想发展的，有中国近代史上几个著名的人物，他们的影响与作用，对于鲁迅来说，都具有不可忽视的意义。然而，其影响的方面不同，"力度"不同。严复主要是以《天演论》吸引鲁迅，给了他一个崭新的世界观，一个拯民救国的进化论思想武器，使他能够有了思想的依凭和进步的信心；而林纾（琴南）则以他的联篇而出的独创的外国文学翻译，给鲁迅一个新的文学世界，使鲁迅接触到新的文学的题材、体裁、人物、故事、社会生活、新的艺术手段、艺术风格以及新的文艺美学领域。他们两人，一个为鲁迅建立新的世界观奠定了理论基础，进到一个新的思想天地；一个为鲁迅树立新的文学观提供了创作样品，开辟了一个新的文学天地。而章太炎，则主要是灌输了革命思想与精神，帮助和影响鲁迅去建立革命的政治观和社会观、历史观。章太炎的革命品德给了鲁迅终身不渝的影响，使鲁迅一直到早已超过先生的时候，直到自己已处于生命的垂危阶段，仍然念念不忘先师在青年时代给自己的深刻影响。

鲁迅对于章太炎有一句总评：

> 我以为先生的业绩，留在革命史上的，实在比在学术史上还要大。①

这个评论是公允而恰当的，它正确地反映了章氏一生，也集中地表达了鲁迅对乃师的评价。的确，章太炎自1918年以后，便渐渐脱离时代、脱离人民，以讲学为主要活动，虽然以"国学大师"的声誉受到士人学者的尊重，然而在群众中却已失去他昔日的荣光和广泛的影响。而他的学术成果，在时代不断前进，"五四"以后中国新文化日益发展的新的历史条件下，也更多地是作为一代儒宗的学术结晶而具有历史的意义，虽然不乏思想文化史上的价值，足供后人研习、总结，但现实的意义却差得远了。倒是他在辛亥革命时期，那所向披靡的反对改良派的斗争，那"令人神旺"的对于革命思想的宣传，曾经发挥了击退改良思潮、动员群众的革命作用，而彪炳史册；他一生革命行状，虽有跌宕，但一以贯之，精神可嘉，也在史册生发出光辉。这是后人不能忘的。鲁迅对于章太炎的这一总评，言简意赅，既表彰了章氏精神本质，又表现了他自己看重章氏的革命精神。这也就反映了他一向注重和受到影响的正是章太炎的这种革命精神、革命意志。鲁迅从他身上吸取的正是这方面的精神营养。

鲁迅对于自己所受章太炎的精神影响，也有一句言简意赅的概括，这就是：他去从章氏学，"并非因为他是学者，却是为了他是有学问的革命家"。这意思很明白，学者多矣，足供师事者亦多，然而却"立雪

---

① 《且介亭杂文末编·关于太炎先生二三事》。

章门"，就因为他不仅有学问，而且是一位有学问的革命家。他所着重要学的也就是章氏的革命精神。所以，鲁迅说，直到20多年后，章太炎那种"有学问的革命家"的"音容笑貌，还在目前"，"而所讲的《说文解字》却一句也不记得了"。这就是说，学术方面的所得远不如革命精神方面的影响那么印象深刻，记忆久远。

　　章太炎一生，革命业绩确有不少，时常闪烁革命精神的光芒，带着他的独特的坚韧而暴烈的性格特征。他本是受康、梁的影响而信奉维新，并应召入《时务报》与梁启超共事，但与梁及康有为另一弟子麦孟华意见不合，就几乎闹到要动武的地步，只几个月即愤而离去，另辟文字阵地。他参加康有为弟子唐才常创设的自立会，见到宗旨中竟有"请光绪帝复辟"的条文，便愤其"一面反满，一面勤王"，"实属大相矛盾，决无成事之理"。慨然反对，他很坚决热烈：当场宣言脱社，剪去发辫，脱下国服，换上西装，后又写《解辫发》一文以明志，同改良主义实行决裂。旗帜鲜明，态度坚决，行为果断。他的革命行为遭到老师俞樾责骂，他便写《谢本师》与之断绝师生之谊。这在当时，是触犯"天地君亲师"中之一，触师道尊严，也是一般人所不敢为者。而且，他的态度也是坚决的，行为也是果断的。当他因写作《驳康有为论革命书》和为邹容的《革命军》作序，而与《苏报》同人均遭缉拿时，其他人都闻讯逃逸，但他却不走，说："革命就要流血，怕什么，清朝政府要捉我如今已经是第七次了。"当巡捕警察来到门口时，他迎上前去，自指鼻子说："其他人都不在，要拿章炳麟，就是我！"于是入狱，被囚三年。他在狱中写诗明志，传诵一时。当他因反袁而被软禁时，烧锦缎被褥、砸碎器具，直至把袁授给的大勋章当作扇坠，以示轻蔑，并去到总统府大骂袁世凯，骂他"袁贼"，大叫"杀了'袁皇帝'"。九一八事变以后，他不满蒋介石的投降政策，支持一二·九学生运动，大骂道："有此总司令，副总司令，欲奉、吉之不失，不能也。"所有这些，都表现了章太炎的革命精神，并且带着鲜明的为这种精神所充实的独特的果决热烈性格。

　　对于章太炎的这些革命业绩和从中表露的革命精神，鲁迅是备加赞赏、私心崇敬的，自然由此也就萌效法之志，受影响之效。鲁迅在章太炎逝世之后，自己也濒临将逝之时，写文追悼，历述了章太炎这些革命业绩中的突出者：

考其生平，以大勋章作扇坠，临总统府之门，大诟袁世凯的包藏祸心者，并世无第二人；七被追捕，三入牢狱，而革命之志，终不屈挠者，并世亦无第二人：这才是先哲的精神，后生的楷范。①

在这里，鲁迅突出地列举了几件"并世无第二人"的章太炎的革命壮举，表达了他的崇敬之情，并且以此来批驳作文奚落章太炎的小报文侩，斥他们"蚍蜉撼大树，可笑不自量"。鲁迅赞颂章太炎是一棵大树，他的行为是哲人的高尚精神，也是后辈的楷模。鲁迅这时对章太炎这些革命壮举的列举和以此为例而盛赞他的革命精神，肯定他一生的主流、主要业绩是在革命，并且"并没有忘记"章太炎二三十年前的《狱中赠邹容》诗。这些，都表明鲁迅对章太炎革命生平的熟悉与敬仰，也表明他曾经受到这种革命精神的影响。

鲁迅对于章太炎最后一个时期的种种不好的表现，作了深刻的批判，而其锋芒也正是针对他的革命精神衰减。首先，鲁迅指出他同时代隔绝、同群众脱离：

太炎先生虽先前也以革命家现身，后来却退居于宁静的学者，用自己所手造的和别人所帮造的墙，和时代隔绝了。

……既离民众，渐入颓唐。②

鲁迅在《趋时和复古》(《花边文学》)一文中，对章太炎这种革命精神的衰减更作了深刻的剖析。他指出，清朝治朴学的人那么多，而章太炎独独最有名，就因为他提倡种族革命，"而且还'造反'"。但是"后来'时'也'趋'了过来"了，"成为活的纯正的先贤"了，他的"晦气也夹屁股跟到"。鲁迅指出：

原是拉车前进的好身手，腿肚大，臂膊也粗，这回还是请他拉，拉还是拉，然而是拉车屁股向后，这里只好用古文，"呜呼哀哉，尚飨"了。

很有深长意味的是，章太炎和鲁迅，都以1918年为自己生平历史的分界线。鲁迅从1918年开始，打破沉默，走出书屋，投身于五四运动的热潮中，以《狂人日记》震惊文坛，并从此走上战阵，直至逝世，

①② 《且介亭杂文末编·关于太炎先生二三事》。

战斗不息，不断前进。然而，章太炎却正好相反。他在1917年参加护法斗争，在孙中山任大元帅的护法军政府中担任秘书长，但是，眼见护法军内部的纷争，消极思想上升。到1918年，他步入颓唐倒退之路。正当鲁迅在"五四"风暴中"一发而不可收"，冲锋陷阵之际，章太炎却反对新文化运动：他反对白话文，拥护军阀割据；他攻击十月革命，反对国共合作。总之，师生异途，两代人正走着完全相反的道路。鲁迅以对旧文化、旧思想的彻底背叛者的雄姿，对封建思想文化、封建主义精神文明展开了搏斗；而章太炎则以旧文化、旧思想的有资格的维护者的面目反对新文化，保存旧文化。师生两人确是一个拉着历史的车轮前进，另一个却拉着历史的车轮后退。但是，历史车轮却是无情的，顺我者昌、逆我者亡，拉它向后退者，无论腿肚如何粗、胳膊如何壮，终是徒劳，而使自己沦为历史的弃儿。章太炎正是如此。他在1931年九一八事变之后，爱国主义思想上升，哀民族沦丧、愤日寇侵略，谴责卖国的蒋介石，赞扬抗日的十九路军，对一二·九学生运动也持赞成态度，等等。这表现了他的民族气节、爱国情绪，在这一方面，较之胡适投靠国民党反动政权，向日本侵略者献策，确有虎狗之别。但是，他既然在十几年中，不仅脱离民众、渐入颓唐，而且拉车后退，他也就被人遗忘、失去社会影响了。因此，精神可佳，但作用已失。这同鲁迅，也适成鲜明尖锐的对比。鲁迅自从1918年以后，一步步走向人民，投入革命的洪流，并且站在思想文化斗争的前列，社会影响越来越大，对革命与人民的作用也越来越大。他远远地超越了他的老师。

晚年，章太炎卜居沪上、姑苏，卖文讲学。虽说他在保存民族文化传统和学术研究方面，有一定的贡献与作用，但是，格局颇小、眼界亦窄，在治学和文化体系上，终未脱所谓"国学"的规范，而与"五四"以来古树新花的新文化不能同日而语。所以，章太炎逝世之后，在上海开追悼会，赴会者竟不满百人。清末革命领袖、论坛巨子、一代儒宗，竟落得个寂寞终场。这确如鲁迅所说，因为他脱离了人民、脱离了时代，所以虽然"纪念者自然有人"，但却"将为大多数所忘却"了。[①]这与3个月后鲁迅逝世后的情景，真有天壤之别。鲁迅逝世的消息传出后，不仅举国哀痛，而且欧亚同悲，形成了一个全国性的和世界性的悼

---

① 《且介亭杂文末编·关于太炎先生二三事》。

念洪涛，各阶层的人们，各国文化界和文艺界、学术界人士，纷纷发来函电、唁文，发表谈话、文章，表示哀悼，倍加赞颂。葬礼之举行，虽遭禁压，然而肃穆庄严，声势浩大，自动来送葬者一两万人。人们举着画像，唱着哀歌，送别一代文化主将，崇敬的民族魂。那送葬的行列，几成一次有力的示威游行。鲁迅与章太炎之如此不同，不是别的，这正是人民的评断、历史的结论。

在死后的漫长岁月中，这师生两人情景之不同，也同样有霄壤之别。鲁迅，已经成为全国人民学习的崇高榜样，建设社会主义新文化的导师，他的思想著作已经成为最珍贵的思想文化遗产，广大群众、学生、专家、学者，学习他、宣传他、研究他。而章太炎呢，"纪念者自然有人"，研究者自然也有人。他在革命史上和学术史上的业绩，自然也是为人们所肯定和赞扬的，然而，究竟已是历史的陈迹，主要的价值已经属于历史了。

青出于蓝而胜于蓝，鲁迅师承章太炎，而又远远地超过了章太炎，根本的原因就在于鲁迅不停留在一个阶段上，而是随着时代的前进、人民的觉醒而不停顿地发展、前进、提高。

而章太炎则相反，他曾是民主革命的先锋，但辛亥革命一胜利，他也就基本收束了他的革命的荣光，不仅停滞，而且倒退了。当时代、历史、人民都在前进时，他却作相背的动作，落在了后边，于是也就被遗忘了。

（三）

虽然鲁迅从章太炎那里主要是受到革命思想、革命精神的影响，虽然鲁迅说他慕章太炎之名并去受业门下，并非因为他是学者，而是因为他是有学问的革命家，又说章氏作为革命家的音容笑貌他久久不忘，而所学的《说文解字》却"一句也不记得了"；但是，鲁迅在治学上、在学术上，却仍然有得益于章太炎、受到影响的地方。

鲁迅1907年与许寿裳、周作人、钱玄同、朱希祖等人从章太炎学，所学的是《说文解字》和《尔雅》。章太炎本是小学大家，学问渊博，讲授生动，鲁迅等学生所获当多。鲁迅后来在《在钟楼上——夜记之二》中，从写自己在广州时的生活情景，说到广州话，偶然旁涉到从章太炎学小学事，写道：

但虽只这两句，我却发见了吾师太炎先生的错处了。记得先生在日本给我们讲文字学时，曾说《山海经》上"其州在尾上"的"州"是女性生殖器。这古语至今还留存在广东，读若Tiu。故Tiuhei二字，当写作"州戏"，名词在前，动词在后的。我不记得他后来可曾将此说记在《新方言》里，但由今观之，其"州"乃动词，非名词也。

这时离他从章氏学小学已经有20年的时光，他仍然记得当年章太炎对于一个"州"字的解释，并且连及当前生活中之所遇，来考究这一字的训诂问题，足见他当年的学习是有所得的，而现在对于当年所学也是记忆犹新的，并不像他自己所说已经全忘了。同时，也可见他对于文字训诂问题，仍然保留着兴趣，亦常想起，只是由于战斗生涯无暇顾及而未钻研深究。这些，当然都是章太炎当年讲《说文解字》《尔雅》的余绪。

而且，鲁迅一直注意中国文字的产生和发展以及改革问题。他在《门外文谈》(《且介亭杂文》)中，对中国文字的产生作了很有见地的阐述，显示了在这方面的功底。而且他还计划写作一部专著"中国字体变迁史"。这些，也都同章太炎当年为他讲授小学有关。这里不仅有章氏治学的影响，而且有章太炎在这方面的观点、见解的影响。

鲁迅爱诵《庄子》，受庄周的思想与文字的影响颇深；鲁迅又很崇尚魏晋文章、建安风骨，对此颇有深沉的研究、独到的见解，他的思想文章也受魏晋文学的颇深影响。他的杂文的气势汪洋恣肆、文笔俏倪华美、驳论明敏锐利以及想象丰富、纵横跌宕、形象飞动等特色和成就，也都与庄子、魏晋文章的影响分不开。在这方面，固然主要是鲁迅自己的思想情趣、美学爱好以及斗争需要所决定的，但与早期受到章太炎的影响也有很大关系。鲁迅当年除了向章太炎学文字学之外，还曾经听章师讲《庄子》。章太炎素来推重庄子。他给鲁迅等人讲解《庄子》时，曾经"以己意发正百数十事"，他自己说："与诸生讲习旧文"，"或亦杂采诸家，音义大氏备矣"。[1]可见其驯音释义，博采各家，内容甚丰，见解独到。尤其重要的是，章太炎对于《庄子》的思想内容、精神品格都很推重，认为"命世哲人，莫若庄子"。章太炎的讲课与文章，对于当

---

① 见《庄子诂解》。

时的学生鲁迅，肯定会产生影响。

章太炎还十分推崇魏晋文章，自己的作品也受其影响。他在《自述学术次第》中记述自己学术经历时曾说："三十四岁（按为1901年）以后，欲以清和流美自化，读三国、两晋文辞，以为至美。"他后来还说，魏晋时代，改变了两汉时期的壮美之气，"而为优美风致之文，令人读之逸气横生"。可见他对于魏晋文章之推重和所推重的是什么。章氏的文章受魏晋文章的影响，也是驳难攻战、不拘旧说、突破陈式的。鲁迅当时在章太炎处受业，又爱诵读他的文章，并且感到"令人神旺"，而且在写怪句子、用古字上都受到影响，那么，在对魏晋文章的评价、爱好上，会受到章太炎的影响，应该是可以肯定的。后来，鲁迅考订《嵇康集》，作《魏晋风度及文章与药及酒之关系》，仰慕称颂曹氏父子，表现了对于魏晋文章、作家甚深的兴趣和精湛的研究，在杂文创作上也受到很深的影响，得益于魏晋文章非浅。以至曾有人称鲁迅是"托尼学说，魏晋文章"。此说不确当，也不全面，但就"魏晋文章"对鲁迅的影响颇深这一点来说，是有一定道理的。这些，与章太炎的影响也分不开，它应是师学渊源之一。

鲁迅与章太炎的激赏庄子，师法魏晋，深受其影响，也都有一个共同的地方，这就是他们从民主革命的要求出发，从否定旧说、革新旧文出发，为了创新立异，以推进革命、唤醒民众，便选择了"非汤武，薄周公"的庄子与魏晋文章，爱好之、吸收之、运用之，并且发扬光大之，这是很自然的。无论庄周还是魏晋诸家，那气势之磅礴、思理之朗然、文章之雄奇，等等，也都与章太炎、鲁迅当时要登高呼号、冲决突击的求新生、图革新的思想心性相合。从这些方面看，正表现了他们从时代与人民的需求出发，吸收、继承与发扬民族文化的优秀传统，承上启下，一者成为一代儒宗，一者成为新文化的伟大先驱。他们的这种师承传接的师生关系，也正表现了民族文化的一代代得其传人，既继承，又革新，又发扬光大的发展历程。在这一点上，鲁迅对章太炎的"青出于蓝而胜于蓝"的表现与成就，在民族文化发展史上，是具有深刻意义，而越出了个人间的师生之谊的。

（四）

鲁迅曾说，他对中国古之师道"颇有反感"，因为"实在也太尊"。他说："我以为师如荒谬，不妨叛之。"但是，他又说，如果老师遭到不白之冤而获罪，则又不可乘机落井下石，既图快敌人之意，又以自救。因此，当说到章太炎时，他说，"章太炎先生曾教我小学"，他是尊重的，但是章氏反对白话文，他不赞成，章氏参与投壶，他"心窃非之"。不过，他又说，如果再相见呢，他仍当以弟子之道"执礼甚恭"。他认为这是正确的"师弟之道"。①鲁迅的这段论述是很正确的，而他对于章太炎所做的种种事情，也正实行了这个正确的"师弟之道"。他对章太炎无论是在公开的文章上或私人的书信中，都以"吾师"称之，从无谩忤之举。章太炎逝世后，他反对那些污蔑嘲笑章太炎的小人，也批评那些不明时势事理的误解者，连写二文（第二篇未写完就逝世了）颂扬章太炎，肯定他的一生功绩，颂赞他的革命精神，并且致函老友同窗许寿裳，建议把章太炎的诗文、手迹"汇印成册，以示天下，以遗将来"②。对于老师的尊敬爱护历久未衰。

但是，对于章太炎的错误主张、思想、行为，他却不仅"心窃非之"，而且为了免得贻误青年，往往出面批驳之。他曾经在《趋时和复古》（《花边文学》）一文中深刻地批评了章太炎的倒退之举；在《名人与名言》（《且介亭杂文二集》）中，又批评了章太炎反对白话文，并以"博识家的话多浅"，"专门家的话多悖"的道理，批评章太炎以"牛头不对马嘴"的道理来反对白话文。在最后写的两篇纪念章太炎的文章中，他又指出，章太炎以自己手造的墙和别人帮造的墙，把自己同民众、同时代隔绝，销蚀了革命精神，颓唐落伍。他几次指出章氏"身衣学术的华衮"，把自己当年的战斗文学撤出文集，"自藏其锋铓"，是一桩不应该做的事。他说，"战斗的文章，乃是先生一生中最大，最久的业绩"，只有留存这些，才能"先生与后生相印，活在战斗者的心中"。这些评论，中肯而深刻，也颇含感慨。这不仅是批评了章太炎，而且是保卫了章太炎。

---

① 以上均见《1933年6月18夜致曹聚仁》。

② 《1936年9月25日致许寿裳》。

从这些行动和论述中，我们不仅看到了鲁迅的正确、崇高的尊师之道，看到他的"吾爱吾师吾更爱真理"的品性，更重要的是，我们从他与章太炎的关系中，也看到他是如何坚持战斗、坚持革命、坚持不断前进，与为师长的同时代人的交往中，既不拘泥于师道之尊，墨守师之所授、师之所至，又不做傲慢无稽、忤师逆尊之事，而是在思想学识观点等方面，坚持真理、服膺真理，而在人情上则仍执师生之礼。这，也就是鲁迅总是能够不断越过他的同时代人，向前进而至伟大境界的原因。

二、时见前驱者伟大身影的招引
——论鲁迅与孙中山

鲁迅与孙中山，除了同样作为中国近代和现代历史上的伟大人物，而被人们偶而同时提起之外，还很少有人把他们联系起来，鲁迅研究者和现代历史研究者，都是如此。然而，这两位巨人不仅在各自的领域中对历史、民族和人民作出了杰出的贡献，而且，他们的活动有着共同的目的和内涵，他们是彼此帮助、推动和互相补充的。他们是共同的历史任务的分担者，他们各秉时代与民族之笔，蘸着自己的心血，书写了历史的篇章。因此，他们也是历史的共同撰写者。

鲁迅与孙中山，是同时代人，不过孙中山长鲁迅一辈。当鲁迅还处在孩童时代，孙中山已经开始他反清爱国的革命活动了。这时的鲁迅，当然还不知道有孙中山，也不知道更不理解他的革命事业及其意义。然而，伟大人物的活动往往开创一个新的时代，创建一个新的社会，成为他的后人活动的舞台，并决定了他的后人从事活动的方向和途径。列宁曾经受到十二月党人的鲜血的洗礼，从他们身上吸取革命精神、献身的赤诚和斗争的勇气；孙中山从洪秀全和他的农民起义斗争中，得到了同样的力量。而他所给予鲁迅的，正与此相同。孙中山在清末掀起了伟大的资产阶级革命浪潮，延续几千年的封建帝制在他所领导的革命浪潮冲击下崩溃了，皇帝的宝座被推翻了，皇帝的金冠落地了。一个从未有过的中华民国诞生了。孙中山是它的缔造者，曾经有过"国父"之称。鲁迅由少及壮，便是生活、学习与成长在这样一个时代中，这样一个环境中。这个时代和环境，此时的历史潮流的主体，人民思想与生活的种种方面，都是直接或间接地笼罩着孙中山及他所领导的革命的影响的，都同孙中山的名字有着不同程度的联系。剪辫的风波，行刺的冲击，起义的巨涛，以及监禁、镇压、反抗、集会、联络会党等革命的行为和事件，都曾经激荡过中国，震撼过封建王朝，唤醒了人民。鲁迅正是在这样的时代的革命浪潮中被唤醒，被激起，而走上人生的长途、革命的征程的。伟大人物的行为的动机，他的思想意志发展的方向以至他的志趣的内涵，都不是偶然地、主观地产生的，而是在本质上、在根本上、在主要点上，由时代、环境所决定，受到当时活跃在历史舞台中心的风云人物的影响。鲁迅曾经受业于辛亥革命的领袖章太炎，并受到他的深刻的影响；那么，孙中山之于他，也同样会有影响的。这影响首先便反映在我们前面所说的孙中山给时代、环境、历史刻下的广泛而深刻的烙印上面。

但是，我们说鲁迅受到孙中山的影响，不仅是如此一般言之。

的确，鲁迅只见过孙中山一面，而且是在群众集会上，他作为千人之众的听者中的一员，在台下仰望演说的孙中山，连话也没有听得清楚[①]。辛亥革命后的民国元年，在南京国民政府中，鲁迅曾在教育部工作，然而为时数月，短暂得很；而且，他作为教育部的普通一员，与临时大总统孙中山，是难得一见的。这些，都不能说明孙中山可能给了鲁迅什么直接影响。但是，影响却是存在的。从我们现在掌握的资料来看，从1905年孙中山到东京宣传革命时开始，到1925年孙中山在北京逝世为止，在这不算短的20年中，鲁迅与孙中山两人共同活动在动荡激变的中国舞台上，他们的某些活动有互相交叉、叠合之处。这种情况，不能不使鲁迅受到一定程度的影响。

早在辛亥革命的酝酿发动期，孙中山和以他为代表的民主革命派就影响了鲁迅，帮助了鲁迅，使他摆脱了改良主义的影响，冲破了维新思想的束缚而走上民主革命的道路。1904年，鲁迅去仙台学医，想以医学救国，这是明显的改良主义道路。1905年，孙中山到东京，宣传革命，在《民报》上展开了与立宪派、保皇派的大论战。革命还是改良，是这次论战的基本论题。中国要实行革命，是这次论战的胜利的结论。从此，革命派与立宪派、保皇派划清了界限，并且制定了"驱除鞑虏，恢复中华，创立民国，平均地权"的民主革命的总纲领。正是在这个时

---

① 参阅增田涉《鲁迅的印象》中的《鲁迅在日本见过孙中山》一节。

期，鲁迅从仙台赶到东京参加对孙中山的欢迎会，读《民报》，感到"神旺"，而且由于受到一次偶发事件的触发，最后放弃了医学而转向文学。从习医到从文，正是从医学救国的道路转向以文学唤醒民众的救国道路，这正是从改良转向革命。这里，除了章太炎的影响，便是孙中山的影响了。鲁迅的作品中，多次提到"二次革命"。这次以反袁为主要目标的革命，仅仅两个月，便以失败告终，孙中山不得不在自己领导的革命把皇帝推翻后，又作为政治流亡者再度出国。鲁迅对于"二次革命"的失败结局，是深感痛心的。他说过，由于见到辛亥革命的失败，又见到二次革命的失败，他不能不消沉颓唐，跌入沉默的痛苦境地。

当鲁迅在北京的绍兴会馆里抄古碑、临碑帖、读佛经的时候，亡命日本的孙中山，仍在为继续革命而奔走呼号。他函告革命党人："既不可以失败而灰心，亦不能以困难而缩步。精神贯注，猛力向前，应乎世界进步之潮流，合乎善恶消长之天理，则终有最后成功之一日。"[1]作为政治家的孙中山，为民族的新生，为人民的解放而进行宣传和斗争；作为思想家的鲁迅则对祖国的前途、民族的命运，在沉默中进行着思考。当孙中山在以后的年月里不断地与袁世凯的窃国擅政斗争时，鲁迅也一直在沉默中对袁世凯进行观察、思索，亦有谴责与斗争，最后从沉默中抬起了头。

在这个时期鲁迅与孙中山，是在进行着共同的斗争，他们的大目标是一致的，他们的斗争是互相补充的。当然，由于各人所处的地位不同，他们的作用也不同。在"五四"以前，孙中山领导了中国的资产阶级民主派，进行了辛亥革命的准备，进行了推翻帝制的斗争。而这时的鲁迅，虽然也进行着相同的斗争，但却有两种不同的情况。其一，正当孙中山领导革命党人在华侨中从事宣传、募捐工作，并进行联络会党、组织暗杀、举行起义等实际活动时，却忽视了对广大人民的宣传教育和革命发动，从而埋下了以后革命失败的隐患。而此时的鲁迅，却在思索着如何以文艺为武器，唤醒人民，并且进行了实际的思想启蒙运动的工作。他曾经怀着焦急而痛苦的心情呼叫，"而先觉之声，乃又不来破中国之萧条也。然则吾人，其亦沉思而已夫，其亦惟沉思而已夫！"[2]他的

---

① 邓泽如编《孙中山先生二十年来手札》卷二，转引自尚明轩：《孙中山传》。

② 《坟·摩罗诗力说》。

活动失败了，他陷入了寂寞。在这个时期，鲁迅不仅受到了孙中山的革命精神的影响，在他的革命精神的感召和教育下，走上了民主革命的道路；而且，一位伟大革命先行者的身影，在南京，在日本，在中国游动，威胁了清廷，鼓舞了人民。鲁迅是始终注目这个伟大的身影的。但是，鲁迅又并不只是一个消极的受教育者，一个只被招引的战士。他对于革命道路的思索，对于中国思想文化新生与再建的探索，对于唤醒民众的呼吁，都是当时的孙中山和他的战友们所未曾注意到而疏忽了的。这不能不说是鲁迅高于他们的地方。而鲁迅对于先觉者不来破中国的萧条的沉痛之言，无异于是对孙中山和他的战友们的诤言。

孙中山引导和影响鲁迅走上革命的道路。鲁迅以自己的工作，补充了孙中山的革命活动；并以自己的沉痛之言，道出了忽视"唤醒民众"这个革命工作的疏漏。

其二，辛亥革命失败之后，在同袁世凯的斗争中，鲁迅在思想与行动上，无疑是站在孙中山一边的。不过，处于沉默期的鲁迅，并没有以多少实际的工作来配合孙中山的斗争。但是，毫无疑问，孙中山领导的革命的各派力量所进行的反袁斗争，主导着中国的政局，影响着中国人民的生活。孙中山的伟大的先行者的身影，仍旧在中华大地上跃动。此时，在沉默中思索，寻求民族的与自身思想的去路的鲁迅，必然要把眼光注视着这个伟大的身影，并受到他的影响。

鲁迅写过几篇关于孙中山的文章，特别是两篇纪念文章。从中我们看到，鲁迅对孙中山一生的概括和颂扬，是中肯、正确、准确而深刻的，这说明他对于孙中山了解之深，其中列举的内容也反映鲁迅对于孙中山一生活动的熟悉程度。他是一直注视着这位革命先行者的身影的。

鲁迅对于这位伟大的先行者，作了怎样的评价？他从孙中山身上吸取了什么？

1925年2月21日，当孙中山不幸在北京逝世后的几天内，有些人无耻地讥笑糟蹋孙中山，鲁迅愤而作《战士和苍蝇》，表达了他对孙中山的崇敬之情，捍卫了孙中山。鲁迅用优美的笔调和形象确切的比喻写道：

　　　　战士战死了的时候，苍蝇们所首先发见的是他的缺点和伤痕，嘬着，营营地叫着，以为得意，以为比死了的战士更英雄。但是战士已经战死了，不再来挥去他们。于是乎苍蝇们即更其营营地叫，自以为倒是不朽的声音，因为它们的完全，远在战士之上。

的确的，谁也没有发见过苍蝇们的缺点和创伤。

然而，有缺点的战士终竟是战士，完美的苍蝇也终竟不过是苍蝇。①

鲁迅把孙中山称为战士，拿来和苍蝇们相比。他对孙中山的歌颂不是浮泛、庸俗的捧场，而是战士的敬礼与赞颂。是的，孙中山是位战士，他战斗了一生，盔甲披身，仆仆风尘，他一生未曾在征途上停歇过。鲁迅自己也是如此，上下求索，进击不息，最后以战士之身倒在岗位上。唯其是一个战士，所以他尊敬战士，并以战士的光荣而崇高的称号赠给战士。他以苍蝇的嗡嗡叫来比喻那些对死后的战士的诬蔑，也非常贴切：唯苍蝇能如此作为，唯苍蝇只敢、只能在战士死后去寻找战士的伤痕、缺点，嘬着，营营地叫着。这对于那些卑劣下作的文士和奴才们是多么贴切的揭露，有力的批判！

鲁迅的歌颂又是实事求是的，这实事求是表现了他的深刻的、科学的知人论世的思想观点，其中包括他的英雄观。鲁迅首先肯定，英雄——战士——孙中山，"和我们一样，不是神道，不是妖怪，不是异兽。他仍然是人，不过如此"。是人，不是神、怪、兽，这是鲁迅的正确的英雄观，他运用这个正确的英雄观来认识和赞颂孙中山而表现了正确的、科学的"孙中山观"。鲁迅还说："但也惟其如此，所以他是伟大的人。"这里，鲁迅又进一步申述了伟人与人（普通人）的关系，说明他们之间的根本的相通，正因为他"和我们一样"，所以他是伟大的人。在这之前，鲁迅作了《未有天才之前》（《坟》）的讲演，指出："天才并不是自生自长在深林荒野里的怪物，是由可以使天才生长的民众产生，长育出来的，所以没有这种民众，就没有天才。"他运用这个观点，来评价孙中山。伟人与人的关系，正是天才与泥土的关系：伟人是伟大的，但他又是民众这个大地之母长育出来的。"这一点，是泥土的伟大的地方，也是反有大希望的地方。"

鲁迅并不否认孙中山作为伟大的人物，也同样有他的缺点、他的创伤。这同样是鲁迅实事求是、具有科学态度的地方。而且，鲁迅在承认

彭定安文集 5
鲁迅和他的同时代人

———————————————
① 《华盖集·战士和苍蝇》。

这一点的同时又明确地谈到，要略其次要之点，而看其大者，顾其整体。有缺点的战士，仍然是战士，而"完美的苍蝇也终竟不过是苍蝇"。

鲁迅的这些思想观点，表明他已经跨步向历史唯物主义迈进了：他对个人在历史上的作用做出了科学的分析。

望着伟大先行者倒下的身影，鲁迅坚持了对他的崇敬，科学地赞颂了他的伟大。这崇敬和赞颂是出自他的内心深处，是他的热情的流露，思想的凝聚。这也表明他对孙中山的伟大之处的集中与概括，这也正是他要向孙中山所学习的主要一点，也说明他从孙中山那里所吸取的是什么。这便是：来自民众，生长在泥土里，是"和我们一样"的普通人，然而又是伟大的人，真正伟大的人。鲁迅自己也就是这样的伟人。他是不把自己看作伟大人物的普通而又伟大的人物。这是鲁迅与孙中山相通的地方。中国近代和现代的历史，在苦难与苦斗中夺取自由解放的中国人民，所需要的正是孙中山、鲁迅这样的伟大人物。人民生育和培养了这样的伟人。伟人也从不忘怀这一点，而奉献一切给人民。

1926年3月，孙中山逝世周年忌前夕，鲁迅写了《中山先生逝世后一周年》(《集外集拾遗》)，再次以诚挚、热忱的心，赞颂了孙中山。鲁迅不仅再次以"战士"的尊称来赞美孙中山，而且称他为"创造民国的战士"中的"第一人"。这是确当的评价。鲁迅特别高度地评价了孙中山最主要的特点：一生都是革命，"是一个全体，永远的革命者"。他写道：

> 中山先生的一生历史具在，站出世间来就是革命，失败了还是革命；中华民国成立之后，也没有满足过，没有安逸过，仍然继续着进向近于完全的革命的工作。直到临终之际，他说道：革命尚未成功，同志仍须努力！

这是对于孙中山一生的最好的概括，最高的评价。

1927年3月，鲁迅在广州中山大学作《中山大学开学致语》(《集外集拾遗补编》)的讲演，再次高度赞颂了孙中山的革命精神。他指出："中山先生却常在革命的前线。"他希望在当时革命后方广州的"中山大学中人虽然坐着工作而永远记得前线"，用孙中山革命精神来激励中山大学的师生们。

鲁迅说，孙中山著有许多书。鲁迅又把中山大学与革命的关系比作

"就等于许多书"；这书"须有奋发革命的精神，增加革命的才绪，坚固革命的魄力的力量"。

这里也包含着鲁迅对孙中山的评价，他在这里指出的革命精神、才能和力量，正是他自己希望人们从孙中山身上学习的东西。

鲁迅作为孙中山的同时代人而年少于孙先生的一位伟大战士，对孙中山认识清楚，评价准确。在这种认识评价中，凝聚了他对孙中山的崇敬、爱戴和学习之心。他望着这位伟大先行者的身影，追随着，踏着他的足迹前进。

鲁迅受到许多先辈的影响，在他们爱国爱民的革命精神招引下，在革命的路上不断前进。其中，孙中山是他最崇敬的一位。

孙中山逝世后一年多，鲁迅南下厦门、广州，他是奔赴孙中山当年建设的以广州为中心的革命根据地，也是在孙中山的精神感召下来到广州的。这在他的《中山大学开学致语》中已经表露出来了，在他当时的一些书信中也表露出来了。但是，不久就发生了四一二反革命政变，不仅共产党人和革命群众，而且连国民党左派也被囚禁与杀害。他们的血流在一起了。鲁迅对背叛孙中山和他的三大政策的国民党右派痛恨异常。正是在这种白色恐怖严重、革命处于低潮的时期，鲁迅更向前行，实现了思想飞跃。从此以后，他就同孙中山的叛徒们进行殊死的搏斗。这实际上也是对孙中山精神的继承和捍卫。

然而鲁迅不仅如此，他更越过孙中山前进了，进到了马克思主义的高度，成为伟大的共产主义战士。但是孙中山的伟大身影却一直在鼓舞着他。

鲁迅对于孙中山的深沉的爱戴和感情，后来都表达在他与宋庆龄的革命友谊之中，凝聚于他们的共同战斗之中。这是他们对孙中山革命精神的坚持与继承。

第三章　"五四"思想文化领空灿烂群星中的亮星

马克思曾经说过："如爱尔维修所说的，每一个社会时代都需要有自己的伟大人物，如果没有这样的人物，它就要创造出这样的人物来。"[1]五四运动就是这样一个需要自己的伟大人物的社会时代，"五四"时期的中国社会和历史"机遇"，也确实应历史之所需创造出了这样的人物。这种人物是颇有历史特点的。因为这是中国近代历史上的改革已经由器物层、制度层进到了文化层的阶段，是中国文化由传统向现代化转化的阶段，所以这个时期所造就的人物，都像恩格斯在论述欧洲文艺复兴时期的第一批巨人那样，是"在思维能力、热情和性格方面，在多才多艺和学识渊博方面的巨人"。恩格斯还说道，这些"给现代资产阶级统治打下基础的人物，决不受资产阶级的局限"[2]。中国"五四"时期的文化群星，也确是给资产阶级统治打下基础的人物，但有些人在一个时期中、有些人经过发展，却没有受资产阶级的局限，因此在文化上作出了他们的超越阶级局限和历史局限的贡献。不过，时代究竟不同了，"五四"时代的中国，不仅资产阶级登上舞台，而且无产阶级也在时代和民族舞台上演出了威武雄壮的历史剧。而在历史的演变中，这两大阶级又展开了矛盾斗争。这样，像恩格斯所称赞的那种巨人的"完人"形态和"性格上的完整和坚强"，在某些"五四"人物身上，不能体现出来。他们之中有的人风云叱咤于一时，然而不久便退步、退隐，有的成为纯正的学人教授，有的则成为了恩格斯所说的"第二流或

---

① 马克思：《1848年至1850年的法兰西阶级斗争》。

② 恩格斯：《〈自然辩证法〉导言》。

第三流人物"，或者是成为"唯恐烧着自己手指的小心翼翼的庸人"①。

鲁迅便是在这样的时代、这样的历史舞台上，同这样一些发展变化着的巨人、庸人，二、三流人物，或者是一些先是巨人、强人、优秀人物后来成为二、三流人物或庸人的人们在一起，一同战斗、一同创造、一同前进，后来又分道扬镳。毫无疑问，也毋庸讳言，鲁迅不仅曾经同这些各不相同的同时代人一起活动，而且受到过他们不同程度的影响，从他们身上吸取了有益的东西，得到过启迪，或者同他们有过论争，然而也从他们在正反两个方面获得了益处。他决不是独来独往的，也不是独立自生的，"生与死，明与暗，友与敌"，好与坏，正面或反面，都是他的同时代人，都与他"同台演出"，因此也就都在一起共同成长。鲁迅的高人之处、伟大之处，不在于他天生比这些同时代人高明，而在于他能吸吮、接受、引进、改造，高山与沃土同取，汪洋与涓滴皆汲，以"我"为主、博采众家，而成"己"之伟大与丰富。

李大钊、陈独秀都可以说较鲁迅是先行者、先觉者，他们在革命理论和革命政治活动方面都高过鲁迅，他们当时在成名之早和名声之大上均超过鲁迅。他们在这些方面以及在文学方面，也都给予了鲁迅以鼓舞、帮助、推动。他们的革命言行，吸引了鲁迅，呼唤他走上历史舞台。鲁迅是在陈李二位主持的《新青年》杂志的推动下，奔赴"五四"思想文化疆场的。这一点非常突出。鲁迅也在文章和书信中说过、肯定过，甚至表达了感谢之情。这些，理应看作鲁迅受益于同时代人和与同时代人一起成长的证明。不过，同样毋庸讳言，鲁迅后来在一些方面，比如文学、艺术、文学理论、文化和学术等方面，都超过了这两位为他所尊敬和称道的先驱者。比起陈独秀来，他更是远远地将其抛在了后面。

同周作人相比，鲁迅在"五四"时期虽然说同列为"周氏兄弟"之中，声名震文坛，然而开始和以后一个时期，他的声名是略逊于乃弟作人的。周作人的《人的文学》，在理论上树起一个时代的旗帜，影响了一代文坛，表达了一个文学觉醒的时代；他的新诗《小河》，他的优悠淡雅的散文，在当时的成就和影响，是不亚于甚至高于鲁迅的。在学术造诣上，在当时，他也不示弱于长兄树人。应该说，当他们兄弟怡怡，

---

① 以上引号中文字均见恩格斯：《〈自然辩证法〉导言》。

一同活跃在新出现的文坛上，奔驰在文化战场上和切磋于学术艺文领域时，鲁迅是从乃弟那里得到了帮助、受到了影响、获得了益处的。不过，在时代风雨的煎洗中，在兄弟决裂、分道扬镳之后，周作人步步下沉，而鲁迅则随着时代的潮流和人民的斗争的发展而不断前进。以后，鲁迅作为中国新文化的代表和左翼文学的旗手，周作人则作为带着封建文化习气的资产阶级右翼文化和闲适文学流派的领头和代表，各奔前程，各树一帜，在对人民、祖国、民族文化的发展和所作出的贡献上，不仅天壤有别，不可同日语，而且在历史的天平上，各自的分量也相差极为悬殊。他们同胞兄弟，同出于一个家门，从幼年到少年、青年直至壮年，手足情深，共同战斗、切磋学问，但终究分流，各向自己的事业与人生的归宿奔去，结果大不相同。这原因自然有种种方面，但根本还在于一个终其一生，拳拳眷眷，服膺人民的事业，"横眉冷对千夫子，俯首甘为孺子牛"；一个自始至终"孜孜矻矻"，为的是个人的幸福，"半是儒家半释家，光头更不着袈裟"（《知堂五十自寿诗》）。这兄弟异途的一对，正代表了两种文化的根本不同。鲁迅最后十年，一天十几小时地工作，鞠躬尽瘁、死而后已；而周作人隐居十年，"一天十小时闲卧看书"，"偃息禅堂中，沐浴禅堂外"。在人民挣扎在死亡线上，民族在浴血奋战中，各自的生活态度和心之所向，是这样泾渭分明。他们的不同结局，是在意料中的、合乎逻辑的，是历史的公正的评断。

他们兄弟两人作为民族文化中的两个对立的代表，两个阵营里的不同旗帜，其道路、思想与命运，反映了中国文化现代化过程中的两种文化因素的对立与斗争，反映了中国现代文化发展史的轨迹。

我们曾经对周作人隐而不谈或一笔抹杀。这自然是不妥当的，也是不应该的。历史难道是能够抹掉的吗？周作人在中国现代文学史和文化史上的地位和贡献是不可能弃置不顾的；他的作品的艺术成就，是不能视而不见的。但是，他作为另一种民族文化代表的鲁迅的对立面，他对人民解放事业、对民族与祖国所负的罪责，却也是刀刻青史，涂抹不掉的。

"五四"时期另一位声名与贡献都比周作人更大得多的，是胡适。他是五四新文化运动的前驱。在新文化运动中，他率先提出了《文学改良刍议》，他的新诗开风气之先，他的小说研究引起了中国现代文学观念的变化。鲁迅作为胡适的同事和朋友，在五四运动时期，从胡适那里得到了帮助，受到了影响。他们是一同成长的同时代人。胡适最早提倡了白话文的运用，最早从事了中国小说的考证与研究，当然，更重要的是他最早发动了文化革命运动，是当时发起运动的知识分子中的重要一员。这些，作为大文化背景的构成部分和作为具体的战斗目标和学术研究课题，对于鲁迅都产生了影响，证明鲁迅最初对《新青年》杂志和它所发动的运动表现冷淡，到后来才开始注意，而后才投身于其中。我们甚至可以说，《新青年》杂志以及陈独秀和胡适，正是鲁迅尊为他愿意听命于他们的"前驱者"，是这些"前驱者"（包括胡适在内）对他起到了唤醒的作用，至少是把他从沉默与寂寞中呼唤出来，重新鼓起希望的风帆，迎击文化战斗的浪涛。

在"五四"前后，鲁迅与胡适曾就中国古典小说问题，交换资料，互相切磋。胡适对鲁迅的小说创作也是倍加称赞的。

对于鲁迅与胡适这种同时代人共同战斗、一起奋战、互相切磋学问等方面的情况，我们很长一个时期是不予过问甚至予以抹杀的；尤其对胡适曾经给过鲁迅积极的影响和他们有过友谊交往，更不提及。这自然未免过苛，也不符合历史的事实。

无论是对于周作人，还是对于胡适，我们还历史以本来面目，肯定他们作为鲁迅的同时代人，曾经与鲁迅一同成长。他们还给过鲁迅积极的影响和推动，鲁迅成为中国现代文化的伟大先驱和旗手，同这些是分不开的。无论对于鲁迅研究，还是对于中国现代文化史研究，都是如此。

在以后，胡适、周作人，都同鲁迅站到了不同的阵营，彼此对立，发生了严重的、严肃的、尖锐的斗争，包括政治的、民族命运的和思想文化与文学艺术的许多方面，从历史角度来予以评判。鲁迅是站在正确的和正义的一边，这自然不应含糊。但这不能将过去抵消，也不能掩盖另一面，而鲁迅即使在分裂之后，也不曾完全抹杀胡适的贡献和成就的一面，也不曾对乃弟完全仇眼相对，而是说出了只有兄长才能深知的周作人心性上的严重缺点、性格上的弱点，并且对作人的处世做人仍然颇为关心，甚至连他挨骂的《五十自寿诗》中对于当时的隐约微词也看到了并给予肯定的估价。这是鲁迅的正确和公正之处，也是他的科学态度。倒是我们后人，曾经只执着和强调他对胡、周的尖锐批判的一面（主要的），而忽略了另一方面（虽然是次要的）。事实上，从这种分化中，我们主要是寻出一种规律，即文化发展和文化战士的演变，受到时代、阶级、社会的影响，而就个人来说则主要的、根本的在于他的思想品格，是与人民一同受难与前进，还是同他们的利益与愿望背道而驰。

近年来，关于胡适，关于周作人，都有不少文章与著作，应该说这恢复了历史的本来面目，反映了一代新学风，体现了学术思想解放和科学态度。这不仅有利于科学地评价胡、周二人，而且有利于科学地评价鲁迅，也有利于科学地研究中国现代文化史。当然，这中间也出现了一点值得注意的倾向：从一个极端又走向了另一个极端，似乎胡、周一切皆好，而鲁迅当年的批判和斗争都是错误的，至少是多余的，是过分的或个人意气之争了。事情好像又有点回到了过去。这才真正是俗语所说的"翻烧饼"了。这于学术以及其他都是无益的。

本书未能就鲁迅与周作人的关系，在"同时代人"的方位上，给予专文探讨，这是颇感遗憾的，而且是本书的一个缺点。

还有颇感缺憾的是，对于曾与鲁迅激烈论战的另一方面的人物，如章士钊、陈西滢、徐志摩等人，本书也未作论述。事实上，第一，这些人物也是曾经风云一时，在辛亥革命、在中国现代文化史和文学史上活动过，有过一定的或颇大的影响的；他们作为鲁迅同时代的一般人，也对鲁迅产生了影响而不应忽略。第二，作为鲁迅激烈论战的对立面，作为鲁迅与之作殊死斗争的一种社会势力和文化力量、文学潮流的代表，他们对鲁迅所产生的影响更是不小的。他们曾经整治过鲁迅，猛烈抨击过鲁迅，对鲁迅冷嘲热讽、恶语相向、暗箭伤害，既有两种思想文化、两种政治与社会势力的斗争，也有两种文学流派的论争，更夹杂着个人的人身攻击。当时，他们是统治者或统治阵营的，是有势力的人物，可是他们的对立面是处在被整地位的。然而鲁迅是代表人民、革命和社会进步势力，也是代表进步文化与他们作斗争的。这中间发生了种种文字的、政治的与实际上的斗争，这对于鲁迅的影响，包括他的工作、战斗、生活、思想、情绪，都是很大、很深刻的，自然不可忽视。第三，更重要的是，他们从反面推动了鲁迅的前进和思想发展。恩格斯在论及费尔巴哈在19世纪50年代，仍然没有超过他自己在1840—1844年的观点时指出，这固然有几个方面的原因，但就费尔巴哈本人来说，主要的原因却是他作为杰出的哲学家，"却不得不在穷乡僻壤中过着农民式的孤陋寡闻的生活"，"这种生活迫使这位比其他任何哲学家都要更爱好社交的哲学家从他的孤寂的头脑中，而不是从和他才智相当的人们的友好或敌对的接触中得出自己的思想"。①鲁迅同费尔巴哈的情况正相反。他不是在穷乡僻壤过着与世隔绝的孤寂生活，而是生活在中国的大都名城而且是文化革命的发源地，积极地参加了热烈的学术文化论争和尖锐的思想、政治斗争；在这种生活中，不仅能从"和他才智相当的人们的友好接触"中得出自己的思想，而且从与这种人的"敌对的接触"中得出自己的思想。同胡适、周作人，他先是友好的接触，以后转变成对立的甚至敌对的接触，同章士钊、陈西滢、徐志摩则是既有学术艺文的对立性论争，又有"敌对性的接触"，而在这种接触中他得出了他的思想。他从中了解了社会的斗争、历史发展的轨迹、中国文化发展的问题以及各种流派的思想、文化、艺术见解的不同性质，相反相成，他从与反面、对立面的思想文化作斗争中得以发展了自己的思想。这是章士钊、胡适、周作人等人作为鲁迅的同时代人在推动鲁迅前进和发展中的作用。

这里专论的只有关于鲁迅与钱玄同、刘半农的关系。这里的情况也是复杂的。他们曾经是挚友，但后来却也由友好的接触蜕变为对立的接触了，有时则是彼此疏远。这里反映的不仅是他们的私谊的变化，而是更深刻地反映了中国现代政治、思想、文化发展的轨迹，也体现了鲁迅思想发展演变的历程。

以上所述，总括起来，都从一个侧面反映了中国现代文化史的状貌。

一、"五四"时期思想文化领空的三颗亮星及其变迁
——论鲁迅与李大钊、陈独秀

中国20世纪的最初10年，作为五四新文化运动的酝酿、爆发和发展时期，像恩格斯所说的欧洲文艺复兴时期一样，也是一个需要巨人而且产生了巨人的时代。

鲁迅和李大钊、陈独秀，便是中国"五四"时期思想文化领空上的三颗亮星。虽然他们后来的活动领域、发展途径和事业建树各不相同（陈独秀背叛了自己的历史，走向了反面），但在"五四"时期，他们是

---

① 恩格斯：《路德维希·费尔巴哈与德国古典哲学的终结》。

在时代领空上闪烁着的、交相辉映的亮星，对中国现代文学的产生和发展，对中国现代文化的发展，作出了自己的贡献。而且，他们这种贡献，不是他们任何人独自作出的，也不是他们彼此孤立地作出的（这不可能）；而是他们彼此推动和互相影响，组成一些思想的、文化的"网结"，以扩大的社会文化生产力，来建立和发展的。我们无须证明他们谁离不开谁，这是没有意义的；我们只是要"记录"下他们已经发生的彼此结合的事实，并加以论证和说明，从中探寻一些规律性的现象。这不仅有利于认识鲁迅和他的那些重要的同时代人，而且有利于认识那个时代，认识文化发展的一些规律，以供今天文化建设借鉴。

恩格斯在《〈自然辩证法〉导言》中谈到欧洲文艺复兴时，曾经指出，在这个时期，"在意大利、法国、德国都产生了新的文学，即最初的现代文学"，并且热情地赞颂道：

> 这是一次人类从来没有经历过的最伟大的、进步的变革，是一个需要巨人而且产生了巨人——在思维能力、热情和性格方面，在多才多艺和学识渊博方面的巨人的时代。给现代资产阶级统治打下基础的人物，决不受资产阶级的局限。相反地，成为时代特征的冒险精神，或多或少地推动了这些人物。①

对于五四运动酝酿、爆发和发展时期的中国来说，也有类似的情况：那是一次中国从来没有经历过的最伟大的、进步的变革，也是一个需要巨人而且产生了巨人的时代。这些巨人，在思维能力、热情和性格方面，在多才多艺和学识渊博方面，超出了一般人，有着他们的特异的才能和特异的地方。闪现于这个时期中国思想文化领空之上的亮星——鲁迅，当之无愧地是这种巨人，而他当时的战友们，尤其是李大钊和陈独秀，纵然他们自己各有成就但仍不足以称巨人的话，那么，他们的作为和贡献，他们对于巨人的产生，以及作为与巨人共同战斗的重要战友，也是有着重要的作用的，有着不可磨灭的功绩的，他俩也是闪烁在"五四"文化领空的亮星。

由于时代和民族的不同，"五四"时期文化领空的亮星和欧洲文艺复兴时期的人物也有所不同。这三颗"五四"时期的亮星，执行的历史

---

① 《马克思恩格斯选集》第三卷，第445页。

任务确是资产阶级民主主义革命，但他们又确实没有受资产阶级的局限，而且不是为资产阶级统治而是为无产阶级未来的统治打下了基础。当然，首先和具有特征性的是，他们在中国创立了新的文学，即最初的现代文学。不过，很快他们就各去从事自己领域里的活动，而不再主要和单纯地在文学天地里共事，然而又不时地在重要的时节和重大的问题上相遇或交叉，从而闪烁时代的、思想的光芒。而在当时作为时代特征推动他们活动的，当然不是冒险精神，而是热烈的爱国精神。

（一）

在这三颗亮星中，最早出现的是陈独秀，最迟出现的是鲁迅。不过，在年龄上，鲁迅和陈独秀相差只一两岁，而李大钊却比他们小了几乎十个年头①。但是，这种出生年月上的基本相同或相差甚大，并没有什么本质的意义，在他们的早期，在觉醒的时序上，在思想上和政治上的发展途径上，他们倒是大抵相似的。他们都出生于书香官宦门第，家道也都遭逢中落的命运，而个人的身世竟也颇相似。陈独秀出生于安徽怀庆（今安庆），父亲陈象五靠教书为生，早逝。陈独秀幼年时便过继给叔祖陈皆凡。鲁迅，大家知道的，祖父是做官的读书人（翰林），父亲是没有做成官的读书人，祖父入狱，父亲卧病，都死于鲁迅年幼时。李大钊比他俩更不幸，父亲英年早逝，那时李大钊尚未出世，而李大钊出生后仅一年多，母亲也逝去了。他"为一垂老之祖父抚养成人"②。

他们的这种类似的身世，有着不同的原因，并带着各自的偶然性。然而，这种身世所带来的他们不幸的经历和由此而产生的他们思想感情上的类同，却带有必然性地把他们引向通往感受本阶级没落命运，从中叛离出来，以至同情下层群众的道路。这种"平民感情"，更由于他们生长的年代正是祖国遭受外敌侵略瓜分、封建统治者昏庸无道、人民生灵涂炭、国家风雨飘摇时期。

在最初的年月里，在早期的成长路途中，他们表现为殊途同归。他们并非天才，但都自幼聪慧好学。鲁迅除按家长规定学《鉴略》、学诗

---

① 陈独秀出生的年月现有两种说法：一为1879年；一为1880年。鲁迅出生于1881年，陈独秀比鲁迅长一岁或两岁。李大钊出生于1889年，比鲁迅小8岁，比陈独秀小9岁或10岁。

② 李大钊《狱中自述》："在襁褓中，即失怙恃，既无兄弟，又鲜姐妹，为一垂老之祖父抚养成人。"

作对之外，也读野史小说，更迷恋民间艺术，受熏陶其深。陈独秀幼年好学，成绩优秀，18岁就被誉为"皖城名士"。李大钊3岁识字，常从对联、告示、碑文中学字。他勤奋好学，能文善诗，才思敏捷，闻名乡里。作为有影响的文化战士，他们这种少年时的文化根底，是最初的基础，不应该被忽视。以后，生活教育了他们，培育了他们的心性。鲁迅在16岁时因祖父入狱、父亲久病而至家庭中落，由此感受到人情冷暖、世道炎凉以及看到整个家族没落，而至毫不可惜本阶级的溃灭，并厌弃周围的人和环境，决意要"逃异地，走异路，去寻求别样的人们"。他在家庭影响和中日甲午战争中清朝败北、丧权辱国的刺激中，在18岁时鄙弃科举道路，决定到南京入水师学堂和陆师学堂附设矿路学堂，以从戎报国参加海军或建设矿冶工业①；后来思想又改变，要改良人种以医学维新救国而学医；再后来又以为首要的是改变人的精神面貌而改习文艺，并回东京从事以文艺为主要手段的思想启蒙运动，在辛亥革命酝酿期，进行思想发动工作，参与了当时的资产阶级民主革命活动。陈独秀也不热衷科举，只因叔祖和长兄督促才去考了秀才。然而1902年便在当时反清革命的潮流影响下，在安庆藏书楼发表著名的革命演说。他1902年到日本留学，便参加了留学生中第一个革命团体——青年会。翌年，同邹容等惩治学监姚文甫，震动国内外，被遣送回国。他回到安徽，从事革命活动。后又赴沪，与章士钊创办《国民日

① 关于鲁迅到南京入水师和陆师学堂，并非纯粹因为那里不要学费和有亲戚在，而是由于爱国情绪支配并确有从戎报国之志，我在拙著《鲁迅评传》中曾有申述。近读李政文《鲁迅约见朝鲜友人的一封信》（载《新文学史料》1983年第3期），内有申彦俊1933年所写的鲁迅访问记；鲁迅在回答"您是怎样写起小说来的？"时说："我在十八岁那年，抱着为在将来建设一支强大的中国海军的良好愿望，考进了南京水师学堂。那个时候，英美各列强都用海军侵略中国。眼看这种情景，我青春的血沸腾了起来。我决心当个好海军。可是不到半年，我便退出了水师学堂，转入到南京矿务学堂。当时我想，要使中国富强起来，最要紧的任务，应该是先发展矿业、工业。于是，我抓紧学习，直到毕业。毕业后，我的想法又变了。觉得，中国要富强，首要的任务，应该是改良人种。把中国人改良成强种人。我认为，日本之所以成了强国，是从明治维新开始的，明治维新又是从发展现代医学开始的，所以我抛弃了在中国搞矿业的想法，去了日本，开始学医。我在日本学医是在一个小地方，有一天，学校演电影。我在电影里看到一个中国人给外国人当探子，被外国人抓起来枪毙了。当时，我心里很难受，对我刺激也很大。我想，光搞医学，使中国人强壮还不行，必须提倡新文学，要从精神上，先使中国复活起来，于是，我又放弃了学医，转向研究文艺，开始了写小说。"

报》。从此投入辛亥革命的洪流。李大钊虽比鲁迅与陈独秀年幼，但他就学于永平府中时，已是1905年，正是以孙中山为首的革命派已经同康梁改良派划清界线，新的革命阶段已经来到的时期，他也很快倾向革命。"钊自束发受书，即矢志努力于民族解放之事业。"[①]后来（1907年），李大钊与鲁迅相反，不喜学医，也不愿"理财以致个人之富"，而要去学政法以"求得挽救民族、振奋国群之良策"。他们选择的具体道路不同，但爱国之志一致，根本目标也相同。

至此，我们看到，他们生长在相似的家世土壤上，以后则同样受到历史振动波的震荡、时代风浪的激荡，受到祖国沉沦、外寇入侵的刺激，因而走上共同的爱国的、革命的道路。这是中国现代文化的第一批首义战士的相同和不相同的经历。这成为他们思想内涵的最初因素，也是中国现代文化的最早内核。它寄托于这些代表人物的身上，也由他们来创建它自身。这是历史人物承担着历史的任务，历史的任务也交给了历史人物。

我们还看到，他们三人这时的学习与活动便显示了各自的特点与品性。鲁迅突出地以文艺为活动领域；而李大钊、陈独秀则活跃在政治战线，表现了政治家的气质。

辛亥革命胜利，皇帝的金冠滚落到地上，几千年的封建帝制被推翻了。乌云散，太阳出，中国出现了希望。但是，曾几何时，乌云依旧笼罩在祖国的上空，大地上狼奔豕突。这三位曾经奋身战斗、期望甚殷的年青的战士，在高兴了一阵之后，很快就失望了。鲁迅以"故里寒云恶，炎天凛夜长"，"狐狸方去穴，桃偶已登场"之句，描绘了那时的情景，并转入了沉默的沉思期。陈独秀则写道："亦非有救民水火之诚，则以利禄毁人如故也，敌视异己如故也，耀兵残民如故也，漠视法治如故也，紊乱财政如故也，奋私无纪，殆更有甚焉。"他面对污秽，易名"独秀"（原名庆同，字仲甫）。从此，又进入新的思想期和新的征途。李大钊1912年就在欢欣之后转入失望，写了《隐忧篇》，慨叹中国仍如"敝舟泛溟洋"，"固犹在惶恐滩中"；后又作《大哀篇》，呼叫"共和共和，幸福何有于吾民也！"1913年，他东渡留学，入东京早稻田大学习政治。从此，他一面从事革命活动，一面研习社会主义学说，接受了马

---

① 李大钊：《狱中自述》。

克思主义，成为将马克思主义学说传入中国的第一只春燕。

　　三位中国现代文化革命的先驱，都是为辛亥革命的发动所唤醒，走上革命的征途；但是又为这场不彻底的革命的失败而痛苦、失望，起而探寻新路，进入再觉醒的时期。这正反映了中国现代文化产生的渊源、动因和发展的途径。

　　他们再觉醒，前进，其动机"不是从琐碎的个人欲望中，而正是从他们所处的历史潮流中得来的"，他们是"一定的阶级和倾向的代表，因而也是他们时代的一定思想的代表"。[①]当时，冲击他们的历史潮流是：辛亥革命推翻了帝制，但革命果实被篡夺，以袁世凯为代表的封建势力进行复辟活动，一个以"大总统"为名的"新式"皇帝正在向宝座上爬。中国的资产阶级民主革命要补课，要从头来过。正是作为一定的阶级倾向的、时代的思想代表，这三位民主文化战士都对袁世凯持坚决反对和彻底否定的态度。鲁迅以集古籍、抄古碑、读佛经为避祸明志的手段，并深入钻研中国历史与传统文化，"稽古求新"，探求民族新路。陈独秀在反袁失败后，逃亡日本，1915年回国创办《青年》杂志，在创刊号上提出要"以科学与人权并重"，"五四"时期的科学与民主两大口号已经酝酿于此。李大钊在反袁斗争中，也积极活跃。他未等毕业，便于1916年4、5月间回国投身反袁斗争，到了上海。他把在日本时写的《青春》一文寄陈独秀。文中号召："以青春之我，创建青春之家庭，青春之国家，青春之民族，青春之人类，青春之地球，青春之宇宙。"文章在《新青年》杂志的二卷一号上刊出，成为呼唤新的革命风暴的号角。文章所表达的思想是积极的、进取的、向上的，充满生气与信心，眼界是开阔的，胸襟是开豁的。至此，李大钊与陈独秀在探索与战斗的道路上相遇了，他们的思想发生了交流与交互影响，他们的事业与活动的领域交叉在一起了。好比彼此游离的分子，在时代震荡器的震荡下，由于彼此的质地相通相同而相聚，形成集团的力量了。然而此时的鲁迅，仍在沉默中观察与思考，甚至对《青年》杂志的出现和迸射的新的火花也并未注意。但这只是暂时的。以后，由于许寿裳从反面推荐（他认为《新青年》杂志"其说甚谬"），由于钱玄同积极的催促，鲁迅

[①]　恩格斯语，见《马克思恩格斯文集》第四卷，第343–344页。

终于注意到并且赞赏《新青年》杂志①，并且为它写稿了。《狂人日记》一发表，春雷迸发，振聋发聩，当然更引起了李、陈二人的注目。

于是，这三颗亮星，在"五四"前夕的中国思想文化领空上出现了，彼此的光交映着，像暴风雨来到之前的闪电。这在中国现代思想文化史上是值得记载的一页。

1917年，俄罗斯大地颤动了，十月革命的火光照红了半边天。那光焰也映照东方的古国。那三颗亮星，都反射着这光焰。李大钊发出最热情而深切的欢呼。1918年7月，他在《言治季刊》上发表《法俄革命之比较观》一文，指出，十月革命不同于法国的资产阶级革命，而是"立于社会主义之上的革命"，是"世界的新文明之曙光"，是"世界的新潮流"。其后，1918年11月，他在《新青年》上发表了《庶民的胜利》《布尔什维主义的胜利》两篇文章。他发出这样的预言："试看将来的寰球，必是赤旗的世界。"从此，他把马克思主义同自己的思想和中国的革命结合起来，改变了自己的思想方向。陈独秀曾经对社会主义取审慎态度，没有接受在《新青年》上介绍社会主义学说的建议。但是，在十月革命后，他由民主主义者转向社会主义。从此也改变了自己的思想方向。鲁迅则歌颂了"新世纪的曙光"，虽然仍不是对十月革命本质的赞颂，但他是拥护这种大革命的。他说，他从这个实例中知道了"'新的'社会的创造者是无产阶级"。虽然如他自己所说"因为资本主义各国的反宣传，对于十月革命还有些冷淡，并且怀疑"，但却有一个在他来说是待证明的真理：新社会的创造者是无产阶级，埋入他的心田。他从此也逐渐改变了自己的思想方向。这是一个非同小可的转变。这是中国现代文化的大转折。东方古国的传统文化将与马克思主义相结合，在它的指导与改造下发展了。这个历史的必然趋势，通过三位文化代表人物之身反映出来了，实现了。

(二)

鲁迅曾经说过，他在开始时并非为热情所促，而是为友人所催、赞成前驱者的志向、同情他们的寂寞，而出阵呐喊的。这里有自谦，也有实情。执行催促任务的是钱玄同。但李大钊与陈独秀在《新青年》上的

_____

① 《青年》杂志创刊于1915年9月，到1916年9月二卷一期起改为《新青年》。

论文的出现和他们在北京大学以及学术界、文化界的活动，则是更本质的催阵之鼓，而且是鲁迅所说的他所要听的"将令"，是他的"遵命文学"所遵之"命"的重要组成部分。胡适最早发难的《文学改良刍议》、陈独秀的《文学革命论》对鲁迅也产生了影响。陈独秀提出了"革命文学"的三大主义，即"推倒雕琢的阿谀的贵族文学，建设平易的抒情的国民文学"，"推倒陈腐的铺张的古典文学，建设新鲜的立诚的写实文学"，"推倒迂晦的艰涩的山林文学，建设明了的通俗的社会文学"。鲁迅的杰出的白话小说，正是这种文学，它是平易的、抒情的、立诚的、写实的、明了的、通俗的，它反映了血淋淋的中国社会现实，它也为中国的现实社会所接纳，并为它的社会革命而呐喊。所以，鲁迅自己也说，他的小说作品出来，才显示了陈独秀提倡的文学革命的实绩。这评价是客观的、公允的和科学的。这正说明了他与陈独秀的"分工合作"，说明了他接受陈的影响，同时他也给予陈影响。鲁迅的小说，得到了陈独秀、李大钊的激赏。李大钊在收到鲁迅赠他的《呐喊》时，称赞这是"中国最好的一本小说"。陈独秀作为《新青年》的主编，更是鲁迅小说创作的催生者、赞赏者与评论者。他称赞说："鲁迅兄做的小说，我实在五体投地的佩服。"他鼓励鲁迅将小说结集出版，说："豫才兄做的小说实在有集拢来重印的价值。"这种真实的、友朋的称赞，话语不多，但分量与意义均重，而且这不是来自一般人而是来自鲁迅心目中的先驱者的称赞。后来，鲁迅忆及这段创作生活，还说道："但是《新青年》的编辑者，却一回一回的来催，催几回，我就做一篇，这里我必得记念陈独秀先生，他是催促我做小说最着力的一个。"[①]这段忆念之情，蕴含感谢之意。

陈独秀还在《新青年》上独创性地开辟了《随感录》专栏。他不仅自己写，而且发动组织战友们写。因此他又是鲁迅写作随感的催促者。1920 年 9 月 28 日，他给周作人写信说："随感录本是一个很有生气的东西。现在为我一个人独占了，不好不好，我希望你和豫才、玄同二位有工夫都写点来。"由于陈独秀的催促，鲁迅在创作小说的同时，也写作随感录。并且从这儿开始，他写作直面作战的短评，成为日后得到辉煌发展的杂文的发轫。无论是开创"随感录"这个战斗的文体，成为杂文

---

① 《南腔北调集·我怎么做起小说来》。

的滥觞，还是鼓励鲁迅写作杂文，陈独秀都是有功的，功在中国文学革命和中国文学史、文化史、思想史。

这个时期，他们三人作为《新青年》集团的主要人物，在编务会议上是经常见面的，在共同的战斗中他们是互相支持与鼓励的。鲁迅这时期主要从事短篇小说创作。他的创作力颇为旺盛。他自觉到自己是在整个文化革命集团中的一分子，从事一个方面的战斗。虽然后来他说由于他当时的想法是"所执的业，彼此不同"，所以对李大钊当时所发表的宣传马克思主义的战斗文字"并未留心"，但是，这只是说他没有作为与自己的工作直接相关的（比如文艺论著和创作）文字那么注重研究，而不会是从不顾及的。但鲁迅对李大钊的为人、学问、品德，均极敬重。他在《南腔北调集·〈守常全集〉题记》中，对李大钊的形象和品格有着深情而尊敬的描写。他说，他对李大钊，是"以他为站在同一战线上的伙伴"的；虽然他当时不知道李大钊"是否已是共产主义者"，但是"给我的印象是很好的"。鲁迅称赞李大钊"诚实、谦和、不多说话"。鲁迅还特别称赞李襟怀坦荡，不培植自己的势力：

> 《新青年》的同人中，虽然也很有喜欢明争暗斗，扶植自己势力的人，但他一直到后来，绝对的不是。

对于李大钊的英勇献身，鲁迅是十分哀痛的。他说："在厦门知道了这消息之后，椭圆的脸，细细的眼睛和胡子，蓝布袍，黑马褂，就时时出现在我的眼前，其间还隐约看见绞首台。"鲁迅是那样地深切怀念战友，李大钊的形象时时出现在眼前。鲁迅对于李大钊的贡献是予以很高评价的。他说："他的遗文却将永住，因为这是先驱者的遗产，革命史上的丰碑。"

在鲁迅的这些怀恋、纪念和评价中，反映了李大钊对他的深刻的影响。这影响有两个方面。第一，李大钊的精神品德、文章著作，是鲁迅所敬重的，这是他的同一战线上的伙伴的论著，彼此是互相关联的。第二，对于李大钊的英勇不屈，毅然献身，鲁迅是痛苦的、崇敬的，难于忘怀的。这烈士的血、战友的血，也像刘和珍、柔石的血一样，浸渍了他的心，给他鼓舞、教育与力量，这些盖过了悲痛与哀伤。

鲁迅与李大钊、陈独秀的直接交往与共同战斗，时间是短暂的，从1918年算起，仅仅两三年。但确实从李大钊、陈独秀的身上，从他们的革命工作与文章中学到很多东西，受到很大影响。

（三）

鲁迅同李大钊、陈独秀在与马克思主义的关系上，表现了不同的态度，结果也不相同。他们是始同途、后分道、终同归。在这种变异、分化中，是有着历史的规律和历史的教训可寻的。他们三人的基本状况是：李大钊自始至终是一位杰出的马克思主义者，在中国的马克思主义宣传和发展上，作出了最早的努力和最初的建树。陈独秀曾经是风靡一时、声誉卓著的共产党人、马克思主义者，然而，他从一开始就不是一个真正的马克思主义者，而是一个激进的民主主义者，而最后则背叛了马克思主义，成为反马克思主义者。鲁迅则与他们两人不同，他起初并不是马克思主义者，而是一个激进的民主主义者、进化论者；但是，随着中国革命的发展，随着马克思主义同中国现实、中国革命、中国知识分子的一步步深入的结合，他也一步步向着马克思主义前进，最后成为一位伟大的共产主义战士。他体现了中国现代文化发展的方向与必然趋势。

李大钊在五四运动之后不久，便从事建立中国共产党的工作，帮助孙中山改组国民党和建立国共合作的革命联盟以及广泛深入地开展工农和学生的群众运动，成为中国共产党的第一代领导人之一。不过，领导青年学生的斗争，仍然是他们重要的一部分工作。在这个斗争领域里，他同鲁迅仍然并肩战斗。在女师大事件和三一八惨案中，他发动、组织和领导了青年学生的爱国民主运动。鲁迅也是这个运动中青年学生所热爱的师长，他同青年学生在一起战斗，用自己的行动和笔，维护学生的利益，揭露反动军阀统治和它的帮凶文人的罪恶用心与卑鄙嘴脸。后来，鲁迅生动地描述了活跃在斗争前线的李大钊的形象。鲁迅正是在这个时期的实际斗争中，在这时期工农运动开展的影响下，逐渐改变着自己的思想观点，一步步突破进化论的思想与理论的藩篱，向着马克思主义、向着历史唯物主义迈进。在这段斗争中，鲁迅实际上是在以李大钊为代表的中国共产党的北方组织领导下，从事战斗的，是李大钊的战友、青年的导师。而他思想上的变化，也是这时的学生运动、工农群众运动的发展所推动的。这里，有着李大钊的间接的动力。

不幸的是，北方军阀在最后覆灭前，得到一个回光返照式的强化，但也是他们的垂死挣扎。北京和黄河以北的反动势力一时间增强了，实行了疯狂的镇压，鲁迅不得不离京南下，而李大钊则不幸身陷囹圄，不久便被杀害了。鲁迅从此失去了这位敬重的战友。这对于他来说是一个损失。他始终怀念这位战友。如前所述，李大钊的最后英勇牺牲，对于鲁迅的思想发展也产生了影响；战友的血使他进一步认识了敌人的本质，使他在斗争上受到触动、鼓舞，"奋然而前行"。

陈独秀则相反。自从中国共产党成立之后，由于当时种种历史条件的促成，他成为党的第一代领导人，从此他忙于党的实际工作，没有再在文化领域活动，同鲁迅的关系也就逐渐疏远和淡化了。他们各自走着不同的道路。在历史的变迁中，鲁迅经过种种曲折的经历，终于在大革命失败后走上马克思主义道路，以这一科学的世界观为自己思想的归宿。而陈独秀却与鲁迅走着相反的路，逐渐走向背叛党、背叛革命的道路，堕落成中国的托洛茨基派的首领，他因此也就背叛了"五四"光荣革命传统，背叛了自己的历史。1936年，一名叫陈仲山的"托派"门徒给鲁迅写了一封信，可耻地攻击中国共产党当时的建立统一战线实行联合抗日的正确主张。鲁迅给予了迎头痛击，深刻地揭露和批判了他们的错误的、为日寇所欢迎的理论。这实际上也是对陈独秀的批判。

（四）

大浪淘沙，奔腾激越的中国现代史的大浪大潮，毫不留情地淘洗尘垢，披沙拣金。在这个历史的浪潮中，有时候由于种种历史的条件和机缘的作用，沙粒、珍珠与黄金同时闪光，虽然本质不同，但一时间都同样光芒照人。然而，时机一过，条件改变，金沙有别、鱼目与珍珠各异，历史的真相就大白了。中国现代史像一道激流，几十年间，从"五四"到"五卅"，从大革命到四一二政变，从反对军阀统治到救亡图存，一个又一个浪涛，冲洗着各色各样的历史人物。鲁迅与李大钊、陈独秀，为沙粒、为珠金，了了分明。

在这里，最根本最重要的是，能否始终忠于人民，始终随着时代前进而前进，始终不脱离历史的主流。在这一点上，鲁迅与李大钊，是始终如一、坚贞不贰的。他们因此既能在"五四"风暴中如海燕翔翔，如雄鹰搏击，又能始终坚持这个方向，保持这个历史的荣光，而且能够不停滞，更不倒退，与时代、历史同进，发扬"五四"的光荣传统，在新的历史课题面前作出新的贡献，直至生命的最后一息。陈独秀则大不相同、本质有别了。他由于自己在"五四"时期的声誉,而成为中国共产党的第一位领袖,历史交付给他的任务很艰巨,历史给予他为人民作贡献的机会和条件也很好;然而他辜负了人民、辜负了党,也辜负了时代与历史,在领导人民与阶级敌人的第一次大搏斗中,就背离了人民的意愿、反对党的正确路线,给党和人民造成了巨大损失,负罪于党和历史。以后,他违背自己的初衷,与党、与马克思主义背道而驰,终于在马克思主义与中国革命一步步结合的过程中,向着相反的方向越走越远。然而鲁迅却相反,他终身战斗、终身前进,成为马克思主义与中国革命进一步结合的代表,从非马克思主义走到马克思主义道路上,代表了中国知识分子的正确道路。

由于这种历史的变迁和个人的变迁,有的人,在一段历史中曾经闪烁的光芒暗淡了,消失了;而有的人则发扬光大,成为光芒四射的历史上空的不灭的巨星。前者,如陈独秀;后者,如李大钊、鲁迅。在这里,不是有着深刻的历史教训和历史启示吗?

这是中国文化史上值得深入探究的课题。

鲁迅、李大钊、陈独秀作为"五四"时期的文化战士,在运动初起时期,在大的方向一致的情况下,各自的活动领域和工作多有不同,以后便逐渐分手,大不相同了。李大钊、陈独秀"五四"时期的作品,最著名者如李大钊的《青春》《庶民的胜利》《布尔什维主义的胜利》,陈独秀的《文学革命论》等,都已成为中国新文化史、思想史上的重要文献,保留着它们的历史意义。至于鲁迅,小说集《呐喊》《彷徨》,杂文集《热风》《华盖集》以及《坟》中的杂文篇章,自然更是不朽的名作。而以后,李大钊没有能够再从事文化方面的斗争和著述,他的成绩更多地表现在政治论著方面,在这方面保留着历史的意义和价值;最后,他用鲜血和共产党人的浩然正气,抒写了一首永垂不朽的诗篇。陈独秀也主要活动于政治斗争的领域,偶有学术之作,然而观点错误,为历史所遗弃。他于晚年从事文字学研究,其格局与成绩均狭小平庸,纵有一得之见,也已无法在学术、文化史上留下足供一观的痕迹了。

而鲁迅,在文化上具有伟大的建树,为中华民族的新民主主义文化开辟了正确的方向和道路,也为中国社会主义文化奠定了前进的基础。他的不朽的著作,成为中国现代文化史上的丰碑。他的思想成为中国现代精神文明的光华。他的思想著作培育着一代又一代人才。他成为"五四"以来现代中国的文化巨匠，也是中国历史上的文化巨匠。

二、中国现代思想文化的两极

——论鲁迅与胡适

（一）

鲁迅与胡适，作为中国现代史上两位思想文化的代表人物，反映了两种思想文化体系的合与分，反映了中国现代知识分子两条道路的对立。拿他们两人来进行对比研究，具有非常的尖锐性、鲜明性；这里的差别与含义，不仅涉及他们不同的思想、品性，而且反映了中国现代思想文化史以至整个现代历史的阶级分野、两种社会力量和历史力量之间的对抗与斗争。他们两人都以非常的力量，无比的忠贞和坚持性、一贯性，来对待各自服膺的阶级、社会力量与思想文化体系。因此，研究他们两人之间的关系和他们的异同，便不仅仅局限于对他们两位文化代表人物的研究，而且是关乎更广阔的历史文化领域的理解与剖析。

中国现代社会充满了波浪起伏、尖锐激烈、惊心动魄的斗争，不仅统治阶级、敏感的知识分子和青年学生，而且广大工人、农民，都投身于这个历时几十年的伟大斗争之中。在这种斗争中，各阶级、各阶层的人们，好像生存于一种巨大的震荡器中，受到外力的激荡和自身的受力与应力的作用，经历着不断变动发展的排列、组合、聚集、分裂的过程。在这个过程中，基本的社会势力——人民与反人民的两股势力，终于壁垒分明地形成了，并展开了激烈的斗争。他们需要并且必然产生自己的文化，也需要并且必然地产生各自的思想文化的代表。这是物质的力量在精神文化领域的集中反映，这种反映凝聚于某些代表人物之身。鲁迅和胡适，便代表了这种"精神文化"的物化者群体。

历史无情。它对那些对历史发展、人民事业做出不同抉择的历史人物也做出毫不留情的不同抉择。不过，这种抉择或历史的评断，决不是简单化的、绝对化的，而是辩证地做出的。

在中国现代史上，面临着民族的危亡，人民的苦难，时时尖锐地、紧迫地要求那些活跃在现实与历史、政治与文化的舞台上的中心人物、风云人物，做出自己的抉择，并提供自己的服务。鲁迅与胡适，都曾经面对一连串这种考验，他们凭着自己的立场、态度、心性，做出了各自的决定，发表了不同言论，提供了不同服务。事实与实践是历史评断的资料与素材、依据与凭证。我们的比较研究，就是剔出它们来，加以历史的叙述和记录历史的评价。兹探讨几个主要方面。

有人说："胡适的确成了某些人心目中的'圣者'。"又说，胡适一生中最可记、最光辉的时期，是"民国十八年到廿六年之间这一段"（按：1929年至1937年之间——引者）。他们认为，在这期间，胡适为"民主自由"，"用他的笔和来自八方的言论奋勇作战"，"代表社会的正义，代表着知识分子的良心"，在"国家内忧外患，正陷入严重危机，知识界思想分歧、混乱"的年代里，终于"才算取代了梁启超、陈独秀，取得了领导群伦的地位"①。

然而，这仅仅是某一部分人的评断。我们知道，还有着另一种评断，它指出：在祖国苦难的上述岁月里，在思想危机的历史时期和混乱的年代里，有一位为人民的生存与民族的解放，"用他的笔和来自八方的言论奋勇作战"的伟大战士，他以自己英勇无畏的斗争和卓越的贡献，不是取代了谁，而是建立了殊勋伟业而成为伟大的人民之子、民族英雄，无产阶级的、共产主义的战士。他就是鲁迅。

这不仅是两种不同的历史评断，而且是彼此相关而对立的结论。"千秋功罪，谁人曾与评说？"事实是最具有权威力量的依据。我们只是提供一个概略的分析。

（二）

胡适曾经说过："人各有最明白的地方，也有最懵懂的地方；在甲点他是新时代的先驱者，在乙点上他也许还是旧思想的产儿。"②这个概括的衡人"模式"，揭示了某些人的特点。应该说，它对于胡适倒是颇为适用的。不过，我们可以明确一点地表述，把内容与实质标示出来：胡适在历史与文化的某些问题上有他颇为明白的地方；但在民族命运的大事上却在根本原则上显得最懵懂。他在某些文化问题上，是新时代的

---

①② 《中国前途的探索者——现代中国思想家》第七辑《胡适》，巨人出版社出版。

先驱者；但是，在根本上他还是旧思想的产儿。前一方面，比如他在"五四"前夕发表《改良文学刍议》，在文化革命上首先发难；以后又有白话诗《尝试集》之作，开新诗之先河；再后来有古典小说《水浒》《西游记》《红楼梦》之考证与研究以及白话文学史之写作，等等，的确是"曾开风气人"。在这些地方，他是明白人，有过创见、有过建树、有过贡献，表现为"新时代的先驱者"。但是，就像不能忽视和抹杀他在某些问题上的"明白人"与"先驱者"的功绩一样，尤其不能无视和抹杀他在根本问题上和民族大义上，以及思想文化问题上的极为"懵懂"以及表现为旧思想的产儿的方面。关于胡适在这方面的情况，我们在下面再详述。当然，胡适在这些大事大非上的错误，并非"懵懂"造成，而有其深刻的、历史的、阶级的、个人思想品性的根源。

至于鲁迅，我们则可以说，他在根本问题上和广阔的领域里，都表明他是最明白的人，他从不懵懂，在凡是他涉及的领域里，他怀疑过、苦闷过，犹豫过，痛苦过。他苦苦地探索、执着地追求，并且一再申明自己的这种矛盾惶遽状态，也坚定地宣告自己探索追求的决心。因此，这一方面是一种犹疑状态，但并非懵懂；另一方面，这又是一种非常清醒的状态。从总体上说，鲁迅也与胡适根本不同，他既是旧思想的彻底的叛逆者，又是伟大的新时代的先驱者。

这一切，都是有史实为证的。

（三）

胡适比鲁迅小 10 岁，但他们基本上处于相同的时代。就其发育、成长的社会、历史、文化土壤来说，他们是在相同的基础上发芽滋长的；就他们接受外国传统思想文化和近代资本主义社会进步思想文化的熏陶、影响来说，其时期与条件，也基本上是相同的。因此，我们可以说，他们诞生、成长与发展的大背景、大环境是相同的。他们在最初的一个阶段（少年、青年以至最初战斗的年代），是有着平行发展以至互相促进发展的情况的。然而，他们却从最初的、相同中的相异的萌芽，到相异之处的发展，进而到分歧、分裂及至敌对。这里，固然有着大背景、大环境相同中的相异成分的作用，即在中华民族传统文化、历史条件和中国现代社会的现实内容中，本身就具有的矛盾、对立、分歧的成分，发生了它们的促进或促退的作用；但同时，也不能忽视，鲁迅与胡适两人，作为现代文化名人、著名作家，自身的不同身世、不同经历、不同品性与气质所发生的内因作用。这种内在条件，决定了外力的作用因素、作用力方向和作用力的力度。因此，我们可以说，对鲁迅与胡适的比较研究，既可探索中国历史、民族、国家、社会和思想文化的内涵、素质、矛盾对立状况和发展趋势，而且也可以从这两位代表人物的身上，探索中国现代知识分子的发展道路。

有人说，胡适与鲁迅的家庭身世，少年、青年时代的生活条件、遭际基本相同，因此，他们最早的思想状态类似。这是他们后来在"五四"时期能够共同战斗一段时期的初始的和基本的原因。这种论断有一定的根据，有其正确的内涵。然而，却失之表面与片面，夸大了相同的一面，而忽视了相异的一面。

生于封建官僚家庭，成长于书香门第，早年丧父，家道中落，幼即好学，并及野史杂学。这些，都是鲁迅与胡适家庭身世、幼年生活的相同一面。这相同的一面，当然灌输了他们的思想气质相同的内涵，也是造成他们日后同为中国现代文化名人、作贡献于现代文化发展的相同的个人素质。但是，在这个大同中，却有着多方面的不同。如果说前者不过是大体的、表面上的相同，那么后者则是细致入微的，然而是实质性的差异。这初始的差异，埋着日后发展道途上大相径庭的种子。

鲁迅生于1881年。19世纪，中国经历了太平天国农民起义的兴起与失败（其中特别重要的是起义农民在江浙包括绍兴地区对封建势力和地主经济的打击与破坏，鲁迅的封建家族曾直接受到冲击并由此开始没落），中日甲午战争中中国的失败、戊戌变法发生与失败以及义和团运动兴起与失败……这都是中国近代史上震惊中外、影响中国社会发展至巨至深的大事件。中日甲午战争、戊戌变法、义和团运动，鲁迅都亲身感受了它们的历史震撼力与政治冲击波。这些，埋下了鲁迅爱国主义思想初始的因子，使鲁迅一步步走上爱国献身的征途。

胡适又如何呢？他出生于1891年。在他从1岁长到10岁的习惯上称为昏昏噩噩的幼年时代，鲁迅正是从10岁进到20岁的时期，即从昏昏噩噩的幼年期进入觉醒的青少年期。显然，鲁迅经历的国家民族的这些大事，胡适或者没有赶上，或者身当其时，然而年幼无知，还不能有所触动，因此，鲁迅所感受到的，他不可能感受到。当然，胡适这种因为晚出生而导致的感受上"缺课"的后果，是客观因素造成的，也并不必然地造成他与鲁迅日后的不同。不过，这最初的因子，却可以由于日后的客观的特别是主观的"培养基"的不同作用，而产生像两条斜线一样越离越远的后果。

然而，更为深微和实质性的不同，还不是这种大背景、大环境的差异，而是它们的作用得以发挥的影响力的内在因素。

胡适是一个幼慧儿，而且相当早熟，家教亦严。他3岁多一点就识字，而且在家塾里读书了。因为太矮小，不得不由大人抱到高凳上去读书，放学时再抱下来。他读的内容，颇值得注意：课本是他父亲编的《学为人诗》。其中有令人注目的警句云："以学为人，以期作圣。"这八个字标示了父亲对于儿辈很高的期望和叮嘱他达到理想境界的道路，即以"学"为作人的根本，达到当圣人的目的。现在我们当然无法了解也无须去推测3岁的幼儿胡适，读了这个父训后的心理感受和立下的志向。但实践是考察主观意志的依据，后果是推测原因的凭证。正如有人所论断的："令人诧异的是，从上引的部分诗句里，竟然可以看出他一生言行的端倪。"（《胡适》）其实，用不着诧异，3岁幼童所受的思想志向的灌输，尤其这种灌输是父亲所施，那内容成为该幼童日后言行的端倪，是必然的。问题只在于后来的一切教育、影响，如何促进了这种端倪的生长发展；或者是促退了它的发展，使它萎缩而凋谢。

胡适5岁时便遭到大不幸，父亲从台东返回厦门，客死异乡。他临死之前仍未忘记叮嘱儿子努力读书。童年的胡适，从此在年青的寡母的严格管束下读书。母亲对儿子进行的是这样的人生教育："你总要踏上你老子的脚步，……你要学他，不要跌他的股。"这是那个"以学为人，以期作圣"的人生路线的通俗化、具体化和人格化。胡适在这种思想灌输和严格母教下成长。效果是显著的，以至他从小就竟然"像个先生样子"。这可以说是他的父亲的模式、母亲的塑造所奏的效果。有人说，胡适从他母亲那里"承受到一件稀有的珍宝——一颗纯良的心"。胡适也终身感激母亲的严厉家教对于他的成长的决定性作用。他说："我在我母亲的教训之下住了九年，受了她的极大极深的影响。"这种历史事实的自述和别人的记叙，自然都是实在的、准确的。值得注意的是，那种"稀世珍宝"的评价，却难使人苟同。我们无意于责备胡适的母亲——那位年少嫁大夫、青春丧夫、处于破落封建大家庭中的孤寡难处的生活环境中的少妇，她可以说是坚强的、有见识的妇女和慈爱的、能够在困境中抚儿成长的良母。但是，历史的和家庭的条件，只能塑造她成为以那样的条规和内容去塑造自己的儿子的母亲。这些条规和内容，除了"亲子之情""望子成龙"的母亲的良好愿望，基本点就是封建的"读书、作官、当圣人"，很难说得上是所谓"纯良""稀有的珍宝"。胡适后来在政治生涯和学者生涯中的倒退，不能不看到这时已播下了最早的种子。

鲁迅和胡适是很不相同的。少儿时的鲁迅可以说是一个聪明的孩子，但早年并未显出超人的智慧。他的家教不算太严，特别是有着可谓惊心动魄的家庭不幸事件，而且都与科举应试——为官作宦有关①。祖父和父亲的教育思想中，倒都显出了宽厚与进步的色彩。按祖父的主张，鲁迅最早读的书是《鉴略》，为的是从中取得基本的、概略的历史知识。祖父要鲁迅等孙辈认真学习《诗韵释音》，以便"审音考义"，以为"小学入门"。以后祖父更提出了系统的主张："初学先诵白居易诗，取其明白易晓，味淡而永。再诵陆游诗，志高词壮，且多越事。再颂苏诗，笔力雄健，辞足达意。再诵李白诗，思致清逸。如杜之艰深，韩之奇崛，不能学亦不必学。"②这里所谈的，主要是为学之道，是读书人谈如何读书，而不是像胡适的父亲那样是做官人谈读书、当官、做圣人。同时，从周福清对白居易、陆游的评论中，可以窥见他对于白诗的"味"、陆游的"志高"的欣赏赞美之情，而白、陆均非高官、亦非官场得意人，倒是一个描写生民疾苦，一个充满爱国热忱。周福清还以陆游多"越事"，表达了他的爱乡恋土之情。他在杭州狱中曾带回《恒训》这样的家庭教科书一本，其中讲了一个兄弟三人中两个做官的下场不如做豆腐的老三的故事，表现了对于为官作宦的生活的不满；而他本人的仕途不幸，更是对于鲁迅的很实际的教育。这里，鲁迅得之于家庭的影响，与胡适之所得，也都是大相径庭的。据周作人回忆，鲁迅的父亲在中日甲午之战时，曾以国事为忧，声言要把儿子一送东洋、一送西洋，使学有所成，好来报效国家。比鲁迅小4岁的周作人对此事犹有记忆，鲁迅比他更年长懂事，想必也能得知此事并受到更大的影响。由此可见他父亲的思想心性，在平常对儿辈的教育中，也是会表现出来的。

---

① 参阅本书《论鲁迅的家族和他的性格基因与思想创作》一节。

② 见《周福清致周凤仪信》。此信据考写于1889年，时鲁迅年9岁。

鲁迅的母亲也是在艰困中维持孤儿寡母的生活，抚育他们成长。她支持长子鲁迅"逃异地""走异路"，去上洋学堂，但并未明确地要求儿子继承父祖之业，走为官作宦之路。而只是以"穷出山"这句促人上进学好却无明确官宦目的的家乡土语来鼓励儿子。

应该说，鲁迅从家族中最早得到的初始思想因子，是读书之道、若干（或者甚至是些微）进步的与爱国的思想情绪，而"为官作宦当圣人"的东西却未见到。

而且，鲁迅还有家教的另一面。祖母、姑母通过讲述民间故事而灌输了民间文学中的民主性思想因素。他还从保姆长妈妈那里接受了劳动人民纯朴真挚的爱的哺育。他最早的喜爱是充满幻想故事和美的启迪的绘图本《山海经》。他还曾经对《二十四孝图》之类的封建糟粕产生厌恶和反感。这些给予他的初始的思想因子，都属于正义感、纯朴质直，对于艺术的爱好这个范畴。当然，更为深沉切实的教育，是家庭的突然败落和败落之后遭到的人情冷暖、世态炎凉的打击。而且，他这时正在结束少年时代、步入青年时代的16岁这个年岁上，不仅受刺激大、感受深，而且要实际上分担母亲的忧伤与生活的重担。这同胡适三岁丧父、在蒙昧中经受家庭的变故，在感受上和实际影响上，是很不相同的。

这些幼年少年时代的生活、家庭的影响和所布下的初始因子的迥然不同，对于铸成鲁迅与胡适的思想性格的基础，也是大不相同的。这是他们以后走着不同的人生道路，在文化战线上分庭抗礼的最初因素。

因此，认为鲁迅与胡适在身世、家庭、幼年少年的生活方面，即他们最早的境遇和所接受的思想影响大体相同，这结论是不尽符合事实的，失之"大而化之"，表面化和片面化。实质上，他们所受的影响和自身的感受都很不一致，而且这不一致以后又成为促成他们不同发展方向与路径的最早因素。

这里，我们看到的虽然是鲁迅与胡适两位现代文化名人的家庭身世的状况，但滴水映世，我们从中却可窥见他们所处的那个时代的中国社会、历史和思想文化状况。他们的家庭变化和个人命运、他们的家人的思想意向，都是那个时代与社会的现实所决定的，也反映着那个时代与社会的现实（比如，胡适父亲之死，与中日甲午战争中清王朝的战败和割让台湾直接有关；鲁迅的家庭败落与太平天国起义和光绪的变法图治直接有关）。①我们从周、胡两家飘荡于时代之海中的扁舟的命运中，看见了中国社会的变迁动荡，也从鲁迅、胡适这两滴"水珠"中映见了时代的生活与社会的现实。而且，这不是两个普通的家庭、两个普通的人，而是在中国现代史上有着不可忽视的作用和地位的两个文化名人。他们的家庭变故和这种变故给予他们的影响、造成他们的思想发展道路的最初因素，播下铸成他们思想性格的最初因子，这都从一个侧面反映了历史的面貌和发展轨迹，而构成现代文化史、思想史的章节，至少是一点背景、一些蕴含。

（四）

　　鲁迅与胡适都在青年时期走出相对闭塞的故乡，到风气先开的大都名城去求学，而且也都学得了新的学问，在各自的古学的基础上，在相同和不相同的方面，学习了欧美资产阶级的近代科学文化。他们所走的是中国现代知识分子中第一辈人的共同道路：在中国传统文化的熏陶、教育的基础上，接受欧美资产阶级文化，实行中西文化的交流与渗透，从而孕育出中国现代文化。他们这种求学的经历和思想发展的路径，构成了他们自身文化思想体系的基本结构，而他们作为现代文化的开路者与代表人物，这种思想文化结构，也反映了中国现代文化的最初面貌。不过，就像这两位文化名人在最初就存在差异，后来这差异顺着各自的路径向前发展，导致最终的分化一样，中国现代文化日后结构复杂化、内部差异、分歧、对立，彼此相斗争地发展，这一方面反映在这两位文化代表人物的身上，另一方面也以他们的言论与实践为重要的组成部分。

　　但是，胡适与鲁迅的这种出外求学的相同经历中，却很有几处大不相同的表现。主要的有：原有基础不同、年龄与时期不同、求学的内容与生活环境不同、所受影响与立下的志向不同。

　　鲁迅于1898年18岁时从绍兴到南京读书，进入江南水师学堂，后转入陆师学堂附设的路矿学堂。在此之前，他受到前面说到的家庭的教育、思想影响和民间艺术的熏陶，也接触了《西游记》《水浒传》等古

---

① 胡适的父亲胡传原任台东县令。中日甲午战争后，按《马关条约》，台湾被割让给日本，胡传带病离任，回到厦门时病死。鲁迅家族在太平天国起义时受到直接冲击；又周介孚舞弊案上报后，适逢光绪意欲变法图治，便下令严惩，以致周介孚险遭杀身之祸。

典小说和野史、笔记文学，并且十分爱好。这时的鲁迅，已经表现出艺术型的气质，他敏感而好幻想，沉静而深思，对人情世态的感受深切，憎恶旧生活的基本格局和情调，因此他怀着"逃异地，走异路，去寻找异样的人们"的决心告别故乡亲人，去寻找新的人、新的道路。此时正是戊戌变法的高潮时期。这个中国近代第一次资产阶级改良运动的浪潮和冲击波，立即吸引并唤醒了鲁迅。

胡适晚鲁迅6年在1904年14岁的时候去上海求学，先后入梅溪学堂和澄衷学堂读书。来沪之前，他受的是严格的封建式教育，受到为学当圣、继承父业的思想灌输。他想过要编《历代帝王年号歌诀》。这时，便已经表现出学术型的气质，他比较好动而求进取。

鲁迅在南京求学的4年中，正是中国改良主义运动失败、对外作战失败、民族危亡而清朝统治者被迫希图进行一点点表面的改革的时候。他的爱国主义情绪越来越饱满了，对《天演论》的学习和爱好、信奉，使他获得了一个新的世界观的基础，并且以进化论为核心形成了改良现实、相信民族必然进化的信心；对于资产阶级进步思想文化的学习和西方自然科学的学习，又扩大了他的思想领域，他开始让中国传统文化与西方文化两个不同的文化体系，在自己的身上结合起来了，酝酿了新文化的萌发期素质。胡适在上海学习了6年（1904—1910年），这在中国现代史上是颇不平静也颇不平凡的6年。总的形势和趋势是资产阶级逐步与立宪派、改良派划清界线，通过思想言论的论战和实际的革命活动，以孙中山与章太炎为代表，形成了一个坚定的活跃的民主革命派。他们的势力在增长、发展，影响在扩大，不断采取革命行动。山雨欲来风满楼，辛亥革命的风暴一天天逼近了。胡适在上海这个开风气之先而又是章太炎、邹容、蔡元培以及其他辛亥革命的风云人物从事革命宣传和革命活动的地区读书，作为一个有知识的青年，很快便受到革命的影响。他像鲁迅一样，读到了《天演论》，并且马上被吸引了，信奉这种新学问了。他是这样的为这种西方传来的新学说所倾倒，以至于从"物竞天择，适者生存"的理论表述中，他决心按其意来改变自己的名字——将"洪骍"改为"适"，字适之。他同时很快就接触并欣赏梁启超的文章和邹容的新出不久的《革命军》。他的民族革命思想也随之增长了。这些，都是胡适同鲁迅很相像的地方。这反映了到此时为止，他们经历着大体相同的思想发展历程，走在一个相同的中国近代思想发展途程上，他们是在一个相同的中国近代民主革命浪潮兴起的社会与历史背景下共同成长的。

不过，他们的不同也是颇为明显而突出的。他们从不同的地区走到不同的名城来：绍兴多会稽古郡的人文传统，其反抗色彩浓重，其斗争精神突出，鲁迅最欣赏而且终生引用的便是那"会稽乃报仇雪耻之乡，非藏垢纳污之地"的名句。他求学所在的南京为古都与文化名城，所多的是帝王气象和文化气氛。前者使鲁迅感叹帝业的兴衰，"六代绮罗成旧梦"，后者使他受到民族文化的熏陶。胡适则从安徽绩溪来到上海。安徽曾是文化鼎盛之区，著名的桐城派就出在这里。胡适生于斯长于斯，也受了古文化的浸染。而上海则是帝国主义开发的商业新城，所多的固然有各色新文化、新文明，然而也有纸醉金迷人欲横流的生活。胡适学于斯，生活在这里，也同样受到熏陶。鲁迅在南京四年所过的是清苦的求学生涯；而胡适在上海的6年却曾涉足烟花柳巷，颇"浪漫"了一阵子。以下是两人的自述：

> 有谁从小康人家而坠入困顿的么，我以为在这途路中，大概可以看见世人的真面目；我要到N进K学堂去了，仿佛是想走异路，逃异地，去寻求别样的人们。我的母亲没有法，办了八元的川资，说是由我的自便；然而伊哭了……[1]
>
> ……一有闲空，就照例地吃侉饼，花生米，辣椒，看《天演论》。[2]

这是鲁迅的精神生活与物质生活：看《天演论》《时务报》，接受新的世界观和学说，接受改良革新的思想；然而生活清苦，因为衣单吃辣椒以御寒，所吃的只是花生米、侉饼。

胡适：

> ……从打牌到喝酒，从喝酒到叫局，从叫局到吃花酒，不到两个月，我都学会了。幸而我们都没有钱，所以都只能玩一点穷开心的玩意儿：赌博到吃馆子为止，逛窑子到吃"镶边"的花酒或打一场合股份的牌为止。

---

① 《呐喊·自序》。

② 《朝花夕拾·琐记》。

……所以我那几个月之中真是在昏天黑地里胡混。有时候，整夜的打牌；有时候，连日的大醉。①

　　他们两人青年时代的求学生活是颇不相同的。当然，我们对于胡适这种过往的生活、青年时代的荒唐，不可过于夸大其作用、影响和错误性质，甚至"污点"一词亦可不用。但是，这段生活的陈迹，却不能不说反映了当时的生活、思想与情趣的一角。在往后的生活中，它像烟云一般消逝了，然而那生活的遗迹，特别是思想与情趣的沉滓总归透露了心灵的一角吧。

　　总之，这两位现代文化名人，在自己的青年时代，都是在故乡人文昌盛之区、书香门第之家打下了传统文化的基础，并且接触、欣赏民间文学，为自己以后的发展，创造了一个文化基地。然后，到了新学流行、开风气之先的地区求学，学得了新学说、新文化，具有了新的世界观，而且受到民主革命思潮的洗礼。他们都已获得新文化的装备、新思想学说的启迪和民主革命思想的浸染，结束了自己国内求学的时代。他们在这些方面都是大体相同的。同时，他们都还远没有满足已经学得的东西，还要用更多的新文化知识来丰富发展自己的思想，使自己的羽翼丰满起来。这不仅是他们自己的志愿，而且也在这种个人的志愿中，反映了时代的、历史的要求，反映了中国现代文化发展的需要。这正是中国现代新文化酝酿期的实质性活动，它在两个代表人物身上表现出来了。

　　不过，我们也不可忽视，这两位相差10岁的文化代表人物，由于上述所处时地不同和主观方面的各种不同，在这个时期就存在着种种差异。这种差异不仅种下了他们今后发展道路的不同基因，而且，其本身就反映了新文化酝酿期这种新文化体系中的差异、矛盾、对抗的潜在因素和萌芽。新文化中的这种不同因素，代表历史的"意志"来选择各自的代表者；而各个代表者也按自己的心性、气质尤其是思想，去选择文化因素，决定取舍，确定自己的发展方向和为这种文化的发展方向作出自己的努力与贡献。

（五）

　　1902年，正是清王朝大批派出留学生以期挽狂澜于既倒，想来点

---

① 胡适：《四十自述》。

儿革新维持其统治的时期。鲁迅怀着"绝望于孔夫子和他的之徒"这种同封建文化决裂的态度和救国救民的"英雄大志"去国离乡，东渡求学。一去便是9个年头，在那里成长起来。胡适则在1910年，正当辛亥革命爆发的前一年，西渡太平洋，到美国留学。一去7年，也在异国的领土上长成。鲁迅先在东京弘文学院补习，后去仙台学医，然后又弃医习文，到东京居留，从事文艺运动。而胡适在美国，先后入康奈尔大学和哥伦比亚大学，先学农科，以后转向文学、哲学，最后以一篇关于中国哲学的论文获哲学博士学位。这些，都是他们两人基本相似的地方。中国第一代现代知识分子，要去国离乡，学习西方资产阶级的进步科学文化知识，借取它的进步、科学的内容，来整理、批判和继承本民族的文化，以建设新的现代文化。这种规律性现象，在鲁迅和胡适两位代表人物的身上体现出来了。

不过，他们两人在同是成长于异域这一共同现象的笼罩下，却掩蔽着多方面的不同。首先，在整个的思想学术方向上，他们是根本相殊，大异其趣的。的确，无论是胡适，还是鲁迅，这时期都依旧以进化论为自己的世界观的基础。但他们从这个西方的思想之果中，各自吸收的是自己所需要的汁液，酿造的是自己意欲造就的思想之蜜。鲁迅从中得出了中国必须改变现状的哲理和必然与定能进化的信心。他说，"自卑而高，日进无既，斯益见人类之能，超乎群动"；然而哀哉中华，日益沉沦。因此他既抨击"抱残守阙"者，也批判那些凭"进化之语"以丽其词的"喜新者"，他盼望着、呼吁着、敦促着美伟的精神界之战士出现，"刚健不挠，抱诚守真；不取媚于群，以随顺旧俗；发为雄声，以起其国人之新生，而大其国于天下"①。他提出的理想与实现理想的道路是"洞达世界之大势，权衡校量，去其偏颇"，建立一个新的思想文化体系，使它"外之既不后于世界之思潮，内之仍弗失固有之血脉"，这叫作"取今复古，别立新宗"，凭此来达到使中国这个"沙聚之邦"，"转为人国"的理想。②鲁迅既痛感人民之落后，祖国之荒凉，又寄希望于"先觉之声""来破中国之萧条"，盼"精神界之战士"，来"援吾人出于荒寒"，最终唤醒全体人民，建立一个"人国"。通观鲁迅这时期所

① 《坟·摩罗诗力说》。

② 《坟·文化偏至论》。

写的数篇论文①可以发现，他从中外政治、历史、思想、文化的比较研究和对中外现实的考察中，提出了一个民主主义的思想文化革命的纲领与体系，最终目的是建立中华民族的现代文化思想体系和一个带有人民民主主义色彩的资产阶级共和国②。

然而，胡适却与鲁迅很不相同。他在《介绍我自己的思想》这篇文章中说到，影响他的思想的有两个人：一个是赫胥黎，一个是杜威。他说："赫胥黎教我怎样怀疑，教我不信任一切没有充分证据的东西。杜威先生教我怎样思想，教我处处顾到当前的问题，教我把一切学说理想都看作待证的假设，教我处处顾到思想的结果。"胡适的这段思想总结是真实的，很能说明自己思想之所宗及其实质。他更偏重于从方法论的角度来提出问题和吸取思想的营养。他从进化论（赫胥黎）所取的是对世界与事物的怀疑精神；而从杜威所得的则是怎样怀疑与求证，其精髓是"顾到当前的问题"，以它为依凭去证实某个思想学说的可取性，然后决定取舍。核心就是实用主义。

的确，胡适没有像鲁迅那样去面对世界、历史、社会、民族、祖国以及思想文化体系这些阔大久远的课题，去求得一个总体的解答，提出一个整体性的方案和理想。他更为实际。他的政治型（狭义的政治）的气质和个性表露得相当明显。一方面，他这时期便同一起在美国留学的梅光迪、杨杏佛等人研讨中国的文学与文化改革，注意的重点在文字方面，并由此产生了"文学革命"的思想，他说："我到此时才把中国文学史看明白了，才认清了中国俗话文学（从宋儒的白话语录到元朝明朝的白话戏曲和白话小说）是中国的正统文学，是代表中国文学革命自然发展的趋势的。我到此时才敢正式承认中国今日需要的文学革命是用白话替代古文的革命，是用活的工具替代死的工具的革命。"（《胡适》）这虽然是产生于1916年的思想认识，但由此逆推，可知他在辛亥革命前的思想状况和他的思想的总体倾向。应当肯定他的这种思想认识是进步的，包含着革新的倾向，是中国资产阶级民主革命在思想文化领域的表

① 这些论文是《人之历史》、《科学史教篇》、《文化偏至论》、《摩罗诗力说》和《破恶声论》（未完）等。

② "人国"的提法，在本质上是不完全同于"资产阶级共和国"即孙中山等革命派提出的"民国"的概念的。因为其内涵有着注重平民的倾向。虽然鲁迅此时认为他们落后，仍不免为"庸众"，但他不是鄙视他们，也不是抛弃他们，而是要"拯救"他们。

现，并且是寻到了一个"缺口"。但是，他的主张与思想也确乎是从"具体问题入手"。在美国留学时期，胡适积极地参加了美国的社会政治活动。他先后加入世界大同会、国际政策会、联校非兵会等社团。他又是去见美国下了台的总统塔虎脱，又是赞颂美国的时任总统威尔逊，既颂扬美国对华的侵略政策，又欣羡美国的资本主义制度与社会风尚。他的思想、政治、文化倾向和路数很清晰，他的"全盘西化"的思想不仅已露端倪，而且可说是已具雏型了。他要的是一个资本主义制度和一个资产阶级共和国。

虽然胡适比鲁迅形成自己的思想文化体系和理想素质晚了将近10年，而且一个是在辛亥革命酝酿和发动期，一个在辛亥革命已经取得胜利又由胜利转为失败、正当袁世凯擅政的时期；但是，胡适却在思想文化的"品格"上、理想的素质上，在历史进化的梯级上，低于鲁迅。鲁迅当时就揭露并批评了西方资产阶级物质文明的流弊，认为是"物欲来蔽，精神憔悴"，提出"物质果足尽人生之本耶？"的问题并给予否定的回答。因此，他批判了"言非同西方之理弗道，事非合西方之术弗行"的错误思想，而且提出了"掊物质，张精神"的主张①，这些不是都与胡适的思想路数大异其趣吗？

他们两人日后的分道与决裂，是早已种下了前因的。这差异，实质上是反映了中国现代文化发展与建设的两条路线的分野。

在国外学习期间，胡适与鲁迅对于国内的革命运动和政治形势的立场与态度也是不同的。这是他们的思想文化分野在实际行动上的表现。鲁迅在1902—1909年的7年留学生活中，始终关注着祖国的命运，探索着人民解放的道路，他写了"寄意寒星荃不察，我以我血荐轩辕"的爱国献身诗，他"赴会馆、往集会、听讲演"，参加革命活动，弃医习文后，他更力图发动一场从文艺领域入手的思想启蒙运动，以进行革命的发动工作。他从革命党的宣传家、领导人章太炎学，他同陶成章、徐锡麟等革命党人过从甚密。总之，他以一个启蒙运动的精神界战士的风貌，参与辛亥革命的思想启蒙工作。

胡适在辛亥革命爆发前一年赴美，虽然革命危机日益逼近，然而他的热情却并不高。而当袁世凯擅政，实行卖国政策，与日本帝国主义签

---

① 《坟·文化偏至论》。

订"二十一条"时，胡适竟然反对国内人民群众和留学生展开的爱国反帝斗争。他借口不参加爱国集会，反留条说"纷扰无益于实际，徒乱术学之心"。后又写《致留学界公函》，主张留学生不要管国家安危，只有"认真地、安静地、不受干扰地和毫不动摇地专心致力于学习"才对。他甚至赞颂袁世凯签订卖国条约的外交活动是"知己知彼，既知持重，又能有所不挠，能柔亦能刚"，说这是"历来外交史所未见"。胡适的这种态度，连他当时的同学们都责他为"木石心肠"，讥他为卖国贼。

鲁迅此时正在北京。他对于辛亥革命的失败痛心疾首，对于袁世凯的擅权卖国愤恨鄙弃。他在沉默中思索、探寻，虽然矛盾、苦闷、抑郁，抄古碑、临字帖、读佛经，收集汉石画像，但始终国事萦怀，并且在留学七年大量研习西方文化之后，此时又在祖国文化古城，深入钻研祖国历史与传统文化，探索救国救民的道路。

两位文化代表人物，一在国内、一在国外，分别探求中国的出路、前途，探求中国新文化的发展之途与内容实质。他们对现实革命斗争、对文化传统和西方文化的态度，都带着很大的差异，在酝酿中建设自己的并由自己而及于民族的思想文化的新内涵、新体系。

他们同样在迎接一场新的历史风暴，新的民族思想文化的复兴，准备投身于其中，并为运动的到来做准备工作。他们在一定程度上是自觉地在从事历史性的工作；但他们也并不是完全自觉的，他们承担历史的重责，但尚未完全意识到自己的光荣艰巨的职责。因为他们此时还都未曾正式登上历史的舞台和文化讲坛。他们在等待历史条件的出现。历史也在物色与考验着他们。

（六）

"资产阶级在历史上曾经起过非常革命的作用。"马克思、恩格斯在《共产党宣言》中说过的话，也适用于中国的资产阶级，不过文中的"非常"二字必须划去。中国资产阶级先天不足、后天受压的软弱的、幼稚的发育状态和不甚高的社会地位，使他们不能起到"非常革命的作用"，而只能起一般的、一部分的革命作用。尤其他们"生不逢时"，不仅外有帝国主义的入侵，而且内部既有官僚买办资产阶级的压制，又有与它同时发展的无产阶级逐渐壮大起来走上造反的战场。但是时代的条件和资产阶级本身的条件，使它葆有一定的革命性和革命力量。因此，在五四运动的酝酿发动期，在作为新的民主革命的意识形态的思想文化革命方面，在这个领域里，他们发挥了自己的作用，也有一定的贡献。这种历史的功绩，我们是无须抹杀的。而胡适，便是资产阶级的这种历史作用和历史功绩的主要代表人物。当他还在美国留学时，他就在同梅光迪、杨杏佛等人讨论的基础上，从文字（表现工具）的角度提出了文学革命的问题。他给在上海办《青年》杂志的陈独秀写信，提出自己的见解，并受到陈的赏识，于是他便写了《文学改良刍议》在1917年1月1日出版的《新青年》上发表了。他的"刍议"，立即得到了响应和赞助。陈独秀写了《文学革命论》一文，深入一步、提高一步地发起了运动。这时的胡适，确实是一位文化先驱，起到了本阶级赋予的革命作用。5个月后，他整装回国，8月任北京大学教授，并且同从上海来到北大的陈独秀合作，参加了《新青年》杂志的编务，成为这个新文化集团的重要成员和先驱战士。当时，胡适以27岁年青教授的面貌，活跃在文化教育界。在课堂上，他讲中国古代哲学史、中国名学、英文高等修辞学。他还发表关于短篇小说的讲演，给予了一个新定义①。如此等等，都是新的观点、新的领域、新的课题。很快，他就享有盛誉，被视为新文化的主要战士之一了。

的确，这时期鲁迅仍在沉默中。他在沉默中观察、研究、思索、探寻，酝酿着在沉默中爆发。但此时，确乎仍在沉默。鲁迅后来回顾和总结这一段经历时，在记叙了自己关于中国仍是一间绝无窗户的铁屋子万难破毁的观点，以及钱玄同与他的争议、对他的劝说后，写道：

> 在我自己，本以为现在是已经并非一个切迫而不能已于言的人了，但或者也还未能忘怀于当日自己的寂寞的悲哀罢，所以有时候仍不免呐喊几声，聊以慰藉那在寂寞里奔驰的猛士，使他不惮于前驱。我的喊声是勇猛或是悲哀，是可憎或是可笑，那倒是不暇顾及的；……。②

在这里，鲁迅写出了自己是如何被催促上阵的。这段自叙，有自谦

223 第三章 『五四』思想文化领空灿烂群星中的亮星

---

① 1918年3月15日胡适在北大国文研究所发表《论短篇小说》的演讲，对短篇小说下了这样的定义："短篇小说是用最经济的文学手段描写事实中最精彩的一段，或一方面，而能使人充分满意的文章。"

② 《呐喊·自序》。

也有实情。我们不应抹杀钱玄同在催促中所起的"触发剂"的作用。当然，这里除了鲁迅的主观因素即内因之外，还有时代背景的作用力。当时是那样一个新的革命发动时期，战鼓咚咚，催人上阵。这中间，胡适的活跃的先驱者的作用也是不可抹杀的。在鲁迅的"前驱者"的名单中，不仅有胡适，而且是名列前茅的。鲁迅在《忆刘半农君》一文中，正是把陈独秀、胡适并列为《新青年》革命集团中的"巨头"来观察描绘和评论的。从这一点上说，胡适作为鲁迅的同时代人，作为当时的文化先驱，作为最先走上战阵的战士，对鲁迅也是起到了推动作用，给予了最初的影响的。鲁迅是瞧见这些被他称为"前驱者"的人们的身影的，他甚至自己承认他当时的作品是"遵命文学"，他要遵前驱者的命，要听将令。这"前驱"与"将"也是包括胡适在内的。

当然，我们不能由此得出胡适先进、鲁迅落后的结论。这里有历史的原因和个人的因素所发生的作用，造成了一种特殊现象。鲁迅早在辛亥革命前便在东京进行了一次思想文化革命的发动，他写了多篇深刻的、具有远见卓识的论文，探讨了中国的革命道路和思想文化革命的问题，提出了一个堪称思想革命的纲领，并且筹办刊物、翻译小说，进行了实际的活动和工作。这可以说是中国思想文化革命的最早发动，是它的预备和演习。但是由于客观条件不具备（主要是资产阶级"无暇"也不懂得进行一场思想革命作为辛亥革命的思想舆论准备），鲁迅失败了，从此他便感到寂寞，有点"无所措手足"。紧接着便是辛亥革命的短暂的胜利和旋即发生的失败、袁世凯擅政、讨袁的失败，如此一连串事件，使鲁迅感到失望、感到痛苦。因此他要观察与思索、等待与探寻。他不是一触即起、稍挫即销的浅薄的"革命家"，他是一位深沉的革命思想家。胡适与鲁迅不同，他究竟小他10岁，他先没有那些失败的经历，后又对辛亥革命及袁氏擅政采取了或淡然对之或颇为赞颂的态度，他没有鲁迅那样的热情受挫的"包袱"，同时，他也没有鲁迅那种深沉远大的抱负。所以他是乐观的、外向的、急进的。但我们正是从这里看到了两位文化战士的理想、思想、心性的差异。这差异所反映的，正是中国新文化运动内部两个阶级、两条路线差异的一个重要侧面和"人化"的体现。

从此，这两位一在东、一在西，走着不同的路，有着不同的经历和思想，平行地发展的文化战士，在思想和战斗、研究和创作等方面，发生交叉，互相帮助和影响，由平行发展而变为各自弯曲地而又彼此不时相遇（像两条紧靠的曲线前进中不时发生交叉）地交叉发展了。这正是他们的配合作战、共同战斗。应该说，这对双方都是有好的作用的，都是发生了正向影响的。

"五四"前后的几年，可以说是胡适表现了他的资产阶级革命性的黄金时期。这时期，他继《文学改良刍议》之后，又写了《建设的文学革命论》（1918），提出了"国语的文学，文学的国语"的新文学的宗旨，发表了《易卜生主义》，提出了个性解放的思想，又是谈贞操问题，又是讲丧礼改革，向封建道德发动了进攻。在课堂上，他讲哲学，讲小说与文学史，讲治学方法，提出了不少新观点、新见解、新方法、新态度。他还写新诗，全用白话，进行了中国新诗的最早的尝试。他还担任文学青年办的中国最早的新文学杂志《新潮》的顾问。他这一阶段的工作、讲学、研究和创作，都是有生机的、活泼的、有意义与价值的，是他对于新文化、新文学发展所作出的积极建树。他当时的学生、后来成为我国出色的著名史学家的顾颉刚在他写于1926年的《古史辨（第一册）自序》中曾经生动地记叙了胡适这时期活动的一个方面的情形和影响[1]。这是具有代表性的。胡适这时期实际上输入了一些西方资产阶级人文科学的基本观点和方法，又用这观点和方法去研究了中国的哲学、历史、文学史和小说，得出了一些中国旧学和康、梁们的改良主义和新学所没有的见解、结论，从而开了新蹊径、辟了新领域。这是中国新文化的一次向前的发展，一次现代化变迁。胡适对此作出了重要

---

[1] 顾颉刚在他的序言中写道："第二年，改请胡适之先生来教。……他来了，不管以前的课业，重编讲义，辟头一章是《中国哲学结胎的时代》，用《诗经》作时代的说明，丢开唐虞夏商，径从周宣王以后讲起。这一改把我们这班人充满着三皇五帝的脑筋骤然作一个重大的打击，骇得一堂中舌挢而不能下。许多同学都不以为然；只因班中没有激烈分子，还没有闹风潮。我听了几堂。听出一个道理来了，对同学说：'他虽没有伯燮先生读书多，但在裁断上是足以自立的。'那时傅孟真先生（斯年）正和我同住在一间屋内，……我对他说：'胡先生讲得的确不差，他有眼光，有胆量，有断制，确是一个有能力的历史家。他的议论处处合于我的理性，都是我想说而不知道怎样说才好的。你虽不是哲学系，何妨去听一听呢？'他去旁听了，也是满意。"

又说："九年秋间，亚东图书馆新式标点本《水浒》出版，上面有适之先生的长序；我真想不到一部小说中的著作和版本的问题会得这样的复杂。它所述的故事的来历和演变又有这许多的层次的。若不经他的考证，这件故事的变迁状况只在若有若无之间，我们便将因它的模糊而猜想其简单，哪能知道得如此清楚。"

贡献。

　　这时期的鲁迅与胡适，可以说是互相配合、共同战斗并在学术研究上切磋琢磨、互助共进的。这时期两人的交往比较密切，互相往访、通信，互相提供学术资料、交换观点，等等。在从1918年8月到1924年9月的6年内，《鲁迅日记》中提到胡适的地方就有39次之多，其中1923年一年内书信来往9次，相遇1次。这种交往是比较频繁的。这两位文化名人的携手合作是当时新文化运动发展的需要，也是新文化建设的需要。鲁迅《狂人日记》的发表，为陈独秀、胡适提出的文学革命，创造了实绩、奠定了基础。《狂人日记》发表后一个月，胡适便发表了《易卜生主义》，提出了个性自由发展的问题，提倡"健全的个人主义的人生观"，他自己后来回忆说："这篇文章在民国七八年间所以能有最大的兴奋作用和解放作用，也正是因为他所提倡的个人主义在当日确是最新鲜又最需要的一针注射。"①鲁迅和胡适，还几乎同时发表了抨击封建道德的文章，胡适写的是《贞操问题》，鲁迅写的是《我之节烈观》，他们都猛烈地抨击了传统的、罪恶的"烈女论"。尤其值得提出的是，他们在中国小说史研究方面的互相交流与帮助以及对于彼此工作成果的评价。这是当时新文学建设中的一件重要的工作。"五四"以来新小说的出现和新的文学观念之建立，要求对中国的传统小说用新观点、新方法进行研究，以利于认识和继承民族传统，并为新文学、新小说的建设提供借鉴。当时，胡适从事古典小说研究，写了关于《西游记》《红楼梦》等的研究论文十多篇，鲁迅在北京大学等校讲授中国小说史并写作了《中国小说史略》。在共同的研究与讲授中，他们多次交换资料与观点，互相启发和帮助。1921年底，胡适写《西游记》新版序，因缺乏资料，写信向鲁迅请教。鲁迅便整理自己掌握的《西游记》作者的资料"录奉五纸"，给了胡适。胡适利用这些材料写成了《西游记考证》介绍作者的部分。鲁迅还把自己"废寝辍食，锐意穷搜"得到的关于吴承恩的材料，在未使用之前供给胡适采用。另一方面，鲁迅在《中国小说史略》中，也征引胡适的研究成果。如对于曹雪芹与《红楼梦》、关于金

---

① 胡适：《介绍我自己的思想》。

圣叹的看法，均是如此①。无论是当时还是以后，鲁迅与胡适彼此对对方的研究成果和贡献都是客观地予以肯定的。当鲁迅读了胡适寄给他征求意见的《五十年来的中国文学》一文后，在回信中说：

> 大稿已经读讫，警辟之至，大快人心！我很希望早日印成，因为这种历史的提示，胜于许多空理论。但白话的生长，总当以《新青年》主张以后为大关键，因为态度很平正，若夫以前文豪之偶用白话入诗文者，看起来总觉得和运用"僻典"有同等之精神也。②

胡适在《白话文学史》的自序中，对鲁迅的《中国小说史略》也予以肯定，指出：

> 在小说的史料方面，我自己也颇有一点点贡献。但最大的成绩，自然是鲁迅先生的《中国小说史略》。这是一部开山的创作，搜集甚勤，取材甚精，断制也甚谨严，可以替我们研究文学史的人节省无数精力。

这种评价是客观的、公正的，也是颇有见地而估价不低的。他们两人这段对于中国古典小说的研究成绩，确实是开山的创作，为后来的古典小说研究和中国文学史研究在资料、观点、方法等方面奠定了坚实的基础。这是他们两人对于中国新文学、新文化发展与建设的可喜建树。

一直到 1924 以至 1925 年，鲁迅与胡适仍然保持着这种友谊关系。关于 1920 年他们在如何办《新青年》问题上的意见不同，许多论者都不免夸大了它的原则意义和两人的分歧程度。至于说这是胡适的阴谋，鲁迅识破了并给予击破，更是夸大其词了。事实上，这只是一次朋友之间的意见不同，不能说这个问题的性质不带有原则的意义，但确乎还不是两派之争。这从鲁迅 1921 年 1 月 3 日复信的语气中也可以看得出来。

---

① 鲁迅在《中国小说史略》中指出：
   "胡适作考证，乃较然彰明，知曹雪芹实生于荣华，终于苓落，平生经历，绝似'石头'，著书西郊，未就而殁；晚出全书，乃高鹗续成之者矣。"
   又在《中国小说的历史的变迁》中说：
   "至于金圣叹为什么要删'招安'以后的文章呢？这大概也就是受了当时社会环境底影响。胡适之先生说：'圣叹生于流贼遍天下的时代，眼见张献忠、李自成一般强盗流毒全国，故他觉强盗是不应该提倡的，是应该口诛笔伐的。'这话很是。"
② 《1922 年 8 月 21 日致胡适》。

直到1926年5月，胡适还想调和鲁迅与陈西滢之间的斗争，写信给鲁迅、周作人和陈源说："你们三位都是我很敬爱的朋友；所以我感觉你们三位这八九个月的深仇也似的笔战是朋友中最可惋惜的事。"又说："我写这信时怀抱着无限的友谊的好意，无限的希望。"①当然，胡适把这场原则的争论说成是"大水冲了龙王庙，一家人不认得一家人"，是错误的，而且表现了他的非原则态度；但这时他仍能如此致函鲁迅，说明他们仍然保持着友谊关系。

（七）

当然，他们之间的分歧是存在的，而且由来已久，并越来越严重，由分歧而分裂，由分裂而至敌对，代表了两个阶级、两个营垒、两条道路、两种路线与世界观。

在五四运动发动和兴起时，他们两人就存在着分歧。鲁迅是带着对封建思想文化彻底否定并与之决裂的态度走上战阵的，而且他以自己的创作与战斗实践，表明了这个坚决的不妥协的态度。他说他觉得"一切都要从头来过"，他号召青年们起来掀掉这吃人的筵席，毁掉这个厨房，在这可诅咒的地方击退了这可诅咒的时代，去创造中国历史上从未有过的第三样时代。然而，胡适却始终表现出温和雍容的改良主义的态度。他"只承认一点一滴的不断的改进是真实的进化"，他反对谈主义，反对从根本上解决民族、国家的前途出路问题，而只要解决一个一个具体问题，如"人力车夫的生计问题""卖淫问题"等。鲁迅与胡适都受到严复译《天演论》的深刻影响，都用进化论为武器、为指导思想。但很明显，鲁迅是坚持着进化观并充实以社会内容，以反抗斗争求进化；而胡适则是死抱着庸俗进化论观点，实行改良主义的路线。在文学革命问题上，他们两人的不同也是很明显的、带有原则意义的。鲁迅在理论上彻底否定以孔子为代表的封建文化，认为不管是什么，全都应该"踏倒它"。他号召彻底地否定、破坏，而不要"在瓦砾场上修补老例"②。但是，胡适则不然，他从一开始写《文学改良刍议》就是改良修补的态度。他着眼于形式，提出的是表现工具的改革。他提出的"八

---

① 见《鲁迅研究资料》第4期，第152–154页。
② 《坟·再论雷峰塔的倒掉》。

不"中，只有"不作无病之呻吟"和"须言之有物"是涉及内容的（但是未明确要什么样的内容），其余则都是形式方面的条规与要求。以后，在反对《新青年》谈政治，在与李大钊关于"问题与主义"的争论中，他都表现了妥协的、改良的立场和态度。

在五四运动文化革命统一战线分裂后的几年中，鲁迅和胡适，代表了两种文化思想、两股历史的与现实的社会势力，向着各自的方向发展下去。于是，分歧产生了，裂痕加深了，导致了分裂的结果。在新的革命势力上升发展、军阀统治走向衰落而对革命力量采取野蛮残暴的手段镇压的时候，在首先觉悟并起来斗争、发挥了先锋桥梁作用的青年学生热情地走出教室、投身斗争旋涡的时候，鲁迅是他们的师长和朋友，同他们一起战斗。然而胡适却以他们的导师面貌出现，劝他们"踱进研究室"，去"整理国故"。特别是在五卅运动这个震撼了中华大地、预示新的革命高潮到来的新的民众抗争怒涛起来之后，胡适一方面大讲什么"不知有什么帝国主义"，另一方面俨然以导师的身份，语重情急地对青年学生们说："你忍不住吗？你受不住外面的刺激吗？你的同学都出去呐喊了，你受不了他们的引诱与讥笑吗？你独坐图书馆里觉得难为情吗？你心里不安吗？"①接着，还讲了歌德和菲希特怎样在兵临城下的日子里还埋首读书写作的故事。这用心自然是很明显的。他还说："我自己决不想牵着谁的鼻子走。我只希望尽我微薄的能力，教我的少年朋友们学一点防身的本领，努力作一个不受人惑的人。"②按照胡适当时的思想状况，这些话都是针对着当时马克思主义在中国的传播说的，因为他说过："被马克思列宁斯大林牵着鼻子走，也算不得好汉。"

鲁迅与胡适的态度截然不同，他热情而诚挚地支持学生们的爱国行动，英勇坚决地抨击反动的军阀统治及其帮闲帮忙帮凶文人，写下了后来收入《华盖集》和《华盖集续编》中的那些血性文字。同时，他针对胡适的行径，进行了揭露和抨击。他先是指出："前三四年有一派思潮，毁了事情颇不少。学者多劝人踱进研究室，文人说最好是搬入艺术之宫，直到现在都还不大出来，不知道他们在那里面情形怎样。这虽然

① 《现代评论》第2卷第39期。

② 《〈胡适文选〉自序》。

是自己愿意，但一大半也因新思想而仍中了'老法子'的计。"①鲁迅还提出："现在的办法，首先还得用那几年以前《新青年》上已经说过的'思想革命'。"②在这里，鲁迅没有指出胡适的名字（在明确分歧与是非的前提下，仍保持同一战阵的战友的关系和一般友谊），但严肃地指出了他以及他的同伙的方针"毁了事情颇不少"。因此，他坚持"五四"的革命传统，再次提出"思想革命"的路线。

鲁迅明白地宣告自己并非导师，也仍不明确路该怎么走法。他襟怀坦荡，然而鼓励青年向前探索：

> 倘使我有这力量，我自然极愿意有所贡献于河南的青年。但不幸我竟力不从心，因为我自己也正站在歧路上——或者，说得较有希望些：站在十字路口。……我自己，是什么也不怕的，生命是我自己的东西，所以我不妨大步走去，向着我自以为可以走去的路；即使前面是深渊，荆棘，狭谷，火坑，都由我自己负责。然而向青年说话可就难了，如果盲人瞎马，引入危途，我就该得谋杀许多人命的罪孽。③

鲁迅还写道：

> ……我终于还不想劝青年一同走我所走的路；……我只可以说出我为别人设计的话，就是：一要生存，二要温饱，三要发展。有敢来阻碍这三事者，无论是谁，我们都反抗他，扑灭他！④

鲁迅在《导师》（《华盖集》）一文中说：

> 青年又何须寻那挂着金字招牌的导师呢？不如寻朋友，联合起来，同向着似乎可以生存的方向走。你们所多的是生力，遇见深林，可以辟成平地的，遇见旷野，可以栽种树木的，遇见沙漠，可以开掘井泉的。问什么荆棘塞途的老路，寻什么乌烟瘴气的鸟导师！

这是青年们真正的师长的诚挚之音，是战士的语言、战士的心，同胡适的"劝勉"是完全不同的。

---

① ②　《华盖集·通讯》。

③ ④　《华盖集·北京通信》。

这些，导致了"五四"过后不久，文化革命统一战线的分裂，《新青年》集团的解体。这是中国新文化运动乃至整个新民主主义革命的一个原则分裂，中国新兴文化的发展从此进入新的时期。这个重大事件的发生，胡适是始作俑者，是发动者，是右翼集团的主要代表。而鲁迅对之却感到痛心疾首，并一度陷入矛盾、痛苦、彷徨之中。他说："后来《新青年》的团体散掉了，有的高升，有的退隐，有的前进，我又经验了一回同一战阵中的伙伴还是会这么变化，……新的战友在那里呢？我想，这是很不好的。"[①]鲁迅的基本的和最后的态度是："愿以后不再这模样。""吾将上下而求索。"[②]以后，他果然抖落了彷徨的意绪，继续前进。而胡适呢？他并无彷徨，他沿着自己的道路继续走下去。

从此以后，鲁迅被迫南下厦门，又去广州，最后定居上海，以杂文为主要武器，从事彻底的反帝、反封建、反国民党大地主大官僚统治的斗争，从事反对日本帝国主义侵略的斗争，从事左翼文学革命的斗争，同国民党反动派的文化"围剿"和它的卖国的、反共反人民的统治进行英勇的斗争，成为伟大的民族英雄，伟大的共产主义战士，中国新文学、新文化的伟大旗手，世界文学大师、文化巨人。中华民族新文化以鲁迅的方向为方向，并且以鲁迅为社会主义、共产主义文化的伟大先驱。但是，胡适却不同。在此后的年月中，胡适定居北平，从事政治活动，继续在学术文化界和教育界活动。在这十几年中，他在一系列关乎民族存亡、人民自由解放和文化运动、文学革命的关键时刻、重大的问题上，以及在他个人思想、事业的大节上，一贯地站在反对人民、违背民族利益和追随国民党反动统治的立场上，使自己一个文化名流沦为帮忙帮闲的资产阶级政客。1925年，正当鲁迅"直面惨淡的人生"，同段祺瑞展开正面斗争的时候，胡适参加了段祺瑞的"善后会议"；当溥仪退位后蜷缩故宫觉得无聊而打电话约胡适去"让我瞧瞧"时，胡适毕恭毕敬地觐见，并口称"皇上"，出来后对这个末代皇帝称颂一番。他反对学生的爱国运动，提出进研究室，"整理国故"。特别是，他赞美四一二反革命政变和国民党的"清党"，最终投靠了国民党反动政府。当国家民族垂危，日本侵略者步步进逼的时候，他谄媚献策，劝日本军国主义"停止侵略来征服中国民族的心"。他先参加宋庆龄、杨杏佛、鲁迅

---

①②　《南腔北调集·〈自选集〉自序》。

等发动和参加的中国民权保障同盟，并担任北平分会的主席。但是，他竟背叛同盟的纲领，歌颂国民党的黑暗的活地狱——监狱，遭到宋庆龄的痛斥，并被开除盟籍。如此等等。他完全背叛了"五四"的革命传统，背叛了自己的历史，背叛了人民。他发展了自己思想中原有的消极的方面，终于走到了自己的反面。

自从胡适在20世纪20年代末到30年代初这个时期逐渐走向反面的时候起，鲁迅与他的友谊也便淡漠下来，并越来越分离，直至走向敌对状态。在此之前，即使在与胡适保持着友谊的时期，鲁迅对于他消极的方面也曾提出过批评，如在《一点比喻》（《华盖集续编》）中对于"脖子上还挂着一个小铃铎"的山羊，即知识分子领袖、青年导师的形象的勾画与抨击，显然是对胡适的批判；在《通讯》（《华盖集》）中指出前几年"有一派思潮"，"学者多劝人踱进研究室"，去"整理国故"，"毁了事情颇不少"，也是对胡适的批评。但这时还是对于统一战线内部的友军的不点名批评。30年代后，便展开正面的批判了。鲁迅先后写了《知难行难》（《二心集》）、《"光明所到……"》《出卖灵魂的秘诀》（《伪自由书》）等，揭露批判了胡适错误的、反动的言行。

列宁说，每个民族都有两种文化。中国现代文化也有两种：一种是以共产主义思想体系为核心和指导的反帝反封建的、科学的、人民大众的文化；一种是以资产阶级文化为盟主的反科学、反人民的，帝国主义、封建主义的文化。后者中的资产阶级文化曾经与前一种文化同处于新文化共同体中。后来，由于革命的深入、斗争的开展和新文化本身的矛盾斗争发展，资产阶级文化开始分化出来，沿着自己的道路发展下去。这两种文化各有自己的代表，他们就是鲁迅与胡适。他们的合作与友谊、分裂与斗争，都代表了这两种文化，执行着历史的、时代的、阶级的使命。

三、越过前驱者奋然前行

——论鲁迅与钱玄同、刘半农

钱玄同，不仅以他自己在五四运动时期的战绩载名于中国文学史上，而且因为他鼓动了鲁迅，使他提笔创作了第一篇小说《狂人日记》而著名。刘半农，不仅由于他在"五四"时期的声名，而且因为鲁迅的一篇名文《忆刘半农君》而更为人们所知。仅此一点"掌故"，已经透露了钱玄同、刘半农同鲁迅的关系了。的确，在鲁迅的生平史上，在鲁迅的五四运动时期的战绩中，不可没有关于钱玄同、刘半农的记载，不可没有关于鲁迅与他们的战斗友谊的记载。这一情况，既反映了钱、刘二位在"五四"文化运动中的地位与作用，也表明了像鲁迅这样一位文化巨匠，在战斗中、在发展历程上，是不可能孤立地前进的，而是与他的同时代人一同战斗、一同发展。只是，鲁迅在征途中，不断超越一批又一批同时代人，而他原来的战友或友朋，却远远落在后头了。钱玄同与刘半农正是这样的"五四"时期曾为鲁迅相当亲密的战友，然而，运动一过，不几年间，他们便分化了，分道扬镳了。如鲁迅所说"有的高升，有的退隐，有的前进"，而钱、刘二位则属于"高升"这一类。不过，所谓"高升"却又不是指从政，高官厚禄，而是说升为名流学者，进入"大雅之堂"，而脱离了时代，远隔于人民，从文化战士而"升"为文化贵族了。不过，他们却也并非变"坏"了，而只是变"高"了，高高在上了。刘半农早逝，钱玄同晚故，他的晚年却又有新的转机，保全晚节于抗战的乱世，为人所称道，大不同于居于同时同地而沦为汉奸的周作人。

（一）

钱玄同是这样被记入鲁迅的作品之中的：

> 那时偶或来谈的是一个老朋友金心异，……
> "你钞了这些有什么用？"有一夜，他翻着我那古碑的钞本，发了研究的质问了。
> "没有什么用。"
> "那么，你钞他是什么意思呢？"
> "没有什么意思。"
> "我想，你可以做点文章……"
> 我懂得他的意思了。他们正办《新青年》，然而那时仿佛不特没有人来赞同，并且也还没有人来反对，我想，他们许是感到寂寞了，但是说：
> "假如一间铁屋子，是绝无窗户而万难破毁的，里面有许多熟

睡的人们，不久都闷死了，然而是从昏睡入死灭，并不感到就死的悲哀。现在你大嚷起来，惊起了较为清醒的几个人，使这不幸的少数者来受无可挽救的临终的苦楚，你倒以为对得起他们么？"

"然而几个人既然起来，你不能说决没有毁坏这铁屋的希望。"

……于是我终于答应他也做文章了，这便是最初的一篇《狂人日记》。从此以后，便一发而不可收，……①

在这段记述中，我们形象而具体地看到了钱玄同对于鲁迅的开手创作，投身"五四"新文化运动所起的作用：推动、鼓舞甚至启发了鲁迅。这应该说是他的一个历史功绩，功在鲁迅，功在中国现代文学。我们当然不能抹去已经发生的事实，而去假设如果没有钱玄同这样的催逼，鲁迅将如何，这是没有意义的。但是，我们却不能不从已经发生的事实中得出一个推断：必然通过偶然来表现；偶然是必然的表现形式；任何具备了发生的历史和客观条件的事情，虽然终必发生，但是，又总是需要一些偶然的因素来诱发、触发或推动，并且因此而促进或推迟终究要发生的事情的时间，赋予这事情的发生以具体的形态。这是世界上许多事情发生的规律。鲁迅终必拿起文艺武器，投身新文化运动，这是带有必然性的。但是，何时投入、如何投入，却是偶然的，却是需要客观条件的。而钱玄同的存在和出现，他的努力鼓舞、他的热情催逼，则都成为推动鲁迅的力量了。这就是钱玄同的功之所在。这些，人们是都注意到并给予了客观的评价的。

然而，人们又往往是根据鲁迅之所述（见前面所引），而作出判断：鲁迅只是因为钱玄同的催逼推动，这才提笔写作，走上了文化革命的战场。这就未免有些片面性了。事实上，这种作用，如我们前面所说，是有限定范围的。鲁迅之注意启蒙工作、想要以文艺为武器来唤醒民众，可说是久有此志，在此前十年左右的时候，他就已经从事这种工作了；以后，他虽然沉默着，但一直在观察着、思考着、等待着，一旦条件成熟他就会爆发。而《新青年》的出现和它团结了一批战士，向旧社会、旧思想、旧文明展开了战斗，正是历史条件的出现。然而这还只是"表面"的，或者说是内涵的表现形态，更深厚的根源是中国革命的发展、历史条件的演变，以至世界潮流的变化（十月革命的爆发和胜利），都使中国社会、思想文化的发展，来到一个临界点，它要发生转折了。其次，鲁迅自身，经过六七年的观察、研究、思考，也已经探寻到一些基本的东西，也已经在沉默中昂起了头，期待战斗了。正逢其时，钱玄同出现了，来约稿了。于是发生了触发作用，钱玄同的作用就在于此。这一点，同鲁迅离开仙台放弃医学时的情景颇类似。当时，鲁迅已经有了充足的思想准备，想要抛弃科学救国的维新改良思想，而以文艺唤醒民众，决定从事思想革命，适逢其时，适逢其事，他看到那个幻灯，说明中国人有了强健身体而麻木不仁，也只能做砍头示众的材料，于是便弃医从文了。这前后两件事，都是反映了偶然性的作用和偶然性如何补充了必然性，赋予发生、出现时的形态。

鲁迅在这两件事上，都同样强调了偶然性的作用。这不是他有意抹杀内在的原因，而在他只是意在突出关节点。至于关节点的客观历史内涵和他的主观思想基础，他留给我们后人去体察和阐明了。

当然，我们无意贬低或抹杀钱玄同的作用，只不过还历史本来面目罢了。然而这样做，又不仅仅是恢复了历史的本来面目，而且认真地去对待和揭示并且肯定，鲁迅是如何在他的同时代人的促进下，发生思想演变和行动变化的，也就是他是如何在他的一些同时代人的带动下和影响下思想行动发生大变的。这实际上就是他同他们一同发展。

鲁迅在为他的《自选集》写序言的时候，回顾自己的战斗和创作生涯，曾经说到自己当时提笔作战，确实是"对于'文学革命'，其实并没有怎样的热情"，但原因并非不想革命，而是看见从辛亥革命到二次革命、袁世凯称帝以及张勋复辟，革命总是失败，因此怀疑、失望、颓唐。然而终竟提笔者，"大半倒是为了对于热情者们的同感"：

> 这些战士，我想，虽在寂寞中，想头是不错的，也来喊几声助威罢。[①]

他在这里所说的"热情者""战士"，当然包括钱玄同，还有刘半农等在内。就是为了与他们有"同感"，为他们呐喊助威，以帮助扫除那曾经伤害过他自己的寂寞，而"不惮于前驱"。这里，鲁迅对于自己的主动性，都用谦抑遮盖了，而突出地赞扬了热心者和战士们的催阵的作

[①] 《南腔北调集·〈自选集〉自序》。

用。不过，这也是实情。

当时，钱玄同和刘半农确实是发动新文化运动的积极的战士，他们如鲁迅后来所说"很打了几次大仗"。当胡适、陈独秀发动文学改良和文学革命之后，首先起来响应的便是钱玄同，喊出了打倒"桐城谬种，选学妖孽"这个响亮的口号，成为震惊一时、后来作为五四运动文化革命的主要口号之一。也是钱玄同，第一个使用白话文来提倡白话文，他在用白话文写给陈独秀的信中提出："我们既绝对主张用白话体做文章，则自己在《新青年》里面做的，便应该渐渐的改用白话。"他宣布自己从这次通信起，无论写信、做文章，一概用白话；而且建议陈独秀、胡适、刘半农都来尝试尝试。在钱玄同的倡导下，《新青年》果然从第四卷第一号（1918年出版）起，改用白话，改变了原来的文章、翻译都仍是用古文的面貌。这自然是一大变化，对于新文化运动的发动与发展，是一个很大的推动。此外，钱玄同还倡议改革应用文，主张将书信的繁文缛节、客套款式等都去掉；主张用公元纪年；主张数目字改用阿拉伯数字，行文左行横排，等等。以后，他又提倡汉字改革，主张运用"注音字母"，以后实现罗马字拼音。这些有见地、符合历史与人民需要的倡议，都成为新文化运动的内容，成为文化改革的措施，以后更普遍被接受，成为文化革命的成果，至今为我们所享用。

刘半农在陈、胡、钱之后，发表了《我之文学观念》。他在此文中，以及在其他文章中，也提出了不少有见识、有价值的建议，成为当时推进文化革命的有效措施和实际行动。他比较了文言、白话在不同情况下表达能力的优劣高下，主张"文言白话可暂处于对峙的地位"，提出了白话文向文言文吸收营养的问题；他还主张文章要分段，应加标点符号。他还提出了翻译文字"只能把本国文字去凑就外国文，决不能把外国文字的意义神韵硬改了来凑就本国文"。这些建议、主张也都是符合历史潮流之需要，适应文化革命的要求的，因此得以实行，直至今天仍在应用。这些，都是钱玄同、刘半农两人的战绩，也反映了他两人的战斗风貌。正如鲁迅所形容的，这是战士、前驱者、勇士的风貌。当时的钱、刘二人，对此是当之无愧的。同时，我们也就看到，这些前驱者、勇士、战士之所为，鲁迅是见到、听到的，他赞同他们、敬重他们；而他们所取得的成绩和所造成的形势，也同时触动鲁迅、推动鲁迅：如战马之嘶鸣，刀枪之铿锵，催鲁迅跃马上阵。而且，鲁迅感受到他们的寂寞。他说，他们是"在寂寞里奔驰的勇士"，他们感到响应者太少。因此，鲁迅既同情他们的战斗，又同情他们的寂寞。而他一方面感到这战斗同自己过去的战斗相同，相接续；另一方面也由于自己曾经有过的寂寞之苦而理解他人同样的痛苦。他被鼓舞、被催促、被推动，于是走上了战阵。

的确，钱玄同、刘半农在当时喧腾一时，声名卓著，毁誉两方面都很注目他们。钱玄同、刘半农这两个名字，在当时确实比鲁迅更响亮、声望更高，他们在一段时间里走在了鲁迅的前面。历史总是这样发展、前进，它是为人民群众所创造、所推动的，然而人民群众的力量、心意、愿望，又总是集中地反映在一些以至一批代表人物身上，总是由他们以先行者、先觉者的姿态，走在前面，去冲锋陷阵、去夺取阵地、去摧毁障碍。钱玄同、刘半农两个人，那时同李大钊、陈独秀、胡适、周作人等一起，做的正是这样性质的工作，起的正是这样的作用。说实在的，鲁迅当时，在最初的一段时间里，由于怀疑、失望、颓唐等情绪的影响，也由于鲁迅思想与性格的求实、深沉，的确是晚行了一步。正是以陈独秀、李大钊为首，包括钱玄同、刘半农这些人在内的热情者、战士、先驱者，以他们自身的行动和他们的行动所造成的形势，鼓舞了鲁迅，推动了鲁迅，使他终于一朝从沉默中冲出，而后才得"一发而不可收"。

在这一点上，钱玄同可居头功。因为一开始正是他不断地来到补树书屋，催促鲁迅上阵。而刘半农，也是功不可没的。鲁迅后来在追忆刘半农时曾说到，半农到北京来，就是因为给《新青年》投稿，而"由蔡孑民先生或陈独秀先生去请来的"。鲁迅又说到，刘半农到了北京，参加了《新青年》工作之后，"当然更是《新青年》里的一个战士"，而且，这位战士，"他活泼，勇敢"，他"打了几次大仗"，比如与钱玄同合演的、做法上在当时是颇为惊世骇俗的化名唱的双簧戏①，创造"她"字和"牠"字，等等，都是他的成绩中之卓著者，为后世所称道，而在文化史上留下了点点痕迹。如"她"字便是至今经常、普遍使

---

① 1918年初，《新青年》为了推动文学革命运动，开展对复古派的斗争，曾由编者之一钱玄同化名王敬轩，把当时社会上反对新文化运动的论调集中起来模仿封建复古派口吻写信给《新青年》编辑部，又由刘半农写回信痛加批驳。两信同时发表在当年三月《新青年》第四卷第三号。

用的。这都肯定了刘半农是一位新文化的战士，而且是活泼的、勇敢的、很能打仗且有功绩的战士。因此，他虽不像钱玄同那样直接起到催阵的作用，但是同样是一起擂动战鼓的伙伴，挥戈战斗的战士，以实战行动催阵。

钱玄同、刘半农就是这样以同时代人的身份，以实际的战斗，以自己的行动推动了鲁迅；而鲁迅就是这样在同时代人的推动和鼓舞下，投入战斗，走上了战阵。

这也是历史辩证法的一种表现：文化革命的主将，是被那些身为战士却非主将的、先他而投身战斗的人们推动、帮助，才实现了从沉默到战斗的根本转变。他并不是最早的先驱者。就像历次农民运动中那些叱咤风云的领袖们，并不总是最先率众举起义旗刀枪的人一样。实事求是地指出这一点，并不贬低鲁迅，而只能是科学地解释他的诞生的历史条件、社会背景，即真正的客观依据。而且，这样做，恰恰能够在科学的、求实的基础上，证明他是如何虽然晚出，但却以扎实坚定的步子一跃而走到前面去了，以后又坚持前进、不断发展，把原来迈步在前的人甩在后头了，把那些停滞不前的人们远远地甩在他的步尘之外了。

（二）

在"五四"时期，鲁迅与钱玄同、刘半农的关系，确实亲密得很。他们之间有战友之情，也有学术同好之谊，更有亲密朋友之融洽无间的情意。从《鲁迅日记》统计，在1918—1921年的3年多中，日记中提到钱玄同的名字达118次，其中来访的次数就有61次，有时同一天内既来信又来访；提到刘半农虽然少得多，但也有43次，其中来访27次。

在那时期，鲁迅与钱玄同的通信不仅频繁，而且特别：几乎每封信的内容都是严肃地谈论问题，但总采取了亲密朋友之间的互相调笑、对敌人嬉笑怒骂的格调。如：

> 久闻大名，如雷贯耳……
> "恭维"就此为止。所以如此"恭维"者，倒也并非因为想谩骂，乃是想有所图也。"所图"维何？且夫窃闻你是和《孔德学校周刊》大有关系的，于这《周刊》有多余么？而我则缺少第五六七期者也，你如有余，请送我耳，除此以外，则不要矣，倘并此而无

之，则并此而不要者也。①

　　且夫"孥孥阿文"，确尚无偷文如欧阳公之恶德，而文章亦较为能做做者也。然而敝座之所以恶之者，因其用一女人之名，以细如蚊虫之字，写信给我，被我察出为阿文手笔，则又有一人扮作该女人之弟来访，以证明实有其妅然则亦大有数人"狼狈而为其奸"之概矣。总之此辈之于著作，大抵意在胡乱闹闹，无诚实之意，故我在《莽原》已张起电气网，与欧阳公归入一类也耳矣。

　　其实也，S妹似乎不会做文章者也。其曰S妹之文章者，盖即欧阳公之代笔焉耳。他与《莽原》，也曾以化名"捏蚊"者来捣乱，厥后此名亦见于《妇周刊》焉。《民众》误收之聂文，亦此人也。捏蚊聂文，即雪纹耳，岂不可恶也哉！②

这些信突出地表现了他们两人之间那种无话不说、亲密无间的情景。鲁迅与钱玄同早在1907年在东京时一同就学于章太炎，是同窗老友，"五四"时期又同在北大任教、同为《新青年》革新集团的成员。他们见解一致，热情相同，配合作战，关系密切自属当然。鲁迅与刘半农认识虽然较晚，但他既重半农之为勇敢的战士，又喜其性格之活泼、为人之坦荡。他曾经说到，刘半农初由上海到北京，仍脱不掉才子气，有"红袖添香夜读书"那种佳人才子的艳福思想，鲁迅说："好容易才给我们骂掉了。"③这句话透露了他们之间那种坦率相见、语言无忌的关系。鲁迅还说到他为刘半农标点的《何典》写序，"以老朋友白居"，这也表现了他们之间的亲密关系。我们可以说，由于种种原因，鲁迅这时同钱、刘的关系，是较之同陈、胡的关系更为亲密的。

　　鲁迅当时有这样两位战斗的伙伴，是应当引以为幸的。他既从他们那里得到共同战斗的欢欣，又从他们那里得到友谊的慰藉。这本身自然也是一种鼓舞。鲁迅在给钱玄同的一封信中，对于复古派的轻蔑的、必然战败之而无丝毫犹疑的气概，就表现了他同战友一起作战，感到自信、有力量这种心境。在信中他说：

　　中国国粹、虽然等于放屁、而一群坏种、要刊丛编、却也毫不

---

① ② 《1925年7月12日致钱玄同》。

③ 《且介亭杂文·忆刘半农君》。

足怪。该坏种等、不过还想吃人、而竟奉卖过人肉的侦心探龙做祭酒、大有自觉之意。即此一层、已足令敝人刮目相看、而狷狯羞哉、尚在其次也。敝人当袁朝时、曾戴了冕帽出无名氏语录、献爵于至圣先师的老太爷之前、阅历已多、无论如何复古、如何国粹、都已不怕。但该坏种等之创刊屁志、系专对《新青年》而发、则略以为异、初不料《新青年》之于他们、竟如此其难过也。然既将刊之，则听其刊之、且看其刊之、看其如何国法、如何粹法、如何发昏、如何放屁、如何做梦、如何探龙、亦一大快事也。国粹丛编万岁！老小昏虫万岁！！①

鲁迅还说到刘半农的真诚坦率的性格。他说："要商量袭击敌人的时候，他还是好伙伴。"他特别赞扬刘半农的这一点："进行之际，心口并不相应，或者暗暗的给你一刀，他是决不会的。"鲁迅还说，如把韬略比作仓库，那么，陈独秀是大吹大擂，然而仓库里的情况人们一目了然；胡适则是声言并无武器，叫人摸不着底；而刘半农"却是令人不觉其有'武库'"的一个人。鲁迅说："所以我佩服陈胡，却亲近半农。"②

正是在这种朋友的亲密的交往合作中，鲁迅进行着勇猛的、所向披靡的战斗，取得了辉煌的成绩。当时，北京大学、《新青年》是新文化革命运动的大本营，是战士云集、新学者荟萃之处。鲁迅同北大的另一批教授学者如沈尹默、马幼渔等人，也是很要好的朋友，同心作战的战友，虽然关系之密切似稍逊于同钱、刘的关系，但也是很不错的。正是这样一批战友，构成了一个新文化的阵线，在文学、教育以至整个思想文化界冲锋陷阵、"攻城掠地"，既在共同的领域中，又在各自的天地里作战。从鲁迅同他们的友谊中，我们看到了"五四"时期，我国新文化运动披荆斩棘、开辟道路、向前推进的情景。这不仅是一般的文坛佳话，也不单是鲁迅一人的交友状况，而且是一群新文化战士共同作战的"战史"，也是鲁迅这位文化革命的旗手、主将，如何在与同时代人的共同作战中，吸取力量、得到鼓舞、受到推动，而发挥自己的作用，提高和发展自己。事实上，钱玄同、刘半农（以及鲁迅当时的其他战友），在这方面，正是执行了历史的任务，体现了历史对于一个文化巨匠的锻

---

① 《1918年7月5日致钱玄同》。

② 以上均见《且介亭杂文·忆刘半农君》。

炼与栽培。

由于钱玄同、刘半农后来的变化以及他们与鲁迅关系的变化，人们对于他们在这段时期内对鲁迅的帮助和所起的作用谈得不多。这不利于正确地认识鲁迅、了解鲁迅和科学地探讨他的思想发展轨迹，也不利于中国现代文学史、文化史研究。

（三）

的确，钱玄同和刘半农，作为学者教授，他们在"五四"以后仍然做了不无益处的工作，在其此后的生活中，也仍然在为中国文化和教育发展方面从事自己的工作。然而，作为新文化的战士，作为新文化运动的斗士，他们过早地退出了阵地，过早地消失于战地，而踱进了学术殿堂；好像新文化革命的艳丽的花朵，他们过早地萎谢了。钱玄同曾经是那么激烈，激烈得有些偏、有些过火，如他主张消灭汉字以至消灭汉语，要中国人一下子讲世界语、外语；他还说"四十以上的人都应该枪毙！"等。但是，运动过后，在以胡适为首的右翼知识分子停止了战斗甚至站到对立面去了的时候，他也靠过去了。由一个极端，走到了另一个极端去了。在胡适掀起的"学者踱进研究室"，学生不要过问国家大事，"整理国故"的逆流中——这逆流被鲁迅称为"误了不少事"——他也"下海"了。正是在这时期，他易名"疑古玄同"，他提出："不但历史，一切'国故'，要研究他们，总以辨伪为第一步。"①他主张疑古："学术之有进步全由于学者的善疑，而'赝'最多的国学界尤其非用极炽烈的怀疑精神去打扫一番不可。近来如梁启超君疑《老子》，胡适君和陆侃如君疑《屈原》，顾颉刚君疑古史，这都是国学界很好的现象。我希望研究国学的人都要有他们这样疑古的精神。"②一时间，他们掀起了一个进研究室、整理国故、疑古辨伪的思潮。对于这种文化现象，我们今天，自然应该用历史唯物主义的态度和方法来予以分析。他们这样做和所取得的结果，即使经过时间的检验，证明有些失误，但总的来说是有卓著成绩的，对于我国学术研究的发展，对于考古、历史、文化研究的发展，对于我们科学地认识、判断和运用古籍、古史，都是

---

① 钱玄同：《论今古文经学及〈辨伪丛书〉书》。

② 钱玄同：《研究国学应该首先知道的事》。

有重要作用的。这种历史的功绩，自不应抹杀、一概否定。但是，我们评断历史的、文化的现象，又不能离开时代的与历史的条件，不能不把它放到一定的历史范围内来考察。从当时的历史背景来看，国难当头，强敌入侵，国无宁日，民不聊生。当务之急是反抗强权、反抗侵略，为此又要同时反对卖国的、反动的军阀统治。几十万青年学生在五四运动中被唤醒，在民主与科学的口号下，在反帝反封建的、爱国的旗帜下，走出课堂，走上街头，走向民间，投身战斗。这本是民族觉醒的先声，民族希望之所系；然而，以胡适为首的右翼知识分子集团，却责备青年学子浮躁、激烈，要他们回课堂、回学校，钻进实验室、踱进研究室，去探索星球的奥秘，去辨明古史之疑惑。这怎能不是违反了民心之所求、历史之所需呢？而且，他们之所为，正是自觉地来与这种救亡图存运动相对抗的。像胡适，就咒骂"被马克思列宁斯大林牵着鼻子走，也算不得好汉"，而他又要用考古等来"教我的少年朋友们学一点防身的本领"。这不是明显地借提倡"考古"来反对"救今吗"？从五四运动的发展来看，反帝反封建的任务并没有完成，思想革命、文化革命的任务还很重，然而，这些曾经是五四运动的前驱者、战士的人们，却披着"五四"的荣光，做着与五四精神（爱国的、民主的、科学的精神）相违背的事情，迷惑了一批青年，把青年引入了歧途。这不能不说是对五四运动的一种反动。

刘半农先是因愤于胡适等人讥其为人之浅和学历之浅，而去法国游学；归来之后，便"渐渐的据了要津"，成为高贵的学者、教授了，脱离群众，脱离时代，禁称"密斯"，做打油诗嘲笑中学生，在林语堂办的《论语》《人间世》等刊物上发表《桐花芝豆堂诗笺》《双凤凰砖斋小品文》等，既表现了对待青年学子的恶劣的知识贵族态度，又流露了仍未根除的才子气。

鲁迅对于钱玄同、刘半农的这种变化和这种态度是很不满的。对于钱玄同，他在《教授杂咏》中给予了辛辣的讽刺："作法不自毙，悠然过四十，何妨赌肥头，抵当辩证法。"既嘲讽了他当年的过激之言，又批判了他反对马克思主义的态度。1929年，鲁迅到北平省亲时偶遇钱玄同，鲁迅形容钱玄同是"胖滑有加，唠叨如故"，因此"默不与谈"。^①就在这次相遇时，钱玄同看见桌上放着一张鲁迅的名片，便高声说："你的名字还是三个字吗？"鲁迅回敬说："我的名片从来不用两个字，或四个字的。"这样来讽刺钱玄同之曾名"钱夏"，又更名"疑古玄同"。当年的战友，今竟如此，确有隔世之感。对于刘半农，鲁迅在《忆刘半农君》中回忆了他的变化之后，感慨地说道："回想先前的交情，也往往不免长叹。"他说，他们如见面，不是来一通"今天天气……哈哈哈"，便只有发生冲突了。同样是昔日的战友，今竟如此，也同样让人有隔世之感。

这种隔世，不是纯粹的主观感觉，也不是人们真的隔世了，而是鲁迅同钱玄同、刘半农，在前进的时代和发展的历史面前，有的前进，有的停滞甚至倒退，于是形成隔世的局面了。钱玄同、刘半农在"五四"时期，是站在时代的前列、文化革新运动的前列的，他们思想解放、观点新颖，能察时势之需要，更顺应时代之潮流，在文化革命上做出了成绩。但是，他们在运动过后，便做着与自己原来的行动相反的动作了。他们成了资产阶级知识分子在革命统一战线破裂后退出战阵、回复旧道中的一员，反映了中国软弱的资产阶级革命不彻底性的一面。

然而鲁迅却不同，他在彷徨过后，一面荷戟在"平安旧战场"上继续战斗，在"寂寞新文苑"里坚持斗争；一面寻找新的战友，寻找新的社会力量，"上下求索"，跟随着时代和群众的脚步，继续前进了。一进一退，他们之间的距离就愈拉愈远了。当钱玄同、刘半农表现出前述那些与时代精神相背的言行时，鲁迅正支持学生运动，同军阀统治斗争，用杂文武器同反动统治和它的帮凶帮闲们斗争，为五四文化运动的继续发展，为新文学的发展，以后又为文化革命的深入、左翼文艺的建立和发展，不断战斗，建立了丰功伟绩。他面对惨淡的人生，在风沙中搏斗，而没有穿西装革履或长袍马褂，没有钻进故纸堆、踱进研究室。

正当钱玄同、刘半农脱离了文化革命的主流，与不断深入发展的新文化运动、左翼文学运动距离越来越远的时候，鲁迅一步步前进，实现思想的飞跃，从封建阶级的逆子贰臣成为无产阶级的战士，成为共产主义思想文化的先驱者。一方面有人从"五四"时期资产阶级文化革命的前驱者的地位上退下来，变成了落伍者；另一方面，鲁迅则在前一种前

---

① 《两地书·一二六》。

驱者的催促下上阵，很快越过他们，接着更由此前进，直到成为新的、更高、更进步的由无产阶级和共产主义思想领导的新文化革命的前驱者。两者之间，距离是很远的，区别也是原则性的、很大的。这种情况，反映了中国新文化发展的曲折道路，也反映了鲁迅在这个发展过程中始终顺应时代的前进方向、历史的发展主流，而成为当之无愧的主将和旗手。这是钱、刘二人所望尘莫及的。

当然，对刘半农，鲁迅做了公允的评价，表达了对他的深情。鲁迅说，他对刘半农，感情上"并无变化"："我爱十年前的半农，而憎恶他的近几年。"但鲁迅说："这憎恶是朋友的憎恶，因为我希望他常是十年前的半农，他的为战士，即使'浅'罢，却于中国更为有益。"鲁迅这段言简意赅的话说明：（1）他仍然肯定十年前即"五四"时期的刘半农，并认为他这样是于中国有益的；（2）他评判人物的标准不是与自己关系之亲疏，而是于国有益还是有害。

钱玄同在抗日战争爆发后，由于疾病等原因留在沦陷的北平，但他拒受伪聘，声明"钱某决不作汉奸！"又恢复旧名"夏"，以表示是中夏之子而非夷狄之顺民。1939 年在困居北平中死于脑溢血。他保持了晚节。较之周作人，他是无愧于民族的。

第四章　身外的青春

"我早先岂不知我的青春已经逝去了？但以为身外的青春固在：星，月光，僵坠的蝴蝶，暗中的花，猫头鹰的不祥之言，杜鹃的啼血，笑的渺茫，爱的翔舞……。虽然是悲凉漂渺的青春罢，然而究竟是青春。"①

这是一种希望，也是一声慨叹。他感叹自己"魂灵的手一定也颤抖着，头发也一定苍白了"。他感叹自己已经"陆续地耗尽了我的青春"。然而，他以青年们为自己的"身外的青春"。这是对于青年的何等的信任，何等的厚望！但是，他又说："然而现在何以如此寂寞？难道连身外的青春也都逝去，世上的青年也多衰老了么？"②

连身外的青春也都失去了，那可是真正的、彻底的失望、悲凉和寂寞了。这是1925年1月写下的反映了他的心之声的凄婉的文字。这反映了五四运动后，新文化阵营分裂，他感到"两间余一卒，荷戟独彷徨"的矛盾惶遽心情。但也表明，他感到失去依托的苦闷，他需要寻找新的力量。进化论思想使他充满信心地把希望寄托在青年人身上。然而，事实上，是否能成为历史的发展动力，是由阶级和阶层来决定的，而不是由年老还是年青来决定的。所以青年们究竟不能铁板一块地都是走在历史的前列，壮年和老年也并不一律都是历史的惰力。他对"身外的青春"的不信任、对青年的失望，正表现了他的潜在的对于进化论的怀疑。怀疑已经产生了，还将发展。就在这篇《希望》中，他就已经发出了这样的愤激之词："绝望之为虚妄，正与希望相同！"那么，就无须绝望，而可以心存希望了。

这希望仍在"身外的青春"即青年人身上。不过，不是所有的青

---

① ②　《野草·希望》。

年，也不是一般的青年，而是前进的青年，是同这时候已经登上民族舞台开始更有威势地发挥作用的工人、农民一心一德的青年。鲁迅终于从他们身上看到了可靠的希望。刘和珍、韦素园等人，便是这样的青年。他们作为鲁迅的"身外的青春"是推动了鲁迅的思想发展的。

我们常说鲁迅是青年的导师，他带领他们走上了战场。但是教育者也要向被教育者吸吮有益的东西和鼓舞的力量，领头人也需要在后面追随的广大的队伍的推动。鲁迅与青年的关系正是如此。他不是随便歌颂青年是他的"身外的青春"！

当然，此外还有高长虹这类青年，还有比他起了更坏作用的青年。他们则是从反面推动了鲁迅前进。这是一种对抗性推动力，是"敌对性"接触，但同样是作为鲁迅的同时代人，发生了他们的作用的。

鲁迅曾经多次感叹，不是年青的为年老的送葬，而是相反，这使他感到分外的悲痛。这种悲痛反映的正是他对于青年的爱，这爱里蕴含着他对于青年人的感激，因为他们推动了他，使他更向前行。

属于这种被他称为"身外青春"的人，自然很多，不过有的具有其他"身份"，我们就让他们各归其所，分别地记叙了，如许广平、毕磊、冯雪峰、萧红等，便是如此。

一、鲜血浸渍了心
——论鲁迅与刘和珍

（一）

"苟活者在淡红的血色中，会依稀看见微茫的希望；真的猛士，将更奋然而前行。"鲁迅悼念自己喜爱的学生、英勇牺牲的烈士刘和珍时，用这种沉痛、诚挚而深刻的话语，作了结束。他从血色中看见了希望，烈士的鲜血和遗体激动了他的心，他不是更消沉了，也没有恐惧，而是更加成为一位真的猛士，更加奋然前行。这是刘和珍的行动和牺牲，给予他的力量，给予他的信心。这也是学生给予老师的，晚辈给予先辈的，战士给予主将的宝贵奉献，这也是一种推动和帮助。

但是，她给予的和鲁迅所感受的，还远不只是这些。鲁迅还写道：

我目睹中国女子的办事，是始于去年的，虽然是少数，但看那

干练坚决，百折不回的气概，曾经屡次为之感叹。至于这一回在弹
雨中互相救助，虽殒身不恤的事实，则更足为中国女子的勇毅，虽
遭阴谋秘计，压抑至数千年，而终于没有消亡的明证了。倘要寻求
这一次死伤者对于将来的意义，意义就在此罢。

这段诚挚深沉的语言，是历史的回音，是现实的战叫，也是未来的
预言。首先，鲁迅说，他从一年左右的事实中看见了中国女子的办事干
练和百折不回的气概，他感叹过。这感叹有着多重的内容。首先应是赞
赏与钦佩，年青的女子们的这种精神与能力，使他感动、高兴、佩服；
其次，是由此及彼，体察到人民的力量；第三，是给了他信心。有这样
的女子，有这样的人民，自己的民族应该是有希望的。

然而事实又发展了。她们不仅干练、富有百折不回的坚韧气概，而
且，她们临难不惧，团结友爱，在弹雨中仍然互相救助，就是牺牲自己
也无所畏惧。这是何等的勇敢、坚毅、顽强和高尚呵。这是蕴藏在她们
的身心中的斗争精神、坚定意志和道德力量的深层的表现。鲁迅从这里
窥见了中华民族的力量。他深知并同情中国妇女不幸的命运。他的小说
中深刻地描写了她们，从《药》中的两位一闪而过的母亲，到刻画了其
一生不幸的祥林嫂，从单四嫂到爱姑，都是被侮辱与被损害的，肩负着
多重的历史重负。但是，既遭阴谋秘计，压抑至数千年，却终竟没有消
亡，没有逝去，没有失掉那勇毅的品性与精神。这属于女性的历史，也
属于现实的女性。

然而又不仅仅限于女性。我们整个中华民族中的愚人、下等人、
仆、隶、皂、"群氓"等，人口中的大多数，也是在大石底下压了数千
年的，那么，他们的反抗的、斗争的、勇敢的、坚毅的精神，该也是没
有泯灭、依然潜在的了？是的，眼前牺牲了的刘和珍和她的并未死去的
精神品性，便是"终于没有消亡的明证了"。

"倘要寻求这一次死伤者对于将来的意义，意义就在此罢。"

这就是鲁迅的思绪。

鲁迅正是从这个现实中看见了历史力量的潜存，民族精神的尚在和
将来的"微茫的希望"，从而增强了信心，并"奋然而前行"。

这就是刘和珍和刘和珍的奋斗与她的死，对于鲁迅的意义，给予鲁
迅的力量。

高山总是凭沃土泥丸构筑，大河总是靠汇集涓滴细流而形成。一个伟大的人物，他的伟大的心、伟大的灵魂、伟大的理想，也要靠吸取历史的、现实的营养而构成。鲁迅作为伟大的文化战士，伟大的革命家、思想家，他是多方面吸取力量的。他既站在同时代人之上，又站在同时代人之中。在同时代人之中，不仅有家族的、长辈的、师长的影响，而且有战友的、朋友的影响，而且，也从学生、晚辈身上，获得启发、触动以至教益。刘和珍便是一个明证。这不仅不妨碍鲁迅的伟大，而且，正显示并构成了他的伟大。

（二）

刘和珍，1904年生，祖籍安徽合肥，随父久居江西南昌，一般均以此为她的籍贯。她从小聪明活泼，和蔼委婉，既为父母所喜爱，也得亲友之欢心。少年时代她就好学强记，打下了较好的古文根底。不幸的是，她14岁父丧，从此家境贫寒，又遭亲人相继亡故的伤痛（外祖母、弟、妹都因无钱治病而死去）。她与老母弱弟相依为命，度过艰困岁月。生活的颠簸和艰困折磨，锻炼了她的性格，使她和蔼中孕育了刚强。

五四运动唤醒了她。她是以鲁迅为主将的新文化战士掀起的新的思想文化运动养育起来的第一批青年队伍中的一员。《新青年》《新湖》等进步刊物，供给了精神食粮。她在中国传统文化养育下，又吸收新文化的哺育，成长起来。她在家庭、社会和学校里，都进行了她力所能及的改革。她说服了母亲，不在家里敬神、拜佛、烧香、祭祀，也不请客送礼。在学校里，她通过联合其他学校的斗争，争得了废除束缚女学生自由的不合理校规。1921年，她更自己带头剪发，领导了女子剪发的斗争。同年，她又组织了"觉社"，从事反帝反封建的革命斗争。

1923年，刘和珍考入北京女子师范大学英文系。这时，鲁迅正在该校兼课。这样，她的短暂一生中的光辉的一段，便和鲁迅的生活和工作交叉了。作为学生，她爱听鲁迅先生讲课，爱读鲁迅的文章，爱看鲁迅所办的刊物。这是她从先生那里所获得的教益。她是在鲁迅等先生的教诲下成长的。

在热烈开展的学生运动中，她是先锋、骨干，成为女师大学生会的领导人、北京学运领袖。鲁迅所说的，办事的干练坚决、具有百折不回的气概，便是这时期从刘和珍等学生的行动中体察到的。

鲁迅对她留有美好的记忆。他在那篇感人至深的悼文中，描绘了她的形象、再现了自己的记忆：

> 她的姓名第一次为我所见，是在去年夏初杨荫榆女士做女子师范大学校长，开除校中六个学生自治会职员的时候。其中的一个就是她；但是我不认识。直到后来，也许已经是刘百昭率领男女武将，强拖出校之后了，才有人指着一个学生告诉我，说：这就是刘和珍。其时我才能将姓名和实体联合起来，心中却暗自诧异。我平素想，能够不为势利所屈，反抗一广有羽翼的校长的学生，无论如何，总该是有些桀骜锋利的，但她都常常微笑着，态度很温和。待到偏安于宗帽胡同，赁屋授课之后，她才始来听我的讲义，于是见面的回数就较多了，也还是始终微笑着，态度很温和。待到学校恢复旧观，往日的教职员以为责任已尽，准备陆续引退的时候，我才见她虑及母校前途，黯然至于泣下。此后似乎就不相见。总之，在我的记忆上，那一次就是永别了。①

当鲁迅写出这些文字时，他说，他所"奉献"的，不仅是悲哀，而且有尊敬。他对手这位学生的回忆与死的敬重，是很明显的。这里正是明白地说明了他从这位学生身上获得了什么：生命力，顽强，斗争性以及信心。

（三）

刘和珍牺牲于1926年3月18日。这时，鲁迅的思想，正随着现实斗争的开展，新的革命高潮的即将到来，而面临着新的突破的前夕。在这时和以前，他的基本指导思想仍是进化论，但已经在一些重大问题上有所突破，已不是进化论所能完全概括得了的。其中，重要的一个方面便是他不再单纯地、一律地把青年都看作胜于老人了，而是，认为他们有睡着的、有昏着的、有前进的。当然，他所寄予希望的，是他所说的应该和能够去创造历史上从未有过的第三样时代的人，是那些前进的青年。刘和珍这批学生便是这样的"前进的青年"，而刘和珍更是他们之

---

① 《华盖集续编·记念刘和珍君》。

中的佼佼者，是他们的代表。

鲁迅曾经担心中国将成为"优胜劣败，自然选择"的进化论的"劣败"的证明，担心"中国人"将从"世界人"中消逝。他曾把中国比作"绝无窗户万难破毁的铁屋子"。他带着痛苦的、失望的心情说到自己的彷徨与怀疑。但是，他又怀疑自己的怀疑。因为他说，自己所经历的事情究竟还是有限的。这是他在感觉到自己的思想局限时的认识。但是，随着五卅运动的爆发，女师大事件的发生，南方革命高潮的兴起，工人农民运动的开展，他的思想作为中国革命的反映，不断地发生变化，在思想领域中、在社会的视野中，出现了新的阶段力量、社会力量。活跃在斗争前列的几十万青年学生，便是其中的骨干。而刘和珍等进步学生，正是那些学生领袖，不仅是骨干力量中的前驱，而且是鲁迅能够切近地观察、了解的对象，是自己周围的战斗的伙伴。鲁迅确实从他们身上获得了力量和信心。

三一八惨案发生之后，鲁迅除了愤怒、痛苦，还在自己连续写出的文章中，不断地总结经验：包括对敌人本质的认识、对斗争策略的考虑，以及对自己思想的总结①。

他的总结，特别围绕着斗争与流血这个主题。首先，他从中看出了敌人的残暴。他说那些杀人者，是一伙"不觉死尸的沉重的人们"，他们的"残虐险狠的行为"，无论在禽兽中还是人类中都是极少见的。面对这样的敌人，必须不要去轻蹈死地。因此，他以为刘和珍等烈士的牺牲，还有一重意义，就是：（1）"撕去了许多东西的人相，露出那出于意料之外的阴毒的心"；（2）"教给继续战斗者以别种方法的战斗"。由此，关于流血问题，他总结出几条重要的经验和原则。这便是：（1）"改革自然常不免于流血"，"世界的进步，当然大抵是从流血得来"。（2）"但流血非即等于改革"。（3）进步的大小和流血的数量，没有关系。"世上也尽有流血很多，而民族反而渐就灭亡的先例"。（4）因此，既不要怕流血，又不要轻易流血，更不能以为流了血，就得到改革的结果。"血的应用，正如金钱一样，吝啬固然是不行的，浪费也大大的失算"。（5）不能轻抛头颅枉流血，要讲策略，不能老实地去搞"正规的

---

① 鲁迅当时先后写了《无花的蔷薇之二》《"死地"》《可惨与可笑》《记念刘和珍君》《空谈》等文章。

战法"，这是"必须对手是英雄才适用的"。（6）血不会白流。"血不但不掩于墨写的谎语，不醉于墨写的挽歌；威力也压它不住，因为它已经骗不过，打不死了。"（7）血将浸渍人们的心，从爱人、亲人、周围的人逐渐扩大开去。这将由怀念、痛悼而到产生仇恨与力量。"然而既然有了血痕了，当然不免要扩大。至少，也当浸渍了亲族、师友、爱人的心，纵使时光流驶，洗成绯红，也会在微漠的悲哀中永存微笑的和蔼的旧影。"这抒情的笔调，蕴含的不仅是深沉久远的悲伤哀痛，而且，有着由此而产生的仇恨与力量。

鲁迅从刘和珍和她的战友的流血牺牲中，总结了这样一些重要的战斗经验。这是深刻的历史分析、重要的现实斗争的总结，也是他自己的思想的总结。

这是他的年青的学生和战友刘和珍用自己的流血和牺牲所给予他的。

二、深情挚谊润乃师
——论鲁迅与韦素园

当1932年岁末鲁迅为《两地书》写序言的时候，曾感慨系之，述及自己与许广平的事情，写道：

> 回想六七年来，环绕我们的风波也可谓不少了，在不断的挣扎中，相助的也有，下石的也有，笑骂诬蔑的也有，但我们紧咬了牙关，却也已经挣扎着生活了六七年。其间，含沙射影者都逐渐自己没入更黑暗的处所去了，而好意的朋友也已有两个不在人间，就是漱园和柔石。我们以这一本书为自己记念，并以感谢好意的朋友……

鲁迅在指出那些制造环绕着他们的风波的人们，如何恶作而阴狠的时候，以感激之情，提到了柔石和韦素园，称他们为"好意的朋友"，并且以《两地书》来感谢他们。这"好意的朋友"的赞语，是珍重的、可贵的。尤其是当风波环绕、笑骂诬蔑蜂起之时，这朋友的好意和好意的朋友，在对比中更可珍贵，也更令人怀念。这冷暖人情、炎凉世道中的真挚的情谊，是冰谷的暖流、黑夜的烛光，足以令人永志不忘。因此，鲁迅在人物两亡之时，如此珍重地提到。鲁迅以自己的学生和晚辈为知友，这是最为突出的一例。

鲁迅与许广平的恋爱与结合，是他一生中的大事，对鲁迅的生平事业影响至巨；而这件事所引起的对于鲁迅的冲击波，也是很大的。有来自敌对者的笑骂诬蔑，有来自旁观者的议论讥笑，有来自友朋的讥评。人言可畏，这都很伤鲁迅的心，也使他颇为难处。他曾经准备为此付出身败名裂的巨大代价。正是在这样的时期，这样的环境中，韦素园以多病劬劳之身，以自己为不幸的爱情生活所刺伤的心，一直对于鲁迅与许广平的事情，怀着深切的关心和诚挚的谅解。这来自学生、晚辈、朋友的友谊，特别使鲁迅感到温暖，也特别感到可贵。因此，在韦素园活着的时候，他们之间的情谊就颇为亲切诚挚，超出于未名社诸弟子。

在未名社诸弟子中，鲁迅最喜欢的是韦素园，对于他的认真、勤奋、好学的精神，对于他对未名社的成长发展的贡献，以及对于他的正直高尚的品德，都是很称赞，很喜爱的。未名社中最早与鲁迅认识的是李霁野。1924年7月，他为了将译稿《往星中》送鲁迅审阅，得小学同学、当时在世界语专科学校听鲁迅课的张目寒介绍，去见了鲁迅。以后，韦素园、台静农等也相继与鲁迅认识了。当时韦素园从苏联回来后到北京入法政专门学校就读，并有志于翻译俄罗斯文学和苏联文学。鲁迅以他向来爱护扶植青年的心，奖掖和支持他们的工作。鲁迅向来也重视翻译介绍外国的进步文艺理论和创作，尤其注重俄罗斯文学，这时更对于苏联的文艺理论与创作发生了兴趣和引起了重视。因此，他对于这几个年轻学生的志趣更为支持。这就为未名社的成立准备了基础。李霁野曾经回忆了未名社成立的经过：

> 1925年夏季的一天晚上，素园、静农和我在鲁迅先生那里谈天，他说起日本的丸善书店，起始规模很小，全是几个大学生慢慢经营起来的。以后又谈起我们译稿的出版困难，慢慢我们觉得自己来尝试着出版一点期刊和书籍，也不是十分困难的事情，于是就开始计划起来了。我们当晚也就决定了先筹起能出四次半月刊和一本书籍的资本，估计约需六百元。我们三人和丛芜、靖华，决定各筹五十，其余的由他负责任。我们只说定了卖前书，印后稿，这样继续下去，既没有什么章程，也没立什么名目。只在以后对外必得有

名，这才以己出的丛书来名了社。①

未名社成立后，他们就出版了鲁迅的译作《出了象牙之塔》；创办了《莽原》半月刊。以后，未名社陆续出版了鲁迅的论文集《坟》和回忆散文集《朝花夕拾》，以及韦素园译的《黄花集》和《外套》，曹靖华译的《白茶》、《蠢货》、《烟袋》和《第四十一》，韦丛芜译的《穷人》和创作集《君山》，李霁野译的《不幸的一群》和《往星中》，还有台静农著的《地之子》《建塔者》等，一共有20多种书。在短短的几年里，出了这么多种译著，这在当时来说，成绩是可观的，是难能可贵的。这，当然与鲁迅的关怀和扶持分不开。同时，也与韦素园的认真踏实的工作不可分。

未名社成立，社址设在北京大学第一院对面一个公寓里，实际上就是韦素园的住所。社务就由这个住所的主人韦素园担当了。鲁迅生动地记述了当时的情景：

> 现在留在记忆里的，是他已经坐在客店的一间小房子里计划出版了。
>
> 这一间小房子，就是未名社。
>
> …………
>
> 未名社的同人，实在并没有什么雄心和大志，但是，愿意切切实实的，点点滴滴的做下去的意志，却是大家一致的。而其中的骨干就是素园。
>
> 于是他坐在一间破小屋子，就是未名社里办事了，不过小半好象也因为他生着病，不能上学校去读书，因此便天然的轮着他守寨。
>
> 我最初的记忆是在这破寨里看见了素园，一个瘦小，精明，正经的青年，窗前的几排破旧外国书，在证明他穷着也还是钉住着文学。
>
> ……同时社内也发生了冲突，……在"天才"们的法庭上，别人剖白得清楚的么？——我不禁长长的叹了一口气，想到他只是一个文人，又生着病，却这么拼命的对付着内忧外患，又怎么能够持

---

① 李霁野：《鲁迅先生与未名社·忆素园》。

久呢。自然，这仅仅是小忧患，但在认真而激烈的个人，却也相当的大的。

……他既非天才，也非豪杰，活的时候，既不过在默默中生存，死了之后，当然也只好在默默中泯没。但对于我们，却是值得记念的青年，因为他在默默中支持了未名社。……

鲁迅的这些记述，描绘了韦素园的认真、严肃、刻苦、努力，为文学、为集体、为事业，而默默地奋身工作的感人的形象。这是鲁迅所赞赏的踏实精神和献身态度。尤其是在未名社后来的人事纠纷中，在未名社中人有的（如韦丛芜）的涉足政界，高长虹的无理取闹，与之相比，鲁迅更加喜爱韦素园的精神品性。然而这种喜爱，意义却不仅限于个人之间的关系，不仅限于一般的有了一个"得意门生"。

我早先岂不知我的青春已经逝去了？但以为身外的青春固在：星，月光，僵坠的蝴蝶，暗中的花，猫头鹰的不祥之言，杜鹃的啼血，笑的渺茫，爱的翔舞……。虽然是悲凉漂渺的青春罢，然而究竟是青春。

然而现在何以如此寂寞？难道连身外的青春也都逝去，世上的青年也多衰老了么？

这是鲁迅在1925年所唱的"希望"之歌，他感到自己青春已逝，而希望之所寄的身外的青春竟也渺茫，"世上的青年也多衰老了么""然而青年们很平安"。他觉得希望的虚妄。他觉得只有自己来"肉搏这空虚中的暗夜"，"一掷我身中的迟暮了"。这是一种何等沉重的失望与哀伤？鲁迅一向以进化论为指导，相信青年必胜于老年，希望在他们身上，要靠他们来创造中国历史上未曾有过的第三样时代。然而现在他们竟是这样。这种情况，对于一个战斗不息、探索不止的伟大战士如鲁迅者，其实是一个好消息。其一，他对青年产生了怀疑，他不得不把眼光转向其他，而此时，他开始听到工农的吼声了，他在谛听，探索其中的底蕴。其二，对于青年，他采取分析的态度，而不是一律致敬、一律看待了。在写了前面所引的《希望》之后4个月，他写了《导师》（《华盖集》）一文，开头便说：

近来很通行说青年；开口青年，闭口也是青年。但青年又何能一概而论？有醒着的，有睡着的，有昏着的，有躺着的，有玩着的，此外还多。但是，自然也有要前进的。

他把青年分为两大类：昏庸的与要前进的。当然，他的希望只寄托于后者身上。

正是在这种时候，"闯"来了未名社诸弟子。他们是要前进的，他们热情，好学，愿意从事将异国文苑的花草移入祖国新文苑的工作，这是鲁迅在东京从事文艺运动时就很重视的。而且，这批弟子中，更有韦素园、曹靖华这两位曾在苏联学习过、深通俄语并有志于翻译俄罗斯与苏联文艺的青年。这更是鲁迅向来看重，现在更迫切需要的工作。难道不是"身外的青春"出现了吗？并非所有的青年都"很平安"，并不是"世上的青年多衰老了"，这里正有一群"不安分"的、充满青春活力的年青学子。

再有，鲁迅一直希望青年们无忌惮地批评中国的旧文明，然而他感到缺乏人手和园地，此时，一批青年出现，他们本身和他们的热情，成了创办《莽原》的基础，并给它灌输了新鲜血液。

这样，鲁迅支持了、扶植了一个青年文学团体——未名社；而未名社诸子，也成为鲁迅的新的战友。学生们给了先生启发、力量与信心。在五四文化革命统一战线分裂后，鲁迅慨叹伙伴们有的高升，有的退隐，有的前进，发出了"新的战友在那里呢"的疑问。现在，新一代战友出现在面前了。而且他们干得不错，办杂志，出译著，一期期，一部部，令鲁迅欣然、快慰。他并且从这里体会到新的战斗的欢欣，体察到新的战友的力量，感受到可以依靠的社会力量之所在了。这对于促进鲁迅的前进，给予了新的力量，新的推动。

而韦素园，正是这一群新战友中的佼佼者。他对于事业、工作的拳拳之心，他的对于事业、对师长与朋友的深情挚意，都滋润着乃师之心。他在艰辛中译作，并"默默地支持未名社"，使社务得以发展，这都使鲁迅甚受感动。鲁迅常喜用"涸辙之鱼，相濡以沫"的故事来比喻他同战友们艰难与共、惨淡经营文学事业的工作关系，他以此比喻过他与许广平的关系，也以此比喻过他与叶圣陶在工作上的彼此支持，在这里，也可以用来比喻他与未名社，与韦素园的情谊吧。

应该说这也是韦素园（以及未名社）对于鲁迅的一点奉献，这奉献是有价值、有意义的。

鲁迅虽然很为未名社后来的纠纷与结束恼火，但他对于这个他一手支持，韦素园一手经营，维持了六七年的青年文学团体，最后的总评价是很好的。他说：

> 未名社现在是几乎消灭了，那存在期，也并不长久。然而自素园经营以来，绍介了果戈理（N. Gogol），陀思妥也夫斯基（F. Dostoevsky），安特列夫（L. Andreev），绍介了望·蔼覃（F. van Eeden），绍介了爱伦堡（I. Ehrenburg）的《烟袋》和拉夫列涅夫（B. Lavrenev）的《四十一》。还印行了《未名新集》，其中有丛芜的《君山》，静农的《地之子》和《建塔者》，我的《朝华夕拾》，在那时候，也都还算是相当可看的作品。事实不为轻薄阴险小儿留情，曾几何年，他们就都已烟消火灭，然而未名社的译作，在文苑里却至今没有枯死的。①

在这些含着谴责以至有点儿激愤的话语中，充分肯定了未名社的劳绩和它对于中国新文学发展的意义，其中，自然也包括韦素园和鲁迅自己的辛劳与欣慰。

与此相联，他对韦素园的评价，也是很高的，而且言简意深：

> 是的，但素园却并非天才，也非豪杰，当然更不是高楼的尖顶，或名园的美花，然而他是楼下的一块石材，园中的一撮泥土，在中国第一要他多。他不入于观赏者的眼中，只有建筑者和栽植者，决不会将他置之度外。②

在这段赞美的话语中，鲁迅特别肯定了韦素园的非天才、非豪杰，而只愿充当石材和泥土的精神品格。这里含着甚深的人生的哲理，他出自鲁迅笔下，但却诱发于韦素园身上。这正是韦素园对于鲁迅的一种"给予"。鲁迅自己，一生以当石材与泥土的精神，为祖国为人民服务，他也最崇拜和赞美这种精神和具有这种精神的人。他还特别指出，"在中国第一要他多"。这是因为，一方面破损残伤的祖国，无论是精神上还是物质上，都需要重建，也就需要众多的石材和深厚的泥土；另一方

彭定安文集 5
鲁迅和他的同时代人

---

①② 《且介亭杂文·忆韦素园君》。

面，人们（尤其是当时的许多青年）又往往自视甚高，甚至自命天才，而鄙视（当然更不愿意充当）泥土；人们（尤其是青年）往往好高骛远而不愿默默地做坚实的工作。因此，韦素园的精神就显得尤为可贵了。

鲁迅深爱韦素园这种精神品德；韦素园的思想行为又使鲁迅具体地体验到这种精神品德；并且鲁迅也从这种体察中，汲取汁液，来丰富自己的思想和发展自己这种伟大精神。"教育者先受教育"，师育生，生亦可影响于师。这是符合逻辑、符合事实的。在这种现象中，体现了鲁迅思想精神之博大的一面。

鲁迅对于韦素园性格的另一面，有赞扬，也有批评，而赞扬盖过批评，在批评中含着赞扬。这就是韦素园的认真。鲁迅说："……同时又发见了一个他的致命伤：他太认真；虽然似乎沉静，然而他激烈。"为什么说认真是韦素园的致命伤？鲁迅本人不是很认真而且也一向提倡并鼓励认真的么？鲁迅说：

> 认真会是人的致命伤的么？至少，在那时以至现在，可以是的。一认真，便容易趋于激烈，发扬则送掉自己的命，沉静着，又啮碎了自己的心。

鲁迅的这番话是感慨很深的。他本看重和赞赏认真的精神，但他深深感到，在那个豺狼当道、狐鼠奔突、蝇营狗苟的时代，认真常常遇到敷衍与苟且，以致引起自己的苦痛；如与之斗，又必招致忌恨。因此，一激烈便会自毁：发扬这种激烈的情绪，就会或者虚耗了自己的精力、或者因激烈而遭人打击、暗算或诬陷，如果"沉静着"，自己在心里暗自忍声吞气呢？难忍难泄的冤气，便会如利齿的啮咬，把心啮碎了。鲁迅的评议，与其说是对于韦素园"太认真"精神的批评，不如说是对他的同情，而更重要的是对于环境和时代精神的指责。这恶劣的环境和腐朽没落的社会人心，竟是这样损伤与毁灭一个具有认真精神的人。

鲁迅的这种感慨，同时也反映了他的自我感受。他是极为认真的，这是他的思想性格中的重要因素之一。而这认真，也的确给他带来了痛苦与灾难。他或者因自己的认真遇到无可无不可的敷衍、塞责、苟且、灰颓而至哀痛，或者因为认真而遭人攻击、诬蔑、嘲笑，咒骂。鲁迅常常慨叹自己不够世故，不够"恶毒"，纵然不惮以恶意推测人，仍然常常吃亏上当。

因此，他责备韦素园的不够世故，而太认真与激烈，但实际却是谴责这可恶的世故和世人太不认真、太"平和""沉稳"。

鲁迅对于韦素园的"太认真"的表现，举了"一点小例子"。他说，有一次，就是女师大事件时，接替杨荫榆的林素园来掌校政，遭到反对，他便先是派兵占领学校，后又诬蔑几个教员是"共产党"，想使他们遭杀身之祸。"但素园却好像激烈起来了"，从此以后便改名"漱园"，以免与林素园同名。所以《两地书》序言中还写着"漱园"这个名字。另一个例子便是高长虹因稿件事大闹，而攻击韦素园时，韦素园便写信给鲁迅叙述详情，又作文在杂志上剖白，也是认真而激烈。鲁迅感叹地说，前者，本是官僚政客以及帮凶帮忙者陷人于死地的老谱，如辛亥革命前诬人为新党，后来到说什么"拿卢布"之类；后者，则是团体处于艰难时内部有人捣乱，事属必然，而且在自奉为"天才"的人以"自我"为中心的法庭上，是根本剖析不清楚的。但这两件事，韦素园却认真激烈得很，不免伤了自己。所以鲁迅说，这本都仅仅是小忧患，"但在认真而激烈的个人，却也相当的大的"。鲁迅从这种"小事例"的列举中，和对它们的分析中，实际上是以世势人心的窥劣和衰蔽逼人以世故相待的风气，责韦素园之不通世故、不解圆通，却以此反衬了素园的纯真和操守，虽然痛其自伤或被毁，然而却赞其品格之高洁。事实上，这也成为鲁迅的社会批评与文明批评的一个方面。这是他对韦素园的了解与确评，同时也成为他对乱世为人的准则的总结与评议。自然也就是他平时对于学生与朋友的韦素园为何如此看重的根由，因此也是他向晚辈与"常人"学习的和汲取力量的一种表现。

韦素园从1926年秋开始咯血，病势沉重，后转入北京西山的医院治疗。他从此困居于医院与病榻的囹圄中，身心都很痛苦。但是，他却从未丧失信心、颓唐沉沦。相反，他仍然不断地坚持读书学习。所读的范围很广，有哲学、文学、艺术、历史、文学理论等，还想攻读自然科学。同时，他还翻译、写作，并且做出了可观的成绩。他的思想也在病中的思索与修养中，得到发展与提高。1937年12月，他在给台静农、李霁野的信中说：

> 怀疑是对旧时代的破坏，坚信，是对新时代的创造。不能彻底的怀疑，旧时代不能有彻底的动摇；但不能彻底的坚信，新时代却

也不能有彻底的建造……我希望在文学中能叫出一些希望，然而希望很难在怀疑中产生，却要在坚信里开始而且巩固。未名担当不了这个伟大的使命，但愿自今日起，我们大家都意识着！

这信里渗透着他对于摧毁旧世界、建设新世界的历史任务的清醒的认识、明确的责任感和坚定的信心；也反映了他对于自己所属的团体（未名社）以及他自己所能起到的作用，有清醒的意识与估计。这表现了他的远大的志向和踏实的精神，决没有鲁迅所讥笑的如高长虹等人所表现的那种"天才"式的自大狂妄。1932年5月18日在给韦丛芜等人的信中，他还说道："现在社会紊乱到这样，目前整理是无希望的了，未来必经大破坏，再谋恢复，但在此过程中，痛苦和牺牲是难免的。"这些话，更进一步表明他明确意识到一场对旧的一切施行"大破坏"的大革命的斗争任务和将来"再谋恢复"的大建设的前途与远景，并且扎实地估计到难免有的痛苦和牺牲。其中也包括他自己的牺牲与献身。韦素园在养病期间也曾给鲁迅写过许多信，鲁迅曾痛惜为了避祸和免得"瓜蔓抄"式的株连发生，把朋友们的信，包括韦素园"那些伏在枕上，一字字写出来的信"，"统统毁掉了"。韦素园给鲁迅写信，在鲁迅日记中时有记载。如1926年10月，一月之内就得韦素园6封信件，有时竟三日两信。鲁迅收信后，总是隔日即复。以后由于韦素园病情日渐加剧等原因，通信才逐渐减少。韦素园在给鲁迅的信中自然会要谈及时势、文学及自己的思想认识和工作。所以鲁迅说："1927年的秋初，仍旧陆续的接到他几封信，是在西山病院里，伏在枕头上写就的，因为医生不允许他起坐。他措辞更明显，思想也更清楚，更广大了，……。"[①]这正是四一二反革命政变后的白色恐怖严重的日子，韦素园的措辞更明显，思想也更清楚，更广大了，这内涵显然都是指对当时时局、政治形势和革命前途、文学事业以及人生道路的认识。1931年1月，柔石等被捕，鲁迅避居花园庄客栈，当时谣言盛传，说鲁迅被捕或已被害，韦素园担心鲁迅的安全，写信给周建人转许广平，探问音讯。鲁迅在2月2日回信说明了自己的情况，最后说：

中国的做人虽然很难，我的敌人（鬼鬼祟祟的）也太多，但我

① 《且介亭杂文·忆韦素园君》。

若存在一日，终当为文艺尽力，试看新的文艺和在压制者保护之下的狗屁文艺，谁先成为烟埃。并希兄也好好地保养，早日痊愈，无论如何，将来总归是我们的。

在对敌人的揭露抨击之外，对革命的前途和革命文艺的发展与胜利，都充满了信心，并以此劝勉韦素园努力保养治疗，去获得属于我们的将来。他们师生二人，心心相印，彼此关怀，革命的情谊诚挚深沉。

正因为这样，鲁迅对于韦素园的沉疴深感痛心，对手能够与病中的素园见面，深感慰藉，而对于他的早逝，极为沉痛。1929年5月，鲁迅北上省亲，曾与未名社诸弟子一起去西山看望韦素园并畅谈半日，对此鲁迅欣慰非常，在给许广平和友人的信中，深情地提到这件事，在《忆韦素园君》中，又作了感人的记叙。他说，1929年5月他回京探亲，有一件"最以为侥幸"的事便是"自己到西山病院去，和素园谈了天"。这话语里含着多少深情！当时，他在给许广平的信中，便眷眷地提到这次探望病中的素园和与他的谈话。信中说，他看着素园，"感到他终于将死去，……便觉得心脏一缩"。而且，他说，素园如逝，"这是中国的一个损失"。①表明他对韦素园不仅感情深厚，而且颇为器重。韦素园逝世后，鲁迅以沉痛的心情写道："素园逝去，实足哀伤，有志者入泉，无为者住世，岂佳事乎。"②又应未名社的朋友之邀，作墓志云："呜呼，宏才远志，厄于短年。文苑失英，明者永悼。"这几句墓志，概括了韦素园的一生，也总结了鲁迅对他的评价，他认为韦素园是一位有志者，具有宏才远志，但他短命早入黄泉，这是文苑失去了英才，值得永久的悼念的。我们可以说，在鲁迅的晚辈朋友中，交心之深、感情之诚和鲁迅对之评价甚高而受其影响也更多的，除了冯雪峰、柔石这些共产党人外，当推韦素园为最著。

鲁迅在1932年5月30日致许广平的信中提道："漱园原有一个爱人，因为他没有全愈的希望，已与别人结婚。"这件事是有的，但鲁迅却未明其详。更准确的事实是：韦素园1922年在安庆认识一位女友，甚相投契，她后来公费赴美留学，1926年曾致函韦素园并附情诗十首，以示定情，但韦素园料定自己病将不起，为了对方的幸福，他压下

---

① 《两地书·一三二》。
② 《1932年8月15日致台静农》。

自己心头的热情，放弃了爱的权利，要弟弟丛芜说明缘由，劝对方另觅所爱。这里，并非女友负情，弃病人而去；也不是韦素园被遗弃，而是他以深爱之心，牺牲自己以成全恋人。这件事很突出地表现了韦素园的高尚纯洁的品格。他的这种品格，自然不会仅仅表现于爱情问题上，其他方面也会有流露。在待友上也会是如此。而正是这些表现，使鲁迅爱之弥笃，惜之弥重。对于他的死，哀痛弥久。鲁迅曾多次提到韦素园在病中以自译的布面精装本《外套》相赠这件事，恐挚友是有意诀别，思学生之情意绵绵。他在这《外套》上题字道：

> 此素园病重时特装相赠者，岂自以为将去此世耶，悲夫！越二年余，发箧见此，追记之。

韦素园逝世后，鲁迅写文章悼念时，再次提到此书，说：

> ……我只能将一本《外套》当作唯一的纪念，永远放在自己的身边。

对于这位年轻友人、学生的逝去，鲁迅是这样不能忘怀、永久纪念，甚至要把他去世前所赠的一本书永远放在自己的身边。于此可见，韦素园在他心目中的分量，也可见鲁迅所可能受到这位后辈的思想、品格、感情的影响之深了。

韦素园在离世前不久，也眷眷地在病榻前挂上了鲁迅的像，并且在一封类乎遗嘱的信中写道：

> 鲁迅先生和靖华，是我所极尊重的先生和朋友。竹年（李何林），野秋（王冶秋），池萍（赵赤坪），我都怀念着。

学生对于先生也表达了最大的敬重和深挚的怀念。他把这怀念深深埋在心里，一直到让它跟随自己一同深埋于大地母亲之怀。当他存活时，这深情挚意便倾诉给他的先生，而温暖了他的心，鼓舞和激励了乃师。

三、给予和吸取
——论鲁迅与陶元庆、司徒乔

陶元庆与司徒乔，同为我国早期新兴美术事业的创业者，是我国新艺苑里早期开放的两朵明丽的花。他们的画，各有特点，各有千秋。他们两人，一个生于山水明丽的江南，一个生于色彩强烈的南国，但他们都曾经到祖国的文化古都来接受数千年古老文化的熏陶，在灰土、黄埃、古庙、乞丐、车夫中寻找人生与艺术的启迪和灵感，在苦痛、忧郁、饥饿、流离、兵燹、战祸之中经受人世的洗礼，为艺术上的探索汲取营养。以后，他们也都来到现代化的大都市上海，领略殖民地畸形发展的、天堂与地狱同在的都会风光，接受西方现代文化的洗礼，在大厦、马路、巡捕、流氓、市民的扰攘和孤独的作祟中，观察新的世界与新的人生，探寻新的艺术。而且，他们都同样在北京与鲁迅相识，以后又在上海重逢。他们都得到了鲁迅在创业上的指引和关怀，在艺术上的启迪和指教，而且也都与鲁迅有过文艺事业上的合作，得到了鲁迅的欣喜的接纳和热烈的赞赏。他们也为鲁迅做了不少有益的工作，给了他们崇敬的导师以帮助。平生风义兼师友，他们与鲁迅之间也有着心与情的交流与汇合。他们一个过早夭折，为先生所痛悼不已，叹为"早露易晞"；一个比先生晚离去20多年，终身服膺鲁迅，以为鲁迅的全部作品画插图为一生宏愿。

（一）

陶元庆，字璇卿，与鲁迅同乡，1893年生，少鲁迅12岁，可说是整整晚了一辈。他从小就爱画，聪颖，具有艺术素质，先后在绍兴五师、上海师专读书。1924年7月到北京，与好友许钦文同住绍兴会馆，每天写生作画，看取人生和探寻艺术。那时，鲁迅翻译了日本厨川白村的文艺论著《苦闷的象征》，通过许钦文约陶元庆为之画封面，陶元庆欣然同意，并且画了一张颇有特色、构思独特的图案，把《苦闷》一书装潢起来，被鲁迅称为使书"披上了凄艳的外衣"①。这是鲁迅与陶元庆合作的开始，也是中国新文艺书籍用创作图案作封面的第一本，开创了中国出版史上值得一书的新业。这是鲁迅与陶元庆的一件功绩。以后，陶元庆又应鲁迅之请为他的著作《彷徨》《坟》《朝花夕拾》《唐宋传奇集》以及译作《出了象牙之塔》《工人绥惠略夫》等，创作封面图

---

① 这幅画的画面由一个半裸体的女子，披着长长的黑发，用鲜红的嘴唇舔着锐钗的尖头变化而成。构图新颖，对比强烈，很有特色。

案；并且给鲁迅审阅或主编的作品、丛书如许钦文的《故乡》和《乌合丛书》等设计封面图案。鲁迅每有所约，陶元庆都认真地作出美好的图画来；陶元庆每有所作，也总是得到鲁迅的赞赏。现在，陶元庆所作的封面画，已经成为我国美术史、出版史上留下痕迹的作品，为人们所赏玩和学习。他所作封面画的鲁迅著作的原版书，也已成为很珍贵的版本了。鲁迅与陶元庆的合作和这种合作的成果，都已经是文艺史上的佳话佳果了。其深远的意义在于，他们是在合力开拓中国的新文艺事业；而鲁迅作为伟大的旗手、主将，总是能够这样发现和培养人才和新进的战士，率领他们一同拓荒、播种、扶植新苗。这不仅是他的业绩的一部分，而且是他的伟大精神的具体表现。

鲁迅对于同陶元庆的合作，是很感欣喜、很感满意的。他在给许钦文的信中表示了这种心情，也在给陶元庆约画的信中，经常表示出来，并说不断索画，有点得陇望蜀。可惜，陶元庆过早地逝世，1929年8月6日他仅36岁就离去了。鲁迅对于陶元庆的逝世，颇感忧伤，并捐款三百元，帮助许钦文在杭州建"元庆园"来纪念陶元庆。

最可纪念的是陶元庆曾为鲁迅作炭笔素描像一幅。这幅画像，简约浑厚，表现了鲁迅的坚定而平易的性格。这画作于1926年，是最早较好地描绘了鲁迅形象的作品，为鲁迅所喜爱，也为广大读者所赞赏，流传很广。当鲁迅收到这幅画像时，给陶元庆回信说：

> 给我画的像，这几天才寄到，去取来了。我觉得画得很好。我很感谢。[1]

至今，这幅画像仍然最好地纪念着鲁迅与陶元庆的友谊与合作。

（二）

司徒乔比陶元庆更小，比鲁迅则小了21岁。当他来到北京，"终日在画古庙，土山，破屋，穷人，乞丐"而为鲁迅所知、作品为鲁迅所喜爱时，他才是个24岁的小伙子。他的不同于陶元庆，不仅在于他比陶元庆小了近十岁以及出生于广东开平，而且更在于，他出身贫寒低微，父亲是岭南大学的一名工人。然而正因此，他得以入教会学校，接触西

---

[1] 《1926年5月11日致陶元庆》。

方文化艺术。他的这个出身和经历决定了他的人生的与艺术的道路，给了他能够为鲁迅所吸引、接受鲁迅影响的基本条件。

司徒乔与陶元庆于同年来到北京（1924年），但他不是寄居在古老的会馆里，而是住在幽雅阔气的燕京大学的校园里，然而他却不管功课，不是优悠于燕园的山水间，而是仆仆风尘于黄沙漫天的北平街头和乞丐、穷人、车夫之间。那时，在《语丝》第×卷×期上就有对他的一段介绍：

> 司徒君是燕京大学的学生。他性喜作画，据他的朋友说，他作画比吃饭还要紧。……司徒君画里的人物大抵是些乞丐、驴夫和老头子，这是因为他眼中的北京是这样。……有一天我到他那里去，看见他正在作画，大乞丐小乞丐排着坐在他的床沿上——大的是瞎了眼的……。[1]

鲁迅的知道司徒乔，可能是从这段介绍中得来。1926年6月6日，司徒乔在中山公园水榭举行了个人画展。鲁迅观看了展览，并且买下了两幅画，一幅是《五个警察和一个○》，另一幅是《馒头店前》[2]。鲁迅很赏识这两幅画，尤其是前一幅，他一直把它挂在北京寓所的书桌旁的墙壁上。这幅画其实只是一张速写草图，然而鲁迅所喜爱的是它反映了现实生活、人民苦难的内容。

这时，司徒乔也开始了同鲁迅的合作。他为鲁迅所创办的刊物《莽原》、所支持的未名社作刊物封面画和出版物的封面、插图。这是与陶元庆所作的同一性质的工作。他为《莽原》所作的封面画立意均很好。《莽原》第一卷封面画的画面是这样的：一片乱草丛生的荒原，远处，太阳刚升上地平线。在太阳的光轮的前面立着一棵挺拔的幼苗。第二卷封面画则画着已经长成的欣欣向荣的茂林了。这画表达了鲁迅为了培养新进的战士而办《莽原》的宗旨。

---

[1] 冯伊湄：《未完成的画》。

[2] 《鲁迅日记》1926年6月6日记："六日　星期。晴。……往中央公园看司徒乔所作画展览会，买二小幅，泉九。"《五个警察和一个○》，原题如此，后来一般均改作《五个警察和一个孕妇》，因画面上是画着五个警察凶狠地在拽一个乞讨施粥的孕妇。然而画家作此题，意在以"○"来代表那时的穷人，并以此形象地突出那藏着小生命的孕妇的肚腹。《馒头店前》为一幅水彩画，画着一个骨瘦如柴的老汉的背影，背着他买不起的刚刚开笼、热气腾腾的馒头，走开去。

司徒乔也同陶元庆一样，1927年与鲁迅在上海重聚。他在北京与鲁迅神交甚久，到上海才得见面。鲁迅曾同许广平一起到被司徒乔称为"乔小画室"的画室里看画，然后又"同至新亚茶室饮茗"[1]。仅此一"斑"，亦可见师生间的欢洽情谊。司徒乔曾经要为鲁迅作油画像，鲁迅也同意了。准备安排时间，但终未画成。然而，也同陶元庆一样，他作有一幅鲁迅画像，是人们所喜爱的，是传世名作；当鲁迅逝世时，司徒乔很为悲伤，他为民族失去精神导师、为自己失去崇敬的老师而痛苦，他把这种深情，寄托在他所画的大幅鲁迅画像中，这幅画像被人们擎着走在鲁迅葬礼的行列的最前面。同时，他还为鲁迅画了遗容。这是他站在鲁迅的遗体面前，用他自己创制的竹笔画就的[2]，他用刚健挺秀而又简练有力的笔触，勾画了鲁迅的瘦削的、安详的遗容。这是他对于鲁迅的最好的奠礼。这画发表后，几十年来一直流传不衰。

（三）

陶元庆和司徒乔都属于五四运动所唤醒的年青一代，他们如何选择人生道路和艺术道路，都受到"五四"新文化运动的影响。其中，很重要的一点自然是鲁迅的影响。他们作为画家，还直接受到鲁迅思想和艺术的熏陶。而且，他们在北京和上海，还都亲炙了鲁迅的教诲。司徒乔曾经回忆说：

> 我在校旁（按即燕京大学）小巷里散步的时候，随处都看见祥

---

[1]　《鲁迅日记》1928年3月13日。

[2]　司徒乔的夫人冯伊湄在她的《未完成的画》中，生动地记述了司徒乔这次创作的经过："仅仅在一个月之前，乔打算给先生画一个油画像，鲁迅先生同意了，说安排好时间就通知他。在这之前的二月份，在一同观看苏联木刻展览那天，就曾约了一次。乔一直高兴而又焦急地等待着这个通知，谁知却等来了噩耗。
乔赶到万国殡仪馆，找着了这位他当初举步踏向艺术途程时曾为他指路的导师。现在他那双穿透历史、穿透恶魔心脏的锐利的眼睛是合上了，但两道冷对千夫的浓眉，那傲骨棱棱的双颧，那贮满惊人智慧的前额，甚至那张申斥过残害人民的蠢贼的咀，都一点还未变形。他像一个被强按下去的巨人，暂时的、不甘心地闭上了眼睛。乔擦干泪水，忍住悲怆，打开画箧，抽出竹笔，蘸上墨汁，在盖棺之前，画下这位万世尊荣的师表最后的瞬间。
画面只有几条线，每一条线都象刀砍出来的。他把无限的悲愤和崇敬全投到画上来。
遗容一共画了三张，在最后一张的背面，他记了一句搁笔的时刻：'鲁迅先生盖棺前五分钟司徒乔作。'……"

林嫂、闰土、阿Q、小栓。他们又使我想起童年在开平乡间所见的祥林嫂、闰土……我开始爱上他们，并痛恨那些压弯了他们的脊梁、榨干了他们血液的人吃人的制度；我便开始画，画他们的痛苦和忿怒。①

司徒乔还在自己的日记中这样写道：

> 看来我的园地不在汉口、南京、上海、苏州、杭州，也不在欧罗巴洲。……我的园地就在我脚下那块荆棘丛生的硬土。而耕耘这片硬土，就得靠我自己了。②

司徒乔的夫人冯伊湄在她写的《未完成的画》中还指出，司徒乔曾经在为未名社出版的文学译作画封面和插图时，研读了书的内容，受到思想上的影响，"特别是鲁迅先生译的许多艺术理论的文章：武者小路实笃的、厨川白村的，影响他最深"③。

这些表明，鲁迅是司徒乔走上人生与艺术之途时的精神上的引导者、艺术上的启迪者，鲁迅的思想与艺术，不仅给了他认识和理解中国社会与人生的钥匙，而且直接启迪了他的诗情与艺思：他从鲁迅小说中的人物形象和命运中，体察到生活的课题，这些同他自己的身世与经历相印证，他在自己的人生之旅中也见到过祥林嫂、闰土以至阿Q，但是，见到了未必感受了，感受了未必认识得透彻了。有了认识也未必能在艺术上凝聚成形象并表达出来。然而从鲁迅的作品中，他得到启示，领会到要领，并且有了方向和楷模，而且，他从鲁迅的作品和理论译作中，获得艺术的教益，学习如何用艺术的手段来表现他的所见所闻与所感。于是，他走向古庙、乞丐、穷人，观察、体验并表现他们的苦难、愤怒与愿望。于是而使自己的艺术走上以鲁迅为代表的新文化的道路，归入新艺术之海的洪流中。

陶元庆像鲁迅一样也受到过江南民间艺术的熏陶。他的出色的名作

---

① 转引自黄蒙田：《鲁迅与画家司徒乔》，《鲁迅研究年刊》1979年号。
② 冯伊湄：《未完成的画》，第34页。
③ 同上书，第6页。

《大红袍》①，便从绍兴戏的《女吊》中得到启示，而《女吊》正是鲁迅最欣赏并为之十分动心动情的民间艺术。据许钦文回忆说，当鲁迅从许钦文那里知道了《大红袍》的创作经过后，很是感动："昂着头沉默了好些时候才感慨地说：'啊，是这样的，璇卿是这样的！'"当鲁迅问明陶元庆一向爱看旧戏后，便分析和总结说：

> 这样一气呵成，好像是偶然的，其实早就积累了素材，甚至已经有了初步的腹稿；那天晚上的看戏，只是最后的促成。写文章总要多看看，不看到一点就写，才能写得深刻，生动；绘画也要这样，有功夫的艺术家，大概都是这样的。②

当陶元庆听了鲁迅的这段精到的分析与总结后，"热烈地表示同意"。他说，《大红袍》中那个女性的半仰着脸的神姿，当初就得自绍兴戏《女吊》，不过，去掉了其中的"恐怖美"，而悲苦、愤怒、坚强的神情则吸取来了。至于她的蓝衫、红袍和高底靴，是中国古装戏里常见的。捏剑的姿势则是采自京剧武生的动作而加以变化。③

这里正表明了他们之间心的相印，艺术渊源的相同和艺术感受的相通。鲁迅后来在展览会上见到了这幅画，更为欣赏，称赞这幅画"有力量，对照强烈，仍然调和，鲜明。握剑的姿势也很醒目！"而且，鲁迅还建议把这幅画用为他拟给许钦文编集的小说集《故乡》的封面，好使这个出色的作品成为印刷品而流传和保存下来。后来，果然实现了。这不仅是鲁迅对于许钦文的爱护、关怀，而且是他用实际步骤和工作对陶元庆的指导，促进他循着正确的方向和艺术之途向前发展。

此外，鲁迅对于陶元庆所画的各种书籍的封面画，也都很赞赏，给予很好的评价。例如对于《彷徨》的封面，他在给陶元庆的信中说："《彷徨》的书面实在非常有力，看了使人感动。"又转告一位研究美学的德国人的赞语："……《故乡》和《彷徨》的封面，他说好的。《故

---

① 许钦文在《鲁迅和陶元庆》（载《新文学史料》第二辑）中，记述了陶元庆创作这幅画的情景："一天晚上我陪元庆到天桥去看戏……演的是古装戏，剧中人多半穿着单色的青衣，绿衫或者大红袍。看了戏已是半夜，元庆躺在床上，一夜没有睡熟，摇动着两脚，咿咿唔唔地吟诗。我知道他已得到题材在构思，不多说话去妨碍他。第二天他一早起来就作画，没有盥洗，也没有吃点心，直到傍晚，《大红袍》就画好了。"

②③ 许钦文：《鲁迅和陶元庆》，载《新文学史料》第二辑。

乡》是剑的地方很好。《彷徨》只是椅背和坐上的圆线，和全部的直线有些不调和。太阳画得极好。"鲁迅在给许钦文的信中，还要他在校印《彷徨》时，特别注意，因为自己对这个封面"也实在是很喜欢的"。鲁迅的这些评价，自然也是一种鼓励，一种实际的引导，指示陶元庆循着这条正确的人生与艺术之路前进，保持和发扬自己的这种艺术态度和艺术风格。

鲁迅就是这样在实际上，在合作中，指导、培养、抚育艺术青年的发展与成长。这已经成为他的事业的一部分，他的伟大文化战士的生涯的一部分。他培育了这样两位有成就、有特色、在中国新艺术事业创业期的出色画家，这是他对中国新艺术事业的贡献。

（四）

更为可贵而有价值的是，鲁迅对于陶元庆和司徒乔的艺术，都作过思想与艺术的总评。这两篇杰出的艺术评论，不仅评价和指导了这两位艺术家，而且总结与探索了中国新艺术的发展道路、基本特色和努力方向。它既是对于两位画家的具体指导与帮助，又是对于中国新文学、新艺术的指导。

鲁迅首先是十分肯定和赞扬两位画家的人生态度与艺术态度，即在这有机地结合在一起的两种态度中，他们怎样以艺术家之身，以艺术为武器，去参与中国的人生的斗争。他称赞陶元庆说：

> 中国现今的一部分人，确是很有些苦闷。我想，这是古国的青年的迟暮之感。世界的时代思潮早已六面袭来，而自己还拘禁在三千年陈的桎梏里。于是觉醒，挣扎，反叛，要出而参与世界的事业——我要范围说得小一点：文艺之业。[1]

陶元庆正是觉醒、挣扎、反叛，出而参与这世界的事业的一位艺术家，他以《苦闷的象征》封面画的凄艳、《彷徨》封面的落日的变形和《大红袍》的惊心动魄的反抗形象与强烈色彩，表现了这一点。因此，鲁迅说："必须用存在于现今想要参与世界上的事业的中国人的心理的尺来量，这才懂得他的艺术。"[2]

---

[1][2] 《而已集·当陶元庆君的绘画展览时——我所要说的几句话》。

在评论司徒乔的画时，鲁迅首先描绘了中国劳动人民的生之斗争：

> 在黄埃漫天的人间，一切都成土色，人于是和天然争斗，深红和绀碧的栋宇，白石的栏干，金的佛像，肥厚的棉袄，紫糖色脸，深而多的脸上的皱纹……。凡这些，都在表示人们对于天然并不降服，还在争斗。[①]

鲁迅指出，在这种劳动者用劳动与生命同天的斗争面前，即改造世界的斗争面前，司徒乔那颗"南来的游子的心"被"打动"了，他"对于北方的景物——人们和天然苦斗而成的景物——又加以争斗，他有时将他自己所固有的明丽，照破黄埃"；"这抱着明丽之心的作者，怎样为人生和天然的苦斗的古战场所惊，而自己也参加了战斗"。这些对于司徒乔的人生态度也是艺术态度的赞扬，是对他的人生与艺术道路的肯定，他肯定了画家的积极的人生态度，也肯定了他的以艺术参与人民的生之斗争的艺术态度与道路。这肯定也同时就是指导，引导画家在这条正确的道路上继续艰苦地走下去。

鲁迅对于陶元庆的继承了民族艺术传统又吸收了外域营养而富于民族性的艺术风格、艺术道路，给予了充分的肯定。他指出：

> 他以新的形，尤其是新的色来写出他自己的世界，而其中仍有中国向来的魂灵——要字面免得流于玄虚，则就是：民族性。

鲁迅指出，陶元庆的艺术"内外两面，都和世界的时代思潮合流，而又并未榨亡中国的民族性"。他赞美陶元庆的艺术说：

> 他并非"之乎者也"，因为用的是新的形和新的色；而又不是"Yes""No"，因为他究竟是中国人。

鲁迅在这里不仅肯定了陶元庆突破了中国旧艺术的桎梏，肯定了他又并未进入外来的艺术桎梏，而是融汇两者，以民族性为主地形成了新的形与新的色；而且，他也因此就指明了中国新的民族艺术的道路。

对于司徒乔，鲁迅同样强调了他的描画中国劳动人民的斗争生活与性格——这当然是民族性的精灵和内核；而且，鲁迅特别赞扬了司徒乔

---

① 《三闲集·看司徒乔君的画》。

的积极的人生态度和由此而来的积极的浪漫主义色彩。他赞扬司徒乔用自己特有的明丽之心和明丽色彩，照破了黄埃，并且欣喜地写道：

> 至少，是使我觉得有"欢喜"（Joy）的萌芽，如胁下的矛伤，尽管流血，而荆冠上却有天使——照他自己所说——的嘴唇。无论如何，这是胜利。

鲁迅的以评价出现的指引和教诲，拨亮了司徒乔的心和眼，使他看清了自己应走的道路。以后，他确实是这样做的。他投身抗日洪流，参加民主运动，飘洋过海、流浪四方，均不忘祖国，不忘人民，他画《放下你的鞭子》，画《国殇》，画《饥饿》、《逃荒》和《义民图》，他到解放区参观，他举办灾情画展，他的作品得到了广泛的欢迎与称赞。有的观众在看了他的画展后，向他赠诗：

> 你是忠于我们人民的。……
> ……
> 你写了神州的剩水残山，
> 更用你有力的彩笔，
> 歌颂着中国光明的前途。

在新中国成立不久，美帝国主义发动了侵朝战争并把矛头指向中国的时候，他回到祖国。在轮船上，他画了《三个老华工》，以准确深刻的形象刻画了三位在国外洒尽血汗如今回到祖国的劳动者的形象，以此控诉了帝国主义对中国人民的剥削和中国人民吃苦耐劳、坚韧不屈的性格。作品在当时报刊上发表，风行全国，得到广泛欢迎和好评。

1952年，司徒乔创作了《鲁迅与闰土》，同样是准确深刻地画出了鲁迅与闰土的形象，同样得到广泛的欢迎和好评。这幅插图，几乎时常与鲁迅作品同在。在这幅画里，司徒乔倾注了他对于鲁迅的怀念与感情，反映了他对鲁迅和他的作品的理解。

他还发下宏愿要为鲁迅的全部小说作插图，他为此重读鲁迅的著作，随手画下许多鲁迅的画像。然而他也是早逝，1958年2月16日，停下了画笔。在他逝世四周年，举行了他的画展，获得欢迎。人们称赞他的作品，而且怀念他。"画家虽然和我们永别了，他永远活在我们人民的心中。"

这是最高的奖赏。对于一个人民艺术家，还有比这更好的奖赏吗？

在这最高的奖赏中，也包含着对于鲁迅的奖赏，因为画家是鲁迅的及门弟子，而且在他走上人生与艺术道路时，就得到鲁迅的关怀、扶持与指引，他也服膺鲁迅，从始至终，矢志不渝。他的未完成的心愿，寄托着对于鲁迅的纪念和感谢。鲁迅的精神在他的艺术道路与艺术作品中得到了体现。

（五）

同样，在与弟子陶元庆、司徒乔的关系中，鲁迅不仅是给予者、授业者、引导者，同时也是收受者、得益者、被启发者。这同样没有越出他与他的同时代人的关系的一般规律。

的确，鲁迅作为伟大的文学家、思想家、革命家，他有自己的完整的、成熟的、深刻的思想体系，其中包括艺术思想体系。他对于美术家应该是怎样的、中国的新兴艺术应该是怎样的，都有他的深刻而正确的见解。然而，要丰富这些，发展这些，要使这些得到印证，他都需要从客观、从艺术界、从或长或幼的艺术家那里获得资料、材料以至启发。陶元庆和司徒乔正起到了这些作用。当鲁迅看到陶元庆的《大红袍》，看到他的那些优美的书籍封面画时，他是很为感奋的，他从中得到了启发：呵，新的形式与新的色！中国民族化的新艺术就该是如此的。他的理想、他的思路，在这些画上得以具体化、"物化"了。这当然也反过来发展、丰富以全提高他原来的思想观点。他的《当陶元庆君的绘画展览时——我要说的几句话》就是这一切的记录。这里借用一句鲁迅所作的比喻也是恰当的：这好比麻油本从芝麻榨出，用以浸芝麻则使它更油。

鲁迅所写的《看司徒乔君的画》也是如此。他从司徒乔的作品中，看见了北京的黄埃蔽日的风貌和在其中生活、搏斗的劳动人民的形象，这种艺术的提炼（作品），也同样启发了他，感动了他，使他得以具象地去设想新的艺术的"模式"，他提炼了司徒乔的特色：明丽的心和明丽的色彩；也提炼了他的艺术态度与人生态度：同本是劳动人民和自然搏斗的产物的景物再进行斗争，克服它、表现它、改造它，拂去它的黄埃，照之以明丽的心与明丽的色彩。

当鲁迅看到《五个警察和一个○》时，他也是感动而且得到启发的，虽然这是一幅不成熟的未完成的草图，他仍然不仅购买了它，而且长期挂在桌边墙上。显然，他是想要时时看见这苦难的中国的人生，也时时面对这用心与笔、用同情与愤怒来描绘这人生的画幅，由此，他也是会受到启发、教育并感奋起来的。

总之，有了学生提供的材料、证品、实物，先生得以据此进行概括，使自己的思想有了着落，有了依据，有了印证；而且，还从中得到启示，使得自己能够循着原来的思路，吸取外来的影响和营养，丰富它、提高它、发展它。没有这后一方面，那前一方面，便会是理念的，甚至是枯瘦贫弱的，久之，则会停滞了。然而，有了后者，好似"为有源头活水来"，会具体化、血肉丰满起来。

这些，都是学生给予先生的，是先生向学生学习的一方面。于此我们可以见到鲁迅的思想渊源的一角，也可见他的伟大；同时也是他与群众、与同时代人的血肉相联的关系。

四、飘然来去"狂飙"痕
——论鲁迅与高长虹

高长虹像他所发动的"狂飙"运动一样，飘然闯入文坛，更直插鲁迅的生涯中，卷起了一个不大不小的狂飙，给鲁迅的生活与思想以值得注意的影响；然后又飘然而逝，消逝得无影无踪，一时间连他本人也"谜"似的不知所终了。然而，他的足迹和他的"事业"，都因为与鲁迅曾经相连而且留下了雪泥鸿爪，而并未在文学史上消逝，倒是留着印痕，值得我们追寻、理解和研究。

（一）

狂飙社是否确有一个成形的组织，还可讨论①，但是，这个以"狂飙"命名的文学流派确实存在过。有几个活跃人物为骨干，办过刊物，

---

① 陈漱渝《鲁迅史实新探·鲁迅与狂飙社》：狂飙社并不是一个严密的组织……高长虹在复杰克信中声明："《狂飙》也只是我们几个朋友发表文字的一个定期刊物，作品，思想，也互有不同……"狂飙社另一成员高沐鸿在1980年2月6日也谈到："据我了解，狂飙是否有'社'就是一个问题。……我想，长虹想办《狂飙》，就'纠合'我们这些人，大家写稿支持，无所谓成立了一定的'社'。"

出过书，发起过运动，也和文学导师鲁迅有过密切的关系。这是确定无疑的事实，是否有"社"关系不大。作为一个文学流派，它有一个酝酿发展的过程。早在1924年9月，高长虹就编辑出版了以"狂飙"命名的文学月刊，同年，他又在无政府主义者主编的北京《国风日报》上办了《狂飙周刊》，以"用大胆无畏的态度，发表'强的文艺'"为宗旨，在《狂飙运动宣言》中宣称："软弱是不行的，睡着希望是不行的。我们要作强者，打倒障碍或被障碍压倒。我们并不惧怯，也不躲避。"然而这个《狂飙周刊》自1924年10月出版第一期始，到1925年3月22日出到第十七期止，一共只维持了4个月多一点，便停刊了，狂飙运动也颓然而止。证明了他们虽然宣称"软弱是不行的"，但终竟软弱，他们并未打倒障碍而是被障碍压倒了。1926年秋，高长虹又到上海恢复了《狂飙周刊》，登广告、发宣言、办刊物、出书籍，也是喧闹了一阵，但也是出至第十七期，时间不到4个月，又夭折了。从该刊创刊号上所登的《狂飙周刊的开始》看，他们是要"为科学艺术而作战！"他们说"我们的重要工作在建设科学艺术"，"次要的工作在用新的思想批评旧的思想，在介绍欧洲较进步的科学艺术到中国来"。据高长虹自己解释："一个罗素，他代表科学的精神，一个是罗兰，代表了艺术的精神。"从这些主观的告白来看，他们的根本宗旨是科学与文艺。认为以此可以拯民救世。把手段作为目的，把上层建筑看作基础，其空疏缥缈可见。而具体地说，科学者罗素也，文艺者罗兰也，取西方主观唯心主义的哲学为本，以描写约翰·克利斯朵夫这位以个人奋斗来反抗社会的欧洲知识分子典型著称的文学为用，其思想带着浓重的主观唯心主义色彩和个人奋斗精神，想借取此二者来"安身立命"，"战取光明"。但是，"五卅"的暴风雨刚刚过去，工人、农民和青年学生的群众运动的狂飙，席卷祖国南北。在这真正的有领导、有组织的民族的、群众的狂飙起处，那个人奋斗的、空疏而带着主观主义与无政府主义的"狂飙运动"，还能持久吗？它的兴起，社会的影响不会太大，它的消逝也如"草上之风"被卷进那民族的、工农群众的真的狂飙之中，便是"注定"的命运了。

然而，狂飙虽未能形成，但作为一个文学流派和团体，它究竟出现了、存留过，并且有那群苦闷的、探索的、不满现实的青年作家们，也的确想要前进，想要奋斗，想要反抗旧社会，希冀新世界的出现。因此，根底不深的文学运动和刊物销声匿迹了，然而这些文学青年，却仍然有人继续努力，并不断前进，有的走向工农、走向人民、走向革命，连高长虹本人也进入了延安。总计从1924年到1928年，断断续续地、前后参与了这个运动或与之发生了关联的人有：高长虹、高歌、向培良、尚钺、黄鹏基、柯仲平、高沐鸿、郑效洵以及丁月秋、马彦祥、吴似鸿、沉樱、塞克、张申府、陈德荣等。其中，最活跃，也是与鲁迅关系最密切并且给予了影响的是高长虹。据统计，仅在《鲁迅日记》中，关于上述狂飙社诸人的记载就有260多次，在鲁迅杂文中，涉及该社的也有15篇30多处①。而高长虹与鲁迅的关系更为突出：据《鲁迅日记》记载，自1924年12月10日至1926年8月的一年零八个月的时间里，高长虹就访问鲁迅74次之多，其中，1925年一年内就有63次。这种关系可说是相当亲密的，其高潮则在1925年。

高长虹与鲁迅相识于1924年12月。这次见面给了他极大的兴奋。他在回忆这次会面时，描述了自己的心情：

> 有一个大风的晚上，我带了几份《狂飙》，初次去访鲁迅。这次鲁迅的精神特别奋发，态度特别诚恳，言谈特别坦率。虽思想不同，然使我想到亚拉籍夫与绥惠略夫会面时情形之仿佛。②

在这段文字里，鲁迅见到这个他曾打听过并对其主编的《狂飙周刊》印象颇好的文学青年时，那种兴奋之情、亲切之意和倾心之谈，跃然纸上。虽然鲁迅在这一天的日记中，只写道："长虹来并赠《狂飙》及《世界语周刊》"，但高长虹的记述我们仍然可以相信是真实的。因为鲁迅的日记向来简略，只简记事实，极少评议与渲染。更主要的是，鲁迅这时正想培育更多的与旧社会作战的进步文学青年，因此很愿与他们接触。他在同年9月写给初次见面的李秉中的信中曾说："我这里的客并不多，我喜欢寂寞，又憎恶寂寞，所以有青年肯来访问我，很使我喜欢。"高长虹所描述的正是鲁迅的这种"很喜欢"的高兴情绪。鲁迅在给李秉中的同一封信中还说：

> 但我说一句真话罢，这大约你未曾觉得的，就是这人如果以我为是，我便发生一种悲哀，怕他要陷入我一类的命运；倘若一见之

---

① 据陈漱渝在《鲁迅史实新探·鲁迅与狂飙》中的统计。

② 高长虹：《1926，北京出版界形势指掌图》，转引自陈漱渝《鲁迅史实新探》，第110-111页。

后，觉得我非其族类，不复再来，我便知道他较我更有希望，十分放心了。

这是鲁迅一向的想法：他怕自己未熟的果子使青年受害，又因对自己的思想也有所怀疑，所以从爱护青年出发，怕他与自己思想一致，命运也相同；所以希望他们有自己的见地，有更深广的识见，以便能有更广阔的发展和更好的前途。这的确表现了鲁迅对青年的眷眷之心与拳拳之意，既反映了他对后代的深切关注和对民族前途的无比眷恋（两者是相一致相结合的），又表现了他作为青年真正的朋友和老师，他的眼光深邃，胸怀博大。因此，虽然高长虹也感觉出来彼此"思想不同"，也许还有思想的交锋，但却仍有感情的交流。

从高长虹那一面来看，既表现了一个文学青年对于文学导师的尊敬与热爱，对于鲁迅的亲切诚恳的感奋，同时，又表现了他对于鲁迅的深深的误解。而在这误解中，照见的正是他自己的思想面影：热情和浅露，幼稚和狂悖。他竟不伦不类地把这次见面比作阿尔志跋绥夫的小说《工人绥惠略夫》中的亚拉籍夫与绥惠略夫的会见，并且以绥惠略夫自比。这绥惠略夫是何许人也？鲁迅早在1921年译完这部小说时，就对他和小说作者作了中肯的批判。鲁迅指出：

……而绥惠略夫也只是偷活在追蹑里，包围过来的便是灭亡；这苦楚，不但与幸福者全不相通，便是与所谓"不幸者们"也全不相通，他们反帮了追蹑者来加迫害，欣幸他的死亡，而"在别一方面，也正如幸福者一般的糟蹋生活"。

……他根据着"经验"，不得不对于托尔斯泰的无抵抗主义发生反抗，而且对于不幸者们也和对于幸福者一样的宣战了。

于是便成就了绥惠略夫对于社会的复仇。

…………

然而绥惠略夫却确乎显出尼采式的强者的色采来。他用了力量和意志的全副，终身战争，就是用了炸弹和手枪，反抗而且沦灭（Untergehen）。

鲁迅还指出，"阿尔志跋绥夫是主观的作家"，他作品中的人物的意见，"便是他自己的意见"。因此，鲁迅说："阿尔志跋绥夫是厌世主义的作家，在思想黯淡的时节，做了这一本被绝望所包围的书。"

可见，鲁迅对于小说中的人物和小说的作者都是作了深刻批判的。1924年的鲁迅，思想更有了前进性的变化。他更注目于社会力量的寻找，对于个人主义式的反抗，对于尼采式的英雄都感到渺茫而不足信了。他更逐出了自己心里的这种"鬼气"。然而，高长虹既读了鲁迅译的小说，但却没有读懂他的译后的批判，他更没有理解和信任乃师当面所说的见解，以一"虽"字，把"思想不同"一笔带过，而带着欣喜得意之色写出那个不伦不类的比喻。

他是雾中看山，一片模糊。不仅不见崇山真面目，而且带着浓重的主观色彩。

这里照见的也还是他自己的思想面貌：尼采式的、无政府主义思想情绪和个人奋斗与厌世的反抗。两辈人师生间的矛盾的种子，在这时就明显地播下了。

然而鲁迅却是清醒的，他以锐利的目光看出了这个自诩为绥惠略夫式的青年文学工作者的心性，但他仍以慈爱宽厚的长者之心，扶植和培养、望其有变、冀其发展。鲁迅说高长虹"似是安那其主义者"，然而又指出"大约因为受了尼采的作品的影响之故罢，常有太晦涩难解处"。[①]鲁迅在求同存异、扬其所长的前提下，仍鼓励、扶持高长虹成长。他肯定不满现实，立志反抗、抨击旧社会、旧文明，催促新的产生这些大前提的一致，同他们一同战斗，以扩大培养战士群，尤其是青年战士群。所以，鲁迅与高长虹、向培良、荆有麟、章衣萍等文学青年组织莽原社，创办《莽原》周刊。鲁迅在《两地书》中说："中国现今文坛（?）的状况，实在不佳，但究竟做诗及小说者尚有人。最缺少的是'文明批评'和'社会批评'，我之以《莽原》起哄，大半也就为了想由此引些新的这一种批评者来，虽在割去敝舌之后，也还有人说话，继续撕去旧社会的假面。可惜所收的至今为止的稿子，也还是小说多。"[②]鲁迅在这里说明了创办《莽原》的动因、目的和刊物来稿的情况，计有几点：第一，文坛战斗式评论文字少，缺少对旧社会、旧文明的批评；第二，写这种文字的作者亦少；第三，要培养这样的作者，开始战斗，并使后继有人，能够继续不断地"撕去旧社会的

①② 《两地书·一七》。

假面"；第四，但是，目前这类批评的来稿仍然少。正是从这几点出发，他重视批评文字的写作和作者，许广平此时期便在鲁迅的鼓励下写了不少批评文字。他的重视高长虹的热情和才能，同高合作编辑《莽原》，其原因当然也在于此。而且，鲁迅一向认为革命的队伍不必要求，也不可能一开始便纯粹又纯粹，而是要在革命的行进中，经过不断淘汰，而留下精粹、坚定的战士。他还认为个人主义者的子弹，在战斗中也同样能致敌死命的。而且，他相信人将不断变化前进。他自己不就曾经以尼采为哲士，受过影响，而后又超越了尼采吗？所以，他对于高长虹，既见其"不纯"，又希望他变，同他一起战斗，与他一同前进。为了团结和扩大青年文学战士群，鲁迅还把莽原社与未名社这两支队伍结合起来，使两股战斗的支流汇合。一些未名社的成员也成为《莽原》的作者，韦素园后来便接编了《莽原》，杂志也改由未名社出版了。在鲁迅的支持、扶持下，在大家的努力下，未名社的事业发展了，社会影响扩大了。

但是，当1926年鲁迅去厦门后，社里便发生了矛盾。这矛盾诱发于稿件处理问题，始发于对编者韦素园的谴责，继及于对鲁迅先是逼迫表态，后是猛烈的攻击。在这场内部纷争中，发难者虽是向培良，但最激烈的却是高长虹。而且，他把矛头对着已经离京南下远在厦门的鲁迅，这种攻击既旁及其他，又很越格。他在自己主编的《狂飙》周刊上，以《走到出版界》为题，发表一系列攻击文字。这是他的一些骂詈之词：

> ……他想得到一个"思想界的权威者"的空名便够了！……
>
> 于是"思想界的权威者"的大广告便在《民报》上登出来了。
>
> 我看了真觉"瘟臭"痛惋而且呕吐。
>
> 鲁迅去年不过四十五岁，……如自谓老人，是精神的堕落！
>
> 鲁迅遂戴其纸糊的权威者的假冠入于身心交病之状况矣！
>
> 不再吃人的老人或者还有！
>
> 救救老人！！

如此等等。而且，他一方面自吹自擂、招摇撞骗，自称曾与鲁迅合办《莽原》和编辑《乌合丛书》，拿"鲁迅选并画封面"的话为自己的《心的探险》做广告，等等。但同时却又如此猖狂地诬蔑咒骂鲁迅，并且攻击他是青年的"绊脚石"。这一滩秽水所照见的当然仍只是高长虹自己的形象：一个自认羽翼丰满了的狂妄的文学青年，自吹、行骗、要赖、骂街，既要借重于名流的声名来抬高自己；又要以大反权威、自我吹嘘来满足自己：这是一个自我膨胀的自命的尼采式英雄。

然而，这却不能以一笑置之。这个似乎是突发的、可笑鄙琐的事情，对于鲁迅的思想和生活，都发生了值得重视的作用和影响：斯人也，有斯言，行斯事，在其时，对其人，多方面的凑合，使得这件事的开头，引起了颇不平常的结果。但总的说来，是高长虹从反面促进了鲁迅思想的演变，这不妨说是他的一个"贡献"。

这件事发生在 1926 年 8 月到 12 月间，鲁迅正在厦门的时期。这正是他的思想酝酿剧变的时期。而高长虹的所作所为促进了这个剧变。鲁迅曾经器重高长虹，曾经帮助和扶持过他，甚至曾经为给他深夜阅稿而至吐血[1]；但是，想不到今天他却如此作为！这很刺伤了鲁迅，而且使他想得很多。鲁迅在给许广平的信中，多次愤激地谈到此事，而且感慨至深。他说：

> 我这几年来，常想给别人出一点力，所以在北京时，拼命地做，忘记吃饭，减少睡眠，吃了药来编辑，校对，作文。谁料结出来的，都是苦果子。有些人就将我做广告来自利，不必说了；便是小小的《莽原》，我一走也就闹架。[2]

> 我先前在北京为文学青年打杂，耗去生命不少，……但先前利用过我的人，现在见我偃旗息鼓，遁迹海滨，无从再来利用，就开始攻击了，长虹在《狂飙》第五期上尽力攻击，自称见过我不下百回，知道得很清楚，并捏造许多会话（如说我骂郭沫若之类）。其意即在推倒《莽原》，一方面则推广《狂飙》的销路，其实还是利用，不过方法不同。他们那时的种种利用我，我是明白的，但还料不到他看出活着他不能吸血了，就要打杀了煮吃，有如此恶毒。[3]

---

① 鲁迅说："我先前何尝不出于自愿，在生活的路上，将血一滴一滴地滴过去，以饲别人……。"这是一种纯"精神"的描述，但也有纪实的成分。据李霁野回忆："记得有一次我去访问先生时，见他的神色很不好，问起来，他并不介意的答道：'昨夜校长虹的稿子，吐了血。'"(《鲁迅先生与未名社·鲁迅先生和青年》)
② 《两地书·六二》。
③ 《两地书·七三》。

这里所揭发的高长虹的行为真是恶作至极了。对于鲁迅来说，真是使他出离于愤怒之外了。他看到了一个恶劣青年的典型，并遭到了这种恶劣青年的直接攻击和诬陷。鲁迅向来感到文学青年中，有一些性质恶劣的人，势利熏心、蝇营狗苟，但这次似乎看到一个集中的代表。而且，这时的未名社中人，也还有几个人的表现令鲁迅失望。他在给许广平的信中说到："狂飙中人一面骂我，一面又要用我了。培良要我在厦门或广州寻地方，尚钺要将小说编入《乌合丛书》去，并谓前系误骂，后当停止，附寄未发表的骂我之文稿，请看毕烧掉云。我想，我先前的种种不客气，大抵施之于同年辈或地位相同者，而对于青年，则必退让，或默然甘受损失。不料他们竟以为可欺，或纠缠，或奴役，或责骂，或诬蔑，得步进步，闹个不完。"①

鲁迅早在离京南下时，已经对某些青年有了怀疑，对"青年"不是一律看待了。此时，他一方面看到了高长虹的恶劣行为，同时又看到狂飙社一些成员的不良倾向。而且，其他一些文学青年的表现，也使他颇失望。他曾说到，在北京时来客不绝，但是，段祺瑞、章士钊的压迫一来，请他选稿或作序的，赶忙来取回原稿；有人还落井下石，请他们吃过饭、喝过茶都成了罪状了。②所有这些，引起了鲁迅的思考和思想的变化。他由此想开去，作战略的改变。他说他先要"对长虹们给一打击"。同时，他更从这里联想到其他的遭遇和所见到的一些青年的作为，决定改变原来的做法：原来"有青年攻击或讥笑我，我是向来不去还手的，他们还脆弱，还是我比较的禁得起践踏"。但是，现在他改变了："无论什么青年，我也不再留情面"，"我已决定不再彷徨，拳来拳对，刀来刀当，所以心里也很舒服了"。③

正是高长虹促使鲁迅实行这种"战略转变"的，不仅对于青年取分析的态度，不一律看待，而且要对他们在实际行动上也"不客气了"。这是对于"青年必胜于老年"的进化论公式的否定，这是对于进化论思想的轰毁的正式发动，鲁迅还说：

你说我受学生的欢迎，足以自慰么？不，我对于他们不大敢有

---

① 《两地书·九五》。

② 见《两地书·七三》。

③ 以上均见《两地书·七九》。

希望，我觉得特出者很少，或者竟没有。但我做事是还要做的，希望全在未见面的人们；……①

"希望在青年……""青年是我身外的青春"，这个旧的信仰动摇了，这个公式否定了，这是新的消息，预示着新的思想的跃进。他说希望全在那些未见面的人们，这"人们"是谁？是什么样的？虽然渺茫，但是，问题已经提出来了，希望之光已经在闪现了，目光已经在搜索了，他将会听到新的民族声音、看到更雄伟壮大的力量。"惟新兴的无产者才有将来！"这个结论和信仰，还没有露出端倪，但是已经预示将要向他迈进了。

过了不久，鲁迅又说道：

> 我现在对于做文章的青年，实在有些失望；我看有希望的青年，恐怕大抵打仗去了，至于弄弄笔墨的，却还未遇着真有几分为社会的，他们多是挂新招牌的利己主义者。而他们竟自以为比我新一二十年，我真觉得他们无自知之明，这也就是他们之所以"小"的地方。②

在这段话里，既照见了高长虹一类青年的形影，又反映了鲁迅的新的"自我"的影像："青春"岂都在"身外"？

这些，都是新的更大的刺激来到之后，鲁迅实现彻底转变、质的飞跃前的重要的思想的、情绪的、认识的准备。

当然，鲁迅思想的演变，是有他自己思想发展的路径的；其根本是中国革命的发展，工农运动的兴起。但是必然性通过偶然性来实现，偶然是必然的补充。高长虹的狂飙式的表现和狂飙式的"骚乱"，正是鲁迅思想发生质的飞跃前一次重大变化得以实现的"偶然"，是这个"必然"的补充。

而且，在这种"偶然"中，还有它的必然性在。

（二）

狂飙社和它的狂飙运动的失败，是必然的。尤其是 1928 年的那最

---

① 《两地书·七九》。

② 《两地书·八五》。

后一次的发动，更是如此。鲁迅指出："但不久这莽原社内部冲突了，长虹一流，便在上海设立了狂飙社。所谓'狂飙运动'，那草案其实是早藏在长虹的衣袋里面的，常要乘机而出。"①原来一个文学运动，只不过是藏在高长虹一人衣袋里的货色，其基础之浅薄于此可见。但更主要的在于思想和宗旨。鲁迅对它作了历史的记叙和评价。他说，起初，高长虹还"尚未以'超人'自命，还带着并不自满的声音"，表现了对于黑暗现实的不满。但是，已经流露了明显的"唯我独醒"式的先觉者姿态，说什么"一切的人们，都沉沉的睡着了"，只有"我们呼唤着，使一切……人们也起来"，并且"我们将点起灯来，照耀我们幽暗的前途"，更宣告："一滴水泉可以作江河之始流，一片树叶之飘动可以兆暴风之将来，微小的起源可以生出伟大的结果。因为这个缘故，我们的周刊便叫作《狂飙》。"②在这番话语中，虽还不是超人的姿态，而是自比为一滴水泉、一片树叶，而且和"一切人们"在一起，但是，已经自诩为先觉者、光明使者，而且要结出"伟大的结果"。"超人"的气味已经有了。果然，后来却日见其自以为"超越"了。"然而拟尼采样的彼此都不能解的格言式的文章，终于使周刊难以存在"了。因此，鲁迅指出："尼采声"，"正是狂飙社的进军的鼓角"。这种进军的鼓角，离开了当时受难人民的呻吟与哀号、青年学生的爱国的呼号、工人农民战斗的怒吼，作"超人"之声，显得那样缥缈乏力。"狂飙社却似乎仅止于'虚无的反抗'，不久就散了队"，只有"半绥惠略夫式的'憎恶'的前途"了。

　　鲁迅特别拿狂飙社与未名社做对比，指出"未名社却相反，主持者韦素园，是宁愿作为无名的泥土，来栽植奇花和乔木的人"。一个是"天才"的高傲、尼采的缥缈、"超人"的虚空，一个是泥土的谦逊、园丁的踏实和实干者的充实。

　　因此，狂飙运动的飘然而来又飘然而逝，带着命定的必然性。鲁迅对"天才"与泥土的不同的看法和感情，蕴含着对于这种必然性的清醒的认识。而且，早在1924年在北京作《未有天才之前》的讲演时，就说过他对天才与泥土的关系的深刻见解。他指出：民众是泥土，而天才是生长在泥土上的花木。"花木非有土不可"。泥土和天才比，坚苦、卓

---

①② 《且介亭杂文二集·〈中国新文学大系〉小说二集序》。

绝，"这一点，是泥土的伟大的地方，也是反有大希望的地方"。①因此，鲁迅对于高长虹辈的轻蔑和批判也带有必然性，而不仅仅因为他曾经利用自己而后又攻击自己。"私仇"在这里实际是社会斗争和两种思想的抗衡，在个人之间的"纠葛"上的表现，因此，鲁迅的斗争也就含有时代精神和原则意义。

为了揭露高长虹，实现"拳来拳对，刀来刀当"的新对策，鲁迅先后写了《所谓"思想界先驱者"鲁迅启事》(《华盖集续编》)、《新时代的放债法》(《而已集》)、《〈走到出版界〉的"战略"》和《新的世故》(《集外集拾遗补编》)、《奔月》(《故事新编》)等，他在这些作品中揭露了高长虹的嘴脸，批判了他的尼采式的狂悖、空疏、以自我为中心。这也是一种社会类型。鲁迅在《新时代的放债法》中刻画这种形象："你倘说中国像沙漠罢，……自称是喷泉。你说社会冷酷罢，他便自说是热；你说周围黑暗罢，他便自说是太阳。""他还润泽，温暖，临照了你。因为他是喷泉，热，太阳呵！""你如有一个爱人，也是他赏赐你的。为什么呢？因为他是天才而且革命家，许多女性都渴仰到五体投地，他只要说一声'来！'便都飞奔过去了，你的当然也在内。但他不说'来！'所以你得有现在的爱人。那自然也是他赏赐你的。这又是一宗恩典。"鲁迅最后写道："然而我不幸竟看见了'新时代的新青年'的身边藏着许多账簿。"鲁迅正是看见并描绘了这种"新时代的新青年"的形象。他们是貌似新式而实际依旧的、学了新本领的旧式青年，这是历史的产物，也是时代的病症。这对于鲁迅越过"只相信进化论的偏颇"的思想界限，倒成为一剂良药。——当然，彻底的摧毁还有待于日后的血与火的洗礼。

(三)

然而，鲁迅与高长虹之间，确实有私情的纠葛，而且，非常尖锐和相当严重。基本事实就是：高长虹对于许广平怀着单相思的隐情，而这隐情又化为对鲁迅的怨恨，由此又加剧了他对鲁迅的攻击。我们无意于，也不必要去为这桩"爱情纠葛"评断是非，而是要从中剔出一点对于理解鲁迅有一定意义的线索。

---

① 《坟·未有天才之前》。

高长虹对于许广平早有情意，并在诗文中有所表白。鲁迅与许广平一同南下之后，高长虹在《狂飙周刊》上发表题为《给——》的诗，其中写道："月儿我交给他了，我交给夜去消受。……夜是阴冷黑暗，他嫉妒那太阳。太阳丢开他去了，从此再未相见。"高长虹竟自比太阳，把许广平比作月亮，而以鲁迅为暗夜。其狂悖荒谬可见。但是鲁迅直到1926年12月才从韦素园那里知道内情。对于这消息，鲁迅甚感惊讶而又气愤。因为他这才了解到，高长虹害了单相思病。令他失望而愤愤的是，原来高长虹的不断来访是为了守候"月亮"光临，而不是为了商讨《莽原》的编务，而且当时毫无流露，背后却施行谩骂。这一切，决不仅是一般的爱情纠葛。高长虹的所为，表现了自己的轻浮与恶作，这很伤了鲁迅的心。因为高长虹辜负和辱没了作为师长的鲁迅扶持培养文学青年的眷眷之心；也损伤了鲁迅与许广平之间的恋情，有如一片云翳遮蔽明媚的春日。至于高的当面的虚伪、背后的暴露，又使鲁迅感到他既有背于作人的道德，又使自己受诬枉之灾。还有使鲁迅难忍的是，那些学生和朋友们，如章衣萍、王品青、孙伏园等，竟也播布流言，附和中伤，充当侦探，大放谣诼。所以鲁迅愤慨地说：

> 看见我有女生在座，他们便造流言。这些流言，无论事之有无，他们是在所必造的，除非我和女人不见面。他们大抵是貌作新思想者，骨子里却是暴君酷吏，侦探，小人。如果我再隐忍，退让，他们更要得步进步，不会完的。我蔑视他们了。[1]

鲁迅的愤怒与激动、谴责与蔑视，是对高长虹等人的，是由爱情的纠葛引起的，但是又不限于爱情，且是对一代青年中某一类型的人的卑劣行为而发，是做人道德上的对抗，是对于曾经寄予希望者的失望，是对呕心沥血以饲的学生的反叛的愤怒。

这时，由于这种事件的发生，在鲁迅思想上产生了几方面的激烈动荡，跃进性发展。首先，鲁迅曾经决心忍受历史的错误、旧礼教的灾祸所造成的自身婚姻的悲剧。"陪着做一世牺牲"，以偿还几千年的旧账。他说："爱情是我所不知道的。"由于许广平的"闯入"和她的冲破旧礼教束缚的勇敢行为与精神的鼓舞和滋润，鲁迅苏醒了那沉抑几至窒息的

---

[1] 《两地书·一一二》。

爱的火苗，而燃起了新生活的希望。然而他很矛盾，甚至自卑。他说：

> 我先前偶一想到爱，总立刻自己惭愧，怕不配，因而也不敢爱某一个人，但看清了他们的言行思想的内幕，便使我自信我决不是必须自己贬抑到那么样的人了，我可以爱！①

这是新的心境、新的决心、新的声音。一扫自卑和压抑，而宣告"我可以爱！"这是激愤之中的奋起，遭到诬蔑时的反抗。这是对于高长虹的行径的一种反作用力。这一点，倒是高长虹从反面给予了助力。

第二，人言可畏，积毁销骨，高长虹以及其他人的造谣、诬蔑、中伤，不能不使鲁迅感到一种明显的和潜在的压力。他感到爱的后果的严重性。因此，在这时期他一再同许广平谈到今后对于生活如何安排的问题，谈到准备身败名裂的问题。但是，也同样由于反力的作用，他因为感到压力起而反抗了。他说：

> "爆发"也好，发爆也好，我就是这么干，横竖种种谨慎，也还是重重逼迫，好像是负罪无穷。

因此，他下了如此坚定的决心：

> ……要推我下来，我即甘心跌下来，我何尝高兴站在台上？我对于名声，地位，什么都不要，只要枭蛇鬼怪够了，对于这样的，我就叫作"朋友"。②

由于有了这样的决心，鲁迅才在生活态度上，对生活的安排上，对爱情的处理上，作了最后的抉择。然后，这才有他最后十年在上海定居的辉煌战斗期。这里，也同样表现了必然通过偶然来实现和偶然对于必然的补充作用：如果没有高长虹的这一狂飙式的骚扰，也许鲁迅将会取别的形式来实现他的最后的飞跃。

从鲁迅与高长虹的交往与交恶的过程中，我们看到一个旧时代中的伟大思想文化战士，是怎样在旧社会各种人物的攻击与诬蔑中生存与战斗的。在这过程中，他愤怒、怨恨、痛苦、伤怀，这是他的不幸。然而，这种带有客观必然性的社会病症，却又刺激了他，推动了他，使他

---

①② 《两地书·一一二》。

在战斗中前进，在对旧的怨愤中，怀着希望去追求与创造新的。这又应该看作他的"幸运"了。他正是在这种生活和战斗中成长的。这也是他与同时代人关系的一个方面。这个方面，也是不可少的。相反相成，在这里也表现了鲁迅不是孤立地、偶然地产生的这种规律性现象。

据陈漱渝同志调查考订，高长虹以后出过国，在抗日战争时期，思想有了变化，以后又到了延安，并得到狂飙社时期的友人柯仲平的帮助，得到党和边区政府的关怀，曾担任陕甘宁边区文协副主任之职。这些，当然都是与狂飙社时期的长虹不同的，他变化了，前进了。我们自然不应因狂飙期的他的荒唐与狂悖而抹杀他尔后的变化与进步；就同我们不能因他后来的进步而忘记了他的从前一样。

飘然来去狂飙痕，狂飙社和高长虹，在从1924年到1928年间时断时续的活动中，在文学界留下了遗痕，也在鲁迅的生平思想中留下了遗痕，从而也在中国现代文学史上留下了遗痕。

从这遗痕中，我们窥见一点轨迹：一位文苑巨人如何在与同时代人中的各色人等的交往与交战中，发展着自己，从事其伟大事业与战斗。

第五章　共产同怀

　　这一章的题名，来自鲁迅书赠瞿秋白的对联："人生得一知己足矣，斯世当以同怀视之。"鲁迅把瞿秋白视为同胞手足，这是一种深沉恳挚的感情。这实际上是他对中国共产党人的一种深情。他对比他年轻一辈的毕磊、柔石、冯雪峰也是这种感情。这应该看成党性的一种感情表现吧。

　　鲁迅是否参加过光复会现在似乎还留着一点争论，但基本上是可以肯定的。然而后来他却没有参加中国共产党。这已经有了许多解释，最权威的要算是冯雪峰所作的答复了。因为他是当事人，他是深知内情的。基本上，他说的是出于对于实际斗争需要的考虑，出于对于鲁迅来说，以何种身份从事斗争更为有利与有效的考虑。这些都是有根据的，都是对的。我们看到，后来还有许多同志，包括文艺界的名流，也往往由于类似的考虑而没有入党或以秘密党员身份工作。但是，鲁迅之没有入党，大概同30年代共产党上海地下组织的状况、同文艺界和左联内部的纷争，也不无关系吧。这从鲁迅的许多书信和当时的言行中，是可以明显地看得出来的。在这方面，鲁迅似乎表现得有些"党性不纯""内外不分"，他对一些共产党员作家曾给予猛烈的批评，也与他们在关系上疏远，而对一些非共产党员作家却亲密有加，无话不谈，且在他们面前批评党员作家。这些，用现在的眼光来看，都是很为不妥的。但是，时代不同、条件不同、身份不同，鲁迅在当时的做法，是完全可以理解的。因为在根本问题上，在大是大非上，他都同那些被他批评的年青作家是一致的，也是爱护备至的。不过，我们今天需要看到，这些纷争，对于他的思想情绪的影响是颇为不小的。

　　但是，更重要的和主要的是，鲁迅同其他党员作家的亲如手足的"同志加亲人"的关系。突出的表现是他同瞿秋白、柔石、冯雪峰的关系。那情景是相当令人感动的。但他们的关系从感情角度体现出来，却不只是源于感情和只在于感情。首先，还是他从这些同志身上，得到了心的相通，在于他们的理想、信念的一致，特别是鲁迅从他们身上汲取了思想的、理论的、革命的力量。第二，这些年青的党员作家，都是同他一起在左翼文学的旗帜下，共同对敌人展开殊死斗争的。第三，他们一同进行了许多共同的文艺事业。如与柔石编《朝花》，与冯雪峰组织编译马克思主义文艺理论丛书，与瞿秋白共同写作杂文和一同编书，等等。

他也从这些共产党员的身上汲取了献身精神、坚韧的性格力量。

一、在鲁迅思想领空掠过的暴风雨中的三只雄鹰
——论鲁迅与任国桢、毕磊、殷夫

有三位青年，他们像矫健的雄鹰，在中国革命的暴风雨中搏击，奋斗不息，血洒中华，为人民革命事业奉献了年青的可贵的有为的生命。当他们在为革命而飞翔搏斗时，与鲁迅的活动领域交叉，掠过了鲁迅的思想领空，他们的飞翔、搏击，影响了鲁迅；他们的生命的消逝、他们的鲜血的迸射，"映照"了鲁迅的思想，留下了斑斑血痕，成为鲁迅思想演变的一点催化剂、一粒酵母。他们生存于鲁迅的不朽的事业之中。他们永生。

他们是三位年轻的共产党员、学生、诗人。他们依次出现：任国桢、毕磊、殷夫（白莽）。

他们在不同的时期，在鲁迅思想发展的不同阶段，同鲁迅有着不同程度的接触，发生了不同的影响，起了不同的作用。不过，有几点是共同的：第一，他们都是在鲁迅的思想发生重大转折和跃进的时期，以学生的身份同鲁迅交往的；第二，他们都是年青的共产党员，他们都同样是有为的文学青年，同时又是为民族、祖国和人民的生存与解放而奋战的英勇战士；第三，他们都为了人民的、阶级的事业，洒尽热血，献出了生命。在这几点上，他们对鲁迅发生了相同的作用力，力之所及，推动了鲁迅。这是后辈对前辈、学生对先生、战士对主将的影响、推动与帮助。然而在他们身上，体现了先进阶级和革命青年、时代精神，以及党与马克思主义对于鲁迅的影响、推动和帮助。他们自觉或不自觉地执

行了时代与阶级的使命。在这里，鲁迅依然是授予、推动、帮助、引导后辈、青年、学生，而同时又像巍峨的崇山、浩翰的大海，吸收、积聚一切进步方面的泥土与水泉，来丰富自己和发展自己。

任国桢，1898年11月11日出生于辽宁安东（今丹东）。在五四运动的来潮冲击全国之后的第三年（1921年），他进北京大学读文科，鲁迅当时正在北大讲授"中国小说史"，任国桢就成为他的一名及门弟子。然而他们似乎并没有课堂和学校之外的更密切的交往，因为，在从1921年到1924年的《鲁迅日记》中，都没有他的名字出现。不过，任国桢虽然读的是文科，学的是中文，但同时又学习德文和俄文。而且，他还在当时北大的俄文讲师伊法尔（Alexis Ivanoff，亚历克塞·伊凡诺夫）的帮助下，经常给苏联的塔斯社和《真理报》撰稿。这件事情，曾经得到过鲁迅的帮助。这应是任国桢与鲁迅在课堂之外的交往的开始。在给苏联报刊写稿的基础上，他从1923年起，注意收集苏联发生的一场文艺大论战的有关材料，并且翻译出来了。他将所译文章编集为《苏俄的文艺论战》一书，并送给鲁迅校订。从此，他们开始了较亲密的交往。鲁迅很快就以日德文报刊上的苏联文艺论战材料为蓝本，为之校订一过，并且写了《前记》。

任国桢的集译这个文集和鲁迅的为之校订与写前记，均非偶然。1924年，国共两党的合作实现，组成联合力量向北方封建军阀进攻。工农运动风起云涌。文学战线上，"五四"过后的分化，更进一步发展，以胡适为代表的改良派已经丧失"五四"革命的荣光，倒退到同封建势力妥协。但另一方面，以鲁迅为代表的坚持民主革命精神的文学队伍，则一面坚持"五四"文学革命的光荣传统，一面更向前进。鲁迅指出，前几年胡适等的"踱进研究室""整理国故"的口号、方针，害了不少人，现在仍然需要"五四"时代的思想革命。但是，这已经不够了。时代前进了，斗争发展了，工农群众已经登上了政治舞台，在国共合作推动下得到了发展的革命形势下，在孙中山的联俄、联共、扶助农工三大政策广泛推行的影响下，对苏联方面的介绍多起来了，认识得到改变了，在文学上转向注目苏联的情况了。任国桢的翻译苏联文学论争材料，正是在这样的背景下产生的。

至于鲁迅，这时期虽然仍以进化论为主要思想武器，但是1924年，尤其是1925年期间，思想已有了阶段性的变化，他受到革命形势和工农运动的发展的影响，斗争进化的思想和进化的社会内容都加强了，对于群众的力量开始看重并给以很高的评价了。同时，他也开始注意原来被忽略了的苏联文学情况和马克思主义理论。从他的日记和书账中可以看到，1924年中，他的购书账中出现了这样一些书籍：《近代思想十六讲》《近代文艺十二讲》《文学十讲》等，这说明他已经注重对于近代思想、文学思潮的研究了。同时，据许广平回忆，在这一年，他还购买了《马克思主义与法理学》《托尔斯泰与马克思》《无产阶级的文化》《文学的战斗论》等书。这不是说明他更把目光射向马克思主义和苏联无产阶级文化的发展了吗？他此时正在思考中国的文学发展问题并拿苏联的发展状况来做对照。1925年，这情形更有了发展，仅据有记载的他购读的书籍就有《革命与文学》《新俄文学之曙光期》《俄国文学的理想和现实》；转年，在南下厦门前，在北京又购买了《无产阶级文化论》《无产阶级艺术论》《新俄罗斯手册》《新俄手册》《无产阶级文学的实际》等书。这种阅读范围，反映鲁迅已经打破了原先那种对十月革命"还有些怀疑"的思想束缚，注意了解和研究起俄罗斯和苏联的文学艺术，特别是马克思主义文艺理论和无产阶级文学的理论与实际了。

正是在这种时候，任国桢集译了《苏俄的文艺论战》，并送来求教，鲁迅自然是乐于了解、愿意帮助的；而且，由于他不仅是思想起了变化，而且已经有了一定程度的了解，所以能够校订，并且能够写出那样水平的前记来。

鲁迅在这篇《前记》中，极概略地叙述了从十月革命到当时（1925年）的苏联文艺发展的路径。他指出十月革命后，进入战时共产主义，由于当时的"急务是铁和血"，所以"文艺简直可以说在麻痹状态中"，以后则迭经变化，直到提出毁弃"已死的资产阶级艺术"，"建设起现今的新的活艺术来"，"名之曰无产阶级的革命艺术"。从这简要的记叙中，我们可以看到很重要的两点：第一，鲁迅对于苏联十月革命后的文艺发展情况，是比较了解的，说明他已经注意考察和研究了这方面的问题；第二，在字里行间已经透露出，他是以赞赏的至少是注意的目光看着无产阶级革命文艺的发展的。这两点反映了鲁迅在"五四"以后从文学革命进到了革命文学的这个时期中，注视着苏联无产阶级革命文艺的发展。这正是他在两年多后实现飞跃的预备期、酝酿期。对于苏联革命文艺的注意正是这种预备期的坚实的工作。正是因此，他能同任国桢这位研究苏联文艺现状的学生交往并支持他的翻译工作。

鲁迅在这篇《前记》的最后写道：

> 不独文艺，中国至今于苏俄的新文化都不了然，但间或有人欣幸他资本制度的复活。任国桢君独能就俄国的杂志中选译文论三篇，使我们借此稍稍知道他们文坛上论辩的大概，实在是最为有益的事，——至少是对于留心世界文艺的人们。别有《蒲力汗诺夫与艺术问题》一篇，是用 Marxism 于文艺的研究的，因为可供读者连类的参考，也就一并附上了。

鲁迅在这里十分称赞任国桢的工作，认为在我们不了解苏俄，甚至有人欣幸那里在复活资本主义制度的时候，他来翻译苏联文坛论辩大概的著作，是一件"最为有益的事"。这是对于学生任国桢的赞美和鼓励，同时，也表明了他自己的鲜明的态度。下面又赞赏用马克思主义来研究文艺的论文，认为是可以供读者参考的。这也同样表明了鲁迅的政治上和理论上的鲜明倾向。这种倾向正是两年后向马克思主义跃进的"临飞姿态"。

在这种时期，任国桢的工作，同任国桢的交往，对于鲁迅来说，都是一种助力，一种有倾向性的、带色彩的影响。任国桢于1924年参加了中国共产党并积极开展党的工作。同年他于北大毕业后仍留北平，可能是担负党的工作，直到1925年奉调去哈尔滨任党的市委书记时为止。正是在此期间，他与鲁迅过从甚密，仅1925年在鲁迅的日记中提到任国桢的次数便有31次之多。[①]在交往中，关于那本书的校订、出版等事宜是重要内容之一，同时，连类而及，可能谈到苏联的文艺情况、政治状况，十月革命后的苏联以及涉及中国当时的政治、文艺等情况，这大概是可以推想而知的。当时任国桢是否向鲁迅公开了自己的政治身份，不得而知，但这个学生的政治色彩、思想倾向，鲁迅自然是会很清楚的，因为从谈吐中可以观察出来。

以后，任国桢先后担任党的重要领导工作（如奉天省委书记、山东省委书记等），奔波于奉天（沈阳）、吉林、哈尔滨、丹东、上海、青

---

① 此处据锡金在《鲁迅与任国桢》一文中的统计，具体情况为：日记中提到26次，还有5次日记中未提到名字而记述了校稿和发书的情况，均与任国桢有关，故总数计为31次。（见《新文学史料》1979年第二辑）

岛、唐山、太原等地。这期间，他曾多次给鲁迅写信，并拜访过鲁迅。特别是1926年他在吉林被捕，在押解路上写了一封信给鲁迅；鲁迅收到了这封信①。1929年4月间他在未接上组织关系前又曾和鲁迅通信；同年夏秋间他接上了党的关系后奉调到党的上海临时中央学习。1930年3月任国桢在上海，又去探访鲁迅②。以后不久，他赴青岛任山东省委书记，曾从青岛给鲁迅写过信，鲁迅均未复。③在这些交往中，任国桢的行踪和他的使命，鲁迅纵然不能完全了解，但他的基本面貌，鲁迅是定能知道的。尤其1930年的见面，恐怕不能不做深入交谈吧，因为鲁迅这时已经是众所周知的左翼作家的导师，同党有密切关系，任国桢自然也是知道的。任国桢于1931年10月9日去山西太原工作，18日被捕，10月底就不幸被杀害，血洒太原小东门外。④

任国桢从1924年与鲁迅交往，到牺牲时止，总计有7年之久。然而，鲁迅在《日记》中提到他只有33次，而其中的31次都在1925年，信件来往则只有有数的几封。1925年以后信件与来往都是匆匆来去或有信未复，是一种紧张秘密的状况。这说明，虽然交往时间长，但实质上仍似雄鹰翱翔，一掠而过。主要是在1925年。

的确，任国桢作为一名优秀的共产党员，在革命暴风雨席卷全国的时期，往来于北方数大城市，都是政治斗争的主要战场，匆匆来去。在这个斗争的世界中，也同样是来去匆匆。然而他的带血的足迹却永留在史册上。对于这样一位有为的青年、革命的战士，鲁迅曾经为之效力：为他的译著的出版作了校订、联系出版发行、写前记等工作。书出来后，他又立即郑重地送给朋友。但是，不久，这位学生便从文艺战线上隐去，而投身于火与剑的实际斗争中——这是鲁迅所特别重视的——然后，他牺牲了。这对于鲁迅来说，是会引起无限悼念与沉重的痛苦的。这痛苦和悼念，便都会融入他对于有为青年的爱中，聚于对于中国共产党的认识和感情之中。任国桢最初从文艺领域进入鲁迅的生活与思想领空，师生一同研究了苏联的革命文艺活动，以后则转向实际斗争的洪流

① 《鲁迅日记》1926年3月20日记："……晚得任国桢信，八日吉林发。"
② 《鲁迅日记》1930年3月9日记："……午前任子卿来。"
③ 据锡金推断，可能是因为任国桢从事地下工作，住址不定，鲁迅无法回信此说颇有理。（见《鲁迅与任国桢》，载《新文学史料》第二辑，1979）
④ 同时牺牲的还有山西省委书记刘天章，省委组织部长阴凯卿两位烈士。（同上）

中，用自己的实际行动和悲壮的牺牲，触动乃师的心。他确像一只暴风雨中的雄鹰掠过鲁迅面前，那身影、那活动的足迹和那鲜血的迸射，都像一粒酵母进入鲁迅的心田，酿出他的伟大、丰富、深刻的思想汁液。

正当任国桢还未消逝，并且偶尔还从斗争的前线给鲁迅发来信件的时候，另一只在更大的暴风雨中搏击的雄鹰又出现在鲁迅的面前，而且较之任国桢，更亲近、更直接、更频繁也更为重要地同鲁迅来往，因此其影响也就更直接、更重要。他就是毕磊。

毕磊是中山大学的学生，又是学生中的中国共产党组织的负责人，而且，接受党的委派，担任党同鲁迅联系的任务。他又是一个文学青年，因此同鲁迅更有共同的志趣和活动领域。

由于这几重关系，毕磊在鲁迅在广州的一段生活中，处于一个非常关键而重要的地位，也确实发挥了很好的作用。

鲁迅来到广州中山大学，是应党的约请并且是由于党的坚持和努力才得以实现的。那正是一个关键的时刻：国共合作，实行北伐，节节胜利，形势大好；然而，另一方面，革命队伍内部已经分裂，潜藏着危机，形势又颇险恶。这种政治形势和斗争状况，反映在中山大学这个活跃而敏感的处所，更为尖锐、激烈、复杂。鲁迅的来到，受到热烈而普遍的欢迎，但同时也受到国共两党、两种势力的注意。为了帮助鲁迅了解广州的形势和中山大学的情况，毕磊代表党组织邀请并陪同鲁迅到各处走走，以便考察实际的状况。据当时中山大学学生、学校党总支书记徐彬如（文雅）回忆，毕磊还常陪鲁迅到"陆园茶室"吃茶[①]；毕磊还曾把自己主编的《做什么》赠给鲁迅。在这个党所办的周刊的第一期上，毕磊便以坚如的笔名发表了《欢迎了鲁迅以后》一文。文中表示了对鲁迅的竭诚的欢迎，并表示要在鲁迅的领导下一同战斗：

> 我们必须用全力来打破，用全力来呼喊，在这沉静的沙漠上猛喊几声。鲁迅先生这次南来，会帮助我们喊，指导我们喊，和我们一同喊。同志们，我们喊罢，在这样一块万籁无声的沙漠地上，我们喊罢！
>
> …………
>
> 文艺的使命是要大家负担的。这使命不能负在鲁迅先生背上，

---

① 徐彬如：《回忆鲁迅一九二七年在广州的情况》，载《鲁迅研究资料》第一期。

鲁迅先生只能"托一把";这使命也同样不能负在一两个文艺同志背上,有文艺嗜好的同志,必须联合起来,联合呼喊,声音才得洪亮,沙漠才得热闹。

在这篇短文中,还极可珍贵地记录了鲁迅的讲演、鲁迅当时发出的声音。

鲁迅因感觉得广州空气的沉静,于是乎他说:

> 在现在,青年们有声音的,应该喊出来了。因为现在已再不是退让的时代。因为说话总比睡觉好。有新思想的喊出来,有旧思想的也喊出来,可以表示他自己(旧思想)之快将灭亡。顶怕是沉静不做声,以致新其衣裳,旧其体肤。只要你喊,如果你有声音,喊得不好听,创作得幼稚,这决不是可羞的事情,你看孩子们是不以自己的幼稚为可耻的。[①]

鲁迅面对青年发出的这种"喊"的呼声,同他在离北京南下前的谈话,同在厦门的讲演都不一样,它是以前的思想的延续,同时又比原先的思想有新的发展,更积极、更具进取精神也更有信心了。广州的气氛感染了他,这里的左翼青年、共产青年的精神感染了他。当然,他也感到另一面,所以说这里"冷静"。但他发出了鼓舞性的战斗的声音。毕磊则以革命青年、共产青年的代表的身份,响应了这个号召,拥护鲁迅的讲话,呼吁同伴们一同起来"喊叫"。他在这篇文章的最后写道:

> 我最后的口号是——
> "广州'撒哈拉'的文艺骆驼们联合起来!"

这种青年的声音同鲁迅的声音汇合到一起了。

当鲁迅收到毕磊送给他的《做什么》时,他立即明白了他是共产青年。他后来在《怎么写——夜记之一》(《三闲集》)中写道:"现在还记得《做什么》出版后,曾经送给我五本。我觉得这团体是共产青年所主持的,因为其中有'坚如','三石'等署名,该是毕磊,通讯处也是他。他还曾将十来本《少年先锋》送给我,而这刊物里面则分明是共产青年所作的东西。"鲁迅同这些共产青年有很好的感情。他和当时中山

---

① 原载1927年2月7日《做什么》周刊第一期,转引自《鲁迅研究资料》第一期,第205页。

大学的学生、党的负责人和同他联系的人，如徐彬如（文雅）、陈辅国以及毕磊，都很接近，他读他们送来的党的刊物，同他们一起出席会议，资助他们所办的社会科学研究会等。而对于右翼青年，他则早就表示鄙弃。早在厦门时期他写信给许广平就说："中国学生学什么意大利，以趋奉北政府，还说什么'树的党'，可笑极了。别的人就不能用更粗的棍子对打么？"①斥责了"树的党"即法西斯分子、右翼学生。特别是，也还是在厦门时，就表示对身旁的学生失望，说好的学生可能都打仗去了，又说："希望全在未见面的人们。"②当时希望之所寄的"未见面的人们"，就是后来见了面的毕磊等共产青年。以后，四一二反革命政变发生，血雨腥风，革命学生、共产青年被捕、被杀，鲁迅呼吁、保释都未能奏效。他目睹了右翼青年的充当凶手，去搜捕和屠杀革命学生、共产青年的惨剧，轰毁了他的"只信进化论"的旧思路。毕磊就是这批被屠杀的共产党员之一。鲁迅眼看着他被从自己的身边抓走，眼看着无法营救，忍痛得知他以及他的同志们被杀害。他在文字中直接提及毕磊的只是写道："果然，毕磊君大约确是共产党，于四月十八日从中山大学被捕。据我的推测，他一定早已不在这世上了，这看去很是瘦小精干的湖南的青年。"③这看似平淡的记叙中，渗透着他的深切的怀念和哀悼。但在另外的地方，他却用直接的沉痛的语言，哀悼了毕磊和他的同志们，并且从中得出了显示他思想飞跃进展的新的结论，这就是他在著名的《答有恒先生》（《而已集》）中的有名的一段话：

> 我的一种妄想破灭了。我至今为止，时时有一种乐观，以为压迫，杀戮青年的，大概是老人。这种老人渐渐死去，中国总可以比较地有生气。现在我知道不然了，杀戮青年的，似乎倒大概是青年，而且对于别个的不能再造的生命和青春，更无顾惜。……

这段话里包含着他对于毕磊（以及他的同志们）的深沉的感情。而毕磊等的被杀，正是他的旧的思路被"轰毁"的重要原因。

他曾经看到不同于高长虹、不同于他所接触得很多的文学青年的共产青年，毕磊是他们的代表；这正是他所曾寄予希望的"未见过面的人

---

① 《两地书·七一》。
② 《两地书·七九》。
③ 《怎么写——夜记之一》。

们"；他感到欣喜、慰藉，有了希望和信心。但是，后来，他们被杀害了。他便又愤怒，痛苦，而且思索，得出了新的结论。这是毕磊给予鲁迅的重大影响，这只暴风雨中的雄鹰的掠过和折翅，帮助扫除了鲁迅思想上的一片阴翳。鲁迅后来还怀念这位共产青年。他在广州时，不时同老友许寿裳说起："有某人（指毕磊）瘦小精悍，头脑清晰，常常来谈天的，而今不来了。"以后，到了上海，事过情未迁，仍然念起毕磊。于此可见毕磊在他心上留下的深刻难忘的印象和影响。

继任国桢、毕磊之后出现的第三只暴风雨中的雄鹰便是殷夫（白莽）。他是1929年6月开始同鲁迅联系的，到1931年1月他牺牲时为止，与鲁迅交往的时间仅仅一年多。他同任国桢一样都是以译事同鲁迅开始联系的。他们同样在工作上得到了鲁迅的关怀与帮助。殷夫在1929年6月同鲁迅联系后，在短短的5个月中就有14次出现在鲁迅的日记中，足见交往的频繁。鲁迅知道殷夫一面读书，一面从事实际革命工作，同时勤于译作，便在经济上接济他，往往以预支稿费的形式把钱给殷夫，并寄书给他，鼓励他译作。同时还把自己心爱的德文版裴多菲的作品赠送给他。但是，不太久，这位左联的重要的、有成就的青年诗人，就不幸被捕，与左联五烈士中的其他几位同志一同牺牲于龙华。

殷夫同任、毕两人一样，也像暴风雨中的雄鹰在搏击中折翅，在掠过鲁迅的思想领空中时，突然消逝。这给了鲁迅极大的打击。他的痛苦是深沉的。他在《为了忘却的记念》和《白莽作〈孩儿塔〉序》两文中，对于白莽（即殷夫）表示了深切的哀悼，并且描绘了他的矫健的形象：

> 看去是一个二十多岁的青年，面貌很端正，颜色是黑黑的……
>
> 我们第三次相见，我记得是在一个热天。有人打门了，我去开门时，来的就是白莽，却穿着一件厚棉袍，汗流满面，彼此都不禁失笑。这时他才告诉我他是一个革命者，刚由被捕而释出，衣服和书籍全被没收了，连我送他的那两本；身上的袍子是从朋友那里借来的，没有夹衫，而必须穿长衣，所以只好这么出汗。……
>
> 我很欣幸他的得释，就赶紧付给稿费，使他可以买一件夹衫，……。①

---

① 《南腔北调集·为了忘却的记念》。

鲁迅对于白莽的诗给予了很高的评价，并且侧重指出了他的诗的思想上和文学上的珍贵的意义和价值：

> 这《孩儿塔》的出世并非要和现在一般的诗人争一日之长，是有别一种意义在。这是东方的微光，是林中的响箭，是冬末的萌芽，是进军的第一步，是对于前驱者的爱的大纛，也是对于摧残者的憎的丰碑。一切所谓圆熟简练，静穆幽远之作，都无须来作比方，因为这诗属于别一世界。①

这当然不只是对于诗的评价，而且是对于诗人、对于作者的生命的价值的评价。在这评价中，表明了鲁迅对于殷夫的爱、理解和赞颂，而这些也就映衬出殷夫所给予鲁迅的影响了。当殷夫等烈士牺牲一周年时，鲁迅写了《为了忘却的记念》，就说"许多青年的血，层层淤积起来"，已经将他"埋得不能呼吸"了，那沉痛是十分深沉的。5 年之后，他又为《孩儿塔》作序，这沉痛仍未消退，他深情地写道：

> 我的记忆上，早又蒙上许多新鲜的血迹；这一提，他的年青的相貌就又在我的眼前出现，像活着一样，热天穿着大棉袍，满脸油汗，笑笑的对我说道："这是第三回了。自己出来的。前两回都是哥哥保出，他一保就要干涉我，这回我不去通知他了。……"
> ……。

这记忆的积淀里，蕴含着深情。可见虽然也是像雄鹰在暴风雨中飞翔一样，一掠而过，然而却在鲁迅的思想领空中留下了不灭的血痕，不仅纪念他，而且哀悼他的牺牲，铭记他的贡献。这些，都留在鲁迅的思想中，成为他的丰厚深邃的思想积淀层的一部分。

殷夫出现在鲁迅面前时，正是鲁迅开始团结左翼力量并率领这支年青队伍冲锋陷阵的时期。他是第一批战士中的一员。他是前驱者中的一员。他同柔石等烈士一起用自己的血写了无产者文学的第一页。他们这次的牺牲，对于鲁迅的影响是很深刻的。他从此更憎恨敌人，更坚定地相信无产者文艺的前途，因为敌人已经采用最末手段而无文艺之可言了。同时，他又再一次看到雄鹰折翅、战士洒血。"忍看朋辈成新鬼"，

---

① 《且介亭杂文末编·白莽作〈孩儿塔〉序》。

这朋友中，殷夫是重要的一位。

鲁迅曾经只信任青年，以后又将他们分别对待，再后又以阶级观点来区分他们。现在这三位都是青年，但他们更主要的是共产党员。他们的好学向上、爱国爱民、英勇斗争，都说明他们是民族的精英。他们的牺牲激起他对敌人的更深的仇恨，也引起他更沉痛的惋惜，同时也使他从战士英勇就义中看到了力量与新生。人民的力量无穷，英雄的精神不死。民族的、阶级的命运和前途就寄托在这些共产青年身上。这必然引起鲁迅对党的力量的认识，加深对党的感情。他同这三位共产党员的精神上的联系，便是同党的现实联系。他更由此进到斗争的更高境界。"怒向刀丛觅小诗"，便是在痛悼与愤怒之后的战斗。这是鲁迅给予三位烈士的一切所得的最好的报偿。

这里，我们简略地阐述了三位年青的共产党员同鲁迅的交往和他们的活动与牺牲，对于鲁迅的思想所产生的影响。由于材料的不充足，说明是很不够的。但即此也可以看到，他们曾经怎样地影响了鲁迅的思想的发展，鲁迅又怎样从他们吸取了思想营养、思想力量和斗争的勇气与信心。

二、"梦里依稀慈母泪"
——论鲁迅与柔石

鲁迅在上海的最后十年中，有两个最亲密的学生、朋友、战友兼助手，这就是柔石和冯雪峰。鲁迅于1927年10月到上海定居，在安排生活、拜望友朋、为工作和战斗做好种种准备之后，从1928年开始，开展了预期的战斗。不久，柔石就送稿来求教求助，从此结下亲密友谊。这期间，柔石还引见了冯雪峰。

柔石于1931年2月牺牲，接着便由冯雪峰担负了他原来帮助鲁迅所做的许多事情。冯雪峰中间曾去江西中央苏区一段时间，参加长征到达陕北后，直到1936年4月又重返上海，再次工作、战斗在鲁迅身旁，直到鲁迅逝世。这样，这两位学生、朋友、战友兼助手，相接替地在鲁迅的最后十个年头中，基本上有始有终地协助了他。

鲁迅曾说：

> 但那时我在上海，也有一个惟一的不但敢于随便谈笑，而且还敢于托他办点私事的人，那就是……柔石。[1]

这段简朴的话，深沉地说明了鲁迅与柔石的关系之亲密，也反映了鲁迅对于这种关系的看重和它对于鲁迅的慰藉：柔石是鲁迅当时的唯一能够随便谈笑、托办私事的朋友。

冯雪峰对于鲁迅与柔石的友谊，更有直接的感受和深刻的分析，他说：

> 柔石的朴实和忠厚的性格，以及他在鲁迅先生对他的友谊和爱里面所表现的自然与纯真，也是我什么时候一想起，都栩栩如生，好像就在眼前一样的。
>
> 我那时感觉到，现在也同样感觉到：在柔石的心目中，鲁迅先生简直就是他的一个慈爱的塾师，或甚至是一个慈爱的父亲，却并非一个伟大的人物，而鲁迅先生也是象一个父亲似地对待他的。
>
> 其实，也不只对柔石一个人，鲁迅先生对一切好的青年都不自觉地流露着"父爱"的感情的，这一点，一切同他接近过的青年都能够证明。[2]

这种分析是深刻的。鲁迅一生热爱青年，眷眷之心，拳拳之意，终其一生而不变。当然，前期他对青年一律看待，后期则以阶级观点来分析地看待、有区别地对待，但只要如雪峰所说是"好的青年"，他都尽心竭力、呕心沥血地为之效力。鲁迅是站在为后代服务、为民族育才，"希望有英才出于中国"，从振兴民族这样的高度来看待青年，对待青年的；是站在急需培养大群的新战士的立场来发现与培养青年的。这里，正是以长辈之心情来对待后辈，正是父一辈的长者之爱。如果我们可以称之为父爱，那么，这种父爱是有父执辈之爱的亲切、深沉、一贯、牢

---

① 《南腔北调集·为了忘却的记念》。

② 冯雪峰：《回忆鲁迅》，第7页。

固、不变，但又远远超出了血缘关系带来的亲子之情，而是满含着对于民族利益、阶级利益、革命事业、文学发展等的考虑的，其内容要比一般的父爱丰富、深沉得多。鲁迅正是以这种父爱去对待"一切好的青年"的。尤其是对待柔石，则更突出、更鲜明、更诚挚。这原因，当然首先是他们的关系的基础是共同的事业、共同的革命战斗、共同的理想。而在个性方面，应是柔石的朴实和忠厚。这很为鲁迅所喜爱，也使他们能够十分投契。师生朋友之间这种思想性格的投契是一个重要的基础，是黏合剂。鲁迅曾说他认识的青年中，尤其是文学青年中，脾气性格古怪者不少，他们不乏聪明才智，但因此也有不少邪门歪道，即使不如此，也是或孤傲冷峻，或狷介不群，或变化无迹，或时晴时雨，等等，总之：不好侍候。鲁迅称这种文学青年为："十之九是感觉很敏，自尊心也很旺盛的。"鲁迅说，这种人是"见面尚且怕"的。[1]因此，鲁迅总是喜与忠厚老实之人相交。柔石绝对不是这样神经过敏而自尊，所以鲁迅喜欢他。鲁迅曾经这样写到柔石：

> 看他旧作品，都很有悲观的气息，但实际上并不然，他相信人们是好的。我有时谈到人会怎样的骗人，怎样的卖友，怎样的吮血，他就前额亮晶晶的，惊疑地圆睁了近视的眼睛，抗议道，"会这样的么？——不至于此罢？……"
>
> ……后来他对于我那"人心惟危"说的怀疑减少了，有时也叹息道，"真会这样的么？……"但是，他仍然相信人们是好的。[2]

鲁迅称他这种品性为：迂。然而他喜欢这种"迂"。因为，在这个"迂"中，有着心的纯真、朴实，对于人的信任。这种纯真的"迂"，在十里洋场的上海，在文人群中，更显得宝贵而可爱。

鲁迅还这样描写了柔石：

> 但他和我一同走路的时候，可就走得近了，简直是扶住我，因为怕我被汽车或电车撞死；我这面也为他近视而又要照顾别人担心，大家都苍皇失措的愁一路，所以倘不是万不得已，我是不大和他一同出去的，我实在看得他吃力，因而自己也吃力。[3]

---

[1][2][3]　《南腔北调集·为了忘却的记念》。

这段描述不仅写出了他们之间的亲密的关系，尤其从中看出了柔石的那种忠厚、朴实的性格和他对于鲁迅的尊崇与爱。

鲁迅对于柔石给予了这样的总的评语：

> 无论从旧道德，从新道德，只要是损己利人的，他就挑选上，自己背起来。①

这是对于柔石的忠厚老实性格的最深刻的注解：他有一颗损己利人的智者与仁者之心，这是从旧道德的角度来看；而他这种心性，在后来他成为共产党员之后（柔石于1930年5月参加中国共产党），便建立在为民族解放事业、为无产阶级革命事业而损己利人了，便改造成为新道德、共产主义道德了。

鲁迅所喜爱的柔石的这种性格，其实也是他自己的性格特征。他正是一生在损己利人地"吃的是草，挤出的是牛奶，血"，"以血饲别人"，只要是损己利人的，他就挑上，自己背起来。这正是鲁迅与柔石的深切亲密友谊的思想基础。

（二）

他们友谊的共同的具体事业基础，是为发展革命文艺事业，为引进、传播外国进步的文艺而辛勤耕作。在这方面，鲁迅在从1928年到1931年期间，是做了许多开辟性的工作，有着很大建树的。如果说在理论翻译方面，他主要得力于冯雪峰的帮助，那么，在扶持创作、绍介外国文学和美术作品方面，主要的助手，就是柔石。

1928年4月，柔石飘零到上海，困厄中改完了旧作《旧时代之死》，寄希望于鲁迅的帮助。他寄给鲁迅看。不出所望，鲁迅称之为"优秀之作"，并推荐给北新书局于1929年出版了。从此柔石以困厄之身依傍在大树旁。1928年9月，他搬到鲁迅原来居住的闸北景云里23号，与鲁迅住的景云里18号斜向相对，成为紧邻，他们的来往十分方便，也十分密切。不久（1928年底），柔石与友人崔真吾、王方仁筹议创办文艺刊物，商之鲁迅，得到热情的支持，议定五股集资，崔、王各出一股，柔石一股由鲁迅垫，鲁迅又为许广平加一股，连同他自己的一

_____

① 《南腔北调集·为了忘却的记念》。

股，他出资占全部的五分之三：这实际上主要是由鲁迅资助的。他们组织的文艺团体叫朝华社（亦作朝花社），这名字优美而含义甚深，创办者愿它像朝花一样鲜艳美丽，将结佳果。他们创办了一个文艺周刊叫《朝华》（即《朝花》），主要是发表文艺创作和评论，并输入东欧和北欧这些为一般人所轻忽的国家民族的文学；特别是选用版画作插图，介绍国外美术作品。《朝华》周刊共出二十期，于1929年6月改为《朝花旬刊》，共出十二期。同时，朝花社还出版了美术丛刊《艺苑朝华》，专门介绍外国艺术作品，以供艺术学子参考。这是为中国革命艺术以及文学输入新的营养，以滋育它的生长。《艺苑朝华》出了一期一至五辑，即《近代木刻选集》一、二集，《路谷虹儿画选》、《比亚兹莱画选》和《新俄画选》。这些画集、木刻集，对于当时正在初创期的新兴木刻，对于新艺术的发展，都起到了很好的作用，借鉴这些异国艺苑里的作品的技法，对青年艺术家、木刻家的成长是一个很大的帮助。他们预定出版的还有《法国插画选集》、《英国插画选集》、《俄国插画选集》、《近代木刻选集》（三）、《希腊瓶花选集》、《近代木刻选集》（四）、《罗丹雕刻选集》，可惜这些都未能出成。筹划这些艺苑花朵的移植，显然是出于鲁迅的主张，他一向重视书籍的插图以及封面设计，这不仅对于书籍是一种美化，而且增加了内容的丰厚，足以更吸引读者阅读的兴趣和理解书的内容，并且可以促进美术事业的发展。得柔石之助，鲁迅乃得惨淡经营，出版了五辑画册。这在他来说，是一桩不大不小的事业，也是一件足慰平生之事。在出版印刷的具体事务方面，如跑印刷厂、联系制图、校对等，都是柔石在张罗。

鲁迅和柔石还以朝华社的名义编辑介绍东北欧文艺作品的《近代世界短篇小说集》，已出的有《奇剑及其它》和《在沙漠上及其它》。

1929年1月，柔石受鲁迅委托接编原由鲁迅主编的《语丝》，他在鲁迅的帮助指导下，贯彻鲁迅一直坚持的方针：注重社会批评、文明批评，注意培养新进作家，扶植刚健清新的文艺，"要催促新的产生，对于有害于新的旧物，则竭力加以排击"①；以后，左联成立，柔石为执委、常委，任编辑部主任，又先后同鲁迅主持或支持了左联的刊物《萌芽月刊》、《拓荒者》、《大众文艺》和《世界文化》等。

① 《三闲集·我和〈语丝〉的始终》。

从1928年底到1931年初的短短两年多一点的时间里，鲁迅和柔石等编辑了三种刊物，出版了译作和画集七种。这还是他们基本上以朝华社的名义所做的工作，此外他们还做了其他事情，还从事其他的实际工作和译著——鲁迅写了大量杂文，柔石创作了多篇小说；因此，仅从朝华社这一部分成绩来看，在当时的艰困条件下，能够做到这样，确实是难能可贵，很为可观的了。

朝华社是鲁迅到上海后主持创办的第一个文艺社团。他运用这个社的力量，进行了移植异域艺术之花和文艺之果的工作，对于左联的工作和左翼文艺运动都发挥了很好的作用，也为文化史、文学艺术史留下了珍贵的遗产。这些，是柔石和鲁迅一起、协助鲁迅创造的。他和鲁迅的心血凝聚在一起。

（三）

柔石像所有那些与鲁迅友好，受到鲁迅教育帮助，在鲁迅的抚育下成长的青年一样，对鲁迅怀着深沉而热烈的崇敬之情。当然，柔石比其他人更为深沉、真挚而热烈。

柔石早在1925年，就在北京大学旁听过鲁迅的课。那时，他穷愁潦倒，寄住在北京的一个公寓里，当了北大的一名旁听生。他对鲁迅的讲课非常喜欢，他有一本鲁迅讲中国小说史的讲义，一直保存着。以后，他回故乡宁海中学教书时，采用了在北大听鲁迅讲文艺理论课的参考教材日本厨川白村的《苦闷的象征》中的一章，为国文讲义。可见鲁迅的课程对他产生了思想影响。但他不像冯雪峰，当时并没有去见鲁迅。一年以后（1926年初），他难乎为继，离开了"苦闷的北京城"，回到故乡。直到1928年4月，他逃奔到上海后，才认识鲁迅。

在为朝华社的事务以及后来为左联的事务而与鲁迅联系的过程中，在同鲁迅的日常交往中，他以一颗真挚的崇敬之心，服膺鲁迅。鲁迅也十分信任他。上街办事，筹措出版事宜，编选画集、文集，编辑刊物，以及开会、会见朋友，都常有柔石陪伴。平常他常到鲁迅身旁，商量工作，讨论问题；过年时他也总是应邀，同鲁迅家人共度佳夕。在这种亲密的交往中，柔石多年来在坎坷生活中，在冷峻的人世间遭受到的苦痛忧伤的心，得到安抚与平复，他感到了导师的温情和父执般的关怀。他在日记中记下了这种亲密的情景。他述及谈论内容时，写道：

几乎从五千年前谈到五千年后，……什么都谈，文学、哲学、风俗、习惯，同回想、希望，精神是愉悦的。（1929年2月9日记）

他还写道：

鲁迅先生的慈仁的感情，滑稽的对社会的笑骂，深刻的批评，更使我快乐而增长知识。（1929年12月22日记）

柔石在这里写到了鲁迅的仁慈的感情，写到了同鲁迅的交谈使他获得的教益和愉快。这里既有情的交流，又有知识的灌输。特别是，柔石还在日记中记录了鲁迅对于他进行的做人与战斗的训诲，他写道：

鲁迅先生说：人应该学一只象。第一，皮要厚，流点血，刺激一下子，也不要紧。第二，我们强韧地慢慢地走去。我很感谢他的话，因为我的神经末稍是太灵活的象一条金鱼了。

鲁迅的这段教诲很有意义，也很有特点。许广平写信给他有时称"小白象"[①]，鲁迅本人也自比为象，1929年，他给许广平的信中，经常落款"小白象"，或画一小象。现在，鲁迅又用以教导柔石。在那个动辄杀人、动乱不已的岁月里，做一个革命者，的确要有"象"的一面：皮厚，不怕流血，能够经得起刺激，同时，还能够如大象一样强韧地，虽然慢然而坚持不懈地向前走去。同时，这教诲也是针对柔石的弱点而说的。柔石出身贫苦，在艰辛中求学、写作，在工作和奋斗中又几经挫折，风雨平生，心意常不免悲伤忧抑，在他的《二月》的主角肖涧秋身上，有所反映，他自己也有所批判。因此，柔石对于鲁迅的这种切中自己弱点的教诲，表示"很感谢"，他自检地说："我的神经末稍是太灵活的象一条金鱼了。"他接受了鲁迅的批评，心领神会，铭记在心。也许我们不妨说，他不久之后的英勇不屈，从容就义，鲁迅的这番教诲也起了作用的。

鲁迅对于柔石的帮助、培养，主要当然还是在文艺事业方面。柔石不仅在鲁迅的具体指导下从事文艺刊物和画册、书籍的编辑及左联的工

---

① 许广平在《欣慰的纪念·鲁迅先生与海婴》中，写道："林语堂先生似乎有一篇文章写过鲁迅先生在中国的难能可贵，誉之为'白象'。因为象多是灰色，遇到一只白的，就为一些国家所宝贵珍视了。这个典故，我曾经偷用过，叫他是'小白象'，在《两地书》中的替以外国字称呼的其中之一就是。"

作，而且在鲁迅的指导、帮助下从事文学创作和翻译。前面说到，他的《旧时代之死》就是在鲁迅的支持推荐下得到出版的。从此之后，他结束了暗中摸索、多年碰壁的创作生涯，而正式走上以文艺为武器，参加民族解放斗争的道路，走上文艺战士的道路。柔石是当时得到鲁迅扶持、在鲁迅直接关怀下成长的众多青年作家中，最突出的一个。在《旧时代之死》出版后，他还在从事编辑等工作之外，着力创作，如鲁迅所说："他躲在寓里弄文学，也创作，也翻译。"①他的作品，先后发表于《奔流》《朝花旬刊》《大众文艺》《语丝》《春潮》等刊物，他创作了《三姊妹》《二月》等中篇小说，还有多篇剧本、短篇小说、随笔以及诗歌等，还有不少翻译作品。在这一年多的时间里，他的成绩这样丰厚，可见他何等勤奋。同时，这同鲁迅的鼓励与支持也是分不开的。

鲁迅所写《柔石作〈二月〉小引》，是对柔石的巨大鼓励和深刻帮助。在这篇短小的序跋类的文评佳作中，鲁迅以散文笔调，剖析了作品和作品中的人物思想性格，并由此涉及作家本人。鲁迅概括了作品中描写的蛛网般的旧社会，如何"在寻求安静的青年的眼中，却化为不安的大苦痛"；他分析了肖涧秋这个人物，在时代的浪涛中，既不是勇毅的弄潮儿，又不是站在山岗上"和飞沫不相干"的人物，而是"衣履尚整，徘徊海滨的人"，因此他"一溅水花，便觉得有所沾湿，狼狈起来"。不是跟随时代大齿轮转动的小齿轮，而是"外来的一粒石子"，所以压了几下，就给挤跑了，但幸而没有被辗碎，"变成润泽齿轮的油"。为什么会这样呢？这是怎样的一个人物呢？这原因就在他是一个稍有地位而又不满现实的矛盾着的人物，"他极想有为，怀着热爱"，但是，"又有所顾惜，过于矜持"，所以就变成这样了。鲁迅深刻地指出，这是"胃弱禁食"的表现。鲁迅的这番分析，是非常深刻地切中肖涧秋这个小说中的人物的；而同时，对把自己的经历与感受投影于肖某人身上的现实中人物柔石，也有针砭的作用。鲁迅说，明敏的读者能从读这个作品时的"诧异或同感"中，"照见自己的姿态"。他说，"那实在是很有意义的"。但我们也不妨说，小说作者本人，是也在书中照见了自己的姿态的；这本身有自我批判的意思，"这是很有意义的"；而鲁迅的针砭，使作品的不足和问题之所在，都明白了。这对小说作者的创作是一

---

① 《南腔北调集·为了忘却的记念》。

种帮助，同时，对他的思想也是一种很好的帮助。当然，这更加是"很有意义的"。

鲁迅就是这样从生活、工作、创作、思想、事业等各方面，帮助了柔石，培养了柔石，使他成长。鲁迅在柔石等左联五烈士牺牲后，称颂他们是中国无产阶级革命文学的前驱。这是很确当的。而这前驱，正是在他这位伟大的先驱和主将的培育下成长起来的。

（四）

鲁迅对于柔石以及全体左联五烈士的惨遭杀害，是极为悲痛的。他在《为了忘却的记念》中，追忆这件事时说道：

> 不是年青的为年老的写记念，而在这三十年中，却使我目睹许多青年的血，层层淤积起来，将我埋得不能呼吸，我只能用这样的笔墨，写几句文章，算是从泥土中挖一个小孔，自己延口残喘，这是怎样的世界呢。

鲁迅在这里说"在这三十年中"，那就是由此时（1931年）上推30年，即1901年，那还是辛亥革命的酝酿期。鲁迅把柔石等烈士的牺牲同几十年来为国捐躯的年青烈士们都连起来了，可见他的悲痛之深沉。他还慨叹"这是怎样的世界"，感叹自己被青年志士的血埋得不能呼吸了。这沉重的压抑，更增加了他的痛苦。这种痛苦都是由柔石和他的同志们的牺牲联想起来的。由于鲁迅悼念着柔石，并且遥想柔石的两眼失明的母亲还在望儿归来，更为难过。而且由于曾经一时风声甚紧，鲁迅出外避祸，社会上谣传他也被捕，他的母亲也为之饮泣。他在悼诗中便写出了"梦里依稀慈母泪"的句子，这可以说是写柔石之母，也是写他自己的母亲，而如果不做太实的解析，这诗句也含着他的长者之心的泪吧。

鲁迅之泪，是为失去了柔石这位好学生、好战友和好助手而洒，也是为"中国失掉了很好的青年"而洒。不仅为一己之情，而且为阶级、为民族、为祖国而痛惜。当他为刘和珍之牺牲而洒泪后，他更直面惨淡的人生，奋然而前行了；现在，他为柔石之死而洒泪后，也同样更激发起对敌人的仇恨，对革命事业的更坚定的献身。这是柔石最后给予先生的奉献。这奉献是痛苦的，但是很有力量。"怒向刀丛觅小诗"，这便是一句概括性的、诗的语言的宣誓。

柔石从1928年9月与鲁迅正式结识，至1931年2月7日英勇牺牲，与鲁迅交往时间实际是很短的，仅仅两年多时间，然而他给鲁迅的印象是深刻的，他们的友谊是深沉的，他给鲁迅的影响也是很大的。《为了忘却的记念》以"为了忘却"为题，然而却以"即使不是我，将来总会有记起他们，再说他们的时候的"作结。这就是说，想要忘却，然而不能忘却，不会忘却。这忆念是悠久而深沉的。可见柔石对鲁迅影响之深沉悠久。这里有痛苦，但更有力量。

三、学生、助手、战友，旗帜与擎旗人
——论鲁迅与冯雪峰

鲁迅与冯雪峰，这是鲁迅研究者谈论得最多的题目之一。这是应该的。冯雪峰是在鲁迅最后十年处于战斗的辉煌时期和思想更向上跃进时期的忠诚的学生、亲密的战友和得力的助手。在这个重要的时期，他曾经以重要的身份，在鲁迅身旁战斗和工作，给了鲁迅帮助和推动，起了不可忽视的作用。那时，鲁迅身旁有两位学生、助手与战友，他们对乃师同样敬重、尊崇、恳挚而忠诚，也同样为鲁迅所喜爱和重视。师生怡怡，战友情深。他们是柔石和雪峰。然而柔石与雪峰不同。他过早地被杀害了，过早地离开了他所崇敬的师长，他的岗位由雪峰替补了，他的深情由雪峰弥补了。冯雪峰亲聆鲁迅教诲的时间比柔石要长得多，他协助鲁迅所作的工作也更多，他活动的范围也比柔石要宽广得多。因此，其作用也重要得多。

（一）

冯雪峰首先是以学生对师长的崇敬去接近鲁迅，请求他的帮助与指教的，这种学生的尊崇之情，他保持终身。然而冯雪峰又是接受党所交给的任务去接触鲁迅的共产党的负责干部，也是党在文化战线特别是文艺战线上的组织委派的党与鲁迅的联络员。公与私、党的重托与个人的工作、党的工作与文学活动，交融在一起。无论从哪方面讲，冯雪峰都把任务完成得很好。他在多方面给了鲁迅影响，这种影响在鲁迅后期的战斗和思想上都起到了值得注意的作用。当然，雪峰自己，也从导师和

先生那里，获取到更多的帮助、指导和教诲，这也是滋润他的思想、品德、人格以至党性的甘露。这种战友之情与师生之谊交融的情状，不仅是中国文坛的历久弥新的佳话，而且是中国文学史上的明丽的篇章。

早在1926年夏秋之交，当鲁迅行将离京南下的时候，作为北京大学的一个旁听生听过鲁迅讲课的冯雪峰，便曾经去拜访过鲁迅，但谈话不多。以后不久，冯雪峰又曾寄译稿请鲁迅校改，但也未曾继续联系①。以后，鲁迅由广州而上海；雪峰在北京加入中国共产党后，也南下归故里义乌，后又到上海。这时期曾先后给鲁迅写信联系事情和请教②，但都未曾建立友谊。直到1928年12月9日，冯雪峰在定居上海之后，去拜谒了鲁迅，他们才建立了经常联系，并且从此结下了深厚的情谊。在从1929年初起到1933年11月冯雪峰离沪去江西苏区止的4年时间里，冯雪峰与鲁迅往来密切，过从频繁。冯雪峰回忆说：

> 大概过了两个月，柔石替我在他附近找到了房子，于是到鲁迅先生那里去的次数也多起来，谈的话也更多，常常谈一两个钟头，以至三四个钟头，大都在晚上。③

许广平的回忆，更为详细：

> 和某某社（指未名社——引者）保持相当友谊，曾在北平旁听过先生讲书的青年F（指冯雪峰——引者），后来在闸北和先生住

---

① 冯雪峰回忆说："我第一次去见鲁迅先生是1926年8月5日傍晚，在北京他家，为的是请他介绍北新书局出一个小刊物(当时同潘漠华、姚蓬子等人想搞一个小刊物)；他说李小峰恐怕不想再出刊物了吧，我就告辞了。所以很快就告辞，大概是知道他正在准备离京，怕他忙，不敢多打扰的缘故。"(《冯雪峰致包子衍的信》，《新文学史料》1979年第四辑)鲁迅1926年8月5日日记："晚冯君来，不知其名。"
冯雪峰在致包子衍信中还回忆说："在这前后，鲁迅先生为我校改过一篇译文（日本森鸥外的短篇小说《花子》，译者署名画室），是我投给《未名》半月刊，由李霁野他们送去校改的……。"

② 冯雪峰在致包子衍信中回忆说："1928年7月19日写信给鲁迅先生记不得为什么事，那时我还在上海。……可能是水沫书店托我写信，……。1928年9月26日的信是问他的一篇杂文中的一个字的解释（记得是问'绯红'究竟是怎样一种红）的，那时我在义乌中学教书，选《华盖集续编》中一篇杂文作教材。"《鲁迅日记》1928年7月19日日记："晚北新书局送来……冯雪峰信，……晚复冯雪峰信。"同年9月26日记："下午……得冯雪峰信，晚复。"

③ 冯雪峰：《回忆鲁迅》，第8页。

在同里，而对门即见，每天夜饭后，他在晒台一看，如果先生处没有客人，他就过来谈天。他为人颇硬气，主见甚深，很活动，也很用功，研究社会科学，时向先生质疑问难，甚为相得。[1]

在这个鲁迅处于半秘密状态的生活时期，像冯雪峰这样接近，几乎每晚见面长谈的，在朋友中，恐怕只有冯雪峰一人。1933年11月，冯雪峰离沪。两年多以后，他在参加长征到达陕北之后，于1936年4月奉党中央之命回到上海，先在鲁迅家住了两周多，以后移居周建人家，直到10月鲁迅逝世。在这半年时间里，他们更是来往密切，冯雪峰称之为"1936年我和他非常接近的那五六个月"[2]。在当时，能够这样同鲁迅"非常接近"的友人，恐怕也是只有冯雪峰一人。当然，这种亲密决不是形式上的、表面的关系，而是具有充实的思想和工作内容的。唯其有后者，才能有关系上的如此接近和密切。同样，正因为既有思想、工作上的充实的内容，又具有日常接近的条件，因此，他们的友谊也就深沉，互相的影响也就经常而且有实际的内涵。

在他们这种接近中，首先是彼此消除了对于对方的误解。冯雪峰在此次会见鲁迅之前，由于听到别人的议论和自己在北京大学课堂上得来的印象，对鲁迅产生了一种误解：认为"他是一个很矛盾的人"，他"确实非常热情，然而确实有些所谓冷得可怕呵！""我看见他号召青年起来反抗一切旧势力和一切权威，并且自己就愿意先为青年斩除荆棘，受了一切创伤也不灰心，可是我觉得他又好象蔑视一切，对一切人都怀有疑虑和敌意，仿佛青年也是他的敌人，就是他自己也是他的敌人似的。"[3]因此，他认为鲁迅是一个很难接近的人。而另一方面，在1928年的5月，在创造社对鲁迅展开攻击与批判的时候，冯雪峰在《无轨列车》杂志上发表了《革命与知识阶级》一文，文中一方面批评创造社对于鲁迅的攻击，"在革命的现阶段的态度上既是可不必"，而他们的攻击方法，"还含有别的危险性"。对于鲁迅，他则认为在他的"言行里完全找不出诋毁整个的革命的痕迹来"，他认为"鲁迅是理性主义者，不是社会主义者"，他"继续与封建势力斗争，……同时他常常反顾人道主

① 许广平：《欣慰的纪念》，第66—67页。
② 冯雪峰：《回忆鲁迅》，第112页。
③ 同上书，第5页。

义"。①这篇文章的态度和论点大不同于创造社那时对于鲁迅的"双重的反革命"的判词，对于鲁迅的战斗，肯定其继续反封建的意义，但认为他留恋着过去的东西，仍然不是社会主义者。这种态度和论点虽然与创造社有原则区别，但在鲁迅看来，却不那么简单。他并不了解文章作者的情况，而且从他自己的经历中体会到，在论争中常常有一种人貌似公正却偏袒一方，这是一种巧妙的策略。因此鲁迅仍有疑虑，而且反感。他看了冯雪峰的这篇文章之后对柔石说："这个人，大概也是创造社一派！"这种误解，反映了当时对于鲁迅普遍的不认识、不能作出正确判断的状况，也反映了革命文学阵营内部还在互相了解、调整关系的过程中。经过柔石向双方作了解释，误会的情绪缓和之后，冯雪峰终于在柔石的引领下去见了鲁迅。于是，他们很快就接近起来，误解冰释，情谊日增。

在几年的时间里，他们紧邻而居，共同编书编刊物、从事文艺斗争、领导左联活动，日必见面，倾心促膝，有时竟夜而谈。除了工作的亲密，他们之间的感情也是亲近融洽，互相关怀的。雪峰对于鲁迅怀着无比亲爱的热情。为了鲁迅的安全，雪峰向组织建议，不让鲁迅参加左联会议，而由他去请示汇报。当鲁迅遭到通缉或因白色恐怖严重，出走避难时，雪峰精心照顾关怀，并不避艰难，甚至冒着生命危险去看望鲁迅，为他保持与外界的联系，继续战斗②。当鲁迅在1936年下半年身体日差，不时生病时，冯雪峰为之延医治疗，并与史沫特莱、茅盾、许广平等共同商讨治疗方案。在鲁迅生病，遭到托派的攻击、文艺界纷争的骚扰，心情不悦，思想郁闷时，能够陪侍在侧、感情上给予抚慰的是许广平，而能够商讨倾谈问题，思想上给予慰藉的则是冯雪峰。鲁迅生日，冯雪峰全家与鲁迅全家同餐共祝，冯雪峰送鲁迅万年笔一支，为了使鲁迅夜间写作能够光照更好，冯雪峰买台灯一盏相送。对此，鲁迅日记中有记载，许广平更有较详的记述③。鲁迅对于学生与助手的冯雪峰

---

① 冯雪峰：《鲁迅的文学道路》。

② 鲁迅因参加"自由运动大同盟"和"左联"而遭到国民党反动派通缉后，避居内山书店20多天，冯雪峰平均两天去看望一次。

③ 许广平在《我怕》中记述道："那个办公用的桌灯，是一个前进的老朋友，节衣缩食特地买好送来的，说是不伤害眼力，便于夜里写作，尤其预约他能在这亮光之下，好好地写出一本东西来。"（见《鲁迅先生纪念集》）

也是眷眷之心深沉，爱护之意感人。当他避难期间，怕牵连及之，日记上雪峰的名字都用代号（如文英、洛扬等），他在经济上照顾雪峰，关怀可谓无微不至①。鲁迅与雪峰两家也来往亲密。冯雪峰夫人和孩子是鲁迅家的常客，每逢年节均来共聚。雪峰去苏区，雪峰夫人何爱玉即暂居鲁迅家，鲁迅对他们关怀备至，孩子有病，鲁迅请医生来给海婴和她一同诊治。

这些日常生活的情谊，体现和凝集了深厚的革命之情、师生之谊。鲁迅当年心有所慰，许广平日后也每感情深挚地道及，冯雪峰长期来在回忆中得到鼓舞和力量的甘泉。他们为什么能如此？

这原因，在于他们有共同的目标、共同的思想基础，并且进行着共同的斗争、共同的工作。这正说明了他们师生兼朋友的情谊是建立在革命的、阶级的、原则性的、共同事业的基础之上的。这同以前和当时其他许多青年同鲁迅的情谊大不一样。他们之中有的由于思想的差异、原则问题上的分歧，而或者起初亲密后来分开（如高长虹等），或者终身交往然而止于一般友谊而无共同的斗争，最后终于决裂（如李秉中等），有的则由于来者的心术本来不正，怀着各种个人目的，或者后来改变初衷，越走越远，所以或者短期间就背离而去，或者因各种具体原因而悄然离去，友谊中断（如李小峰、韩侍桁等）。"靡克有始，鲜克有终"。只有冯雪峰这样的学生与战友，由于基础的广大与牢固，才能成为真正的、长久的学生与战友。在鲁迅与冯雪峰的这种关系中，反映了他们两人的思想和品性。只是因为他们彼此都以争取民族自由、争取人民解放，推翻反动统治、建立人民国家为己任，并且为此愿意奉献自己的一切，只是他们都为了这个伟大而崇高的目的而以文艺为武器，英勇无畏战斗不息，并且由于存在这个大前提并由此产生他们的思想志趣、

① 包子衍《〈鲁迅日记〉札记》："当时雪峰为革命工作奔走，忙得连译稿、作文的时间也没有，生活上很困难，所以鲁迅总是在经济上对他进行帮助。如1929年7月20日：'晚……雪峰来，假以稿费卅。'又如同年10月14日：'夜……付雪峰校对费五十。'这是作为《文艺与批评》一书校勘的报酬支付的，但雪峰不肯接受，第二天就来信辞谢，'并还泉五十'。然而鲁迅于夜仍坚持'以泉交雪峰'。这还、付校对费的记录，反映了多么真挚的同志间的感情！"（第235页）雪峰曾经讲过一个《日记》上佚记的故事："1933年夏秋间，雪峰为筹备远东反战会议，每日奔波联系工作。鲁迅知道了，以为这样太辛苦了，而且乘坐公共车辆容易被特务盯梢，就拿出一百元钱来，嘱他以出租汽车代步。"（第235-236页）

见解、性格、作风等方面的某些一致，所以，他们才能虽是两辈人，作为师生，仍然这样亲密投契、这样天长地久。——鲁迅的生命的最后几个月，同冯雪峰的关系的亲密，达到他们两人交往史中的最高期，冯雪峰是当时鲁迅战友与助手中的最亲近者；直到鲁迅逝世，冯雪峰代表党，也支持和帮助他的亲人许广平，主持、掌握了丧事的进行。对鲁迅和冯雪峰来说，都可说是有始有终。在鲁迅逝世后，直到自己逝世时，即从1936年到1975年的40年间，冯雪峰历经沧桑，遭受打击，沉冤莫伸，身陷逆境，而且与鲁迅的关系问题，包括他们的交往与友谊、他的宣传与研究、他的著作与讲话，他对鲁迅的挚爱与崇敬，也一时成为他遭受批判与谴责的内容之一。但是任凭风浪起，冯雪峰赤诚一片，坚持到底，对鲁迅爱戴、崇敬以及认识与研究，都不仅保持了最初的纯真与诚挚，而且更纯净、更扎实、更高也更深刻了。从他来说，对于鲁迅，也真正是有始有终。

冯雪峰这种对鲁迅的感情，当然饱含着他自己的深情挚意，就像鲁迅对他一样；但是，这又不仅仅是一种私情。这里包含、溶解，蕴藏了他对于革命、人民、民族，对于革命文艺事业，对于祖国新兴文化的深沉丰厚的感情。他把这些凝集于对于鲁迅的爱戴与崇敬之中了，因为鲁迅正是这一切的一位伟大的代表。在这一点上，冯雪峰又正是一代又一代对于鲁迅怀着爱戴崇敬之情，学习、宣传、研究鲁迅的教学工作者、作家、理论家、学者以及广大群众的出色的代表。其中许多人从他的论著中吸取了知识与力量，不少人从他获得了直接的帮助（从资料到见解、从学风到品格）。这一点，我们只要看看他给薛绥之、朱正、包子衍、陈则光等同志的信和他们写的那些回忆文章，便可得知和想见了。

鲁迅曾经把翻译马克思主义文艺理论著作比作如同普罗米修斯窃天火给人间或是偷运军火给起义的奴隶，他说他的窃火是为了煮自己的肉，也为了由他而救正别人；偷运军火，当然是为了推动革命的发展。这个比喻是非常恰当而具有原则意义的。输入马克思主义的文艺理论著作，包括翻译马克思主义经典作家的论著，马克思主义文艺理论家如普列汉诺夫、拉法格等的文艺理论著作以及当时苏联的文艺政策等，都是中国马克思文艺理论的拓荒工作、基础工作，是当时革命文艺运动和文艺理论建设的带根本性的工作，鲁迅在这方面筚路蓝缕的艰苦创业和所作的坚实的建树，是我国现代文学史上的丰碑。在鲁迅从事这件重要工作的过程中，冯雪峰是他的主要助手。冯雪峰在上海由柔石带领初访鲁迅，就是为了请教翻译中遇到的具体问题[①]。他们的共同事业与友谊，便从这里开始。在此之前，鲁迅已经注意到冯雪峰的翻译工作，曾对柔石谈起雪峰译过他自己当时正在翻译的苏联的《文艺政策》，还译过日本升曙梦的关于苏联的文学、演剧与舞蹈的小册子，鲁迅认为"这种介绍对于中国文艺界是有好处的"。不久，他们的第一次合作，即译印《科学的艺术论丛书》便开始了。他们制定了一个不大不小的计划，要把当时一些马克思主义文艺理论家的主要论著翻译过来，以消中国文艺界的"荒寒"，以补左翼文艺界在理论上的空乏，在原订计划的16种中，鲁迅承担了3种：普列汉诺夫的《艺术论》、卢那卡尔斯基的《文艺与批评》和俄共（布）中央的《文艺政策》。

鲁迅对于这件工作，是站在很高的角度来看的。冯雪峰曾经这样回顾说：

就如他对于马克思列宁主义及其文艺理论，开头确实采取了客观研究的态度，但他很快就进到宣传它、为它在中国的胜利而奋斗的态度，而不是停在单单研究的态度上了。这种时候，他的姿态，是一个工农大众的革命的启蒙主义者的姿态。他翻译那些马克思主义的文艺理论，一面有自己学习的用意，一面很清楚地当作一种必要的任务，因此，几次说道："我们是有工作可做的。"或者说："这是我们应该做的工作，责无旁贷！……难道应该推给现在连读书认字都难的工农大众来做么？"于是也就批评到空读主义者，说："这些事，'革命文学家'却不做，也许以为不屑做！……原因是，翻译也是苦事情，究竟没有说空话那么省力。"有时更明白地说："启蒙工作在现在是更需要的。……知识分子，别的事做不

---

① 冯雪峰《回忆鲁迅》："在一个晚上，我第一次去见他，就是带了书去求教的。我记得带了一本日本杂志去，其中有德国蔡特金或别的人关于知识分子问题的译文，有几处附有德文原文，我看不懂，因为鲁迅先生懂德文，我就去问他。同时也带了我正在翻译的普列汉诺夫的《艺术与社会生活》的日本藏原惟人的译本去，问了几个我疑惑的地方。"

了，翻译介绍是总做得到的，这也是任务！"①

鲁迅在这里阐明了这件工作的重大的、原则性的、迫切的意义，明确指出了左翼文艺领导方面的无可旁贷的责任，批评了轻视这件工作的"革命文学家"的错误态度。鲁迅的这种精神一直贯穿在他的全部文艺理论的翻译工作中，这也是他与冯雪峰共同的认识和意愿。他们的合作便是在这种思想认识的基础上进行的。在这件工作的进行上，鲁迅自然是起决定作用的。但是，他也得到了冯雪峰的重要的帮助，庆幸得到这样一个重要的助手。在这个丛书的选题、取材、组织翻译、校对，以及处理联系出版、印刷、发行等具体事宜上，冯雪峰都付出了辛劳和心血，也给了鲁迅许多帮助。有的，在鲁迅的日记中或在序跋中略有记载。如鲁迅在《文艺与批评》（卢那卡尔斯基著）的《附记》中说：

> 至于我的译文，则因为匆忙和疏忽，加以体力不济，谬误和遗漏之处也颇多。这首先要感谢雪峰君。他于校勘时，先就给我改正了不少的脱误。

1930年鲁迅译的苏联的《文艺政策》出版时，他又在《〈文艺政策〉后记》中写道：

> 第一，雪峰当编定时，曾给我对比原译，订正了几个错误；第二，他又将所译冈泽秀虎的《以理论为中心的俄国无产阶级文学发达史》附在卷末，并将有些字面改从我的译例，使总览之后，于这《文艺政策》的来源去脉，更得分明。这两点，至少是值得特行声叙的。

在当时的条件下，鲁迅得到这样的协助，也是很为不易的，这对于在紧张战斗中从事多种著译的鲁迅来说，是难能可贵的帮助。因此，他以师长之身，而在文字中对于自己的学生表示公开的诚挚的谢意。这对于雪峰来说，当然，是一种肯定和鼓励。

但是，雪峰对于鲁迅的帮助远不止于此。作为学生、助手和战友，他对鲁迅的更重要的帮助，是为鲁迅整理讲话稿、起草文稿和作为鲁迅文稿的第一个读者，在整理文稿、阐发观点、考虑政策、修正提法、堵

---

① 冯雪峰：《回忆鲁迅》，第39页。

漏补罅等方面所做的可贵的工作。鲁迅的重要讲话稿、后来成为左联实际上的思想纲领和重要文献的《对左翼作家联盟的意见》，便是冯雪峰主动为之整理成文的①。他在这件工作上发挥了积极性、主动性以至创造性，只是由于他的主动工作，记录了鲁迅当时的讲话又综合前此的谈话，使成一全面性的文件，拿去发表，才产生了这篇重要讲稿。它在当时左联的工作方向与方针上，在左翼文学运动的开展上，以及后来对于中国革命文艺运动的发展，对于培育后辈文学艺术家来说，都发挥了巨大的作用。在这里凝集了冯雪峰的心血，也记录了他的功劳。

据现在所知，冯雪峰代鲁迅拟稿的文章或经冯雪峰建议为鲁迅接受做了补充修改的文章计有七篇。这有几种情形。《答徐懋庸并关于抗日统一战线问题》、《答托洛斯基派的信》和《论现在我们的文学运动》（以上诸文均见《且介亭杂文末编》）等文都是冯雪峰根据鲁迅的谈话代为拟稿的，答徐信是冯雪峰主动拟了初稿为鲁迅接受再加修改而成的。另一种情形则是冯雪峰读了原稿提出意见，鲁迅接受后做了修改的。如《上海文艺之一瞥》（1931年8月，见《二心集》）发表时有一段肯定创造社提倡革命文学的话，是雪峰所加，鲁迅接受了雪峰的意见，在编集时保留原意又做了较大的修改补充。《论"第三种人"》（1932年10月，见《南腔北调集》）一文，结尾处的引"第三种人"杜衡的话"怎么办呢？"作结，这结尾便是雪峰所加，意在贯彻争取、团结政策的意图。《辱骂和恐吓决不是战斗》（1932年12月，载《文学月报》第1卷5、6合期）一文，则是冯雪峰首先提出意见并提议鲁迅写的。再一种情形是，如鲁迅的最后作品《半夏小集》和《死》那样，在一些地方，冯雪

---

① 冯雪峰1973年9月11日致薛绥之函说："鲁迅先生在左联成立大会上的讲话，当天，没有布置做记录，因为在秘密环境中开会。我个人当天也没有做记录，这是过了三、四天后我凭记忆追记的，其中有些话在大会上来说过，是他平日谈话时说的，鲁迅先生同意补充进去，于是也就插记进去。鲁迅先生自己看过，改过几个地方。"（《新文学史料》1979年第5辑）。

又，陈早春同志补记说："据冯雪峰与朋友私下交谈时说：他之所以想起要把鲁迅的讲演记录补缀成文发表，是因为当时一些与会的'左联'成员，不能理解鲁迅讲演中的思想，有的甚至还有抵触情绪，说什么'老头子'还是过去那一套，又在'发老脾气了'。他记录并加补缀的文章，鲁迅过目后同意了，并添加了一些文字，如其中的'峨冠博带'、'汉官威仪'等就是鲁迅的用语。冯雪峰说：'这类古汉语中的语汇和有古籍出处的典故，那时我是不会用的。'"（《鲁迅研究文丛（3）·平生风义兼师友》）

峰提出意见，被鲁迅接受做了修改。如《半夏小集》（一）中，把"优待"改为"提拔"；《死》中，在关于自己死后的几条交代中，第一条不得因丧事"收受任何人的一文钱"，接受雪峰的意见加了"但老朋友的，不在此例"，在第五条孩子长大倘无才能决不能去做文学家或美术家一句前，加了"空头"一个限制词。

从以上几例可以看到，冯雪峰对于鲁迅的写作所起的作用，不仅仅是表面上的、字句上的一般斟酌，而是实质性的内容的确定、组织、推敲与修改。像答徐懋庸信等三篇文章以及批判芸生的诗的信，都是经过雪峰的提议或主动拟稿，而后由鲁迅写稿或审阅修改定稿的。这里固然主要的是鲁迅的意见，但既有冯雪峰平时对鲁迅言谈的注意听取、吸收和体会，又有他的组织、整理，其中当然也有他的一定的阐述与发挥。这也应该看作学生对于老师的帮助。冯雪峰的意见中，重要的一点是对于战斗上的政策与策略的考虑。这种属于实际政治范畴的问题，鲁迅的确有时不一定考虑得那么周到细致。这不是水平问题，而是作为作家，对于某种思想观点的批驳，或是对于某些问题的处理，有时感情所至，文笔随之，未必总是从处理实际问题的角度去考虑。他写的是文章，究竟不是组织处理实际问题的意见或文件指示之类。这本无妨大体，也无可厚非。但是，冯雪峰在这方面提醒，做一些原则性的堵漏补罅的工作，还是有意义、有价值的，这使鲁迅的文章更为完满。如在《论现在我们的文学运动》和《答托洛斯基派的信》中写到关于体现当时党的抗日民族统一战线政策的内容；在答徐懋庸信中由于考虑到革命文学阵营内部的团结问题而写上的段落[①]，等等，都是很重要的。

这些，既表现了冯雪峰对于鲁迅在思想上、政治上和写作上的帮助，因而也就是他对鲁迅的影响；而且，又体现了他们两人之间的一种崇高的情谊和他们的可贵品质。作为学生，冯雪峰对于自己的先生不是唯唯诺诺，更不是奉承阿谀、既无自己的见解又不肯"拂逆"先生的意

---

① 在代鲁迅草拟的《答徐懋庸并关于抗日统一战线问题》一文中，他写上了这样一段话："这口号，也不是我一个人的'标新立异'，是几个人大家经过一番商议，茅盾先生就是参加商议的一个。郭沫若先生远在日本，被侦探监视着，连去信商问也不方便。"他说，他之所以这样做，是想让当时革命文艺界的三巨头及他们各自影响下的青年文艺工作者，都能消除成见，结束内讧。（陈早春：《平生风义兼师友——记鲁迅冯雪峰交往中的几个片段》，《鲁迅研究文丛》第3期）

见，而是既尊重先生、悉心领会他的思想见解，所以能在需要时为先生代笔，又能独立思考、抒己之见、改先生之意。而鲁迅对于学生则能虚心听取意见，接受建议，修改补充自己的意见。这对于一位威望成就都极高的作家来说，也同样是难能可贵的。同时，在这些文章书信的写作中，我们也具体地看到，一位伟大的革命家、思想家、文学家，是怎样既培育着广大的青年后辈，又从他们吸取知识、见解，听取意见，接受影响，来丰富自己、发展自己的。就像长江大河既以自己的洪波巨浪灌输给支流，又从万千毛渠细水汇集水流。

（三）

冯雪峰对鲁迅的影响，更重要的还在他作为鲁迅与党联系的中介所发生的重要作用。冯雪峰从1931年起，先后担任中国左翼作家联盟的党团书记、中共上海局文化工作委员会书记、中共江苏省委宣传部长等重要职务，而且都是与文化、文艺界发生紧密联系的工作。从党的工作来讲，鲁迅自然是党在文化界、文艺界以至整个政治斗争中都必须团结的对象，并且要取得他的支持、帮助；从鲁迅讲，在1927年以后，尤其是左联成立之后，更特别是在1931年九一八事变以后，一步步从思想上更靠近党，更自觉地服从党的总体斗争的需要，担负起对于左联的思想上和文学斗争上的领导责任，因此日益迫切地需要了解党的总路线、总政策和在文化战线、文艺战线上的方针，了解其他有关开展斗争的实际情况、工作状况和斗争策略等，这样，从两方面讲都需要加强联系，并且要能做到及时、周到。尤其在秘密工作的条件下，在白色恐怖日益加剧的情况下，更是如此。而冯雪峰，正是符合这种要求的最合适人选。因为他的工作性质宜于做这种工作，他又是作家、翻译家，既是鲁迅的紧邻，又正在同鲁迅一起从事文艺理论丛书的翻译。这样，党的工作部署、党的意图，直到党的路线、方针、政策的传达和据此而采取的工作计划与步骤的商定、实际工作的进行等，都很方便地由雪峰来进行了。特别是1936年4月，冯雪峰从陕北来到上海，任务就是找到鲁迅并通过他重新建立起上海党组织同党中央的联系，他到沪后又担任上海中共办事处副主任的要职。这时，他更负有向鲁迅传达、阐释党的政策的重任。

在这种作为"联系中介"的整个活动中，冯雪峰在四个方面发挥了重要的作用，对鲁迅产生了重要的影响。

首先，加深鲁迅对于党的具体认识与了解。当然，从理论上、从中国革命的实践上，鲁迅对共产主义和中国共产党是有充分的、深刻的认识的，在这个时期，他也已经成为马克思主义者了。但是，鲁迅究竟没有参加党，对于党的活动方式，党的组织状况，党在一个时期、一个阶段的具体斗争目标和策略，并不能完全地了解，而必须通过一定中介去掌握。而掌握这些，对于他自身的战斗和他对于左翼文学以至文化运动的领导，都是十分必要的。正是冯雪峰在从1929年到1933年这个民族斗争、阶级斗争、思想文化斗争都极为尖锐、激烈、复杂的时期，特别是1936年上半年国内政治形势、民族斗争形势和党的政策都发生重大转变的时期，根据党的指示和要求，运用自己的身份、条件和才能，很好地完成了这个工作任务。在鲁迅与党的关系上，不仅一般地起到了桥梁的作用、联络员的作用，而且沟通了党与鲁迅在政治上、思想上的关系，既比较全面准确地传达、宣传、解释了党的路线、方针、政策，又根据这种总的精神，结合鲁迅的斗争实际和思想实际，为鲁迅解决了对一些问题不够了解以及由此产生的疑虑。同时，在文化、文艺战线上，他既了解、掌握、转达了鲁迅的关于斗争策略、关于开展左翼文艺运动的原则意见，又对鲁迅由于某些误解或由于文艺界某些领导人做法上的不当而引起的不快以至愤懑情绪，进行了有效的说服和平息工作。另一方面，对党在文艺界某些领导人和当时的所谓"鲁迅派"双方的一些不恰当的做法、宗派主义情绪，也既做沟通、说服工作，又进行了适当的批评、抵制。这些，都是日常的、具体的、有些看似琐细的工作，但在当时秘密工作的条件下，往往具有原则的意义，解决不好，足以引起不利于斗争的摩擦、纷争，以至抵消自身力量的后果；而且因此会要影响到鲁迅的思想情绪。因此，冯雪峰的工作是很有意义，发挥了很好作用的。

冯雪峰的这种中介作用，还表现在接通鲁迅同党的一些重要领导人的关系上。如介绍瞿秋白同鲁迅见面并在一段时间中担当他们之间的联络员的工作；通知和陪同鲁迅与当时党的主要负责人李立三谈话，转达鲁迅要求并引领陈赓会见鲁迅，以及帮助成仿吾通过鲁迅接通组织关系并转入鄂豫皖苏区等。所有这些，当然都具有重要的实际工作意义；同时，对于鲁迅接触这些重要的共产党人，并通过他们了解党，也都有重要意义，尤其是鲁迅与瞿秋白的结识，对于鲁迅后期思想的发展，其意义更为重大。

冯雪峰最主要的中介作用，还在于他是鲁迅的思想交谈者。他们经常长谈，特别是在1936年鲁迅生命的最后几个月，他们的这种思想交谈更为频繁、广泛、深入。因此这个时期可以说是鲁迅与冯雪峰交往的新的时期，性质上有大的变化的时期。这种交谈，主题和内容都很广泛和深入，涉及中国的历史、民族、社会、国民性、各阶级人民、哲学、美学、文学、艺术、外国的思想文化和文学艺术等，然而，这样丰富广泛的内容又都基本上是围绕着一个"主旋律"的，这就是中国革命问题，即中华民族的复兴和中国人民的解放问题以及与之相结合的中国革命文学的发展与建设问题。这种思想交谈具有几重意义和作用。"酒逢知己千杯少"，冯雪峰作为鲁迅的学生、助手、晚辈兼战友，能够经常地进行这种思想交谈，说明他确实是一个鲁迅能够和愿意与之对话的知己。从冯雪峰的《回忆鲁迅》中的记录来看，他们师生之间的交谈，那情景是非常热烈而融洽的。怡怡之情、洽洽之欢，跃然纸上。这是一种心的交流、感情的融汇。在鲁迅当时的半秘密生活条件下，社会活动和交往既很艰险又很少的情况下，能够得到这样一位投契的经常的思想交谈者当然是不容易的，也是鲁迅生活中的一件很感快慰之事。但更重要的是，人的思想通过语言表达出来后，就比在意识活动中，更清晰、更条理、更明确，也"物质"化了，这"谈"的过程，也就是一种梳理加工和具体化的过程。同时，也是使思想由于连类而及和触类旁通地拓展、延伸和深化的过程。这也就是思想发展和深化的过程。如果没有投契的交谈者，这就不可能发生。冯雪峰作为鲁迅的思想交谈者的作用，也就表现在这里。

当然，冯雪峰这位交谈者，又不是一个普通的思想交谈者，他不是一个只能"嗯、哦、呵"地应声的谈话者，他也不是一个只能听、不能谈的"接受器"。相反，第一，他是一个文化素养上有相当水平的青年作家、文艺理论家和翻译家；第二，尤其是他正担当着左翼文艺运动的领导工作；第三，更重要的是他是党的一名负责工作人员，了解更多的政治形势、实际的政治斗争知识、党的路线、方针、政策、策略。这样，在知识、工作状况、政治、理论等几个方面，他都能同鲁迅接得上话，能够有来有往。因此，他作为鲁迅的思想交谈者，又更有一重要意义，就是他能够启发、"刺激"鲁迅去发挥自己的思想，在有些鲁迅未曾经历、未曾见到、未曾了解的情况、知识和问题上，更能对鲁迅发挥这种作用，这有时是一种启发帮助作用。像冯雪峰在《回忆鲁迅》中写到的他向鲁迅介绍红军反围剿的浴血战斗、红军的英勇无畏、红军的发展、农村革命的深入与苏区农村的变化，特别是农民生活和阶级地位、思想的变化，苏区思想文化教育的工作，红军的长征，以及党和毛泽东的正确战略思想，等等，这一切自然都是鲁迅见所未见、闻所未闻的新鲜事物，对于他是具有重要意义的。鲁迅正是从这中间去了解党，了解中国革命、武装斗争以至民族的出路、前途、社会主义革命等问题，并凭此深化、发展自己的思想。冯雪峰在《回忆鲁迅》的《思想上又有新的发展的征象》之一、之二两节中，对此有具体、生动的记述。从中可以看到，鲁迅通过对于党、红军、毛泽东的领导等的具体了解，引起了对中国革命的战略、策略、前途、依靠力量等问题的深思和新的感受与结论、新的思想上的发展。比如他具体谈到对于革命需要军队、需要正确领导的感受与认识，如何对待流血问题（这个问题是鲁迅长期地一贯地思考的革命与历史的主题之一）的感受与认识。他还曾拿他亲身参加过的辛亥革命来和共产党领导的人民革命比较，他说："光复会非失败不可，可以说连能够称得上政纲的政纲都没有！""我可是就属于光复会的。……我们那时候，实在简单得很！"冯雪峰在回忆及此时还注明说："这种回顾，也是由于谈到我党的事情所引起的。"[①]

以上所述，还只是最后时期（1936年）的情形。在此之前，即从1930年到1933年期间，鲁迅同雪峰也曾经就上述的一些革命、社会、历史、革命文艺等广泛的问题，结合着当时的情况，作过畅快的倾心交谈。这时期，鲁迅的谈话在内容上则更偏重于总结自己的前后期思想的变化和变化的内涵，总结自己的战斗、评论革命文学阵营内部的问题，以及如何发展革命文学的力量等问题。

萧红在《回忆鲁迅先生》中，关于冯雪峰有一段非常生动、真实、引人的回忆，写到了冯雪峰，也写到了雪峰与鲁迅。从中我们可以窥见一点鲁迅能够从雪峰那里得到一种他未能见闻到的见闻、知识，这对他

---

① 冯雪峰：《回忆鲁迅》，第151页。

是有用处的①，对丰富、发展他的思想和提供写作素材，都能起到一定的作用。当然，这里也反映了鲁迅对雪峰的一种厚爱的感情。

无论是前一时期或是最后时期，这些谈话涉及的内容，都是同鲁迅自己的思想情绪紧密结合着的，带有总结思想的性质，常常是谈客观，又连及主观，由主观又论及客观，这是一种思想很开阔、很活跃又很真诚实在的思想交谈。因此，无论是在整理总结自己的思想方面，在由雪峰介绍的情况、引起的话题、诱以旁及和深思的启发等方面，对鲁迅的推动以及说话的过程本身，还是在讲述鲁迅未曾见闻的情况方面，冯雪峰作为鲁迅的思想交谈者，都是发挥了很好的推动、启发、帮助作用的。这也可以说是冯雪峰的一桩功绩。

当然，冯雪峰作为一个作家、党的负责干部，具有相当政治和文化素养的对话者，也并不仅仅是受动的，也不仅是起到触动、启发作用，而且，他也比较了解鲁迅的战斗的思想的经历，掌握他的思想脉搏、基本见解，因此能比较充分地领会鲁迅的思想、观点、见解，并且在一些具体问题上，能有一定的补充、订正、发挥。这种情形，在他主动和创造性地整理《对左翼作家联盟的意见》，代拟《答托洛斯基派的信》、《现在我们的文学运动》和答徐懋庸信等三篇文章上，很好地表现出来

---

① 萧红《回忆鲁迅先生》：

"一个礼拜六的晚上，在二楼上鲁迅先生的卧室里摆好了饭，围着桌子坐满了人。……在桌子边坐着一个很瘦的很高的穿着中国小背心的人，鲁迅先生介绍说：

'这是一位同乡，是商人。'

初看似乎对的，穿着中国裤子，头发剃得很短，当吃饭时，他还让人酒，也给我倒一盅，态度很活泼，不大像个商人；等吃完了饭，又说到《伪自由书》及《二心集》。这个商人，开明得很，在中国不常见。……下一次是在楼下客厅后的方桌上吃晚饭……那位先生也能喝酒，酒瓶子就站在他的旁边。他说蒙古人什么样，苗人什么样，从西藏经过时，那西藏女人见了男人近她，她就如何如何。

这个商人可真怪，怎么专门走地方，而不做买卖？并且鲁迅先生的书他也全读过，一开口这个一开口那个，并且海婴叫他×先生，我一听那字就明白他是谁了。……

有一天晚上×先生从三楼下来……他说他要搬了。他告了辞，许先生送他下楼去了。这时候周先生在地板上绕了两个圈子。问我说：

'你看他到底是商人吗？'

'是的。'我说。

鲁迅先生很有意思的在地板上走几步，而后向我说：

'他是贩卖私货的商人，是贩卖精神上的……'

×先生走过二万五千里回来的。"

了。这同样应该看作冯雪峰的一桩功绩。

（四）

冯雪峰作为鲁迅研究家，鲁迅著作的整理、注释、出版的专家和组织者、领导者，是有独特地位和独特作用的。他在鲁迅逝世之后，在宣传、学习、普及、研究和捍卫鲁迅上，在几个重要的方面，发挥了很大的、独特的作用。这是冯雪峰作为鲁迅精神继承者的一个重要表现，是他对于鲁迅尽到他的学生、助手和战友的职责的很重要的方面，也可以说是他对鲁迅、对鲁迅研究、对中国文学艺术事业和思想文化事业的一个重要的贡献。这也是他的功绩之一面。

冯雪峰在这方面的贡献，首先是他提供了大量关于鲁迅的可信的、可贵的第一手历史资料。这些资料集中在这样一些著作和材料中：《回忆鲁迅》，"文化大革命"时期所写的有关鲁迅与20世纪30年代文艺纷争的"交待材料"、证明材料，在有关座谈会上的谈话，以及给薛绥之、朱正、包子衍等的信件（都是回答他们提出的有关鲁迅生平史实，著作背景及有关人物、事件的问题的）。这些资料都非常宝贵，为学习鲁迅与研究鲁迅提供了重要依据，向来为鲁迅研究工作者所十分重视和珍爱。这些资料，涉及鲁迅思想、生平，文学和政治活动，30年代文艺和政治的斗争、左翼文艺运动的情况，鲁迅后期某些重要作品的写作背景，关于鲁迅书信、日记中某些重要人物、事件和情况的资料，等等。在这些资料中，有些材料是别人不可能提供的，比如关于与雪峰直接有关而又涉及30年代重要问题、事件的材料，便是如此。冯雪峰提供的重要历史资料还有一个很大的特点：关于鲁迅思想发展和关于鲁迅与之有关的重大事件（如左联成立、两个口号争论、复徐懋庸信等）、重要人物（如瞿秋白、李立三、陈赓等）这两方面的材料，比较集中、比较突出、比较鲜明而具有说服力。这是冯雪峰区别于另两位提供可贵研究材料的作者（许广平和许寿裳）的地方。因而也是优于他们的地方。更可贵的是，冯雪峰所提供的材料，不仅比较丰富、翔实，而且比较准确可靠，体现了马克思主义者的实事求是精神和共产党人坚定的原则性。他既无吹嘘之心、掠美之意（相反倒是在一些问题上因避嫌而不说或谈得不够）①，也不人云亦云、随声附和，更不随风跑、随着政治气候的变化而变化自己的观点以至去"改造"客观事实；为保护自己打击别人而歪曲事实的事情更是没有。这也表现了冯雪峰的党性和品格。他虽谈到他为鲁迅拟稿、建议修改词句等方面，却没有一点吹嘘自己的地方，他在关于自己奉党中央之命，身负重任到上海与鲁迅联系以及此后的一系列重大政治活动和工作中的情况，都是经得起别人回忆的印证、时间与事实的考验的。他在十年内乱那个浩劫中，在复杂的、极不正常的形势下的作为，是十分可贵而表现了崇高的品质的。

　　作为鲁迅研究专家，他是在别人正猛烈攻击鲁迅，他却能采取正确态度对之的人。1928年所写的《革命与知识阶级》，虽然他后来严格地作了自我批评，指出了其中的错误②，但是，在写作当时，在鲁迅遭到创造社、太阳社等的错误的围剿中，当鲁迅被非常错误地判定为"封建阶级的余孽"，甚至是"法西斯蒂"，是"双重的反革命"的时候，冯雪峰却能批评创造社的错误，肯定鲁迅的革命性，并且肯定在从"五四"到"五卅"期间，鲁迅是知识分子中"不遗余力地攻击传统的思想"，"做工做得最好的"，又肯定鲁迅"到了现在"（1928年）"做的工作是继续与封建势力斗争"。这在当时是十分难能可贵的。而且，这篇文章基本上以马克思主义思想、方法，论述了当时在革命中的知识分子和鲁迅，在认识上、理论上是具有一定水平的，是当时的许多同类文章中，至今仍能基本站得住的不多的论文之一。以后，又有《讽刺文学与社会改革》和《关于鲁迅在文学上的地位》两篇作品，也都是在鲁迅逝世前，能够比较正确地认识、评价鲁迅的思想与作品的文章。前一篇文章，从对讽刺与讽刺文学的论述中，肯定了讽刺文学在破坏旧社会和建

---

① 见《平生风义兼师友》，载《鲁迅研究文丛》第三辑。
② 冯雪峰在《回忆鲁迅》中谈到这篇文章时曾经指出：

　　"那篇东西发表后不久，我就感到了其中的错误，尤其讨厌在语气上所表现的我那种'象煞有介事'的轻浮的态度。后来……觉得我过去的理解不但浅薄，而且武断；同时也开始有些觉得，我是很受了某些机械论者的文艺观点的影响的。

　　……例如我也机械地把鲁迅先生派定为所谓'同路人'，……。

　　……我只是消极地辩护，却并没有真的认识中国社会和中国革命，于是也没有认识鲁迅先生对革命的作用。我的错误在基本上是和那时创造社相同的，……不同的，只在于创造社是攻击鲁迅先生，说他'不革命'，甚至'反革命'；我则替鲁迅先生辩护，说他只是不革命，但对革命却是无害的。……"

设新世界上的积极的作用，论证了鲁迅的讽刺文学——杂文的思想的、文学的价值，从而批驳了对于鲁迅的所谓"不满现状的"攻击、对于他的讽刺作品的贬低和谴责，因此捍卫了鲁迅。这在1930年对于杂文和鲁迅的攻击都甚嚣尘上的时候，是很有意义的。文章最后总括地指出：

> 这样，讽刺文学者，总结起来，是运用讽刺这有力的文学手法的，政治的文学，换句话说，是最尖利的阶级斗争的文学之一。它以破坏和否定旧社会（"现状"）为其直接的任务，同时间接地演着扶长新的社会的任务；换句话说，就是以破坏和否定旧的阶级为直接的任务，而间接地帮助新的阶级底成长。[①]

这段文字既是对于讽刺文学的性质、作用的很好的论证，又是对于鲁迅和他的杂文作品的很好的论证。

《关于鲁迅在文学上的地位》是1936年7月受鲁迅的委托为鲁迅短篇小说的捷克译本写的序言。在这篇不长的文章中，既论述了鲁迅的特殊价值和他的杂文意义，也论述了鲁迅思想作品的民族的和国际的渊源，他指出：

> 但他的十余本杂感集，对于中国社会与文化，比十余卷的长篇巨制也许更有价值，实际上是更为大众所重视。这就是在现代中国，鲁迅作为一个伟大的革命写实主义作家的特点。他的杂感，将不仅在中国文学史和文范里为独特的奇花，也为世界文学中少有的宝贵的奇花。[②]

他还指出：

> 在文学者的人格与人事关系的一点上，鲁迅是和中国文学史上的壮烈不朽的屈原、陶潜、杜甫等，连成一个精神上的系统。这些大诗人，都是有着伟大的人格和深刻的社会热情的人，鲁迅在思想上当然是新的、不同的，但作为一个中国文学者，在对于社会的热情，及其不屈不挠的精神，显示了中国民族与文化的可尊敬的一方

---

① 冯雪峰：《鲁迅的文学道路》，第11页。

② 同上书，第14页。

面，鲁迅是继承了他们的一脉的。[1]

他还指出了鲁迅在文学上受欧洲特别是俄国的近代写实主义的影响，"如果戈理、契珂夫、科罗连珂、安德列夫诸人的作品"[2]。这篇提纲式的短论对鲁迅的思想与作品作了比较全面、深刻、富有特点的论证。这在当时还有许多人对鲁迅不能正确认识，不能正确理解，以及对他的短小的杂文在现实斗争上和历史上、文学史上的巨大意义和作用，也缺乏足够认识的时候，是很有价值的；今天也还依旧保存着它的理论的和认识的价值。

全国解放后，冯雪峰关于鲁迅研究的论文写得更多了，认识也更深刻、更高了。随着全国性的对鲁迅学习、宣传、研究的活动和工作广泛和深入地发展，冯雪峰的鲁迅研究论著也更向深广发展，而且在这个对于我国当代思想文化和文学艺术的发展具有重大意义的工作中，他起到了引领和推动的作用，他的有关论著是鲁迅研究中的上乘之作，属于对广大读者学习鲁迅、了解鲁迅最有帮助的那部分作品之中。他对鲁迅的研究论著，主要有四个方面，即关于鲁迅的思想的系统研究、关于鲁迅的文学道路的研究、关于鲁迅主要作品的分析研究、关于鲁迅的生平史料的研究。在这四部分的研究中，他都有较高的和独到的成就。

在思想研究方面，他的论著的特出成就是系统和深刻。他的《鲁迅生平及其思想发展梗概》（1951年9月）比较全面、系统、深刻地论述了鲁迅思想的发展历程，特别是把中国革命的发展同鲁迅的思想发展结合起来，以逻辑与历史相结合的方法，论述了鲁迅思想如何发展和各个发展阶段的特点。这是继瞿秋白的《〈鲁迅杂感选集〉序言》之后，具有较高水平的一篇鲁迅研究论文，它出现于50年代初，对于全国青年和广大群众了解鲁迅的思想起到了很好的作用。他的鲁迅思想研究，结合着许多亲身经历的事实，具有生动、具体、丰富的特色，行文夹叙夹议、内容史论结合，见解深刻，是内容和形式都有独到成就的论著，受到广大读者的欢迎，为广大鲁迅研究工作者所喜爱和重视，指导了鲁迅研究的深入发展。他的《回忆鲁迅》，便是这样的出色著作之一。

在冯雪峰的鲁迅思想研究中，有几个方面的论述尤为深刻精辟。这主要有：关于鲁迅与党的关系、关于鲁迅思想上的矛盾、关于鲁迅前后

①② 冯雪峰：《鲁迅的文学道路》，第14页。

期思想的划分和其各自的特色、关于鲁迅在1936年又预示着新的思想突破，等等。在这些方面，都提供了新的材料，也都有独到的见解。他一贯坚持鲁迅是人，不是"鬼"也不是神，反对把鲁迅歪曲、诬蔑为"反革命""落伍者""心胸狭隘""名士脾气"等，但也反对把鲁迅看作神，一切皆对、一切皆纯。对于创造社、太阳社的对鲁迅的错误批判、第三种人等的攻击以及国民党反动文人、记者的诬蔑，他都给予了揭露和理论上的批驳。在"文革"期间，出现了一些歪曲鲁迅形象的鲁迅传记、鲁迅故事，他说："这个鲁迅我不认识。"①他充分地论证了中国革命的发展如何决定了鲁迅思想变化的路径。他用具体生动的事实，论证了鲁迅同中国共产党的关系，论证了党如何给了鲁迅力量、希望、信心，鲁迅又如何热爱党、帮助党。他在关于鲁迅前后期思想的划分和变化的论述中，提供了许多生动、具体、活泼的思想和事例，说明鲁迅的思想实际；他更以同样感人的事实，论证了鲁迅在逝世前，面临着思想的新发展。

冯雪峰关于鲁迅的思想在1936年面临新的发展阶段的论述，是很可贵的。他在《回忆鲁迅》中指出，鲁迅在逝世前几个月的这一时期中，同因病而来的不愉快情绪成为鲜明对照的是，他以愉快的心情进行着一种"很深刻的新的自省"，这表明"他在要求一种新的发展"。这种新发展的主要特征和内容就是"要向……无产阶级思想，马克思列宁主义思想更深入一步"。这表现在他跟党靠得更紧，更要求注意党的实际斗争情况和具体的策略任务等，"更关心着我党，也更期待着我党"。在作品上，则表现为过去的那种缺陷，即那种"一方面是所向无敌、高视一切、充满着光明与胜利的火花"，另一方面又"总多少流露着作者的、人民的忧郁的情绪"的缺陷"差不多没有了"。"他还在更高度地要求超出时代的限制"。

冯雪峰的这种观察和见解，是很深刻、很有见地的，也符合鲁迅思想的状况。鲁迅的这种向前作新的跃进的变化，并非偶然。它含有深刻的历史内容。自从九一八事变以来，在民族灾难日益深重的情况下，中

---

① 1979年9月我在北京参加全国纪念五四运动六十周年学术讨论会，在小组讨论会上，听到钟敬文同志的发言。他说，当'文革'时期，一本鲁迅的传记出版了，他看了之后问冯雪峰："这本书对鲁迅是不是有点拔高？"冯雪峰说："他所写的这个鲁迅，我不认识。"这就是说那本传记是写了一个假鲁迅，是歪曲了鲁迅。

国人民逐步地扩展觉醒面、斗争面，深化、提高斗争意识和反抗行为，整个民族呈现出在苦难深重、斗争激烈的条件下，向前跃进的精神状态。睡狮在醒过来，在奋起。历五六年之久，人民精神大振奋，民族斗争大发展。历史的转折期来到了，新的民族的阶级的斗争浪潮来到了，暴风雨就要来临了。鲁迅用诗歌描述过这种形势，表达了他的观察、结论和信心："但见奔星劲有声"，"于无声处听惊雷"。这个民族斗争的新形势，是在中国共产党的领导下取得的。党是中国人民的核心力量、原动力、启明星。因此，作为中国人民的代言人、伟大的民族魂，反映中国革命进程的一面镜子，鲁迅的思想也就出现新的发展的征兆。它是时代的、民族的精神和历史内容的集中表现者，而它本身也是这种民族新形势的重要标志。

鲁迅逝世的第二年（1937 年），七七事变发生，全民抗战开始了，从此中国人民革命、民族解放斗争又进入一个崭新的时期。雪峰说："如果他不是很快逝世，那么，一个天才的思想家或作家的真正达到发展顶点的一般所说的晚年，在鲁迅先生是应该从这时候才开始的。"①事实正是如此。他在伟大民族革命战争开始之前，反映了这暴风雨来临之前的形势，思想上出现了新发展的征兆；那么，当暴风雨开始之后，他必然也会要真正开始新的发展了。雪峰的这些论述，反映了他与鲁迅的亲近和他观察、理解的深刻。这正是一个亲密的战友、优秀的学生和助手的最好表现。

冯雪峰在鲁迅研究上的另一个可贵的贡献，就是他对鲁迅的文学道路的系统的、独到的、深刻的论述。在这方面，冯雪峰的主要特点是：第一，他深刻、准确地论证了鲁迅文学道路的独特性及其社会、历史背景；第二，对鲁迅的杂文作了比较系统深刻的论述；第三，探讨和论证了鲁迅同民族民间文学的联系和所受外国文学特别是俄罗斯文学的影响。这三个方面，当然是鲁迅自身和鲁迅研究中的主要的问题。冯雪峰的研究成果显然对于鲁迅研究和广大人民认识和理解鲁迅及其作品具有很好的作用。

冯雪峰一开始就强调鲁迅的文学道路的基本特征是："以一个民族的社会革命者的资格去接近文学"，以文学为武器去服务于人民解放、

---

① 冯雪峰：《回忆鲁迅》，第160页。

民族复兴事业。他一直贯彻了这个基本观点，并且不断充实、提高这个观点。他论证了鲁迅一走上文学道路就是：想利用文学的利器来唤起民众，以促成民族革命；他是想要用文艺来"解放中国民众的思想"，以求得"中国民族的真正的解放"。因此，他的思想初衷使他在以文艺为思想启蒙运动手段的初始，就"远超过中国当时的思想家和革命领袖的思想"；而他的文学初衷，"就决定了他作为一个作家的态度：战斗的社会写实主义者"。[①]鲁迅坚持自己的这个崇高的目的和志向，终身不渝，并且随着中国人民解放事业的不断发展而不断提高，拳拳服膺，艰险不摧，并作出了伟大的贡献。而冯雪峰也一直认真地分析研究并论证了鲁迅的这种思想发展的过程和突出特征，直到最后论证鲁迅如何走进共产主义者队伍和进到马克思主义高度，并且在逝世前的一段时期里，正酝酿着向新的更高的思想阶段发展。冯雪峰的这些论证都不是抽象和空疏的，而是既有充实的论据又有丰富的事实，既充盈着鲁迅的生动鲜明的思想实际，又洋溢着他自己的亲切实在的体察。这是一般研究者所不曾做到也做不到的。这种特色在他早期写的关于鲁迅的思想和文学地位的文章中已经有了，在后来所写的论文和《回忆鲁迅》中更为鲜明突出。

冯雪峰的这种掌握了思想特征的鲁迅文学道路的论证，正是具体地论证了鲁迅作为伟大的思想家、革命家、文学家的三位一体的特点，他特别指出了由此产生的鲁迅的两个特色：第一，鲁迅作为艺术家是一个伟大的存在，他的地位在中国到现在为止还没有一个人比得了；第二，作为伟大的思想家和深刻的社会批评家，"在中国，在鲁迅自己，都比艺术家的地位伟大得多"。

冯雪峰还特别指出：这些，正是鲁迅的特点；而鲁迅的这个特点又是现代中国社会的特点所决定的。这一论点，冯雪峰在他的几篇主要有关鲁迅的论文中[②]，都既结合鲁迅思想本身，又结合现代中国社会的情状，并把二者结合在一起地进行了具体、生动、深刻的分析。他的这些

---

① 以上均见《鲁迅的文学道路·关于鲁迅在文学上的地位》，1936年7月。

② 这些论文主要的有《革命与知识阶级》、《关于鲁迅在文学上的地位》、《鲁迅与中国民族及文学上的鲁迅主义》、《鲁迅和俄罗斯文学的关系及鲁迅创作的独立特色》、《思想的才能和文学的才能》、《鲁迅生平及其思想发展的梗概》、《伟大的奠基者和导师》和《鲁迅的文学道路》等。这些文章写于1928年到1956年期间，现在都收集在《鲁迅的文学道路：论文集》中。

论文是他对于鲁迅的最好的学习与纪念，也是他对鲁迅研究的重要贡献。

冯雪峰还以这些关于鲁迅文学道路的基本观点，贯穿于他对鲁迅作品的分析中。这部分工作，也是冯雪峰对于宣传、学习、研究鲁迅的重要贡献。这里不一一细述他对鲁迅具体作品的分析，只是指出他在这件工作中的两个主要的特点和突出贡献。

第一，冯雪峰在对鲁迅作品的分析中，特别从总体分析上，全面地论述了鲁迅杂文的思想、艺术特征与价值、它的战斗作用、社会价值以及它产生的社会的根源和鲁迅的主观因素的决定作用。早在1936年他就肯定了鲁迅作为社会批评家的伟大地位和杂文的思想与艺术的价值，赞美它足称中国文学史和世界文学史中的独特而宝贵的奇花。他指出："杂文是鲁迅的一个更广大，也更重要的创作和战斗的领域。"[1]在鲁迅的杂文中反映了中国革命的进程，中国大众的灵魂，"充满着中国人民的光与热"[2]。冯雪峰还在多篇文章中具体论述了鲁迅杂文中的讽刺问题，指出了鲁迅讽刺的性质是："在他的深而广的发掘和博而精的观察的基础上，他对于社会阴暗面的一种最'简括'的描写和批判。"[3]这种对于鲁迅杂文中讽刺的定性分析，更深入地论证了鲁迅杂文的特征、根据和价值，也使鲁迅的讽刺的本质意义得到最根本的肯定，而批判了那种所谓"骂人""刻毒"等诬蔑。

冯雪峰对鲁迅作品的深刻的分析的第二个特点，是他特别发掘了鲁迅作品中的积极因素，它们的反抗的内核。鲁迅写了许多被剥削、被压迫的典型，落后的人们和人民群众身上的落后面，然而，冯雪峰却多次论证了在无论是阿Q还是祥林嫂以及闰土和单四嫂子身上，他们的灵魂深处都存在着不满与反抗。他指出，鲁迅不仅为这些受侮辱与受损害的弱者"提出最强烈的控诉与抗争"，而且从这些愚昧的落后者的身上和心里"痛切地表达出他们的愿望、要求和潜在力量"。他指出"阿Q始终存在着反抗性"。雪峰说，对于祥林嫂，鲁迅一面提出了悲愤的抗议，"一面又在她本人身上去寻找她自己的力量"，并指出祥林嫂的最后的怀疑，"显然又正是她对于现实的压迫势力的反抗"。雪峰还指出了鲁

---

① 冯雪峰：《鲁迅的文学道路》，第263页。

② 同上书，第105页。

③ 同上书，第267页。

迅对于单四嫂子的生活的信念和希望的描写，对于会见死去的宝儿的梦想，都是她在绝望和空虚里的挣扎、奋斗和反抗。甚至"在《离婚》中，鲁迅对粗野的爱姑的坚强的性格也予以特笔的描写"①。

冯雪峰的这些论述，表现了他对于鲁迅思想、鲁迅的创作立意和他的作品内核的深刻了解和见地。这是他的鲁迅研究的一个重要观点和重要成果，也是鲁迅研究中的值得重视的成果。

（五）

最后，我们还必须写到冯雪峰在鲁迅著作的整理、注释、出版工作上的贡献和对于后辈鲁迅研究工作者的热情真挚的扶持。

在新中国刚刚成立之时，他就提出并着手进行鲁迅著作的整理出版工作。在他的倡导下，在他最早草拟出的工作方针和计划的指导下，这一工作很快得到开展，集中了人力、建立了机构。以后这些工作一直在冯雪峰的领导和指导下进行，直到十卷本新版《鲁迅全集》的出版。后来，虽然由于客观的原因他离开了领导岗位，但是仍然一直从事鲁迅著作的收集、整理和注释工作。这是冯雪峰对于鲁迅最好的纪念，他所敬献的最好的心奠。

冯雪峰对于薛绥之、朱正、包子衍等同志在研究工作上的关心、帮助、指导，那心意与情景是十分感人的。当他处在领导岗位上时，他对一个年青的正处逆境的《鲁迅传略》的作者（朱正），给予关怀与有力支持，出版了他的著作；他在重病垂危之际，还给朱正、包子衍回信，答复他们的问题。那一封封在病榻上写出的认真、仔细、详尽回答问题的信和朱正、包子衍那两篇朴实无华然而感情真挚的追忆文章，读了都令人感奋，而且客观地反映了一个眷眷之心、拳拳之意的惩厚长者的形象。它跃然纸上，铭刻人们的心上。这是鲁迅风范犹存。显然，冯雪峰从鲁迅身上曾经得到过这种无私恳挚的关怀与帮助，他铭记在心、耳濡目染，继承下来了，又施于他的后来者。这也是他对鲁迅精神的继承。

---

① 以上引号的文句，分别见《鲁迅的文学道路》中《药》、《单四嫂子和祥林嫂》、《阿Q正传》和《鲁迅的文学道路》诸篇。

四、两代革命文化战士的情谊与合作

——论鲁迅与瞿秋白

鲁迅与他的既是同时代人而又长他一辈的章太炎，存在着师承关系，他们曾经在资产阶级民主革命时期共同为创造中国现代新文化的基础而工作、战斗过，特别是鲁迅从章太炎那里接过了文化接力棒，而又大大地前进了，在新的阶级、历史与时代的基础上，发展了国学大师的业绩。这一点，我们在本书关于鲁迅与章太炎的章节中已详细论及。这里，我们要探讨的则是鲁迅和他的同时代人而又晚他一辈的瞿秋白，共同战斗，携手工作，一起建设无产阶级文学、开创共产主义文化的基础的情况。这又是鲁迅作为伟大的文化革命旗手的一个新的发展阶段、新的成就、新的贡献。

从这种历史发展的状况和轨迹来看，也表明了鲁迅在中国新文学与新文化发展的历程上的地位、作用与贡献。

（一）

鲁迅和瞿秋白年龄相差将近20岁，他们可以说是两辈人，鲁迅在他想写而未能动笔的描写中国四代知识分子的长篇小说中，正是以章太炎一辈为长一辈，以自己同龄人上下年纪的为晚一辈，而以瞿秋白同龄人上下年纪的人们为下一辈。然而，鲁迅与瞿秋白却不仅活动于同一个时代，而且，在思想、理论、文化素养和文学的成就上，不同于他们在年龄上的差距那样"形同两辈"，这是不同于鲁迅与柔石、冯雪峰以及其他在这个年龄上下的年青朋友的关系的。因为，瞿秋白比这些青年同志在各方面都与鲁迅更接近些。有些方面，我们也许可以说，由于"所执的业不同"，战斗的经历和地位不同，瞿秋白能够补鲁迅之不足。鲁迅曾经赠瞿秋白一幅对联：

> 人生得一知己足矣，斯世当以同怀视之

而瞿秋白则以这样的话来开始了他们之间的直接的友谊交往：

> 我们是这样亲密的人，没有见面的时候就这样亲密的人。

他们彼此都用自己的语言和深挚感情，表达了那种情同手足、亲如兄弟的关系。这种关系是具有深刻的含义的，也具有重要的意义。鲁迅对于冯雪峰、柔石等同志都未如此，如冯雪峰所说，他感到鲁迅对柔石有如父与子的关系，在一定程度上，冯雪峰自己以及那时的许多青年作家，在同鲁迅的交往中，都会有这种感受。然而鲁迅对瞿秋白却不同，知己与同怀，都表示了他对于瞿秋白的尊重、敬佩，表示了他们两人之间的那种虽然年龄相殊而视为同辈的"平等"关系。

前引瞿秋白写给鲁迅的那段话，是他在同鲁迅谈翻译的信中写的，时间是 1931 年 12 月 5 日。这时他们还没有见过面。首先，他们在信上的称谓就"非同凡响"，互称"敬爱的同志"，这在当时，是郑重、尊重而又有着重大意义的。这本身便表示了他们的未见面而感情深挚亲密的关系。而且，在瞿秋白的来信中，就翻译理论和翻译实践两个方面的问题，直率地提出了意见。第一，他不同意鲁迅的为了信而宁可不顺的翻译原则，他说，他主张"翻译——除出能够介绍原本的内容给中国读者之外——还有一个很重要的作用：就是帮助我们创造出新的中国的现代言语。""这是要把新的文化的言语介绍给大众。"[①]第二，他对鲁迅翻译新近出版的苏联名著《毁灭》中的一些译笔上的问题提出了意见。鲁迅在回信中，也很率直地表示了他的意见，对于第一点，他仍不同意，说"我是至今主张'宁信而不顺'的"。而其原因有二：第一，他也同样主张翻译既要"输入新的内容，也在输入新的表现法"；第二，要将读者分为几种，看其文化修养的程度不同而定翻译上的对策。对于第二点，他接受瞿秋白的意见，尤其对于指出他把小说中的一段文字中的"人"字译为"人类"，未免有违原意，他很同意而且感谢。

这里，我们无意于也无须乎来讨论和辨明两人意见的正误问题，而只是据此说明，他们的关系是这样"平等"的，彼此都无须客气，或者有意见不提，或者意见既来就接受；同时也表明他们的友谊是这样毫无庸俗气，而是亲密无间地商量问题、讨论学术。

鲁迅对于瞿秋白的翻译水平是很信任而又器重的。当冯雪峰把瞿秋白对鲁迅在马克思主义文艺理论方面的译文的意见告诉鲁迅时，他高兴地说："我们抓住他！要他从原文多翻译这类作品！以他的俄文和中

---

① 《二心集·关于翻译的通信（并 J. K. 来信）》。

文，确是最适宜的。"以后，鲁迅有了这方面的材料，便要冯雪峰带给瞿秋白去翻译。瞿秋白翻译的那些后来收入《海上述林》中的译文，其外文原著便是鲁迅陆续供给的。鲁迅认为翻译得精确流畅的马克思主义理论著作，在当时是非常需要的。而瞿秋白译的这些论文，内容既十分重要，译笔又精确流畅，当时堪称世无匹敌，对当时我国革命文艺理论的建设起了很好的作用。

鲁迅与瞿秋白的直接的合作，正是从这种重要理论的译事上开始的。这是中国马克思主义文艺理论建设的创业期，鲁迅和瞿秋白合作所做的这一部分成绩，正是最早的一批成果，而且至今保留着学术和理论意义。瞿秋白对鲁迅的影响、推动，也首先表现在这一方面：瞿秋白在翻译原则上的见解，在翻译实践上对鲁迅所提出的意见，对鲁迅有一定影响。而他的译作供鲁迅阅读，在思想上、理论上帮助鲁迅去建立发展自己的马克思主义文艺理论体系，同时在译笔上也起到一种"范文"的作用，足供鲁迅参考。这些，应是瞿秋白对鲁迅的最早的、初步的影响和帮助。这一点，对于鲁迅是很有意义的，因为翻译在鲁迅的文学活动中占有很重要的地位；学习马克思主义文艺理论并且边学习、边建设中国的马克思主义文艺理论，又正是鲁迅当时的主要工作之一，也是他领导左联工作的主要方面。

当然，瞿秋白对鲁迅的影响和帮助，主要的最重要的还是在思想和理论方面。瞿秋白作为中国共产党的主要领导人和党的早期理论家，又作为一位很有才华的，深通俄文，熟悉俄罗斯和苏联历史、思想、文化、文学的作家，在许多重要的方面，能够帮助鲁迅、影响鲁迅。这一点，鲁迅自己是早就意识到了的，因此当他一知道瞿秋白的状况和关心文艺工作的情况之后，便一再叮嘱当时实际上是瞿秋白的联络人的冯雪峰"抓在他"。而冯雪峰也确实经常地接触瞿秋白，向他请示工作，请教有关问题，他也总是能够从瞿秋白那里得到很好的指导意见。这些意见也总是传达到鲁迅这里的。比如对于芸生的《汉奸的供状》的批判，就是如此。特别是后来瞿秋白一篇又一篇写出了一批文学论著，如《学阀万岁!》《鬼门关以外的战争》《普洛大众文艺的现实问题》《"我们"是谁?》《欧化文艺》《大众文艺的问题》《再论大众文艺答止敬》《"自由人"的文艺运动》《文艺的自由和文学家的不自由》等，这些至今保留着学术和理论价值的文学论著，在当时是十分重要的理论作品，也是别人未能企及的论著，这是中国马克思主义文艺理论创业期的丰碑。这些论著的重要的、根本的特点就是娴熟地、正确地运用马克思主义来分析研究中国"五四"以来的新文化运动，探讨它的根源、兴起、发展、成就、缺点和问题①；探讨整个运动发展的历史和规律；探讨左翼文艺运动的发展的规律和问题。在这些探讨中，提出了许多重要的见解，对当时的左翼文艺运动和进步文化运动、对马克思主义文艺理论的建设，都具有重要的意义和指导的作用；同时，在探讨中，还批判了反动复古派、资产阶级右翼以及"新月派""第三种人""自由人"等资产阶级文学流派，进行了有效的战斗。这些，在实战的意义上说，是很有现实价值的，是左翼文艺运动和进步文化运动向前发展的重要推动力；而在理论上、思想上，这批论著则帮助了、提高了左翼文艺队伍，帮助他们统一思想。其中，应该说也包括鲁迅。

在这同时，瞿秋白还写了不少文艺批评。这些评论文主要的锋芒是对着"可以转变过来又可以转变过去"的小资产阶级作家的，也对公式化概念化的创作倾向提出了中肯的评论，这些文章都写得尖锐泼辣，有理论色彩，堪称上品。其重要特色也是能够运用马克思主义来分析、探讨文艺理论和文艺创作问题。在这方面，是鲁迅所钦佩的，也是能够给他启发和帮助的。他对冯雪峰称赞说："真是皇皇大论！在国内文艺界，能够写这样论文的，现在还没有第二个人。"他还说道："何苦（按即瞿秋白）的文章，明白畅晓，是真可佩服的！"这种评语，是真诚的、恰当的，而且满含喜悦之情，它们"寓品评于赞扬"，对瞿秋白的文章既有对内容与形式上的成就的高度评价，又有对于这批文章在当时的中国文艺界的地位的估价。"还没有第二个人！"是否包括自己在内呢？可以推断，以鲁迅的谦逊和他对瞿秋白的敬佩，他是把自己也算在内，即认为自己也写不出这样的皇皇大论来的。当然，客观地来看，说鲁迅也写不出瞿秋白所写的这样的皇皇大论来，有不确切的、过分的方面；但又有其合理的一面。就总体上说，我们自然不能够这样地来推断鲁迅，认为他写不出这种皇皇大论，事实上，他在当时所写的那些重要的论文如《"硬译"与文学的阶级性》《丧家的资本家的乏走狗》《论第

---

① 瞿秋白的这些论文，具有较高的马克思主义理论水平和文学理论水平，在当时是成就最高的马克思主义论著。但是，他在论文中对于"五四"以来的文化革命和文学革命运动的成绩，估计不够，对其缺点估计过重，不无偏颇之处。

三种人》《再论第三种人》等，也都是皇皇大论，留传至今，已成为中国现代文论的经典之作了。但是，另一方面，我们又不得不看到，瞿秋白的这批论文又确实有其重大的特点，从内容到形式都是如此，也确有为鲁迅所不及的特色。这也许不能论定为"不能"，但确实是"不为"。首先，瞿秋白的论文确实写得明白畅晓，流丽跌宕，既是很严谨的论文，又具有散文的风姿，人们读起来顺畅得很，一口气读下去，明白、易懂。这一点，在风格上是大不同于鲁迅的杂文风格甚浓的理论文章的。这里并无高下之差，但是确有特色不同、收效也异之别。但是，更重要的是，瞿秋白的这些论文，是在比较深广的马克思主义理论知识的武装下写出的，其中明显地表露出他运用辩证唯物主义和历史唯物主义的理论，包括其范畴、术语与方法论，来分析、研究历史、社会、政治、经济、思想、文化等现象，从而得出相应的结论。比如在论到"五四"以来的新文化运动和文学革命时，他做过这样的鸟瞰式的理论概括：

> 中国社会生活的剧烈的变动——尤其是在最近三十年来的变动，这是现在人人都应当认识的事情。……这种剧烈的变动是什么呢？就是宗法的封建式的社会关系崩溃的过程和一种新的社会关系在殖民地式的畸形的资本主义发展的条件之下的"难产"过程。当然，这两种过程只是一件事情的两个方面，并不是互相没有关系的两件事。这两种过程之间的关系，正表现于"资本主义的畸形发展"。……这里要讲的是这种社会的巨大变动产生"新的文学"和"新的言语"的需要。宗法封建的社会关系的崩溃，使中国的文言文学和文言的本身陷落到无可挽回的死灭的道路上去。同时，资本主义式的社会关系产生了新的阶级，不论他们这些阶级之间发展着怎样的斗争，以及这种斗争怎样反映到文艺上来，他们却共同需要白话文学和所谓"白话"的"新的言语"的完全形成。[①]

这种分析，在瞿秋白的论文中比比皆是，随处可见，而且是充满在整个文章中的一种"精神"、一种"风格"。我们可以说，瞿秋白的这类文章，带有很浓郁的社会科学学术论著的色彩，而鲁迅的同类文章，则闪耀着浓烈的杂文色彩，除了感情成分在文章中的分量和作用不同外，

---

① 《瞿秋白文集·鬼门关以外的战争》。

结构、行文、语言也是多有不同的。这根本的原因，就因为瞿秋白是马克思主义理论家、党的活动家、社会科学研究者，而且他又是新一代文化人和作家；而鲁迅则是从旧文化营垒中冲杀出来的新的文化运动的主将，是从自身的斗争实践和思想经历的长期的、曲折的发展过程中，最后走到马克思主义轨道上来的，他更主要的又是一位作家，因此文字更具有文学的体态和精神。

这种理论上、政治上的大前提一致和具体分析问题的视野、角度的不同、方法上的差异和精神、风格的差别，便带来了互相协同作战、配合工作和互相补充、取长补短的可能性和条件。事实上，鲁迅从瞿秋白那里确实受到了影响、得到了帮助。首先要提到的是，通过阅读瞿秋白的这些论文，确实可以学到中国的马克思主义者、中国共产党人对于中国社会、历史、革命、思想文化等问题的一种基本观点，其总范畴与命题就是：中国的社会性质和中国共产党领导的、反帝反封建的资产阶级民主革命及其道路、途径、方针。同时，从中也可体察到贯穿于文章中的辩证唯物主义和历史唯物主义的基本观点与基本方法。比如分析问题时的阶级观点和分析社会状况的历史唯物主义的基本观点等。这些方面，瞿秋白肯定给了鲁迅深刻的影响和具体的帮助。冯雪峰回忆说："当他（指鲁迅）和秋白同志有过几次长谈之后，有时谈到了什么问题，也常常会这样说：'这问题，何苦是这样看法的，……我以为他的看法是对的。'"[1]这情景便是实际地反映了鲁迅接受瞿秋白影响的状况，并且反映了鲁迅是欣然接受这种思想上、理论上的影响并贯彻到实际行动中去的。

鲁迅与瞿秋白之间的交谈，确有意气风发、神驰宇宙之概，涉及社会、历史、政治、经济、思想、文化等广阔的领域。杨之华和许广平对此都有深情与欢快的描述。杨之华写道：

> 他们两个在一起，往往感觉夜太短。深刻的友谊的交谈，从政治到文艺，从故事到理论，从希腊到莫斯科，轻松、愉快、活泼。天亮了，彼此交换阅读写成的短作品。[2]

---

① 冯雪峰：《回忆鲁迅》，第113页。

② 杨之华：《秋白和鲁迅》，《人民日报》1949年6月18日。

许广平在回忆中写道：

> 秋白同志精通俄、英文，对中国旧文学也素有根底，加以善于运用马列主义理论，能够深刻地观察与分析问题，所以思想透辟，……。

> ……秋白同志的博学、广游，谈助之资实在不少。

> 这时，看到他们两人谈不完的话语，就象电影胶卷似地连续不断地涌现出来，实在融洽之极。更加以鲁迅对党的关怀，对马列主义的从理论到实际的体会，平时从书本上看到的，现时可以尽量倾泻于秋白同志之前而无须保留了。①

这种亲历其境者的真实的回忆，不仅写出了他们两人交谈的深情融洽的情景，而且，反映了他们在理论上、见解上的交流。瞿秋白作为最早到十月革命的故乡生活过的记者与作家，特别是中国共产党的重要领导人之一，作为党的理论家，有丰富的经历与见闻、深厚的马列主义理论修养（在当时可说属于最高水平层）、高度的文化素养，曾经写过大量分析中国社会、历史，讨论中国革命的理论文章。这些，当他同鲁迅交谈时，都成为他的尖锐、丰富、深刻的理论见解的基础和材料，鲁迅的欣喜和收获也就从中获得了。

此外，瞿秋白对鲁迅的影响还表现在关于大众文艺建设、民间文艺形式的运用和文字改革等问题上。瞿秋白与鲁迅在这时期都写了这方面的文章。瞿秋白更致力于大众文艺的提倡、民间文艺形式的改造和运用，在理论上作了深入探讨，并且在实践上作了尝试；对于汉字拉丁化他更倾力研究，写出了专门的改革方案，还随时收集资料。这些，对鲁迅都产生了影响。瞿秋白重视大众文艺。他把这个问题提到了群众的革命化问题的高度来认识和对待，他指出：中国的通俗文艺和群众的生活紧密联系着，劳动群众的宇宙观和人生观都从反动的大众文艺里得来。因此，革命文艺工作者应该以改造了的大众文艺来助长劳动群众"革命的阶级的意识的生长"。为了这个目的，他主张，革命的大众文艺"应当从用最浅近的无产阶级的普通话开始"。而且，他还在论文中提出了革命作家要在"斗争和工作过程中产生出来"，已经接触到作家的世界

---

① 许广平：《鲁迅回忆录》。

观改造的问题。这些观点对于鲁迅也产生了影响。正是在这时和以后，他写了关于旧形式的利用改造问题的文章，写了《门外文谈》这样的专著，讨论了大众文艺和旧形式的改造问题。语言文字问题，一直是鲁迅所关注的。他在为《坟》写题记和后记时都曾讲到，自己受到传统（包括思想和文字）的影响，常常苦于不能摆脱，因此在谈到语言问题时，他说："以文字论，就不必更在旧书里讨生活，却将活人的唇舌作为源泉，使文章更加接近语言，更加有生气。"又说："我以为我倘十分努力，大概也还能博采口语，来改革我的文章。"在此基础上，在同瞿秋白的交往中和读了他的文章后，受到了影响，鲁迅对于大众口头语的重视也更为加强了。至于文字改革问题，鲁迅在"五四"时期即已注意，后来更拟写《中国字体变迁史》，他也曾经一再指出，中国的难认的方块字，阻碍了人民群众的读书识字、掌握文化。这时，接触了解到瞿秋白的汉字拉丁化的主张和方案，他也热烈地赞助和支持了。他先后写了《答曹聚仁先生信》、《门外文谈》、《中国语文的新生》、《关于新文字》（以上均见《且介亭杂文》，作于1934年）。在这些文章中，他的主张同瞿秋白的意见是完全一致的。在《门外文谈》的《不必恐慌》一节中，鲁迅还写了一段文字：

> 首先是说提倡大众语文的，乃是"文艺的政治宣传员如宋阳（按即瞿秋白）之流"，本意在于造反。给戴上一顶有色帽，是极简单的反对法。不过一面也就是说，为了自己的太平，宁可中国有百分之八十的文盲。

这不仅直接地支持了瞿秋白的主张，而且明确指出了在语言文字问题上的两种政治态度的分野。

瞿秋白对于鲁迅的思想影响，最重要的还要算他对于鲁迅的思想的剖析。这件工作表现在他写的《〈鲁迅杂感选集〉序言》中。杨之华和许广平都比较详细地回忆过瞿秋白当年选编鲁迅杂感和写作这篇序言的情景，那是很为动人和令人感奋、钦佩的。瞿秋白在这个创造性的劳动中，系统地阅读了鲁迅的到当时为止的全部杂文，在研究工作的进行中，他又结合同鲁迅的心与情的交流的长叙畅谈，从了解他的活泼生动具体的现实思想，来认识、理解和剖析他的杂文；同时，可以推见，他还结合着他对于中国历史、社会、现状、思想、文化的认识、理解，结合着对于中国民主革命，特别是"五四"以来的新文化运动的认识、理解，来理解和剖析整个的鲁迅：他的思想、作品，他的战斗经历和思想历程，他的思想与艺术的特色，他在中国思想文化史上的地位，他在中国革命和中国社会中的现实地位，等等。这些，实际上都已经融汇在《序言》的论述之中了。这篇《序言》的可贵，是它最早地对鲁迅和鲁迅的杂文，作出了比较全面的、系统的和基本正确的评价。《序言》首先回答了"鲁迅是谁？"这个问题。这个问题事实上从鲁迅发表第一篇作品《狂人日记》以来就存在了，到这时候，十几年过去了，对于鲁迅或誉或毁，有过种种不同的说法。瞿秋白总结了十几年来人们认识鲁迅的过程，也总结了鲁迅十几年来战斗的和思想的历程，作出了正确的回答、正确的评价：

> 是的，鲁迅是莱谟斯，是野兽的奶汁所喂养大的，是封建宗法社会的逆子，是绅士阶级的贰臣，而同时也是一些浪漫谛克的革命家的诤友！他从他自己的道路回到了狼的怀抱。
>
> 鲁迅从进化论进到阶级论，从绅士阶级的逆子贰臣进到无产阶级和劳动群众的真正的友人，以至于战士。他是经历了辛亥革命以前直到现在的四分之一世纪的战斗，从痛苦的经验和深刻的观察之中，带着宝贵的革命传统到新的阵营里来的。他终于宣言："原先是憎恶这熟识的本阶级，毫不可惜它的溃灭，后来又由于事实的教训，以为惟新兴的无产者才有将来，却是的确的。"[1]

瞿秋白的这个结论，不是随便地或凭空地作出的。他分析了鲁迅从幼年到辛亥革命、到五四运动和大革命失败后左翼文艺运动兴起的全部过程，结合着对每一个时期中国社会的状况、中国革命和中国文化发展的状况的分析，对鲁迅的战斗、工作的性质和意义，对鲁迅的思想的发展和特征，都作了深入的正确的剖析。他首先指出，鲁迅的"士大夫家庭的败落，使他在儿童时代便混进了野孩子的群里，呼吸着小百姓的空气"。从而使他"从绅士阶级出来"，"他诅咒自己的过去"。在辛亥革命时期，他的思想基础"是尼采的'重个人非物质'的学说"。当时，尼采学说在欧洲已经是"资产阶级反动的反映"，而在中国则"反映着另

---

[1] 《〈二心集〉·序言》（《瞿秋白文集》第三卷，第997页）。

一种社会关系"，"这种发展个性，思想自由，打破传统的呼声，客观上在当时还有相当的革命意义"。他肯定和赞美鲁迅是当时"真正介绍欧洲文艺思想的第一个人"。他准确地评价了鲁迅在五四运动时期的作用和地位，指出：鲁迅不像其他新文化运动的领袖那样，想做青年的新的导师，"而诚实的愿意做一个'革命军马前卒'"，然而鲁迅的战绩和工作，却使他"的确成了'青年叛徒的领袖'"，"他的作品才成了中国新文学的第一座纪念碑"。他指出："五四"前后，鲁迅的思想"进化论和个性主义还是他的基本"。最后，他肯定了鲁迅的转变和飞跃，赞扬他已经成为无产阶级的战士。他说："我们应当向他学习，我们应当同着他前进。"

这是到《序言》产生时为止，从未有过的一篇全面、系统、精当地分析研究鲁迅思想发展历程的论文，它正是从这种分析中，得出了评价鲁迅的准确结论。

瞿秋白的这个剖析，得到了鲁迅的首肯，而且是"欣然接受"，甚以为幸的。鲁迅在谈到瞿秋白的这种分析和批评时说道："分析是对的。以前就没有人这样地批评过。"这些分析和结论，也为人们所接受，长期以来指导了对于鲁迅的思想与作品的学习、了解与研究。

值得特别提出的是，在《序言》中还高度地评价了鲁迅的杂文，站在政治的、思想的和文学的高度，给予了充分的、正确的肯定。他指出"鲁迅的杂感其实是一种'社会论文'——战斗的'阜利通'（feuilleton）"，"这里有中国思想斗争史上的宝贵的成绩，而且也为着现时的战斗"；他还分析了鲁迅杂文产生的社会历史背景和作家自身的条件，指出：

> 谁要是想一想这将近二十年的情形，他就可以懂得这种文体发生的原因。急遽的剧烈的社会斗争，使作家不能够从容的把他的思想和情感熔铸到创作里去，表现在具体的形象和典型里；同时，残酷的强暴的压力，又不容许作家的言论采取通常的形式。作家的幽默才能，就帮助他用艺术的形式来表现他的政治立场，他的深刻的对于社会的观察，他的热烈的对于民众斗争的同情。

他指出，"杂感这种文体，将要因为鲁迅而变成文艺性的论文（阜利通——feuilleton）的代名词。"它的特点是"更直接的更迅速的反应社会上的日常事变"。

这些对于鲁迅杂文的论述是对鲁迅的有力支持与肯定，同时，也是对于中国现代文学史上的这桩"公案"作出了正确的结论；肯定了杂文这种文学形式的作用、力量和地位。正如冯雪峰在回忆中所说："对于《〈鲁迅杂感选集〉序言》这篇论文，我觉得鲁迅先生确实发生了非常深刻的感激情绪的；据我了解，这不但因为秋白同志对于杂文给以正确的看法，对鲁迅先生的杂文的战斗的作用和社会价值给以应有的历史性的估计（这样的看法和评价在中国那时还是第一次），而且也因为秋白同志也分析和批评到了他的前期思想上的缺点。"[①]

瞿秋白选编鲁迅的杂感，并且写了这样一篇序言，对于鲁迅不仅是支持，而且是在思想上帮助了鲁迅。这在鲁迅的思想发展史上，在中国现代文学史上，都是值得记载的。

李何林早就在《瞿秋白同志与中国新文学》一文中指出："二十多年来评论鲁迅先生的文章，何止千篇呢？但有哪一篇文章能和秋白同志这一篇媲美呢？这是中国进步的文学界所一致承认的。"这个评价是正确的、符合实际的。这种对于鲁迅的经历、思想和作品的正确评价，深入剖析和中肯批评，说明了瞿秋白对鲁迅的深刻的了解：第一是了解他的思想与艺术，成为鲁迅的真正的"知人"；第二是了解鲁迅的思想品德，明白他是能够接受善意的批评的。在这两点上，深刻而充分地表明，瞿秋白是鲁迅的在深广意义上的真正的知己。因此鲁迅说，得到这样一个知己，"足矣"！

值得特别注意和提出的是，鲁迅得到这样一位共产党的著名领袖和著名马克思主义理论家的知己，在这个时期具有特殊意义。

1931年到1933、1934年顷，是中国革命和中国革命文学发展的一个新时期中的新的阶段；同时，也是鲁迅后期思想的一个有特色的新的阶段。四一二反革命政变之后，中国革命进入一个新的进行坚苦卓绝斗争的十年内战时期，在"八一"风暴之后，红军建立了，苏维埃区域建立了，在1931到1933、1934年顷的时期，红军与苏区都得到了发展，粉碎了敌人的第三、第四次围剿。在这个形势下，军事革命深入了，文化革命也深入并发展了。在白区，1930年实行了革命文化战线的统一，建立了左翼作家联盟。在左联的领导下，在鲁迅的率领下，革命文学在理论建设和创作实践上都有了新的发展。在这种发展形势下，需要总结经验，克服缺点，继续前进。创作实践中提出了标语口号化问题、建设大众文艺问题、作家自身的革命化问题；在理论上，一方面要同反动的和资产阶级的种种文学流派斗争，另一方面又要求建设马克思主义的文艺理论。鲁迅正是在这个时期，在这些方面从事了思想上、理论上和创作上的领导工作和各方面的斗争与建树。他自己的思想也在这时更向前发展：在理论上进行系统地研究和运用马克思主义；更自觉地向马克思主义迈进；在政治上思想上更加靠近中国共产党，成为一名共产主义的文化战士。这是一个对于革命文学和鲁迅来说都重要的发展时期。

正是在这种时候，瞿秋白出现在中国文艺战线上，出现在鲁迅身旁，参与对于左联、对于革命文学的领导工作。这就大大加强了这些方面的领导，特别是在理论方面的加强。瞿秋白同志这时期的一系列皇皇大论，成为理论上的旗帜、向敌对阵营攻战的重炮、理论建设上的重要基石和成果。同时，他对鲁迅的各方面的影响和帮助，也就鼓舞、推动和支持了鲁迅在思想理论上的重要发展。他的能够给鲁迅帮助的文学译著有这样几个部分：第一，他所翻译或译述的马克思主义文艺理论著作，如列宁论托尔斯泰的文章、在《现实》总标题下的一组马克思主义文艺论文，以及在马克思主义文艺理论的建设中作出了独立贡献的普列汉诺夫和拉法格的论文，还有介绍他们的思想论著的文章。这批译著比较系统地、正确地介绍、阐述了马克思主义文艺理论的一些基本观点。这对于鲁迅显然是提供了重要的、比较系统的读物和参考材料，对他系统地学习马克思主义文艺理论，建设中国马克思主义文艺理论，能够起到很好的作用。第二，瞿秋白自己的一系列重要的文学论文。它们是中国马克思主义文艺理论创业期的第一批最佳成果，被鲁迅称为"皇皇大论"，当时国内很少有人能够写得出。鲁迅对于这批论文的看重于此可见。这种评价正表明了鲁迅受到了这批论文的思想观点的影响。第三，属于文学史——主要是俄罗斯古典现实主义和苏联革命文艺的介绍与阐述。鲁迅向来重视这方面的研究。对俄罗斯古典文学，鲁迅在青年时代在东京留学时就很重视，以后一直重视着；对苏联文艺状况，他从20世纪20年代下半期也就开始注意研究了。现在，能够得到十分熟悉和研究过俄苏文学与文化的瞿秋白或译或作的文章，既全面系统又明白畅晓，他自然十分喜欢，从中受益。

（二）

　　当然，鲁迅对于瞿秋白也给予了帮助，发生了不可忽视的影响。首先，瞿秋白作为从政治战线、阶级斗争最前线，"撤到"文艺战线上来的一名共产主义战士，能够同鲁迅这位左翼文艺运动的主将、中国当代的文化巨人结交，并共同战斗，他当然是非常高兴，感到荣幸的。他会感觉到，这是从率领从事阶级斗争的工农大军、党的战士，从事血与火的斗争，到与文化革命主将一同率领文化大军、文艺战士从事思想与文化的斗争，这是具有重大意义的。同时，他又能够得到鲁迅的那种"知己""同怀"般的亲切深沉的友谊，深夜长叙，开怀畅谈，互相启发，彼此补充，共同写作，一起编书，直到临别依依，那情景是感人至深的。

　　特别是，这时期（1931—1933年），正是瞿秋白的政治生涯中、斗争历史中最为暗淡抑郁的时期。因为，他遭到了王明等人的"残酷斗争，无情打击"，在1931年1月召开的党的六届四中全会上，王明等对瞿秋白进行了过火的批判斗争，瞿秋白则把全部错误都承担了，从不提及共产国际当时的错误指示，而作了多次的违心的检讨，最后被撤销了一切领导职务，仅仅保留了党籍。但王明等人，长期不分配他的工作。1933年，他主动写了几篇文章，在党内刊物《斗争》上发表。这些文章是揭露国民党反动统治及其内部各派矛盾的。就是这些文章，又遭到王明路线的打击，给扣上了"右倾机会主义"的帽子，并号召对他再次进行"无情的打击"。瞿秋白不得不被迫公开发表《我对自己错误的认识》。他后来痛苦地说到这是他"政治上和政治思想上的消极时期"。因此，这时期瞿秋白的心情极为不好。他为党的事业而忧，却无权过问；他动辄得咎，打击不断。然而，他的革命的意志并未消沉，对马克思主义的信仰坚不动摇。他主动地参加了党对文艺工作的领导，并写作和翻译了几百万字的著作。

　　在这种遭到严重打击迫害的时期，他得到了一位伟大共产主义战士、文化革命巨匠鲁迅的深挚友谊，这对他来说，无疑是极感珍贵、深感温暖的。这里不是什么廉价的怜悯、浅薄的同情，而是充满着深刻的理解、思想上的相通、感情上的交流以及事业上、战斗上的合作。其中充盈着阶级的、时代的、文化的内涵。我们现在无从判断鲁迅对于当时党内斗争的情形知道多少和了解到什么程度，但以鲁迅当时的地位和广泛的社会联系，以及他同党、同瞿秋白的关系，他一定能够知道瞿秋白本人以及党内路线斗争上的大体情况。他对瞿秋白的那种诚挚深切的友谊与关怀，也许正是由于知道一点内情的大略，而采取了更为热情周全的形式。但不管是何种情况，鲁迅的友谊之泉，是确实浇灌了瞿秋白当时的孤寂、抑郁、痛苦之情的心田的。瞿秋白当时在那种艰困条件下仍能在文化、文艺工作上取得那样可观的成绩，同鲁迅的这种友情的温暖、关怀所给予的鼓舞和帮助也是分不开的。

理论是实践的总结和反映，实践的经验愈丰富、成就愈高，那么，作为总结和发挥的理论上的概括也就更丰富、更高。鲁迅的杂文的成就，也正是既帮助瞿秋白认识杂文的作用，提高对杂文的价值和社会作用的认识，又提高了、丰富了他对杂文艺术特征的总结。没有鲁迅的杂文，自然瞿秋白不可能写出《〈鲁迅杂感选集〉序言》那样的论文；没有鲁迅杂文的高度思想艺术成就、丰富深刻的思想艺术知识内涵，这篇序言也不可能作出丰富的、深刻的理论概括。这些，也就是鲁迅对于瞿秋白的帮助、瞿秋白所受鲁迅的影响了。

当时，由于现实的阶级斗争、民族斗争和文化思想斗争激烈地进行着，鲁迅和瞿秋白作为文化战线上的积极的战士和领导者，必然会在谈话中，结合着现实斗争而涉及中国的社会民族、历史、文化等方面的内容。鲁迅在这方面的素养较之瞿秋白更为全面、深刻，也更高。瞿秋白曾经对冯雪峰称赞说："鲁迅看问题实在深刻。"这种深刻的观察和见解，既发生于谈话之时，又见之于杂文之中。这些，对于瞿秋白肯定都产生了影响。

（三）

在从1931年12月到1934年1月的两年多的时间里，鲁迅与瞿秋白在文化、文艺斗争方面，进行了多方面的、非常融洽一致的、有的是非常深入的合作，取得了很好的战果和成果。这不仅是一般的文坛佳话，而且是我们文化史、文学史上的闪光的一页。首先，他们在领导左联的工作上进行了极好的合作。这又有几个方面，包括对敌斗争、对资产阶级文学流派的批判、对左联工作的开展和左联内部的思想斗争等。他们共同商讨对敌斗争的任务、目标、战略、策略，共同进行对"民族主义文学"的斗争，对"第三种人""自由人"的批判，对于左联内部的"左"倾幼稚病和宗派主义的批判以及开展文艺大众化、汉字拉丁化的讨论等。第二，他们有计划地进行了中国马克思主义文艺理论的建设工作，这包括有计划、有目的地翻译马克思主义文艺理论著作和用马克思主义观点写作的文艺理论著作；开展文艺评论工作（如对左翼作家作品的评介、对不良文学倾向的批评等）。他们共同为中国马克思主义文艺理论创建提供了基石。

第三，特别值得一写的是，他们共同拿起了杂文这个武器，进行战斗。一方面，他们两人各自写了许多揭露国民党反动派的罪恶统治、批判旧社会旧思想旧文化的杂文，鲁迅这时期写了后来收入《二心集》、《南腔北调集》、《伪自由书》、《准风月谈》和《花边文学》中的杂文；而瞿秋白所写主要的有总题为《乱弹》的一系列杂文。这些杂文，与鲁迅的杂文攻击的方向一致，思想上、艺术上的成就，足堪媲美而又各有千秋。特别是，他们在这期间，还合作写了十几篇杂文①。这些杂文不少是他们两人在一起讨论谈话中，产生了主题、交流了看法，然后由瞿秋白执笔写成文章，鲁迅阅后有时改掉标题，作个别文字修改，然后由许广平抄写后，用鲁迅的笔名发表的。这些杂文因是如此产生的，瞿秋白在写作时又尽量运用鲁迅的思想观点并有意模仿鲁迅笔法，因此同瞿秋白独自所写的收入《乱弹》中的杂文不同，而与鲁迅杂文颇类似。这是他们两人思想艺术的结晶，也是他们两人革命感情和友谊的结晶。为了纪实，也为了纪念，现在，这十二篇杂文，同时见于《鲁迅全集》和《瞿秋白文集》。这是对于他们两人个人和两人的友谊的最好的、最长久的纪念。

正因为他们两人是这样地进行合作和进行了这样的合作，我们看到他们之间的一种双重的、有重要意义的关系，并且看到这种关系的价值与意义。从政治上说，鲁迅与瞿秋白的友谊，反映了他同中国共产党的关系，同马克思主义的关系。这种关系不仅反映在他同瞿秋白的亲密感情上，而且反映在政治立场、思想感情的契合一致上，而且凝结于他们

① 这些杂文是：《关于女人》、《真假堂吉诃德》（《南腔北调集》）和《王道诗话》、《伸冤》、《曲的解放》、《迎头经》、《出卖灵魂的秘诀》、《最艺术的国家》、《内外》、《透底》、《大观园的人才》（《伪自由书》），以及《中国文与中国人》（《准风月谈》）计十二篇。

的思想与作品之中。鲁迅是把瞿秋白当作党的代表、马克思主义理论家来看待的，而他更自觉地和明确地同瞿秋白进行多方面的合作。这不是很明显地反映了他同党、同马克思主义的关系吗？至于瞿秋白的同鲁迅交往、合作，又从他这方面，反映了党对鲁迅的尊敬、看重与合作。虽然瞿秋白并非受党委派去与鲁迅共同领导文化革命斗争，但是，却是得到党组织允许的，得到党在文化界的组织的拥护的。

同时，这里也还反映了两位民族精英、两位著名作家之间的友谊与合作。而且，这又是两代人的合作。一个是封建阶级的最后一代知识分子，从旧营垒中来，又成为新文化的先驱和主将；一个是新时代的第一代知识分子，最早迎接了新世纪的曙光，成为共产主义新文化的第一批春燕中的佼佼者。他们彼此交流、互相配合，发挥各自的特长，为共产主义新文化的建立，培育了最早的幼芽。这意义，便又远远超出推动新文化发展的作用。

因此，1935 年瞿秋白血洒长汀，翌年，鲁迅病逝沪上，在一年多的短短的岁月中，两位共产主义文化战士相继离去，不能不说是中华民族的巨大损失。他们一个死于敌人的屠刀之下，一个死于积劳成疾和备受压迫的半地下生活之中，他们的命运正反映了中国新文化发展的艰辛途径和它的战斗品性。

在瞿秋白牺牲之后，鲁迅一面一再扼腕叹息、愤怒至极，他说：瞿秋白的牺牲，"这在文化上的损失，真是无可比喻"[1]又说："《现实》中的论文，……原是属于'难懂'这一类的。但译这类文章，能如史铁儿（瞿秋白的笔名）之清楚者，中国尚无第二人，单是为此，就觉得他死得可惜。"[2]并说："人给你杀掉了，但作品是杀不掉的。"另一面，便着手编印瞿秋白的文艺译著，即后来用"诸夏怀霜"社名义出版的《海上述林》。鲁迅在逝世前不久，带病校订，亲自经营，把哀思、怀念和仇恨都寄托在其中了。

瞿秋白生前写了《〈鲁迅杂感选集〉序言》，鲁迅于他死后编印了《海上述林》，这是他们彼此留下的最好的纪念；而这纪念也成为中国革命文化的珍品、文学史上的丰碑。

---

[1] 《1935 年 5 月 22 日致曹靖华》。

[2] 《1936 年 10 月 15 日致曹白》。

第六章　同辈与年轻的战友

　　这里选择了三种类型的人，作为鲁迅的朋友来评述。他们是许寿裳、茅盾和萧红。一个是同窗同辈，一个是稍年少一些的同志，一个是青年友人。其实，他们完全可以归入其他类别来介绍，但是，为了从另一个角度来观察鲁迅与他的同时代人的关系，也为了突出这几位同时代人的特点，所以单独记叙了。

　　鲁迅是重友情的。对于许寿裳，他常提及是他的终身不渝的挚友。他们青年结交，同窗共学，以后又共事于教育部，再以后虽然天各一方，但他们仍然不时见面，联系不断，友谊始终不衰。虽然许寿裳后来并没同鲁迅一道前进，始终是一位严正认真的进步学者，但是他对鲁迅的事业、理想是充分理解的，对他的战斗是支持的，对他的命运、生活也都是十分关怀的。他曾多次为鲁迅的安危忧心如焚，鲁迅曾以"挚友惊心"之语来形容。自然，鲁迅对他也是很亲切关怀的。这种友情，温暖了鲁迅的心，在政治上、道义上支持了鲁迅，在思想上也影响了鲁迅。

　　茅盾是鲁迅在20世纪30年代的亲密战友，除了战斗的亲密关系之外，他们的私谊也是较深的，而在当时的左翼作家中，能够与鲁迅在学问、地位上相若的也只有矛盾了。他们这种关系，对于鲁迅来说，也是颇有帮助的。

　　萧红是晚辈。她来自塞外北国，然而她不仅带来了东北人民的苦难情绪、反抗意愿和斗争事实，也带来了北方女姓的刚强质朴和北方的民情风俗，这一切，都是鲁迅所需要的，也都给予鲁迅欣慰和喜悦。她是鲁迅家的常客，她与许广平是密友，她们唠家常、叙故旧、一起做南方或北方式的吃食。这些也给鲁迅的家庭带来了热闹与欢乐。鲁迅从晚辈萧红那里也是得到了益处和力量的。他不只是给予。这也许可以说是他30年代"身外的青春"的一部分。

友情，本书把它单独地提出来，主要是想借此表明，鲁迅作为一位伟大的人物，不仅需要战斗、工作，需要战友，而且也是需要朋友和友情的。

一、挚友情长慰平生
——论鲁迅与许寿裳

（一）

鲁迅一向以能有许寿裳这样的青年订交、老而弥坚的终身不渝的挚友而自慰以至自豪。许广平在说到鲁迅和许寿裳的友情时曾经说过：

> 这样的友谊，从来没有改变的，真算得是耐久的朋友，在鲁迅先生的交游中，如此长久相处的，恐怕只有许先生一位了。

许广平的这番话，真实、中肯且感慨很深。在鲁迅的战斗的一生中，在他的不断发展前进的思想历程中，他越过了一批批长辈、同辈和后辈，也不断遇到利用一时、过后离去以至咒骂的名利宵小之徒，还有不少曾经共事、一同战斗，后来或相离或相远友谊消逝的人，甚或相敌对或成仇者亦有之。在这种变幻的人事中，许寿裳却始终如一，挚友情长，这确是难能可贵的，在鲁迅，亦有"得一知己足矣"的感受。

说到知己，鲁迅曾书赠瞿秋白以这样一幅对联。"人生得一知己足矣，斯世当以同怀视之。"这对联用之于瞿秋白特别合适，同时，用之于许寿裳也是合适的。当然，鲁迅与瞿秋白的关系，和他同许寿裳的关系是不相同的，有着多方面的、性质不同的区别。但是，就情谊之绵长、真挚来说，同为"知己"这一点，是无可怀疑的。许寿裳自述他同鲁迅的交往说：

> 自1902年秋至1927年夏，整整25年中，除了他在仙台，绍兴，厦门合计三年余，我在南昌（1917年冬—1920年底）三年外，晨夕相见者近20年，相知之深有如兄弟。1927年广州别后，他蛰居上海，我奔走南北，晤见虽稀，音问不绝。[1]

---

① 许寿裳：《我所认识的鲁迅·怀亡友鲁迅》。

许寿裳说明了他与鲁迅交往的亲近、绵长：在1927年以前的25年中有20年朝夕相见，其余年月，虽不能见，音问不绝。因此他指出这情谊与相知之深"有如兄弟"。他说："我和鲁迅生平有三十五年的交谊，彼此关怀，无异昆弟。"①许广平也曾经用"兄弟怡怡之情"来形容鲁许之间的挚友情谊，她还详细描述了这种亲如兄弟的怡怡之情的具体情景：

> 和许先生见面更多的时候是在上海。每逢回家路过，来回之间，必定抽出时间来看看我们，盘桓一半天。……
>
> 因为有一半天的担搁，才可以把彼此多时不见的别后离情倾诉，无论多么忙碌，许先生不大肯取消这似乎是特地留起的时间的。即或不及多谈，也大有依依不舍，兄弟怡怡之情，满面流露，且必然解释一番，再订后会。而鲁迅先生无论工作多么忙，看到许先生来，也必放下，好象把话匣子打开，滔滔不绝，间以开怀大笑，旁观者亦觉其恰意无穷的了。在谈话之间，许先生方面，因所处的环境比较平稳，没什么起伏，往往几句话就说完了。而鲁迅先生却是倾吐的，象水闸，打开了，一时收不住；又象汽水，塞去了，无法止得住；更象是久居山林了，忽然遇到可谈话的人，就不由自己似的。在许先生的同情，慰安，正义的共鸣之下，鲁迅不管是受多大的创伤，得到许先生的谈话之后，象波涛汹涌的海洋的心境，忽然平静宁帖起来了。许先生对鲁迅先生的意见，经常也是认可，接受，很少听到反驳的。②

许广平的这段描述，详细生动，亲切感人。这里所写是许寿裳所说的1927年以后，他们"兄弟"分离，在上海偶一相聚时的情景。在此之前的25年间，先是订交于1902年在日本东京弘文学院同窗共读时，结交便友情笃深，此后回国，同在杭州浙江两级师范学堂任教，辛亥革命后又同事于教育部，同住于绍兴会馆，共教于北平女师大，再后，又共事于广州中山大学，同屋而居。在这样漫长的岁月中，他们竟有20年是朝夕与共，晨昏相见的。在长期相处、交往亲密方面，即使兄弟也

---

① 许寿裳：《亡友鲁迅印象记·和我的交谊》。
② 许广平：《我所敬的许寿裳先生》。

未必如此的。事实上，鲁迅与周作人，就恰好并非如此。

因此，鲁许之间的知己手足之情，超过了一般的亲兄弟。他们从1902年订交后，到1936年鲁迅病逝沪上，前后34年，友谊不曾间断过，不曾变化过。在《鲁迅日记》中，在《鲁迅书信》中记载着，他们互赠书籍、常通音问；鲁迅逢险遇困，许寿裳必惊心焦虑，信电探问，鲁迅每有所著，必题签相赠；许寿裳子女开蒙、结婚、有病，鲁迅为之启蒙、开书单、赠礼、延医治疗。这些儿女家常之事，在几十年间，是数不胜数的。一直到鲁迅逝世，许寿裳在北平闻讯飞电，痛哭挚友之逝，翌年墓前献花，吟成《哭鲁迅墓诗》，有"丹心浩气终黄土，长夜凭谁叩晓钟"之句，大有挂剑怀友之情。这可算是从订交之始至鲁迅之终，情深谊长。此后，从1936年到1948年，12年间，许寿裳不遗余力，宣传鲁迅，歌颂鲁迅，或执笔在川蜀，或为文于台湾，既扬鲁迅之伟大思想文章，又斥敌顽之攻击污蔑，直到最后因此而遭反动派的杀害①。就许寿裳来说，从1902到1948年，46年，几近半个世纪，对挚友鲁迅，眷眷拳拳，坚贞不渝，确确实实是贯穿一生始终的了。

许寿裳之于鲁迅，最可贵而重要的，可以说正在这情深意笃、绵长坚贞的几十年如一日贯彻始终的兄弟似的情谊上。"无情未必真豪杰"，鲁迅自己便曾这样吐露过心曲，也道出了人之常情的一面，这友情，是曾经温暖了鲁迅的心的。鲁迅一生在战斗的风雨中度过，历经挫折，敌人的迫害、宵小的攻讦、友朋的误解、兄弟的分裂、婚姻的隐痛，诸多因素，给予他种种的苦痛、抑郁、愤懑、心潮的起伏、情绪的波动是常有的事。能够抚慰之者，后来有最亲密的伴侣许广平，而友朋中，就该数着许寿裳了。因为他早岁订交，同辈同窗，几十年相处，事无不可言者，情无不可诉者，而许寿裳之为人又和蔼愨厚、忠诚笃挚，因此，就自然地成为鲁迅最好的倾谈对象，能诉心曲，足慰情愫。许广平的那段生动的记述，便表明了这一点。

这是许寿裳对于鲁迅的一种影响，也是一种贡献。许广平说："鲁迅自己就很以有几个意气相投的朋友为慰"，并且批评周作人生平没有

① 许寿裳于1946年到台湾任省编译馆馆长，"二二八"台湾人民起义后，去台湾大学任教，斯时日夜赶写《亡友鲁迅印象记》中诸文，同时，做报告，办讲座，宣传鲁迅和30年代的革命文艺，因此为国民党反动派所忌恨，于1948年2月18日夜下毒手，在许寿裳的住所里将他杀害了。

几个真正的知己诤友。于此也可见鲁迅对于许寿裳这位既似兄弟、胜似兄弟的挚友和他的深情厚谊的珍爱与重视了。

然而"兄弟似的友情"也还有另一方面的意思："兄弟"足以言其亲、其绵长、其无隔阂距离；然而，思想上、志趣上以及事业上，却不一定都完全一致。鲁迅与瞿秋白、许寿裳可同称"知己""同怀"，然而其内涵却不尽相同，甚至有本质意义上的一些区别。这，根本的就是他们是老友、挚友甚至诤友，然而在革命的意义上说却不好称同志、称战友。特别是1927年以后，鲁迅与许寿裳，两地分处，不再晨夕相与，而鲁迅更跃进到共产主义者的行列中，他们虽然见面兄弟怡怡、言谈欢笑、毫无隔阂，更不必戒备，但是，他们的事业是各不相同的，他们的活动领域、战斗天地是相距甚远的。在这方面，许寿裳就远不如瞿秋白、冯雪峰、柔石他们了。许广平说到过："他和鲁迅，平时有如兄弟怡怡，十分友爱。偶或意见不合，鲁迅就会当面力争，而许先生不以为忤，仍友好如故。"[①]而鲁迅也说："季茀他们对于我的行动，尽管未必一起去做，但总是无条件地承认我所作的都对。"[②]这一方面表明了鲁迅与许寿裳之间那种彼此支持、谅解的牢固的友谊，但是另一方面也透露了他们之间是有时意见不合的，许寿裳对于鲁迅的言行事业是赞同而未必一起去做、共同战斗的。这种状况，我们只要回顾一下许寿裳的生平，就可以明了。他从1909年回国之后，在动荡不安、战祸频繁、斗争尖锐的社会环境中，生活也是颠沛流离的，但是，他基本上是在教育界工作，在阶级斗争、政治斗争的领域里，他虽然从不同流合污，总是站在维护正义、坚持真理的方面，但是却也总未投身于火与血的斗争中。终其一生，他始终是一位民主主义者，他以一位正直的教育家、一位博学悫厚的学者名世，而不是一位战士。这同鲁迅是不能相比的。

的确，许寿裳在鲁迅的几次大的斗争中，是全力支持鲁迅，与鲁迅共进退的，这一点当然是很可贵的。在女师大事件中，许寿裳与鲁迅均为支持进步学生的师长，而且当章士钊因此迫害鲁迅，将他撤职时，许寿裳（还有齐宗颐）也同上辞呈，以示支援鲁迅，反对章士钊。在广州

---

①② 许广平：《鲁迅回忆录》。

中山大学，四一二反革命政变发生后，鲁迅救助学生无效，愤而辞职，许寿裳也取共同行动。1933年，杨杏佛因民权保障同盟的活动事，遭到国民党反动当局的枪杀，鲁迅在艰危中，挺身赴葬仪，准备牺牲，而许寿裳欣然同往，得到鲁迅的感激和赞赏。所有这些，都不仅证明了许寿裳对鲁迅的深情厚谊，而且反映了许寿裳的正直不阿、主持正义的品性人格。这当然都是战斗，也都是同鲁迅一同进行的战斗。这一点是必须充分肯定的。但是，许寿裳的这些行动，从他的思想基础来看，从他整个的事业范围来看，究竟未脱出民主斗争的领域。尤其是在1927年以后的时期里，鲁迅已经实现思想的飞跃，成为共产主义者，许寿裳与他的思想差距，就更大了。总之，许寿裳是一位终身不渝的正直的民主主义的学者，鲁迅则是一位终身不断前进的由激进民主主义者进到共产主义者的伟大战士；许寿裳是热忱的爱国主义者，而鲁迅则是伟大的"民族魂"和国际主义战士。鲁迅一生以文艺为武器，同旧社会、旧制度、帝国主义和国内反动派不断斗争，而许寿裳则始终只在教育界，孜孜不倦，培育青年学子。他们的生活和战斗、事业和贡献，是有很大差距的。但是他们两人情同手足，都没有越出各自的思想与活动的领域，去迁就对方。

这里，我们丝毫没有贬低许寿裳先生的意思。事实上，如实地反映历史和事实，是不存在褒贬问题的。这里，我们只是在说明事实的基础上，探寻其中的规律性现象和了解它在鲁迅生平中的意义。

从这里我们首先可以充分地看到，鲁迅是忠于友情的。他决不是像有些人所攻击或误解的那样，多疑、好怒、执拗、不与人同、不能容人、同谁也不能善始终。事实却相反，即使像许寿裳这样一位民主主义的学者，鲁迅不仅早期、前期，同他交往频繁、亲如兄弟；就是在后期，作为一位伟大的共产主义战士，他仍然同许寿裳保持着一往情深、一如既往的兄弟般的情谊。虽然有过意见不合，他也力争，虽然许寿裳赞同其意见而不一同去干，他仍然是友情不变亦不衰，一直保持到逝世。这不仅表现了鲁迅的为人与品格，也体现了他在政治上的胸襟，这在客观上难道不正是一个共产主义者与民主主义者的兄弟般的"统一战线"关系吗？

第二，鲁迅从许寿裳那里，得到友情的温暖，受到思想感情上的影响。他的战斗言行得到许寿裳的赞助；他的种种事业，得到许寿裳的嘉许；他的著述，得到许寿裳的赞赏；他的生活，得到许寿裳的关怀；甚至他与许广平的爱情，也得到许寿裳的支持。这些，对于鲁迅来说，都是有价值、有意义、有感于心、铭记于怀的。好比感情的甘泉，始终滋润他的心田。鲁迅喜用庄子的"涸辙之鱼，相濡以沫"的故事，来比喻他在艰危的战斗生活中与同志、与朋友的互相帮助。这也同样适用于他和许寿裳的关系。在这个意义上，许寿裳与鲁迅也可以说在朋友谊之外，还有战友情的一面。

第三，的确，鲁迅与许寿裳由于思想、见解、事业等方面的不同，在有关国家民族的大是非上，在一些原则性的问题上，以至日常生活和人事上的事情上，都会有一些不同的看法。这一点，在鲁迅的书信中即有反映。如章太炎逝世后，许寿裳曾写《纪念先师章太炎先生》一文悼念。文中引用了章太炎早年文章中所宣扬的以佛教来"增进国民之道德"，以及"以勇猛无畏治怯懦心，以头陀净行治浮华心，以惟我独尊治猥贼心，以力诚诳语治诈伪心"等，鲁迅看了，便在给许寿裳的信中明确表示："兄所为文，甚以为佳，所未敢苟同者，惟在欲以佛法救中国耳。"[①]在这里，虽然只是寥寥数语，然而却涉及一个救国救民的根本道理问题。此时，作为共产主义者的鲁迅自然是明确只有通过革命手段推翻反动统治建立无产阶级专政，才能解决中国的问题，因此，他对于挚友的佛法救中国的糊涂思想是决不能同意的，于是便在信中指出，毫不含糊。许广平也并不隐讳这种"兄弟"争执的情况，她在为许寿裳的《亡友鲁迅印象记》写读后记时，便直白地写出：

> 他们两位是知交，个性却大不相同。闲尝体察，他们在侃侃畅谈的时候，也会见解略异。首先必是鲁迅先生绷起面孔沉默着。但过不多时，彼此又水乳交融，毫无隔阂地谈起来了。

他们争论的是什么问题，我们已不得而知了，从许广平记述的情况看，不会是琐细小事，否则鲁迅大概不会绷起面孔来吧。但是，即使是大是大非，他们也还是存异而求同的。

他们这种状况说明了什么呢？它告诉我们，这两位情同手足的朋友，在世界观、人生观以及政见等方面，肯定是不完全相同的，然而他

---

① 《1936年9月25日致许寿裳》。

们各自都没有越出自己的范围、没有放弃各自的操守，而是求同存异地相处几十年。这不仅说明，他们曾经互相影响和帮助，也说明彼此没有想要去强迫对方，使他完全同自己一致起来。这在中国传统道德中的交友之道来说，是可以的，向来存在的；但从我们研究他们之间的友情和这种友情的作用范围来看，则从中得到一个答案：对于鲁迅的思想发展，许寿裳的影响是不算大的，比之于其他交往时间更短的一些人如瞿秋白、柔石、冯雪峰等，还要小一些。当然，他的友情的关怀和温暖，对鲁迅起了帮助、慰藉和影响的作用，不仅不能抹杀，而且还要十分珍重的。

（三）

许寿裳作为鲁迅的挚友，在学习、宣传和研究鲁迅方面所发挥的作用，是十分值得重视的，不可磨灭的。他在鲁迅生前，并未写作什么关于鲁迅生平思想著作的文字，但自鲁迅逝世后，却写得不少。这些作品，主要收集在他的两本文集中，它们是：《亡友鲁迅印象记》和《我所认识的鲁迅》。许寿裳的回忆文章，是研究、学习鲁迅的有关材料中最可宝贵的一部分。他是与许广平、冯雪峰等少数几位与鲁迅亲密交往而又提供了宝贵系统资料的几位同志之一。许寿裳的回忆鲁迅的文章，有几个突出的特点：

第一，材料翔实简要，朴素无华，记述鲁迅从青年到老年、从学习到生活、从思想到著作的各个方面，都以具体的事实言之，无空话、不张扬。所以两本专著几十篇文章，都是篇幅短而内容却是充实的。

第二，正因此，他的回忆文章，信实可靠，经得起时间和事实的考验。在众多的有关鲁迅的回忆文章中，往往有些不实之词、误记之情以及虚夸浮泛的材料，但是许寿裳先生之所作，极少这种东西。他是一位严谨的学者，有实事求是之心，无哗众取宠之意。如作《鲁迅年谱》——这是最早的、第一部鲁迅年谱——他实事求是地将鲁迅与朱安结婚事写入，纵有怕许广平不悦之虑，但一方面以师长身份给学生许广平写信，请予以察谅，另一方面则坚持写上，这态度是科学的、有识见的。他并不为贤者讳，不为挚友隐，也不为学生瞒。以这种态度写回忆文字，其可靠性可想而知。

第三，许寿裳的回忆文字中，提供了不少宝贵的材料，对于了解、认识鲁迅，颇有帮助。比如，关于鲁迅早期研究国民性的问题，他如何与人讨论三个连贯性的问题[①]；关于在东京从事启蒙运动，写作《浙江潮》《河南》上所登诸文的情况；关于从章太炎学以及留学日本时期其他生平事实；关于鲁迅在女师大事件和三一八惨案中的情况、在中山大学时期的生活，以及关于鲁迅的《自题小像》等诗作的解释等，都是很宝贵的材料，向为热爱鲁迅作品的人们所喜读，常为鲁迅研究的著作所引用。

第四，作为鲁迅的挚友，许寿裳在自己的文章中对鲁迅的思想、品德、为人的描述，既绘声绘影地写出了鲁迅的形象，也写出了他自己所认识的鲁迅：他的伟大和崇高。他称赞鲁迅"身在围剿禁锢之中，为整个中华民族的解放和进步，苦战到底，决不屈服"[②]。他赞颂鲁迅是"青年的导师，五四运动的骁将，中国新文艺的开山者"，是中华民族的"文化斗士"，"又是世界的文化斗士"。[③]他描述鲁迅的人格之伟大，"说到他的人格，我们就得首先注意于各方面"：

> 他的学问的幅员是极其广博的，……他的日常生活是朴素的，始终维持着学生时代的生活。他的政治识见是特别优越，因为他观察社会实在来得深刻。[④]

他指出了鲁迅"人格的伟大和圣洁"的几个方面："一是真诚"，"二是挚爱"，"三是坚贞"，"四是勤劳"。[⑤]他还概括地写道：

> 总之，鲁迅无论求学，做事，待人，交友，都是用真诚和挚爱的态度，始终如一，凡是和他接近过的人一定会感觉到的。他的勤苦耐劳，孜孜不倦，真可以忘食，忘寒暑、忘昼夜。[⑥]

这里没有溢美之词，也没有更多的理论论述，但却以可信而突出的

---

① "鲁迅在弘文学院的时候，常常和我讨论下列三个相关的大问题：

一、怎样才是最理想的人性？

二、中国国民性中最缺乏的是什么？

三、它的病根何在？"（许寿裳：《亡友鲁迅印象记》）

② 许寿裳：《亡友鲁迅印象记·上海生活——前五年》。

③ 许寿裳：《我所认识的鲁迅》中的《鲁迅和青年》和《鲁迅的人格和思想》。

④⑤　许寿裳：《我所认识的鲁迅·鲁迅的人格和思想》。

⑥ 许寿裳：《我所认识的鲁迅·鲁迅的生活》。

事实，朴实无华地勾画了鲁迅的形象，评价了他的整个人。这些，对于我们是有帮助的。

　　许寿裳最后因为宣传鲁迅，虽受威吓而不屈，终于被反动当局杀害于台湾。这是他对于挚友鲁迅的最后血祭。这本身便是友谊深挚的最有力的证明。鲁迅以有许寿裳这样的终身不渝的知己而自豪，正说明他们莫逆之情、相知之深。

二、文坛双星：知人、知音与战友
——论鲁迅与茅盾

　　中国现代文学史上有三颗明亮的巨星：鲁迅、郭沫若、茅盾。他们交相辉映，照亮了中国现代思想文化的领空。在这三颗巨星中，鲁迅同郭沫若在开辟、创造中国现代文学的总方向、总精神上是一致的，是互相支持着前进的，鲁迅的《狂人日记》和郭沫若的《女神》，共同开辟了中国现代文学前进的道路，同样闪烁着"五四"时代精神奋发、思想解放的光芒，它们又开辟了小说与诗歌两个不同领域里的新天地。然而他们俩，终其一生，未曾见面，而且在为文学革命开辟道路的战斗中，发生过笔墨之争；但后来郭沫若对鲁迅尊崇备至，当他在抗日战争发生，"别妇抛雏"只身返回祖国时，写了一首投笔从戎诗，即步鲁迅《为了忘却的记念》（"惯于长夜过春时"）诗韵，表示鲁迅精神的感召，是他毅然回国的动力之一[1]。尔后，在重庆、在上海、在北京，无论解放前还是解放后，他都发表了不少赞颂鲁迅的思想著作人格品德的讲演和文章。虽然当鲁迅在世时，他们却既不曾谋面，也不曾直接地合作、共同作战。

　　然而茅盾却大不相同。他与鲁迅相交于中国现代文学的创业期，共同战斗于红色的30年代。他们共同战斗，互相协作，开辟了左翼文学

---

[1]　郭诗全文为："又当投笔请缨时，别妇抛雏断藕丝。去国十年余血泪，登舟三宿见旌旗。欣好残骨埋诸夏，哭吐精诚赋此诗。四万万人齐蹈厉，同心同德一戎衣。"郭沫若并加说明云：这首诗"就是鲁迅的一首旧诗的原韵。这的的确确是可以证明我在回国的当时是有鲁迅的精神把我笼罩着的。假如没有鲁迅这座精神上的灯塔，假使鲁迅不曾给过我一些鞭挞，我可能永远在日本陷没下去，说不定我今天是会在南京和周作人作伴的吧？"（郭沫若：《鲁迅和我们同在》，载《沫若文集》第13卷）

前进的道路，以辉煌的战绩占领了文学阵地，打下了坚实的革命文学的基础。茅盾作为鲁迅的知音、知人和挚友，是鲁迅在战斗中依傍的主要战友，为鲁迅所十分重视；而茅盾在认识、评论、保卫鲁迅上，也作出了重要的贡献，值得鲁迅研究者和中国现代文学史家注意。

（一）

中外文化史和文学艺术史上，每当转折期，创业期，开辟一个新的时代、新的阶段的时期，总是人才辈出、群星灿烂，形成文学的与文化的辉煌发展的形势。在这样的时期，那些巨人、亮星，总是互相推动、促进，交相辉映的。其中，不乏以战友与知音之情，共同创业，携手前进的佳话美事。这不仅是一种人事的维系，更本质的倒是表现了历史发展的规律性现象：巨人与亮星，在开辟草莱、艰苦奋战、开创伟业的时候，必然要去寻找志向一致、才智相当的同伴、战友和同道，他们需要互相支持、彼此合作、切磋琢磨、取长补短，这是战斗的需要，也是他们开创事业和发展事业的必不可少的条件。而只要他们是巨人、是亮星、是创业者、是前驱者，他们在战斗中、创业中、前进中，是迟早总要相遇的，彼此的要求、战斗的需要、共同负担的历史任务，又总是会使他们互相吸引，而走到一起，携起手来；或者遥相呼应，彼此伸出精神的手，紧握着。这是历史任务的主要承担者的幸运。当然，由于历史、时代、社会条件的不同，他们各自的经历、命运不同，性格不同，这种"历史的必然"的实现形式是很不相同的，势必带着个人的性格与感情的色彩。这不仅并不违背那"历史的必然"，相反，倒是丰富了它，给文坛增添了佳话掌故，给历史赋予了具体内涵和形式。俄罗斯近世文学的发展，从普希金到契诃夫，无论伟大的作家还是伟大的评论家，还是他们两者之间，一代接一代或两代交叉，出现了多少动人的故事，丰富了俄国从古典现实主义到批判现实主义高峰的这段历史，使它显得多么生动、丰富、多彩。在欧洲文艺复兴时代的巨人们之间，也有着相似的情景。

在中国现代文学的发生、发展史上，鲁迅同他的伙伴、朋友、战友之间，也呈现出这种情景。其中，尤其突出的是鲁迅与茅盾的友谊。

他们相交于我国现代文学的创业期，其交往正是这样的情形：共同的事业、共同的愿望与意见、共同的工作把他们联结起来了。茅盾接编

《小说月报》并立志革新时，便立即想到鲁迅，因不相识，只好由孙伏园转去约稿信①。从此他们开始交往。鲁迅虽然没有参加文学研究会②，但是，周作人起草的发起宣言却经鲁迅看过并修改过；而主编机关刊物《小说月报》的茅盾，提出为了加强审稿，今后凡有创作，要先与鲁迅、启明、地山、菊农、剑三、冰心、绍虞等人会商定妥再寄上海。这里，不是会员的鲁迅，倒是列名第一，可见茅盾对鲁迅地位之尊重，对他意见之重视。这当然与鲁迅当时在文学创作上的杰出成就有关，而且与茅盾对这种创作成就的评价与认识有关③：他注意到这位杰出的作家，他在从事开辟新的文学事业时，不能不想起他、想要借重他、想同他合作。这里，表现的显然不仅是个人的私情与投契（他们尚未相识），而更主要的是反映了一种历史的必然：创业者和先驱者在前进时要互相聚拢在新的旗帜下。鲁迅在茅盾的相约和借重下，也确实从北京发展到上海，在《新青年》《新潮》《晨报》之外，又在《小说月报》上发表作品：创作、翻译都有。他的小说《端午节》和《社戏》便是在《小说月报》上发表的。他还在这个刊物上发表译作七篇，其中包括鲁迅译作中的名篇阿尔志跋绥夫的《工人绥惠略夫》、爱罗先珂的童话《世界的火灾》等。他的三部译作也作为《文学研究会丛书》的稿件出版④。这些都是在1921—1922年茅盾主持《小说月报》笔政时的工作，在如此短的时间内，作出了这么可观的成绩，这对于茅盾是一个很大的支持。然而，更重要的是，鲁迅配合了茅盾，向此时尚盘踞南国文坛的鸳鸯蝴蝶派发起攻击，用新的文艺去同旧的文艺展开斗争，夺取群众。

　　以后，鲁迅在文化革命统一战线破裂后，"荷戟独彷徨"，然而还从事着尖锐、激烈的战斗；而茅盾则投身于实际的革命斗争中，成为中国共产党早期活动分子之一，而与文学相远了。鲁迅与茅盾至此联系中

---

①　见《鲁迅日记》1921年4月11日记："晚得伏园信，附沈雁冰、郑振铎笺。"

②　当时政府文官法规定，各部官员不得参加社会团体，鲁迅因在教育部任职，故未参加文学研究会。

③　茅盾在1923年回顾初读《狂人日记》时的情形说："但鲁迅的名字以后再在《新青年》上出现时，便每每令人回忆《狂人日记》了；至少，总会想起'这就是《狂人日记》的作者'罢。别人我不知道，我自己确在这样的心理下，读了鲁迅君的许多随感录和以后的创作。"（茅盾：《读〈呐喊〉》，原载1923年10月8日《文学》第91期）

④　这三部译作是：《工人绥惠略夫》、《爱罗先珂童话集》、日本武者小路实笃的《一个青年的梦》。

断。他们在新文学创业期的这段交往，仅仅成为他们日后亲密友谊的序幕。

相隔四年之后，在经历了大革命由高潮到低潮的风云变幻之后，在血腥恐怖笼罩大地的时候，鲁迅和茅盾又相聚在上海。

这是 1927 年的 10 月。当时鲁迅落脚未定，茅盾则蛰居不出，然而开始了自己的创作生涯，《幻灭》已经发表了，正在写《动摇》。他们紧邻而居①，然而相聚短暂。鲁迅曾去看望了茅盾，作了较长时间的谈话，彼此感到了心是相通的：都感到革命低潮来临了。而茅盾则应叶圣陶之约在此时写了一篇颇见功力、颇有见地而与当时通常见解不同的《鲁迅论》，发表在《小说月报》第 18 卷第 11 号。不久，茅盾就去日本。他们的相聚仍然不长。但是，一次冒着风险的探望、一篇不同时论的评论，表现了这两位革命文学的前驱者思想见解的一致和心的相通。这是他们今后合作与友谊的基础，也是革命处于低潮却开始酝酿新的革命深入时期，革命文学兴起前，两位文学巨星的新谊的发端。这在革命文学的发展上，是值得一书的。

鲁迅与茅盾的真正的、密切的合作，是在 1930 年 4 月，茅盾从日本回到上海之后，这时，经过"革命文学"的大论争，在鲁迅与茅盾都受到了错误的批判（鲁迅被判定为"封建余孽""双重的反革命"等，而茅盾的罪状除他自己的消极之外，还有一条是"捧鲁迅"！）而又基本得到纠正之后，是在左联刚成立不久之后。这时，两颗巨星会合了，成为左联的两根支柱，共同领导着左联的工作，进行着反对国民党新军阀的斗争，开展对于反动的、资产阶级的文学流派的批判，建设无产阶级的革命文学。这时，他们的友谊与合作，才进入黄金时期、高峰时期。这对于鲁迅和茅盾，都是重要的，对于中国左翼文学运动的发展和革命文学的建设也都是重要的。在从 1930 年 4 月起到 1936 年 10 月鲁迅逝世为止的六七年中，茅盾与鲁迅并肩战斗、携手合作、互相关怀、配合默契，进行了许多的战斗，做了许多的工作，取得了很大的成绩。这些，归纳起来，主要的有以下四个方面：

第一，领导左联的斗争和工作。茅盾曾经担任过左联的行政书记，

---

① 当时茅盾住上海景云里一弄 19 号半，鲁迅住景云里二弄 23 号，鲁迅住所的正门对着茅盾住所的后门。

在不担任这种领导职务的时候，也协助鲁迅，担负了左联的领导任务。当时，从在文艺界的资历与影响和创作上的成就来看，只有茅盾足与鲁迅比肩。鲁迅当年遇有问题，总是同他商量后作决定或发表意见。他们无论是发表政治性的宣言，还是有关文学问题的意见，无论对内对外，常常共同列名；左联五烈士牺牲后，发表的一份宣言：《中国左翼作家联盟为国民党屠杀大批革命作家致各国文学和文化团体及一切为人类而工作的著作家、思想家的信》，便是由鲁迅起草、茅盾修改，又由茅盾和史沫特莱一同翻成英文发出去的。红军长征到达陕北，鲁迅也是与茅盾共同署名发出了贺信。在创刊与编辑杂志，组织翻译或创作的发表、出版，发动和组织对反动文艺运动、资产阶级文艺思潮的批判等方面，他们都互相商量、共同筹划，发挥了领导作用。

第二，互相合作，对反动的和资产阶级的文学思潮进行斗争和批判。1931年左翼作家发动了对于国民党反动派支持的"民族主义文学"的批判。鲁迅、瞿秋白和茅盾都写了文章。他们各自发挥了特长，从不同的方面来作战，收到了配合默契、异曲同工的效果。鲁迅的名文《"民族主义文学"的任务和运命》，以雷霆之力和杂文风格，对这个反动的"文学运动"的本质进行了猛烈的轰击和深刻的揭露；而茅盾之作《"民族主义文艺"的现形》（刊于左联刊物《文学导报》第四期）则从学理方面揭露与批判，揭其老底、露其本质，显得知识渊博，剥脱了反动派理论的欺骗性。他指出那篇煞有介事的《民族主义文艺运动宣言》，实际上是古今中外、东拼西凑，拼凑出来的一个支离破碎、荒谬无稽的"理论"，是个"四色原料的'杂拌儿'"。其中，他指出了"四色"中的"一色"是对"欧洲大战后文艺上的各种新奇主义——如表现主义、未来主义等等的曲解"。文章逐条剖析和批驳了这些理论的谬误。这与鲁迅的文章互相配合，相得益彰。又如对于新月派和徐志摩，鲁迅写过不少杂文，揭露批判了他们的资产阶级本质。徐志摩逝世后，茅盾也写了《徐志摩论》[①]，虽不是正面的批判，而是以朋友身份、侧重学理的、艺术的分析，但是，文章也明确指出：徐志摩"是布尔乔亚的代表诗人"，"徐志摩的生活所产生的思想意识，必不可免地要使他感得这沉闷，而且不能抵抗，再没有力量！并且他的生活，他的阶级背

---

① 载《现代》二卷四期，1933年2月。

景，——他的思想意识又不容许他看见那沉闷已破了一角，已经耀出万丈的光芒！"最后他明确地写道：

> 百年来的布尔乔亚文学已经发展到最后一阶级，除了光滑的外形和神秘飘渺的内容而外，不能再开出新的花来了！这悲哀不是志摩一个人的。

这里虽没有激烈的言词、火爆的语言，而是娓娓而言，但对于徐志摩的思想、作品的基本阶级性质的论断，是很清晰的，明辨是非的，蕴含着深刻的批判。

第三，用杂文为武器，同反动派斗争。这主要的是以《申报·自由谈》为阵地的短兵相接的战斗。当黎烈文接编《自由谈》之后，就向鲁迅、茅盾约稿，寄希望于他们的支持，而鲁迅和茅盾也根据当时斗争形势的艰困、左联刊物受禁压的情况，乐于利用这个公开阵地来作战。他们在这里不断发表杂文，掷出投枪与匕首。鲁迅在这里发表的杂文，后来结集为《伪自由书》《准风月谈》《花边文学》等杂文集。茅盾也用玄、阳秋、仲方、伯元等笔名发表了许多杂文，与鲁迅相配合。他的这种配合，也是发挥自己的特长、特色，作具有独立作用的战斗。那时，连反动派也发现了这种情况，说："现《自由谈》资为台柱者，为鲁迅与沈雁冰两氏。"[①]如鲁迅的《崇实》和茅盾的《欢迎古物》，鲁迅的《逃的辩护》和茅盾的《学生》，鲁迅的《看肖和"看肖的人们"记》、《肖伯纳在上海》和茅盾的《肖伯纳来中国》等，都是这种互相配合、各用所长、共同作战的杂文。

《自由谈》的论坛上，这两位文坛的巨星，发出一颗颗射敌的子弹。鲁迅的杂文泼辣犀利，茅盾的杂文沉稳柔韧。他们的杂文在当时对左翼文艺运动之一翼的杂文的兴起，对抵制林语堂、周作人提伪闲适小品文，都起了很好的作用。

第四，加强同国际文化界、文艺界的联系，一以争取国际进步文艺界的声援和帮助；一以加强国际文化交流。这对于加强左翼文艺对苏联革命文艺和欧美进步文艺界的借鉴，对左翼文艺实现鲁迅所说的"打出中国去"，都有很好的作用。鲁迅和茅盾发挥他们在国内和国际文坛上

---

① 《社会新闻》，见《伪自由书·后记》。

的威望和影响的作用，在这几年里做了不少工作。他们同正在苏联从事文化工作的萧三，保持着经常的联系；他们同史沫特莱、斯诺、伊罗生等国际友人，都有联系，尤其同史沫特莱友谊甚深。这也大大有利于开展国际联系工作。这方面的情况，史沫特莱在她的《忆鲁迅》中，有过这样的记述：

> 我的生活已经和鲁迅的，以及和他的最亲密的同行，中国一位最著名的小说家茅盾的生活联结在一起了。我们三个人合力编辑和出版了一本德国民众艺术家凯绥·珂勒惠支的版画集；我们还一同为西方国家的报刊，写了大多数的控诉侵犯中国知识分子的反动统治的宣言。茅盾和我常常在某条马路的拐角相会，然后仔细地察看了一下鲁迅所住的那条马路，就走进他的住宅，和他共同消磨一个个夜晚……。

从这里可以看出他们三人之间的亲密关系，他们从事的正是中国进步文化界同国际进步文化界的联系。

1934年，鲁迅和茅盾还同时接受苏联《国际文学》编辑部的约请，分别写了《答国际文学社问》。后来，他们又应美国进步作家伊罗生之约，编选了中国现代作家短篇小说选《草鞋脚》。这些有意义的工作，当时对扩大左翼文学的国际影响和联系，都起了重要的作用，后来，都成为我国现代文学史上的重要史实。

总之，在20世纪30年代，中国左翼文艺运动，因为有鲁迅和茅盾的亲密合作，而得以更好地开展，取得更好的成绩。他们两人的友谊和战绩，成为中国现代文学史上闪光的篇章。

（二）

中国现代文学史上，鲁迅和茅盾，是两个闪光的名字，他们同是中国现代文学史的创业者、前驱者，也是中国现代作家中成就最高的。

鲁迅当然是首先因《狂人日记》以及之后的几篇小说奠定了我国现代文学的基础的巨人。紧接着，他奉献了《呐喊》《彷徨》两部小说集，成为中国现代文学大厦的两根柱石。以后，鲁迅的主要精力从事于杂文的创作，他的杂文创作为中国现代文学增添了新的异彩，这杂文的异彩，为中国文学史，也为世界文学史所未曾有过。这是鲁迅的特出的贡献。

至于茅盾，以领导文学研究会的工作和改革《小说月报》的功绩，为中国现代文学创造了一个比较广泛的基础，培养了第一批文学创作力量。他以此而奠定了自己最初的在中国新文学史上的牢固而突出的地位。以后，虽然他中断了一个时期，但是，在革命文学掀起第一个高潮时，他异军突起一般，奉献出了三个中篇小说《幻灭》《动摇》《追求》，以后更奉献了长篇巨著《子夜》。这几部力作，在当时整个中国的文坛上，闪耀着光芒，而在左翼文艺方面，则以这几部力作的出现而获得了自己的值得纪念的胜利。尤其是《子夜》，瞿秋白和鲁迅都给予很高的评价。同时，茅盾还写了许多短篇小说、散文文学评论和其他文字，其中包括杂文。他同样也是一位勤奋的多产的、具有多方面成就的作家。

这样，我们看到，他们这两位巨匠，自然地形成了各自偏重的领域，形成了一种有利于文学发展的分工。这是他们各自的主观条件决定的。但也不能不看到客观需要的"决定权"。斗争和文学发展的形势的需要，也使他们带有必然性地去选取和施展自己更利于使用的武器。鲁迅不仅写过小说，而且他的短篇小说属于我国现代文学的最高成就部分，是广大作家的创作的范文。然而，战斗的需要，使他后来没有进一步发展这方面的才能、取得更多的成绩，而是主要写作杂文，把这种文艺武器和艺术形式发展到了高峰。而茅盾，同样，不仅写小说，而且也写杂文，数量并不少，他还写过剧本。但是，他的主要的创作领域还是小说。——有意思的是，除了鲁迅写作旧体诗之外，他们两人基本上都没写作新诗（鲁迅在"五四"时期写过一些，如他自己所说是"敲边鼓"；以后写过民歌体诗歌，严格说，都不能说是从事诗歌写作，其数量也太少）。他们把诗歌领域"让"给了另一位现代文学的创业者、前驱者郭沫若去开辟，去创造了。这种情况，同样是由个人的素质和其他主观因素决定，但也是受客观需要的"决定权"影响的。他们不是先分了工再去战斗，而是分头的战斗和创业，形成了这种分工。

这样，鲁迅和茅盾，短篇、长篇小说和杂文，他们的名字和他们的作品，构成了中国现代文学的基本篇章。但更重要的，是他们的创作和创作道路，奠定了中国现代文学的革命现实主义基础。鲁迅的短篇小说，《呐喊》和《彷徨》，基本上反映了中国资产阶级革命时期的中国社会的落后、阴暗面，写了这个社会的病苦和不幸的人们（主要是劳动群众）的不幸的运命。他确实没有创造积极的形象，没有写人民的斗争生活，他写了人民像在大石底下压着的小草，可怜地、扭曲地在生长，觉醒而又跌入愚昧、痛苦、麻木的深渊。浅识者正是曾经因此而讥笑鲁迅落伍、过时，是封建的余孽。然而，从鲁迅的总的创作立意来看，从他的总体艺术设想来看，从他的美学理想来看，他是为人生、为人民、为抗争而写作的，他是要通过对"想反抗而又不得"的描绘，来促进觉醒，来激起反抗和斗争。这本身不是呻吟和哀叹，而是呼号和抗争。其中有血泪、死亡、抑郁、痛苦，但更有愤怒。因此，他不仅如实地描绘了生活、创造了典型，而且表现了人民内心深处的痛苦、愿望与理想，发出了非改变这个现实不可的激越的呼号。因此他也就以他的作品，参与了民主革命的斗争，成为推动人民觉醒和革命发展的积极力量。问题不在于写什么，而在于怎么写。这样，鲁迅的作品就不仅是批判的现实主义，而是含有革命因素的革命的现实主义了。至于他的杂文，更不用说，作为投枪、匕首，作为感应的神经、攻守的手足，其为革命现实主义作品，是更不待说的了。

茅盾的《蚀》三部曲（《幻灭》《动摇》《追求》），描绘了中国第一次大革命失败后的社会状况和革命形势，刻画了小资产阶级知识分子的消沉的、困惑的、奋斗的、摸索的、动摇和追求的形象。虽然当时曾经受到批评，认为灰色、消沉，但是，这部作品，固然有它的这方面的缺陷、弱点，这是茅盾当时的思想观点和情绪的反映；然而，他究竟以写革命生活为主，写了革命者的奋斗和追求。他的作品反映的生活、事件、人物，当然远不是鸳鸯蝴蝶之类，但也不是一般地揭露批判旧社会的罪恶。因此也不是一般的批判现实主义所能概括得了的。他的现实主义中有着较浓郁的革命因素，应该承认也还是革命现实主义作品。当然，是有缺点的革命现实主义作品。但确定基本创作倾向时，不能要求纯而又纯。这里，怎么写固然是重要的，但究竟写什么，也对作品的倾向和素质起着重要作用。至于《子夜》这部在我国现代文学为数不算太多的长篇小说中名列前茅的力作，向来评论很多，在此不赘述。

总之，鲁迅和茅盾，以他们的杰出的作品，奠定了我国现代文学革命现实主义的基础，开辟了它的发展的道路。

但是，他们两位文学巨匠，虽然在基本的倾向上一致，而在具体的艺术风格以至美学成就方面，又是存在差异，甚至有很大不同的。这不仅没有什么奇怪，也不是什么缺陷，却是一件可喜的事。从他们自己来说，这正反映了他们各有所长，各有特点，这决定于他们有着不同的经历、不同的修养、不同的气质，因此也就决定了他们会创作出不同的艺术作品而对现代文学作出不同的、彼此不能代替的贡献。我们不拟在这里对这两位文学巨匠做全面的比较，而只是着重地谈一个方面，然而也是止于点题。这就是，鲁迅在艺术观和审美爱好上，对于浪漫主义有着比较浓厚的兴趣；在创作上也吸取了浪漫主义的精神和艺术风韵。这一点，给他的作品，带来了优美动人的气息。鲁迅早在1906—1909年在东京从事最早的文艺运动时，就对浪漫主义产生了兴趣。他在《摩罗诗力说》中，介绍了拜伦、雪莱、歌德等浪漫主义诗人，其他如普希金、裴多菲、密茨凯维兹等也都带着较浓厚的浪漫主义色彩。在中国古典诗人、作家中，他喜爱庄子、屈原、曹氏父子、李白、李商隐等，他们也都是带有浪漫主义色彩的。鲁迅的诗歌（这里主要是说古体诗），尤其是《野草》，蕴含着浓郁的浪漫主义色彩。在对待外国作家上，鲁迅不仅喜爱浪漫主义作家，而且对于20世纪初那些现代派的一些作家的作品，他也比较注意其表现手法中的某些可取之处，虽然他在思想倾向上是否定这些作品和取保留态度的。但他认为不妨取其可用者加以改造而用之，即借鉴某些东西。比如对待阿尔志跋绥夫、勃洛特，鲁迅首先指出阿尔志跋绥夫是"厌世的，主我的；而且每每带着肉的气息"[1]，但是，又肯定他这类作家的感觉敏锐，能够"描写现实社会中人们的苦痛、苦闷、哀怨，其描写技法也有某些可借鉴之处"。这里反映了鲁迅在创作风格上的爱好，也反映了他的作品的题材、人物、体裁，需要吸收一些这方面的东西。如他自己所说，他的《药》便留着安特莱夫式的阴冷。

　　但是茅盾则不然。他是"充分地""严格的"现实主义的，严格地写实。这是茅盾作品的风格、特点，也是长处。他对于鲁迅所译阿尔志跋绥夫等人的作品，就持保留态度，他认为这些作品"给现在烦闷而志气未定的青年看了，要发生大危险——否定一切"。他的这个见解是很对的，切中了这类作品的要害。当然，由此也表现了他对于这类作品的总态度。不过，他同鲁迅并无根本的分歧：各人的着眼点不同。鲁迅并非翻译这类作品来给青年们作为精神的食粮和文学的读物的，而是给文学界、给文学青年提供艺术上借鉴的资料。而茅盾之所言，则是指思想方面的问题和一般社会作用。这一点，鲁迅同他是并无分歧的。

我们在这里无意于分析这两位文学巨匠在一个翻译选材问题上的正误与否，而是为了从中看出他们在艺术风格上的见解的差异。茅盾对于译文选材的见解，也反映了他的一般的艺术见解，他更喜爱沉稳的、冷静的、朴实的描写，"如实描写"，而感情、心性的投射则不那么激越和显现。

这里当然只有艺术风格上的差别，而无其他原则上的分歧。然而，正是这种艺术上的差异，尤其是现代文学两位文学巨匠的差异，给文学创作带来了更丰富的色彩，而不是单一的。

这也应该视为他们的共同的贡献。

（三）

茅盾堪称鲁迅的知音；在文学史和文艺评论的角度看，他堪称是鲁迅的知人。这在"五四"时期，在鲁迅受到革命文学阵营的错误"围剿"时，在30年代，都是难能可贵的。茅盾是最早肯定鲁迅作品的人，是最早对鲁迅能够有正确认识和态度的少数几个人中的一个。而在文学创作上做出正确的评价，他与瞿秋白是鲁迅的"知人"与"知音"，而茅盾之"知"又有其不同于瞿秋白的特点。在这方面，我们过去在较长时期里研究和肯定得不够，这主要是，茅盾作为杰出的作家，他的创作上的成就的光辉，掩盖了他作为评论家的一面；而瞿秋白在评价鲁迅上的突出贡献的光辉又不免遮掩了茅盾在这方面的贡献。

当鲁迅在北京的《新青年》上发表了最初的几篇小说之后，在上海的沈雁冰（茅盾）便从这第一缕光芒中，窥见了巨星的逼人光亮，并射来了注意的目光，给予不同于别人的特殊评价，看出了这颗"星"的明亮超出了其他。"慧眼识英雄"，在当时那个条件和情况下，能够做到这一点，确实并不容易，这表现了茅盾的见地之高，也说明鲁迅的"出手不凡"。我国现代文学史上这两颗巨星，从这时起，便把自己的光线交织在一起了（如我们所已经论及的，这时候，李大钊、陈独秀、胡适等也都对鲁迅的小说称赞不已，这个现象都并非偶然）。当然，茅盾对于鲁迅的最早评论，只是顺便说及、随便提到、语焉不详、并不完整，但他确实是一开始就抓住了它的"真谛"。那是1921年的5月，茅盾为许地山的《换巢鸾凤》写了一篇《篇末感言》，其中顺便说到了鲁迅：

> 中国现在小说界的大毛病，就在于没有"写实"的精神；上海有一班人自命为是写实派，可是他们所做的小说的叙述，都是臆造的。只有《新青年》上鲁迅先生的几篇创作确是"真气"扑鼻。[①]

这样一番简短的话，却颇有值得注意之处。第一，茅盾是与当时的一种通病对比并加以针砭来说到鲁迅的小说的；第二，他以为这大毛病就是失真；第三，而鲁迅的小说则是"真气"扑鼻。他所针砭的是非现实主义，他所肯定的则是鲁迅的现实主义。这确实是抓住了鲁迅的作品的真价值，是明白他的作品的真面目。茅盾在后来还曾回叙过他最早看到鲁迅的第一篇小说《狂人日记》时的心情：当时印象深刻，以至以后每读到署名"鲁迅"的作品便要想到"这就是《狂人日记》的作者"。

茅盾一开始就"发现"了鲁迅，抓住了他的真实的价值所在，并且注目于这个作家了。这在鲁迅研究史上和中国现代文学研究上，都是值得注意、值得称道的。

自从那时候起，一直到茅盾逝世，评论鲁迅，一直是茅盾的评论活动和文学生涯中的一件重要的事情。据有人统计，茅盾在半个多世纪中，写作关于鲁迅的文章，约有40多篇，现在收录在上海鲁迅纪念馆编印的《纪念与研究》第五辑中之《茅盾论鲁迅（选）》的就有29篇。确如这本书的编者所说，正是茅盾"在理论上确立了鲁迅小说在中国现代文学史上的地位"，他"在诸家对鲁迅的评论文字中，是颇有影响的一家"。纵览茅盾之论鲁迅，我们可以归纳为以下三个方面。这三个方面，是茅盾对于鲁迅和他的作品的基本看法，是他的基本论点，他对"鲁迅的价值"的三个理论范畴。而且，这三个方面，都表现了茅盾自己的看法的特色，是有着不同于别人的评论的特殊性的。这三个方面是：

第一，茅盾最早充分地肯定了鲁迅小说创作的价值，肯定了他的改良人生的文学观念和文学创作的态度，肯定其"离经叛道"的精神。

---

① 见《小说月报》第十二卷五期。

早在1922年，鲁迅的《阿Q正传》还只登出了四章的时候，茅盾就完全肯定了这部作品，他在1922年2月《小说月报》第十三卷第二号的《通讯》中便指出：

> 《阿Q正传》号只刊登到第四章，但以我看来，实是一部杰作。……阿Q这个人，要在现社会中去实指出来，是办不到的；但是我读这篇小说的时候，总觉得阿Q这人很面熟。是呵，他是中国人品性的结晶呀！我读了这四章，忍不住想起俄国龚伽洛夫（按：通译冈察洛夫）的Oblomov（按：即奥勃洛莫夫）了，而且，阿Q所代表的中国人的品性，又是中国上中社会阶级的品性！

对于这样一语中的的评论，我们不能不敬佩作者的眼力——他是在那个时候、作品还没有发完的时候作出的评价！他首先（也许是第一个人）肯定了这是一部杰作。特别是他判断了阿Q这个典型人物的基本性质是："中国人品性的结晶"，代表了"中国人的品性"，而且这种品性"又是中国上中社会阶级的品性"。他并且拿阿Q和俄罗斯现实主义文学中的杰出典型奥勃洛莫夫相比。这就肯定了阿Q是个民族典型和这种典型的普遍意义及其文学价值。当人们还处在现代文学意识的启蒙期，还有不少人以文学为揭人阴私、攻击别人的工具[①]，以文学为消闲工具的时候；当人们还以为阿Q是鲁迅用来攻击某些人，或者栗栗自危，害怕要攻到自己头上，或者沾沾自喜，以为并未攻到自己头上，或者以为是攻击了自己而对鲁迅施以谩骂的时候；当鲁迅当时和以后听到这种反应为自己的深意不被人知而感到悲哀与寂寞的时候，茅盾在上海投射过来深知其意、剔抉其深意的评论，这确实是难能可贵的。这正表现了茅盾确为鲁迅及其作品的"知人"，他是鲁迅的尚未见面的"知音"。

以后，他在1926年10月所写的《读〈呐喊〉》中，又对鲁迅的小说集中的作品，作出了最早的正确评价。他指出：鲁迅的《狂人日记》是"前无古人的文艺作品"；他说看到这个作品"只觉得受着一种痛快的刺戟，犹如久处黑暗的人们骤然看见了绚丽的阳光"；他之所以肯定《狂

---

① 鲁迅曾说，他为了怕引起这种误解，为了怕因为这种误解而使自己的作品的社会意义降低，所以他的小说中所写的人物，多姓赵、姓钱（为百家姓上之首两姓），他的人物如有兄弟皆为老大（他自己是老大），或为老四（他只有两个弟弟）。这样来避免那些不懂文学为何物者的胡乱猜疑。

人日记》和作如此的肯定评价，是因为它：

> ……颇有些"离经叛道"的思想。传统的旧礼教，在这里受着最刻薄的攻击，蒙上了"吃人"的罪名了。

在这篇文章中，茅盾还肯定了《药》、《明天》、《风波》和《阿Q正传》等篇，"都是旧中国的灰色人生的写照"。这正符合鲁迅所说，他是要写"病态社会的不幸"，写出"他眼里所经过的中国的人生"。他在这篇文章里，再次地，也更详细地说到了《阿Q正传》，除了再次肯定阿Q这个典型的普遍意义，指出："我们不断的在社会的各方面遇见'阿Q相'的人物，我们有时自己反省，常常疑惑自己身中也免不了带着一些'阿Q相'的分子。"特别重要的是，他第一个指出《阿Q正传》反映了辛亥革命、批判了这次革命的失败及其原因之所在，并且说到了当时的现实问题存在的根源：

> 中国历史上的一件大事，辛亥革命，反映在《阿Q正传》里的，是怎样叫人短气呀！乐观的读者，或不免要非难作者的形容过甚，近乎故意轻薄"神圣的革命"，但是谁曾亲身在"县里"遇到这大事的，一定觉得《阿Q正传》里的描写是写实的。我们现在看了这里的七八两章，大概会仿佛醒悟似的知道十二年来乱政的根因罢！

这里仍然是语焉不详，但是主要的问题却都说到了，他抓住了鲁迅小说的真谛与真价值。这知人知音之声，在20年代，在许多可笑的误解和善意的妄评、恶意的攻击包围之时，是何等可贵。

1927年10月，他应叶圣陶之约写《鲁迅论》。这正是对鲁迅还普遍缺乏认识，并且不久就将发动创造社、太阳社对于鲁迅的"围剿"的时候。但茅盾却更为全面，也更详细地来论述鲁迅了。在这里，我们且只读他对于鲁迅的文学观念、创作思想、作品的为人生的目的与效果等的论述与肯定。他在论述了鲁迅的主要小说篇章的内容、人物典型和它们的社会意义之后，总括了鲁迅作品的深厚的意义，他说：

> 总之，这一切人物的思想生活所激起于我们的情绪上的反映，是憎是爱是怜，都混为一片，分不明白。我们只觉得这是中国的，这正是中国现在百分之九十九的人们的思想和生活，这正是围绕在

我们的"小世界"外的大中国的人生！而我们之深切地感到一种寂寞的悲哀，其原因亦即在此。这些"老中国的儿女"的灵魂上，负着几千年的传统的重担子，他们的面目是可憎的，他们的生活是可以咒诅的，然而你不能不承认他们的存在，并且不能不懔懔地反省自己的灵魂究竟已否完全脱卸了几千年传统的重担……

这段总结，概括了《呐喊》和《彷徨》，反映了中国的人生的真实的意义，和它们的促人自省、促人觉醒的社会作用，因而获得它们改革中国旧人生的作用。

我们还特别需要提到的是，茅盾在评论鲁迅小说时，同样是最早把它同鲁迅的杂文联系起来，做统一的了解和剖析的。他把鲁迅的小说与杂文作为一个思想与艺术的统一体来了解。这样他不仅给小说找到了最切近的注脚，而且也正确理解了鲁迅的杂文，把它们从一般人误解的"私人的争斗"的文字，变成了向旧社会宣战的檄文。他指出："喜欢读鲁迅创作小说的人们，不应该不看鲁迅的杂感；杂感能帮助你更加明白小说的意义。"他正确地指出：鲁迅虽然自己说没有什么主义要宣传、没有什么运动想要发动，也不自称导师要给青年引路；但是，鲁迅确实给青年"指引……一个大方针：怎样生活着，怎样动作着的大方针"。他在《鲁迅论》中更正确地指出：

> 然而他的著作里有许多是指引青年应当如何生活如何行动的。在他的创作小说里有反面的解释，在他的杂感和杂文里就有正面的说明。单读了鲁迅的创作小说，未必能够完全明白他的用意，必须也读了他的杂感集。

茅盾这种把鲁迅的小说与杂文同读，互相参照去做统一理解的见解是非常正确、中肯，具有指导意义的。他正是从鲁迅的杂文的启示下，更明确了鲁迅小说在"消极"外表中深藏的积极的内核。

第二，茅盾对于鲁迅的作品的现实主义精神，给予了很高的评价。茅盾的评论指出了鲁迅的这种现实主义精神的最深厚的根源，是鲁迅的反映中国的人生并要改良这人生的积极的文学观和创作宗旨。为此他从中国社会和人民生活的源泉中去提炼主题和选择素材、构思故事、设计人物。茅盾把鲁迅比作"盘旋于高空的老鹰"，"他看明了旧社会的弱点就奋力抨击"，他强调鲁迅的小说真实地反映了中国的社会、历史与人生。他说：《呐喊》和《彷徨》所反映的都是真实的、活生生的"老中国的儿女们的灰色的人生"。他总是强调地指出："说不定，你还在这里面看见了自己的影子！"①他还说：什么孔乙己、单四嫂子、老栓等，的确都是《呐喊》里的人物，但他们不过是"顶了孔乙己——等名姓"，事实上，"他们不但在《呐喊》的纸上出现，他们是'老中国的儿女'，到处都是！"②鲁迅小说里的人物，我们在生活中到处可见，甚至看见自己的影子，这还不真实吗？这首先是作家从现实生活中提取了这些人物和他们的人生；其次是他描写刻画得成功，达到了生活真实与艺术真实的统一，创造了成功的典型。这，正是鲁迅的深刻的现实主义精神，正是他的现实主义精神的胜利。从这里我们看到茅盾的"慧眼"表现在他不仅理解了鲁迅的作品，抓住了鲁迅作品的精髓，而且他还懂得、熟悉中国的现实社会、中国的人生，正是因为如此，他才能真正懂得鲁迅。如果同当时的不少评论家对于鲁迅的作品的全盘的或基本的否定相比，我们就看出，他们的妄论，是既不懂得鲁迅，也不懂中国的社会与现实生活的。

茅盾对于鲁迅现实主义的肯定，实际上是对于中国现代文学的现实主义道路和成就的肯定，同时也就是为这条正确道路指明方向和途径。

第三，茅盾特别肯定了鲁迅在艺术上的创造性和艺术创造的成就。在《读〈呐喊〉》中，他对鲁迅的第一本小说集，就发出了赞叹：

> 在中国新文坛上，鲁迅君常常是创造"新形式"的先锋；《呐喊》里的十多篇小说几乎一篇有一篇新形式，而这些新形式又莫不给青年作者以极大的影响，必然有多数人跟上去试验。

茅盾肯定鲁迅在形式上的大胆创新、探索，认为后继有人，会去从事新的试验。他在评论中分析了鲁迅小说中那些特别成功之篇的"艺术上的凯旋"。茅盾颇有见地的处所是：他肯定从《狂人日记》到《离婚》，"不但表示了鲁迅思想发展的道路，也表示了他艺术成熟的阶段"。他甚至肯定：《祝福》《伤逝》《离婚》等篇，达到了"艺术的高峰"，而且"超过了《阿Q正传》"。他拿《药》和《离婚》比较，认为

---

①② 茅盾：《鲁迅论》。

"无论是就形象的生动而多彩，人物的典型结构的有机性，乃至对话的如同其声"，都是"《离婚》更胜于《药》"。①

茅盾作为鲁迅的知人、知音，特别值得提到的是，他对于《狂人日记》、《阿Q正传》以及整个《呐喊》的评价，对鲁迅的评价，基本上都是在20年代作出的，也正是在对鲁迅众说纷纭、攻讦者甚多的时期作出的。这一点特别难能可贵。而且，他作于1927年11月的《鲁迅论》便指出，在鲁迅的著作里"充满了反抗的呼声和无情的剥露"；"反抗一切的压迫，剥露一切的虚伪！老中国的毒疮太多了，他忍不住拿着刀一遍一遍地不懂世故地尽自刺"。他肯定了鲁迅在"五四"以后的方向和战绩，指出"攻击老中国的国疮的声音，几乎只剩下鲁迅一个人的了"。他对鲁迅作出了这样的总评价：

> ……他能够抓住一时代的全部，所以他的著作在将来便成了预言。

拿茅盾的这些作于1927年11月的评论，同不久之后发生的创造社、太阳社对于鲁迅的攻击来比较一下，我们就能惊讶地看到茅盾对于鲁迅的认识和理解是何等可贵。他虽没有像后来瞿秋白在《〈鲁迅杂感选集〉序言》中所作的那样全面、系统、深刻，但两者在精神上是完全一致的，不少基本的观点和这种观点的基础、萌芽，在茅盾的文章中已经提出来了。如果说瞿秋白作于1932年的《序言》代表20世纪30年代的鲁迅观，对十几年来关于鲁迅的争论做了总结，反映了中国思想文化界、文学界对于鲁迅的认识达到了划时期的阶段；那么，茅盾的鲁迅论，便代表了20年代的鲁迅观，反映了到那时为止的对于鲁迅的认识的最高成就和成熟的程度。他的认识，是达到30年代瞿秋白的认识水平的前奏和一个阶梯。

对于作为中国文化革命的旗手、主将，中国现代的文化巨人的鲁迅的认识、评价，所反映的还不只是对于一个作家的认识问题，而是反映了对于中国现代文学、现代文化的认识水平，其本身就体现着中国现代文学与整个现代文化的发展的、成熟的程度。20世纪20年代和30年代，这个以"鲁迅观"为标志的现代文学与整个文化发展成熟程度的结

---

① 茅盾：《论鲁迅的小说》，原载1984年10月香港《小说月刊》第一卷第四期。

论，分别由茅盾和瞿秋白作出，这不是偶然的，它是当时整个革命文学与文化发展的形势所决定的，是当时的文化革命和文化结构以及茅盾、瞿秋白在这个革命与结构中所处的地位所决定的。当然，这里一点也不否认他们两人各自的个人条件的作用。当时许多人，同样处在革命的、左翼的文化队伍之内，却没有做到这一点，甚至对鲁迅作出了相反的评论，这就反证了个人主观条件起了决定性的作用。这也正是瞿秋白、茅盾值得称道、学习和敬仰的地方。

最后，必须说到一点，有人以鲁迅当时没有对茅盾作比较全面肯定的评价为憾，以鲁迅未对《子夜》作出详评为憾；有的人更以此怀疑鲁迅对茅盾有保留，也有人竟企图以此来贬低茅盾。这当然都是不对的。首先，鲁迅对于茅盾是器重而且尊重的。虽然茅盾比他小15岁，从年岁上说，可算晚辈，但就像对瞿秋白一样，他对茅盾仍以同辈视之、待之，这是不同于对柔石、冯雪峰他们的。在许多重大的斗争问题和文学问题上，鲁迅都必与茅盾商量。在鲁迅的日记中反映出了鲁迅对茅盾的亲切和尊重。许广平对此有过很好的记述，她说：

> 有时遇到国外友人，询及中国知识界的前驱，先生必举××（指茅盾）先生以告，总不肯自专自是，且时常挂念及××先生的身体太弱，还不及他自己。

的确，鲁迅对于茅盾和他的《子夜》均未作过详细的评论。这是为什么？我们可以设想到几个方面的原因。第一，鲁迅对茅盾的态度本身，即以实践作出了评价：他视茅盾为当时文学界具有最高成就的作家，比自己年轻而视为同辈。这一点必须先予肯定。第二，鲁迅向来不对某作家、某作品专写评论，而只是为之作序时才来论述，然而也从未有过长篇大论，即如为《二月》《八月的乡村》《生死场》所作序言，虽为名篇，然而也是话语不多、篇幅不长的。而这种评论，他一般均是对晚辈才这么做。——也因为他们请他介绍、推荐和作序。对同辈之人，则很少这么做。第三，鲁迅对《子夜》所作的评论，都不是专门言之，而是顺便说到或旁涉及之，所以都只能仅有一个基本观点，而不会详细论之。第四，鲁迅的这种片言只语，究其精神，对《子夜》的评价，是很好的，也是中肯的。比如他在《子夜》刚出版，茅盾刚送给他时，就在给曹靖华的信中说道："国内文坛除我们仍受压迫及反对者趁势活动外，亦无甚新局。但我们这面，亦颇有新作家出现，茅盾作一新小说曰《子夜》（此书将来当寄上），计三十余万字，是他们所不能及的。"这里，字里行间透露着欣喜之情，而且把《子夜》的出现放在国内文坛无甚新局的背景下提出，并自豪地说"是他们所不能及的"。更可注意的是，鲁迅在《答徐懋庸并关于抗日统一战线问题》中将《子夜》与《红楼梦》、《阿Q正传》并列，因是顺便列举，不能论述，但即此一举，也决非偶然，而是作为一个方面（现代长篇小说）的代表列举的。至于他在致吴勃的复信中之所言，因是就对方提问作答，语气之间顺应本问，所以说《子夜》之外，"现在也无更好的长篇作品"，"能够更永久的东西，我也举不出"。但其正面的意思正是现在《子夜》就是最好的长篇小说，是比较能够有永久价值的东西。他举不出再超出于《子夜》的作品了。这还不是给予了很高评价吗？至于以"更"字以示保留，说"只是作用于知识阶级的作品而已"，这是鲁迅实事求是的态度，无哗众取宠之意。他向来是这样的，这正是他的伟大处。后一句本是当时左翼作家和作品为形势所迫而受到局限，是实情，并非贬低。事实上，当然不能把《子夜》说成登峰造极、永久处于最高成就地位的作品。还有，史沫特莱等要为英译本《子夜》作序，请鲁迅提供材料，鲁迅转托胡风代办这件事，有的同志解释说是因为鲁迅有病。似不确。还是胡风的解释较为合理。胡风在解释鲁迅关于转托此事而给他的信时说：

> 这是对茅盾的评价问题。左联成员在创作上成绩少，《子夜》那时是唯一的长篇，关心中国革命的外国什么人翻译了。外国读者是有一定的批判能力的。评价不符合实际，是要发生反效果的。鲁迅说他"一向不留心此道"，是不得已的托词。评价不符合实际，他不愿写，也不应该写。要我写，评价错了，也不会引起太大的影响，不过是一个宣传失实的问题。

这个解释是符合情况的、有道理的。鲁迅与茅盾当时是左联的两杆旗，是文坛双星，鲁迅来对茅盾作全面评价，不足，是不对的；过之，也令人产生别种想法。但无论是不足或过之，对左联、对茅盾和鲁迅本人都有不好的影响。而且，即使评论恰当，也许从不同方面看，仍会有不足或过分的两种议论。在当时复杂的情况下，在左联内部存在纷争的情况下，这都是是非难定且易引起是非的。故此，鲁迅只好以"一向不留心此道"为由转托胡风了。这用心对茅盾也是爱护的。

三、"母性"的关怀和"跋涉"者的崇敬
——论鲁迅与萧红

萧红在鲁迅面前往往显得有点调皮。一次，她竟这样发问："您对青年们的感情，是父性的呢？还是母性的？"

"我想，我对青年的态度，是'母性'的吧！"这是鲁迅在沉吟了一下之后所作的回答。①

这"母性"的含义，主要的是：诚与慈。鲁迅曾经以这种伟大的"母性"的爱，诚挚而慈爱地教诲和抚育了与他同时代的青年作家。如他自己所说，他以黄牛一样的精神，吃青草而挤出"乳汁"，以哺育青年；他"以血饲别人"，那"乳汁"又是他的"血"所化。鲁迅的这种"母性"的抚育普施于和他接触的所有青年作家，而尤其当施于萧红时，则更"生活化""家常化"，当然更重要的是，所起的作用更大更深。因为，萧红这个跋涉者，在追求祖国、追求真理正义、追求爱情、追求文学的途程中，如果不遇到鲁迅，没有鲁迅的扶持、关怀、奖掖，以至精神上的抚慰，她或将一无所成，而如流星般消失，如鲜花付流水，凄然地随波逝去。

（一）

萧红在1936年曾经写过，祖父在她痛苦的童年时说过："快快长吧！长大就好了。"20岁上她"逃出了父亲的家庭。直到现在还是过着流浪的生活。""'长大'是'长大'了，而没有'好'。"但是她从祖父那里"知道了人生除掉了冰冷和憎恶而外，还有温暖和爱"。于是，萧红写道：

> 所以我就向这"温暖"和"爱"的方面，怀着永久的憧憬和追求。②

---

① 见端木蕻良：《鲁迅先生和萧红二三事》，《新文学史料》1981年第3期。

② 《萧红散文选集·永久的憧憬和追求》。

自从她漂流到上海，失去了祖父的那种温暖和爱，而且那种心头的记忆也辽远了的时候，她又从鲁迅先生那里得到了这种同祖父所给予的同样的温暖与爱，从而便又怀着永久的憧憬和追求。不过这憧憬和追求已经大不同于她在呼兰河畔在祖父的荫庇下默默生长时的憧憬和追求了。鲁迅所给予的，更宽阔、深刻、宏大，具有人生的价值和意义，因为，鲁迅引她走向人民、民族、祖国和革命。

因此，当萧红孤寂地在日本逗留时得知鲁迅逝世的消息，她的痛苦是最深沉的，她的哀思是最痛苦的，"我想一步踏了回来，这想象的时间，在一个完全孤独了的人是多么可怕！"她这样写道。[①]以后，她又写了不少，怀念、倾诉、吟哦，她写得最有感情，她描绘了一个真实的普通鲁迅的形象。"我们这里一谈起话来就是导师导师，不称周先生也不称鲁迅先生，……这声音是到处响着的，好像街上的车轮，好像檐前的滴水。"[②]萧红最感念的是那同鲁迅一家人——包括许广平和海婴在内的乐融融的相处；在那孤寂得难耐而苦痛的日子里，只有鲁迅的家，是她的心灵的依托处。然而她崇敬之至的是：导师，引导她走上人生与文学道途的导师。

鲁迅给予萧红的帮助，首先应该说是生活上的。她同萧军于1935年10月1日一同跋涉到青岛，得舒群之助，落脚于这个海边美丽的城市。然而生活艰困，而且难于继续待下去了。于是他们又跋涉到上海。在这里他们举目无亲，虽然酷爱文学，且有创作能力，已经出版了《跋涉》，然而在上海却默然无闻，不要说立足文坛，连生活也难于维持。然而，他们却幸运地得到机会依傍于文坛巨子、青年导师鲁迅了，像跋涉者得到一个安身的庇荫所。这所谓"机会"当然不是一种偶然的机运，而是他们作为爱国的左翼文学青年，必然要投奔到文学导师的旗帜下，而鲁迅，对于一切进步的、有为的甚至是仅仅有一点尚可造就的青年都给予支持与抚育，他怎能不欣然接受这一对受难的奴隶、反抗的青年？因此，当1934年10月9日萧红和萧军从青岛写信给鲁迅时，他当即复信，并说稿子他"可以看一看的"。于是，似乎立即摸到一点足可依傍的身影，萧红便同萧军一起又跋涉到上海去了。果然，他们到上海

---

① 萧红：《海外的悲悼》。
② 萧红：《乱离中的作家书简》。

后，鲁迅很快就会见了他们，并在生活上帮助他们，向他们介绍上海滩的复杂社会情况，给他们介绍文艺界的朋友。鲁迅同他们第一次会见，是一次非常动人的会见，生动而有意义①。以后，两萧又移居北四川路底鲁迅住所的附近，来往得就更为频繁了。而萧红，有时甚至是一天两趟地往鲁迅家跑了②。她虽然有时并不去打搅鲁迅，然而却总是有许广平同她一起倾谈。尤其是当萧红生活上发生了波折、家庭产生风波的那个时期，她更是把鲁迅的家，作为自己消磨苦痛的日子和寻求感情慰藉的灵魂的安息所了③。在她去到日本之前，萧红一直是这样在感情上依傍着鲁迅的家，依傍着许广平的女性的友情和鲁迅的父亲般的然而又是"母性"的关怀。这应该是她心灵中的感情的甘露吧。萧红写过："泪到眼边流回去，流着回去浸食我的心吧！"④她能到鲁迅家，在许广平身旁倾吐一下，可以减轻一点泪水对心的浸食吧。萧红还写过："世界那么广大，而我却把自己的天地布置得这样狭小！"⑤在她自己布置得那么狭小的世界里，只有鲁迅家是广大世界边的一个心之憩息所吧。据许广平的记述，可知萧红在这种长日的倾谈中，断续地谈了她的不幸的身世、反抗的经过、文学的追求、爱情的波折，这是些含情的吐诉，即使萧红未曾同鲁迅谈过，许广平也是会向鲁迅转达的。鲁迅对于萧红的那种细微的关怀、抚慰，显然是这种痛苦、孤寂的倾诉的回声，它温暖了萧红的寂寞而痛苦的心灵。她由此仍然怀着新的憧憬和追求。萧红因此想去

① 许广平在《忆萧红》中记述了这次会见。她写道：
"……阴霾的天空吹送着冷寂的歌调。在一个咖啡室里我们初次会着两个北方来的不甘做奴隶者。他们爽朗的话声把阴霾吹散了。生之执着，战，喜悦，时常写在脸面和音响中，是那么自然，随便，毫不费力，像用手轻轻拉开窗幔，接受可爱的阳光进来。"临别许广平握住萧红的手说："见一次真是不容易啊！下一次不知什么时候再见了？"鲁迅说："他们已经通缉我四年了。"最后，鲁迅拿出了二十元钱给萧红他们暂为生活之费。

② 许广平在《忆萧红》中说："她们搬到北四川路离我们不远的地方来住下，据萧军先生说：'靠近些，为的可以方便，多帮忙。'但每天来一两次的不是他，而是萧红女士。"

③ 许广平《追忆萧红》：
"萧红先生文章上表现相当英武，而实际多少还赋予女性的柔和，所以在处理一个问题时，也许感情胜过理智。有一个时期，烦闷，失望，哀愁笼罩了她整个的生命力……萧红先生无法摆脱她的伤感，每每整天的耽搁在我们寓里。为了减轻鲁迅先生整天陪客的辛劳，不得不由我独自和她在客室谈话，……。"

④ 萧红：《苦杯》之九。

⑤ 萧红：《沙粒·四》。

日本，换换环境，开始新的跋涉与追求。鲁迅支持她的想法，并且在临行前，设家宴为萧红饯行。萧红后来还深情地追忆，鲁迅父亲般嘱咐她："每到码头，就有验病的上来，不要怕，中国人就会吓唬中国人，茶房就会说：'验病的来啦，来啦'……。"在鲁迅的叮嘱与关怀声中，萧红离别上海，去国离乡。如果没有鲁迅，以及许广平的关怀、爱护作为依傍，没有他们的劝慰和勉励作为支撑，萧红也许会为孤寂咬碎了心。没有鲁迅，便没有作家萧红。萧红本是早凋的凄艳的花，然而没有鲁迅，或将更早凋零，在《生死场》之后，便凋谢逝去，而产生不出《呼兰河传》了。

（二）

鲁迅对于萧红的帮助，最主要的当然还是在文学方面。这颗文学幼苗是在鲁迅的思想与艺术的雨露浇灌之下破土而出，在鲁迅的关怀扶持下，茁壮生长并开出绚丽的艺术花朵的。早年，当萧红还是一个文学爱好者，还在为自己今后的文学生涯准备条件的时候，就受到五四新文学的滋润，其中就有鲁迅的作品的影响。而当她有了《跋涉》的成就并且跋涉到上海的时候，她就直接在鲁迅的扶持下生长了。她是带着第一部中篇小说《生死场》为了求助于鲁迅而来到上海的。鲁迅看了这部作品，肯定了它的思想内容上的价值和艺术上的成就。他指出《生死场》这个名目很好。鲁迅读着这部出自青年女性之手的作品，受到很深的感动，他想到中国，沦陷的东北，那儿的人民和他们的痛苦，尤其是他们的反抗：

> ……我在灯下再看完了《生死场》。周围像死一般寂静，听惯的邻人的谈话声没有了，食物的叫卖声也没有了，不过偶有远远的几声犬吠。想起来，英法租界当不是这情形，哈尔滨也不是这情形；我和那里的居人，彼此都怀着不同的心情，住在不同的世界。然而我的心现在却好像古井中水，不生微波，麻木的写了以上那些字。这正是奴隶的心！——但是，如果还是搅乱了读者的心呢？那么，我们还决不是奴才。[1]

---

[1] 《且介亭杂文二集·萧红作〈生死场〉序》。

鲁迅指出这部作品"会给你们以坚强和挣扎的力气"①。这是中肯而动人的高度评价，指出了作品的意义和作用。坚强和挣扎，这不仅是沦陷了的东北人民的感情的真谛，也是行将沦陷的地区的人民和全国人民所最需要的品性，《生死场》便足以注进这品性。

鲁迅说，《生死场》描绘了沦陷后的东北大地的略图，叙事和写景都很好，以力透纸背的力量，刻画了"北方人民的对于生的坚强，对于死的挣扎"；鲁迅称赞萧红的"女性作者的观察"是细致的，而笔致却又不时有越轨的表现，这给作品"增加了不少明丽和新鲜"。鲁迅肯定作品的"精神是健全的"，而且，由于写出了人民的"对于生的坚强和死的挣扎"，因此"确是大背'训政'之道"，即不利于国民党反动派的独裁统治的。②鲁迅的序言以及把作品列入他所编印的《奴隶丛书》，都给了萧红极大的鼓舞。在鲁迅的有力引领下，萧红继萧军之后，步入左翼文坛，并且放射出异样的光彩，一下子吸引了许多人的赞赏的目光，轰动了文坛，震动了反动派。

当然，鲁迅的赞赏和评价，不只是把萧红引进文坛，更重要的是把她引上正确的人生与艺术的轨道。他教导萧红的是，把文学服务于人民解放、民族独立的事业，要用自己的笔去写人民的心、思想、情绪、性格、愿望，写他们的为了生存而斗争的坚强和同死的搏斗与挣扎。她鼓励萧红要细致地观察，要注意笔致。他所委婉地指出的作品的人物描写比叙事与写景逊色，实际是引导她今后加强人物性格的刻画。

鲁迅对于萧红，寄予很大希望，他肯定萧红的作品"充满热情，和只玩些技巧的所谓'作家'的作品大两样"③。热情，这是一个作家的安身立命的思想情绪的基础，没有它也就没有作品，没有艺术，没有作者。然而萧红又不仅仅具有热情，她不仅以生活、以观察，充实了这热情，而且具有技巧、富有艺术气质来表现这热情。因此鲁迅更重视萧红和她的《生死场》，认为"手法的生动，《生死场》似乎比《八月的乡村》更觉得成熟些"④。鲁迅并不遮掩他对于萧红的赞赏和期望，许广平说："每逢和朋友谈起，总听到鲁迅先生的推荐，认为在写作前途上

---

① 《且介亭杂文二集·萧红作〈生死场〉序》。

② 以上引文均见《且介亭杂文二集·萧红作〈生死场〉序》。

③ 《1935年2月9日致萧军、萧红》。

④ 许广平：《追忆萧红》。

看起来，萧红先生是更有希望的。"①在这简短的话语里，蕴含着多少鲁迅对于萧红的奖掖和期望。

鲁迅对于《生死场》的评论，是十分中肯而深刻的。这部作品里充满了热情，这热情使作品更带浓郁的散文味道，而不像一般小说那样冷静客观地叙事。它的叙事也是带着浓郁的抒情味，写景也是带着浓郁的抒情味。这所抒的情，是爱国之情，是人民失去土地的悲哀、神伤之情，也是奴隶们挣扎反抗之情，是东北人民由愚昧到觉醒之情。在叙此事、写此景和抒此情之中，萧红运用了细腻的笔法，有时是越轨的笔致。情与文相融洽，景与情相汇合，绘出了一幅生动的刚刚沦为殖民地的东北大地的图画。说写人物逊于写景，是的评，然而也是比较而言，一般地说，人物也还是写得有生气、有特色、有血有肉的，二里半、王婆、金枝、赵三等，倒也还是栩栩如生地活跃着的，连那啃榆树"钱"的山羊和他唇下滴延着的垂涎，也都带着生气，带着浓郁的东北乡土气。作为文学作品，这都是它的长处。鲁迅以他敏锐的深邃的目光，发现了这颗文坛新星，并且把她推荐给左翼文艺界和整个中国文艺界了。由于有这样一位文学导师的"引荐"，萧红一登文坛，就引人注目了。她因为自己的颇具特色的成就，因为鲁迅的赞美和推崇，而成为30年代中期中国文坛的女作家群中的后起之秀，成为文艺界的"宠爱的才女"，而且一直到现在还是人们喜爱的作家之一。

（三）

当然，鲁迅对于萧红，也不仅止于文学上的提携、奖掖、帮助，而且还有思想上的、人生道路上的指导，这对于一个疲于跋涉而又坚持着跋涉的刚强而又柔弱的、敏锐而又伤感的青年女作家，是非常需要也非常重要的。在这方面，除了鲁迅，当然还有许广平的助力。——这助力当然也同时还可归结为鲁迅的给予。还在两萧刚到上海住下不久，鲁迅便在给萧军的信中告诉他们："上海有一批'文学家'，阴险得很，非小心不可。"给了他们一个忠告。在上海这个十里洋场，是什么货色皆有，就是文人、记者之流也是反动的、流氓习气的、破落户子弟群，造谣诬蔑、散布流言、明枪暗箭，手段多端。萧红和萧军从关外漂流到

----

① 许广平：《追忆萧红》。

此，人地两生，以关东豪气、坦直率真，是不足以应付而有吃大亏的危险的。因此，鲁迅的忠告很是重要。一周之后，鲁迅又在给萧红与萧军的信中，告诉他们"稚气的话，说说并不要紧"，而且"能找到真朋友"。但是，要注意的是：这样做"也能上人家的当，受害"。同时，又再一次告诉他们上海的社会与人事的复杂：

> 上海实在不是好地方，固然不必把人们都看成虎狼，但也切不可一下子就推心置腹。①

而且，鲁迅还告诉他们，对青年也不能一概而论，"好的有，坏的也有"。而且他们之中"稚气和不安定的并不多"。鲁迅用自己的经验告诫他们："我所遇见的倒十之七八是少年老成的，城府也深，我大抵不和这种人来往。"鲁迅这种人情世故之论，是他几十年的人生经历之所得，是他对于上海这个复杂社会的观察结果，这对于涉世不深，又带着北方青年的憨直性格的两萧来说，正是人生道路上的和在上海这个社会里生存的必不可少的指导。以后，他们在通信中又不断地谈论处世之道。鲁迅告诉他们在进步"文学家"中也有一批变色龙，左翼兴盛时，这是时髦，他们"立刻左倾"，但一旦形势有变，压迫来了，他们就受不住了，"又即刻变化"，"甚而至于卖朋友，……作为倒过去的见面礼"。他又告诫他们，他们所住的霞飞路一带那些白俄男女，多有以告密为生者，不可同他们说俄国话；更有陆续不断地对于中国社会、历史、人事、人生和各种阶层的人的深刻细致的分析。这些，对于萧红夫妇是十分有用的。"世事通达皆学问"，读这本人生的大书，有一个先行先觉者的指迷教导，是能够走稳道路，为人民、为社会、为文学真正做点事情的必要条件。鲁迅为了帮助他们走好这人生的、政治的、文学的战斗道路，特意为他们介绍了几位可靠的左翼作家朋友，他们是胡风、聂绀弩、黄源、叶紫等。

在鲁迅给萧红与萧军的信中，属于这种人生指导的特别多，除了事务性的和约会的信外，几乎大部都是。在这些信手写来然而却是积数十年的奋斗经验之谈，常常含着辛辣而有"味"的真理。这不仅对于萧红他们，而且对于许多人都是很富教育意义的。比如他指出"中国是古

---

① 《1934年11月12日致萧军、萧红》。

国，历史长了，花样也多，情形复杂，做人也特别难"，所以外国处世简单，而中国，"则单是为生活，就要化去生命的几乎全部"；他在信中还多次分析知识阶层，指出他们的品性"是颇不好的，因为他智识思想，都较为复杂，且处在东倒西歪的地位，所以坚定的人是不多的"。这都是深有见地、于当时处世颇有用处的。

除了信件中的谈论，有时，在他们的接触中，也常常进行主题广泛而涉及人生的谈话，而且还有身教。在萧红的回忆录中写到过鲁迅如何毫不爱惜自己的手稿，来客人时的菜很丰盛而平常素日的饭食却简单得不能再简单；他预备着两种烟，一种白听子的好烟，用来招待客人，而他自己永远吸着绿听子的便宜烟；他的穿着很简朴，连许广平也是如此，等等。这些生活琐事对于年青的萧红来说，正是生活的教科书，也足以影响她的作风、性格与灵魂。

(四)

当然鲁迅也不只是一个单纯的授予者。他同时也有收受、接受影响、学到一点什么，生活中也增添了活气、愉快和友情的温暖。当年，鲁迅处在半秘密状态，生活不免带有这种生活特有的寂寞。这儿不是北京西三条胡同二十一号的住宅，可以随时来访。这里，只能允许十分可信的人来往，更多的人则是在内山书店接待。而当萧红夫妇来到上海后，主要是他们作为近邻后，他们是常客，尤其萧红说来就来了。据绿川英子回忆，萧红的外表特征是："巨大的眼睛和响亮的声音"，她有着"娴静的微笑"，在朋友们相聚的场合下，"萧便是一个善于抽烟，善于喝酒，善于谈天，善于喝歌的不可少的脚色"。[①] 她这样的活泼性格，这样年青的女性，给鲁迅家里带来了生气、愉快。许广平曾经这样记述过：

> 我们在上海定居之后，最初安稳地度过了一些时，后来被环境所迫，不得不度着隐晦的生活，朋友来的已经不多，女的更是少有。我虽然有不少本家之流住在近旁，也断绝了往来。可以说，除了理家，除了和鲁迅先生对谈，此外我自己是非常孤寂的。不时在鲁迅先生出外赴什么约会的时候，冷清清的独自镇守在家里，幻想

---

① 绿川英子：《忆萧红》，载《怀念萧红》。

之中，象是想驾一叶扁舟来压下心里汹涌的洪涛，又生怕这波涛会把鲁迅先生卷去，而我还在船上毫无警觉。这时，总时常会萌发一些希冀，企望户外声音的到来。

许广平的这些真情的描写，充盈着对于萧红的出现所感到的欢欣与慰藉。她代表了鲁迅和她全家的心意。这种给孤寂与冷静的家庭生活带来生机勃勃的青春活气，对于鲁迅所起的作用是可想而知的。萧红在《回忆鲁迅先生》中有两段生动的记述，写到鲁迅的心情：

> 有一天下午鲁迅先生正在校对着瞿秋白的《海上述林》。我一走进卧室去，从那圆转椅上鲁迅先生转过来了，向着我，还微微站起了一点。
>
> "好久不见，好久不见。"一边说着一边向我点头。
>
> 刚刚我不是来过了吗？怎么会好久不见？就是上午我来的那次周先生忘记了，可是我也每天来呀……怎么都忘记了吗？
>
> 周先生转身坐在躺椅上才自己笑起来，他是在开着玩笑。

在这玩笑中，反映了鲁迅的欢悦的心情。在这个时期萧红常常是鲁迅和周建人两家一起去看电影的"陪客"；她又常常在鲁迅家帮着做北方的饭菜，饺子、韭菜合子、合叶饼子等。萧红在《回忆鲁迅先生》中专门记述了那次包饺子的情景，那家庭的乐融融的情形真是颇为感染人，最后她写道：

> 饺子煮好，一上楼梯，就听到楼上明朗的鲁迅先生的笑声冲下楼梯来，原来有几个朋友在楼上也正谈得热闹。那一天吃得是很好的。

战士的生活并不每个时刻都是战斗，伟大人物的日常起居并不都是伟大，他们也有、也需要这种常人的生活和生活中的乐趣、欢欣、心的交流、情的汇融，这些，不仅给战士、伟人休息，而且给他休息后的力量。更何况，这种友情的温馨，也还温暖着他的心，感受到人间的欢悦。

当然，对于鲁迅来说，主要的不是这些。萧红所给予他的也主要不是这些。鲁迅从萧红和萧军那儿得到的首先是他们带来的沦亡了的东北大地和几千万人民的流血、屈辱、痛苦、反抗、斗争、眼泪与鲜血、摧残与死亡，如鲁迅所说，那儿的人民的"对于生的坚强，对于死的挣扎"，那儿的"失去的天空，土地，受难的人民，以至失去的茂草、高粱、蝈蝈、蚊子，搅成一团"。在这里"显示着中国的一份和全部，现在和未来，死路与活路"。从对美好然而失去的土地的想念中，感受到国土沦丧的悲伤和惋惜，从受难然而反抗的人民的身心上，感受到痛苦和愤怒，它们汇成一股思想感情的力量，看到了"民族的心"，它不屈服于枪炮与屠杀，也不泯灭于"征服民族的心"的杀人软刀子；而且，也不受骗于国内反动派、卖国贼的"训政"——独裁与欺骗。萧红等第一次到鲁迅家访问，当夜便"谈了许多关于伪满洲国的事情"[1]，一直谈到深夜，鲁迅生病刚好，却有兴味地不知疲倦地听着，一再挽留，直到夜十二时因最后一班电车的时间到了才罢。可见鲁迅是多么愿意听到这些来自祖国沦亡的土地上的消息。从这些消息中，他了解和体验到人民的苦难和怨恨、愿望和力量，这对于被人民称为"民族魂"的伟大民族英雄鲁迅，是十分重要的，这正是他的思想感情、他的心通向人民的桥梁。萧红和萧军所说的亲见亲闻、亲身感受，是提供了第一手材料，这对鲁迅很为宝贵。

对鲁迅来说，萧红与萧军的出现，使他结识了豪爽开朗的东北青年，接触到另一种性格，而更重要的是结识了充满了爱国主义情绪的青年作家，又看到了他们的反映东北沦陷区的生活的、具有特色的作品。这两方面，也是鲁迅当时在上海、在左翼文学队伍中所未曾见到的。他见到了一种提供了新的题材、新的内容、新的生活、新的景物和新的人物的文学，一种具有新的特色的艺术。这是左翼文艺的胜利。所以他认为这是一种新的文学，一种于民族敌人的"征服民族的心"不利和于国民党反动派的"训政"不利的文学。这同样给了鲁迅有益的启示。

他以"奴隶"二字来命名包括《八月的乡村》和《生死场》在内的《丛书》。这"奴隶"便是《义勇军进行曲》中所唱的"起来，不愿做奴隶的人们"中的奴隶，就是《国际歌》中所唱的"起来，饥寒交迫的奴隶"中的奴隶。他们的文学，便是争取奴隶解放的文学。在当时，鲁迅所能看到的只能是这样的文学。这样的文学作品，启发了他，给他的思路提供了"引线"，也给他的思想形象化的实证。这就像统帅从战士那

---

[1]　萧红：《回忆鲁迅先生》。

里吸取智慧、力量和素材一样。

（五）

萧红留下了一篇散文体回忆录《回忆鲁迅先生》。这是她对于鲁迅的诚挚的崇敬的结晶。她的这篇回忆，是众多的关于鲁迅的回忆文章中，最好的作品之一，她活泼，生动，细致，具有浓郁的抒情色彩，见人之所未见，写人之所未写。可贵的不仅是写了人们一般见不到或见到而未必注意或未必写、未必写得好的日常琐事，却从中见性情，见生活的脉搏，更可贵的是，她从许多侧面描绘了真实的鲁迅的形象。她写鲁迅怎样穿戴，怎样待人，家庭生活如何，怎样对待家人、朋友、敌人和自己。在萧红的笔下，我们看到一个活生生的、真实的、平凡而普通的鲁迅。然而他又是真正伟大的。像这样的片段，一个活生生的、亲切的、深沉的鲁迅的形象，是感人的、令人难忘的：

> 看完了电影出来，又只叫到一部汽车，鲁迅先生又一定不肯坐，让周建人先生的全家坐着先走了。
>
> 鲁迅先生旁边走着海婴，过了苏州河的大桥去等电车去了。等了二三十分钟电车还没有来，鲁迅先生依着沿苏州河的铁栏杆坐在桥边的石围上了，并且拿出香烟来，装上烟咀，悠然的吸着烟。
>
> 海婴不安的来回的乱跑，鲁迅先生还招呼他和自己并排的坐下。
>
> 鲁迅先生坐在那儿和一个乡下的安静老人一样。

又如：

> 鲁迅先生的休息，不听留声机，不出去散步，也不倒在床上睡觉，鲁迅先生自己说：
>
> "坐在椅子上翻一翻书就是休息了。"

这篇回忆美文，是萧红对鲁迅最好的崇敬之礼，最好的永在的怀念。

萧红是在1939年10月鲁迅逝世三周年的日子里写这篇回忆文章的。一千多个日子过去了，她不仅没有淡忘，而且感情、印象、细节还那么清晰地浮现在眼前，流泻于笔下，感情则渗透在字里行间。这是她的痛苦的又是欣慰的回忆。当萧红写作此文时，正是她在家庭生活上抑郁寡欢的时期，她虽然已经安顿了自己的身子，然而感情上的跋涉又将开始，并且向着永离人世的不远的将来跋涉。她的心是苦楚的吧，于是她又忆起来了，带着深情忆起了她的导师！

然而萧红对于鲁迅的崇敬，不仅限于情的深沉真挚，而且还有见解上的"理"的独到和深刻。她不愧为亲炙过鲁迅教诲的青年作家。就近观察体验过鲁迅的人和艺术的及门弟子，她对鲁迅的艺术，有颇为独到的见解。

她这样评论鲁迅的小说和小说中的人物：

> 有一种小说学，小说有一定的写法，一定要具备某几种东西，一定写得象巴尔扎克或契诃甫的作品那样。我不相信这一套。有各式各样的作者，有各式各样的小说。若说一定要怎样才算小说，鲁迅的小说有些就不是小说，如《头发的故事》、《一件小事》、《鸭的喜剧》等等。

> 鲁迅的小说的调子是很低沉的。那些人物，多是自在性的，甚至可说是动物性的，没有人的自觉，他们不自觉地在那里受罪，而鲁迅却自觉地和他们一齐受罪。如果鲁迅有过不想写小说的意思，里面恐怕就包括这一点理由。[①]

这样的对于鲁迅小说及其人物基本品性的评论，是从未见过的，大胆的、独到的。对于鲁迅创作小说的主观状态的看法，也是新鲜、独到、有见地和大胆的。这是她的思想，她的艺术观、技巧观、创作观、鲁迅观。这些当然都是她自己的。但是否在她亲炙导师教诲期，曾经面聆过他的所言呢？以她的在导师面前的随便和调皮，她是否大胆地说过而得到过首肯或修正呢？我们都无从知道。但可推测或有其事。然而这又并不重要。主要的是，萧红的见解是深懂鲁迅的，是研究过鲁迅而又具有独自的、特殊的见解的。这同样是她对导师的一种崇敬的实证。

萧红对于鲁迅的杂文，评价很好，见解也很独到，她说：

> 但如果不写小说，而写别的，主要的是杂文，他就立刻变了，从最初起，到最后止，他都是个战士，勇者，独立于天地之间，腰

---

① 聂绀弩：《回忆我和萧红的一次谈话——序〈萧红选集〉》，《新文学史料》1981年第1期。

佩翻天印，手持打神鞭，呼风唤雨，撒豆成兵，出入千军万马之中，取上将首级如探囊取物！即使在说中国是人肉的筵席时，调子也不低沉。因为他指出这些，正是为反对这些，改革这些，和这些东西战斗。[1]

这里，对于鲁迅杂文的基本格调的评价，对于其价值、特点、力量和论述，也是中肯的、大胆的、新鲜的、独到的。这展示了萧红的另一面，抒情抑郁的另一面：说理昂奋。

当对话者聂绀弩听了这席话后，说："依你说，鲁迅竟是两个鲁迅。"萧红笑着，回答说："两个鲁迅算什么呢？中国现在有一百个、两百个鲁迅也不算多。"

这简短的话语中，不也深含着对于鲁迅的价值的崇高评价和对于鲁迅的无比崇敬吗？

萧红与聂氏的这次谈话，进行于1938年初的烽火连天的岁月中，地点是前线和离延安不算远的山西临汾。萧红正跋涉于战斗的天地中、战斗的群体中，然而在她的人生的和私情的旅途上，正是一个跋涉的岔路口。她就在此时此地，岔入了一条比较狭小的路途。

> 世界那么广大，
> 而我却把自己的天地布置得这样狭小！

确是如此。在这一点上，她有悖导师鲁迅的教诲和精神。他与此正相反。他把世界看得那么广大，他心中有一个广大的世界；他的思想、艺术也是一个广大的天地。他从来、无论什么方面，均与狭小无缘。萧红却未能学得这一点。

她认识了自己这个弱点，然而却未能突破它的束缚。这一点，也有悖于她的导师的精神。

---

① 聂绀弩：《回忆我和萧红的一次谈话——序〈萧红选集〉》，《新文学史料》1981年第1期。

第七章　异国师友

　　鲁迅与外国师友的交往，不仅表现了他的博大的胸怀，而且体现了他的文化思想上的开放性：敢于和善于吸取外国文化来丰富自己，来发展本民族的文化。同时，他对于外国的门生，也是既平等对待，又特殊照顾，极愿将中华文化，传播于世界各方的。这是他的"拿来主义"和"打出中国去"两条文化方针的实践。鲁迅在这方面的工作和思路，是值得我们学习和继承的。

师生两代异国育英才
——论鲁迅与藤野、增田涉

　　鲁迅曾经受业于日本的藤野严九郎先生，学的是医学，但他既未卒其业，又未从其业，而是转向了文学，成为中国伟大的文学家。但是，他对于这位异国师长，却永远怀念，认为自己得益于他的，是很多很深的。鲁迅又曾经授业一位日本学生名增田涉的。他所授之业是文学，这位学生确是既卒其业，日后又从其业的。他当然更是得益于鲁迅者甚多甚深，而终身拳拳服膺于他的异国先生。这样两个国家的三代人，在学术上为异国育英才，在两个民族间播友谊，诚然是中日友好史上的佳话，是两国文化交流的美好篇章。而同时，对于鲁迅的思想发展来说，也有一定的、不可忽视的影响。

　　鲁迅是带着医学救国的维新的改良思想，于1904年去到仙台学医的。到了这里，他作为仙台医学专门学校唯一的清国留学生[①]，在两个

[①]　1904年"申请投考仙台医学专门学校的共有三百零五人，鲁迅是作为一百四十四名合格者之一特殊准许未经考试入学的仅有的一名外国留学生，即第一个清国留学生。"（见半泽正二郎：《鲁迅与藤野先生》，载《鲁迅研究资料》第二辑）

方面感到抑郁惆怅和愤懑不平。一方面，他不免有异域游子，孤独寂寞之感。所以他写信给挚友蒋抑卮说，孤身一人来到异地，人地生疏，殷切希望友人们时赐"笔音"。另一方面，他受到一个弱国留学生所遭到的歧视和刺激。[①]尤其当时日俄战争正在中国领土上进行，日军攻占中国东北城镇的消息传到，仙台便举行祝捷大会。这对鲁迅刺激很深。他在这时读了友人寄来的《黑奴吁天录》后，写信说："载悲黑奴前车如是，弥益感喟。"他更思念故国之沦落，叹异域之刺激，爱国情绪增长。正是在这种情况下，鲁迅得到了藤野先生的亲切的关怀。藤野先生既关心他的学业，又关心他的起居生活，担心他由于人地生疏而感到寂寞。尤其是后来，藤野更要来了鲁迅的笔记阅看，一一改正误记的地方；又担心鲁迅受到中国传统习惯和迷信思想的影响，不敢解剖尸体。这些都表现了一位先生对于一个异国学生的挚情。尤其当时鲁迅处在孤寂与被歧视中，得到师长的这种关怀，既有感情上的慰藉，又受到先生的博大精神的感染。后来，鲁迅决心弃医从文，离开仙台，他向藤野并未说明真正缘由，藤野表示深深惋惜。并持赠照片一张，亲笔书写"惜别"二字。其感情是甚为诚挚深厚的。这给鲁迅留下了深刻的印象和影响。直到20多年后，忆及这些往事，他还感触很深，表示了对于先师的回忆与感谢：

> 但不知怎地，我总还时时记起他，在我所认为我师的之中，他是最使我感激，给我鼓励的一个。有时我常常想：他的对于我的热心的希望，不倦的教诲，小而言之，是为中国，就是希望中国有新的医学；大而言之，是为学术，就是希望新的医学传到中国去。他的性格，在我的眼里和心里是伟大的，虽然他的姓名并不为许多人所知道。[②]

鲁迅在这里所作的评价是很高的。有意思的是，藤野在后来忆及这些事，对自己当年之所做，只是如实地说及，并未多作渲染；而对于鲁迅的反响和评价，则感到甚为惊异，以为想不到自己的一般的对于学生

---

① 据当时日本仙台报纸和学校有关文件的记载，校方对鲁迅关怀照顾甚为周到，鲁迅也曾约略提到这种情况。但是，同学中有些军国主义思想影响较深的学生，却对鲁迅有歧视轻蔑之举；在街上所遇行人中，也有此种情况。

② 《朝花夕拾·藤野先生》。

的关怀，竟发生了这么大的作用。这倒并不奇怪。因为无论在正面和反面来看，一个人的行动，施之于他人，对于那后果，他往往预想不到。这与受者自身的条件和主观感受有很大的关系。鲁迅本是一个感觉敏锐的人，又处于那样受歧视的境遇，心头有那些积郁，因缘时会，在此种时候和条件下，得到藤野先生的这种关怀、帮助，他的感受的内涵，就必然要超出授予者自己当时的用意和事后的想象；而作用的强度，也超出他的预料了。

值得提出和注意的是，不管藤野当年的主观愿望如何，思想状态怎样，鲁迅从他对自己的行动中，得出的结论是很有重要意义的两条：第一，藤野为了异国、为了学术，怀着关切的心而努力育人才；第二，这种性格是伟大的。鲁迅说，藤野先生的这种思想性格，在20多年后，仍然在鼓舞他、鞭策他，"每当夜间疲倦，正想偷懒时，仰面在灯光中瞥见他黑瘦的面貌，似乎正要说出抑扬顿挫的话来，便使我忽又良心发现，而且增加勇气了，于是点上一枝烟，再继续写些为'正人君子'之流所深恶痛疾的文字。"①鲁迅竟从藤野多年以前的行动和思想中，从他的性格中，得到了同论敌斗争的力量。

从这里我们看到了藤野先生对于鲁迅的思想影响之长久深远。这种影响，作为"支流"之一，同其他"江河细流"一起，汇进了"鲁迅精神"这个浩瀚的大海中。

在鲁迅仙台学医之后27年，撰写了《藤野先生》之后5年，即1931年，鲁迅接待了一位素昧平生的日本学生增田涉。鲁迅用当年藤野先生同样的诚挚、深沉的热情和耐心，帮助这位异国弟子学习。他不仅做到了藤野当年对自己所做的一切，而且在事实上和精神上都超过了藤野。这在鲁迅来说也许是一种自觉的回报。至于他是为了培育异国的英才，为了学术事业的无国界的发展，那则是完全可以肯定的。

鲁迅为增田涉授课，主要讲解自己所著的《中国小说史略》。每天下午两三点钟开讲，一直继续到下午五六点钟，这样讲授了3个多月。以后，又讲了小说集《呐喊》《彷徨》。在讲《中国小说史略》之前，还讲解过《朝花夕拾》和《野草》。讲解前者，是为了增田涉了解中国的社会、民情、风俗和气氛，这对于增田涉了解中国和中国文学是很需要

---

① 《朝花夕拾·藤野先生》。

的。讲解《野草》，大概是因为这本散文诗比较难懂，对于一个外国学者来说更是相当难懂。以鲁迅这样著名的作家、教授，在家里单独为一个年青的异国学生授课，这在增田涉来说，真是幸运至极；而就鲁迅来说，他那甘为孺子牛的精神，他那为异邦培育英才的精神，确实十分可敬、十分感人。当然，这种讲课不仅是一般的先生讲、学生听，更是一种友谊的相处。增田涉对此有一段生动的描述：

390

> 在那宽大的书房兼客厅里，广平夫人在稍远的地方，干着她自己的工作（读书、抄写、织毛线等），……没有什么人打扰，我得以充分地接受教导。……当这事完毕时，我松了一口气，我想他也松了一口气吧。后来，《呐喊》和《彷徨》两本小说的讲解完毕，是在那年的岁暮。所以我在那一年里，是春、夏、秋、冬，每天都进他的书房；而且一天约三小时在接受他的个人教授。每天还受到广平夫人给以点心或茶水的招待。每星期还大约有两次在他家吃饭。他没有厌倦，而是把着手谆谆教导，我说不出感谢的话，就是直到现在也还感到他的恩情。①

这种家庭授课的情景是何等亲切感人。读到这种地方，我们自然会想起当年藤野先生对鲁迅的关怀、照顾与帮助。鲁迅对增田涉这样做，显然是受到藤野的影响，是藤野精神的一种继续与发扬，是20多年前在仙台开放的中日友谊之花、中日文化交流之花，老枝新干，又在上海由鲁迅浇灌，开放了新的花朵。

当增田涉学毕归国时，鲁迅像当年藤野在他离开时赠送照片并题"惜别"二字一样，也给增田涉赠惜别诗一首：

> 扶桑正是秋光好，枫叶如丹照嫩寒。
> 却折垂杨送归客，心随东棹忆华年。

鲁迅在这里很自然地把感情之笔移向日本，并且以心随着东去船只而追忆自己在日本度过的华年这样优美的诗句，暗含了对于藤野的怀念在内，当然，对异国弟子的离去，也表露了深深的惜别之情。

增田涉归国后，继续与鲁迅通信，除了生活起居等的问候，主要是

---

① 增田涉：《鲁迅的印象》，第9页。

继续用信提出各种疑问，鲁迅则解疑答难。在这些书信中，体现了鲁迅对于增田涉的友好的、亲切的友谊。这些当年用日文写的信，今天译成了汉文，读起来常常感到有一种挚情和幽默所构成的诗意扑面而来，也常常感受到蕴含于其中的深切的友谊。

最感人的是鲁迅1936年病重，增田涉专程从日本来上海，看望老师。那时，鲁迅已经离去世的日期不久了。在他们的会见中，弥漫着愁云。增田涉在《鲁迅的印象》中关于这一节的描写，也是非常动人的：

> 我最后和鲁迅相会，是在昭和十一年七月。……他已经是躺在病床上的人，风貌变得非常险峻，神气是凛烈的，尽管是非常战斗的却显得很可怜，象"受伤的狼"的样子了。……我忘记了是七月的哪一天，被请去吃午饭，他只吃了一点点东西，便说："我已经疲乏了，上楼去休息，你慢慢吃罢。"说完，他一面靠着扶梯，一面由广平夫人扶着，脚步沉重地向上走去。我看着他的后影，一面喝着玫瑰酒……，感伤地目送着他。同时心里想：先生已经没有希望了。

> ……两三天之后，我因为第二天就要回国，去向他辞行，他已经准备好许多土产礼物；本来由广平夫人给包装了的，他说夫人的包法不好，自己抢过去给重新包了。我感到一种说不出的感谢、温暖的心情，默默地从侧面看着他那并不特别灵巧的双手的动作。[①]

我们从这段描述中看到他们师生之间那种不拘平常礼节的亲密关系，特别是看到了鲁迅临逝世前还那样照顾学生，亲自为之包扎礼品的那种感人形象，这里也反映了他的伟大的人格。

增田涉回国以后以及在鲁迅逝世以后，便从事鲁迅著作的翻译和研究，翻译了许多鲁迅著作，写了不少关于鲁迅的文章，这些都是很有价值的。他翻译了鲁迅的《中国小说史略》，与佐藤春夫共译了《鲁迅选集》，著作有《鲁迅传》《鲁迅的印象》等，此外他还翻译了《聊斋志异》，写了有关中国现代文学的《周作人论》《茅盾印象记》等，出版了鲁迅致他的信件的《鲁迅书简》。此外，很值得提出的是，他还主持了日本几部鲁迅著作的翻译工作，如《世界幽默全集》（1933）的中国篇章、《鲁迅选集》（1935年）、《大鲁迅全集》（1937年，七卷本）、《鲁迅

---

① 增田涉：《鲁迅的印象》，第32页。

选集》（1956年，十二卷本）等；其中，有的作品是由他翻译的。这些译著对于日本人民和文学界学习、了解鲁迅，并通过鲁迅了解中国，对于日中文化交流，都是很有价值的。增田涉当之无愧地被看作中日文化交流的辛勤使者，日本第一代鲁迅研究家。

增田涉的《鲁迅的印象》真实地、朴素地、具体地、生动地，记述了鲁迅的言行，描绘了鲁迅的日常生活中的形象。它的史料价值和由此而来的学术价值是比较突出的。这是鲁迅和增田涉的友谊的结晶。

鲁迅写了一篇《藤野先生》，使他的精神永存人间，同鲁迅的著作一同不朽。增田涉也写了《鲁迅的印象》一书，使鲁迅的精神永存人间，使鲁迅的感人形象和伟大品格活跃在纸上，也使增田涉自己的著作跟随鲁迅的不朽而长存。

鲁迅的日本友人很多，其中以同内山完造和增田涉交谊最深，而与增田涉更偏重学术方面。这是他与其他日本友人都不同的。他们的这种学术关系，构成了他们的文字之交，在中日文化交流史上属于突出位置。当然，作为入室弟子，数月之内，日必相见，三四个小时的授课与谈话，这种师生友谊也是很突出的。这对于鲁迅，也是一种愉快和慰藉，给他当时那种因为处于半地下状态，不免稍嫌寂寞的生活里，增添了热闹的气氛，也还使鲁迅寄托了他与日本人民的感情，也许，在心理上，他还把这作为对于当年藤野对自己的友谊的回答吧。所以，当鲁迅回顾这段生活时，还高兴地写道：

> 回忆起来，大约四五年前罢，增田涉君几乎每天到寓斋来商量这一本书，有时也纵谈当时文坛的情形，很为愉快。[①]

中日两国的文化交流，在那个时代，只能这样在民间"自发"地进行。这种民间的交流和友好往来，同当时的一方凶狠地侵略、一方无耻地卖国的两国统治者之间的勾当相比，是乌云的缝隙中露出的一线光明，是友谊之声寂灭中的丝丝歌吟，在当时和后来，都是动人的。而这种事实的存在，本身就证明着两国的文化交流和人民之间的友谊，是长存的。鲁迅则是一个伟大的播种者和园丁。

---

① 《且介亭杂文二集·〈中国小说史略〉日本译本序》。